ESSAIS

DE

PHILOSOPHIE.

TOME II.

DE L'IMPRIMERIE DE CRAPELET,
RUE DE VAUGIRARD, N° 9.

ESSAIS
DE PHILOSOPHIE,

PAR

CHARLES DE RÉMUSAT.

Templa serena.
Lucrèce.

TOME SECOND.

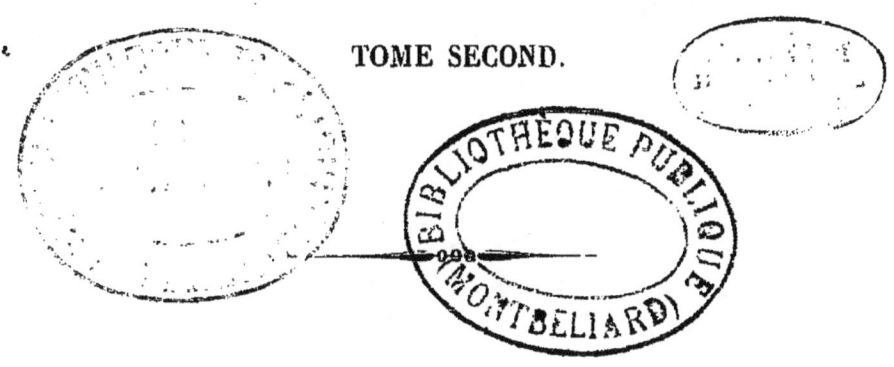

A PARIS,
LIBRAIRIE PHILOSOPHIQUE DE LADRANGE,
QUAI DES AUGUSTINS, N° 19.

1842.

ESSAIS
DE
PHILOSOPHIE.

ESSAI VII.

DE LA PHYSIOLOGIE INTELLECTUELLE.

I.

OBJET DE CET ESSAI.

Locke veut quelque part que l'histoire de l'intelligence devienne une partie de la physique [1]. La philosophie a pris quelquefois ces paroles à la lettre, et s'est voulu confondre avec les sciences qui portaient un autre nom que le sien. L'idéologie est une partie de la zoologie, a dit M. de Tracy [2]; et ses principes n'ont été souvent que des avances de la métaphysique à la physique. Chacune des deux avait eu jusqu'alors ses droits et son domaine; de là bien des procès, que l'une a enfin demandé à l'autre d'éteindre, comme on dit en droit, par la confusion : le dernier terme de la philosophie eût été son anéantissement.

[1] *De l'Entendement humain*, liv. IV, ch. XXI, §. 2. T. VI de l'édition de Thurot.
[2] *Éléments d'Idéologie*, T. I, préface.

On ne peut donc s'étonner que les physiciens et les naturalistes aient accepté les offres de la philosophie. Comment auraient-ils refusé de s'enrichir de ses dépouilles, et de s'arroger de son aveu la connaissance de l'homme tout entier? Aussi un médecin célèbre, Cabanis, a-t-il décidé que « *les sciences morales devaient rentrer dans le domaine de la physique, pour n'être plus qu'une branche de l'histoire naturelle de l'homme*[1]. » Et la médecine française a conservé, tantôt silencieusement, tantôt avec éclat, une prétention traditionnelle à la possession de toute philosophie. C'est depuis cinquante ans un article de foi dans une bonne partie du monde savant, qu'il n'y a de sciences que les sciences expérimentales, de sciences expérimentales que les sciences naturelles, de sciences naturelles que les sciences physiques. Ainsi l'on a cru satisfaire la raison moderne et la raison de tous les temps, en conciliant l'observation et l'unité.

C'était abuser des termes. Sans aucun doute, l'observation est nécessaire à toute science : elle n'est pas inutile, elle n'est pas étrangère à la métaphysique même. L'expérience est un des fondements de la certitude. L'esprit humain fait partie de la nature humaine; les choses philosophiques sont dans la nature, et le nom de physique signifie primitivement la science de la nature. Il est donc permis de dire que la philosophie est une science d'observation, une science naturelle, expérimentale, et si l'on veut parler plus grec que français, une science physique.

[1] *Rapports du physique et du moral de l'homme*, préface.

Ces expressions sont acceptables, si de l'identité des mots on n'infère pas l'identité des choses, et si l'on entend que la philosophie est observatrice ou expérimentale dans sa sphère, qu'elle a son fondement dans les faits, et tient sa place dans la science de la nature. On conçoit même que des philosophes, les Écossais par exemple, inquiets et las de s'entendre accuser de spéculation chimérique, aient revendiqué les droits de leur science aux méthodes d'observation, et l'aient assimilée aux connaissances où se fie le plus la raison humaine. Du temps de Bayle, la philosophie se réfugiait quelquefois *sous le canon de la lumière surnaturelle ;* depuis le dernier siècle, la physique expérimentale est devenue la seule citadelle dont le canon sauve ce qu'il protége, et l'esprit humain ne sort plus guère de la place pour s'aventurer dans la plaine. C'est donc aussi par prudence qu'on a quelque peu déguisé la philosophie, ou qu'on l'a montrée dans ce qu'elle a de commun avec ce qui n'est pas elle. On a fait pour elle, comme pour les nobles en temps de troubles, on a caché ses titres, effacé ses armoiries; et pour qu'elle fût sauve, on l'a engagée à se faire petite. Le calcul était-il bon? je ne sais. A trop invoquer la protection des sciences naturelles, il y avait danger d'être absorbé par elles. C'est un parti mal sûr que de vous appuyer sur ce qui vous menace, que de vous allier à qui veut vous envahir. Il en a coûté cher à la Pologne; et la politique soupçonne que l'empire ottoman paiera un jour au même prix la protection qu'il s'est donnée. De même on pourrait bien avoir fait courir à la philosophie le danger d'un partage; en lui cherchant un allié, on l'a exposée à un démembrement. Heureusement il n'y a point d'usurpation définitive ni de destruction irréparable dans l'empire de la science. L'esprit humain n'est lié par aucun traité, dominé par aucune prescription. C'est un monde à part, où jamais au droit ne manque avec le temps la puissance.

Encore si, en rabaissant la philosophie, on lui eût garanti une existence mieux assurée, un caractère plus constant, une autorité mieux reconnue; elle se serait dédommagée de la grandeur par la sécurité; un rang moins contesté console d'un rang plus modeste. Mais une parfaite harmonie ne règne pas entre les systèmes physiologiques. La lumière n'est ni bien pure ni bien vive dans les régions élevées des sciences physiques. Les théories s'y combattent et s'y succèdent, laissant le doute après elles, et ramenant peu à peu les esprits aux sciences mêmes qu'elles ont voulu dédaigneusement proscrire. Une certitude claire et invariable est loin d'être l'attribut des principes de la science expérimentale de l'homme; et l'observation en se perfectionnant, en se diversifiant, découvre chaque jour de nouvelles raisons d'ignorer ce que l'on croyait savoir. Certainement, le peu que nous dit de la sensation la psychologie écossaise est plus intelligible que ce que nous en raconte la physiologie; les faits que nous décrit l'une sont moins hypothétiques que les faits que l'autre suppose, et la perception est plus concevable que l'innervation. En se confondant avec l'histoire naturelle, la philosophie n'a donc rien gagné; ses bases ne sont pas devenues plus solides, ses théories plus durables; elle s'est amoindrie en pure perte, et la reine des sciences, en des jours de révolution, n'a point sauvé sa tête en jetant sa couronne.

Est-il vrai du moins qu'en lui donnant un nouveau nom et de nouvelles formes, on l'ait réconciliée avec le sens commun, et ramenée à ces notions vulgaires d'évidence que les sciences les plus hautes ne doivent pas dédaigner? « Depuis qu'on a jugé « convenable, prétendait encore Cabanis [1], de tra- « cer une ligne de séparation entre l'étude de « l'homme physique et celle de l'homme moral, les « principes relatifs à cette dernière étude se sont « trouvés nécessairement obscurcis par le vague des « hypothèses métaphysiques. » Mais d'abord il est difficile de prouver que *cette ligne de séparation* soit quelque chose qu'on ait *jugé convenable de tracer*, et que *depuis* cette prétendue convention scientifique tout ait été de mal en pis, au point qu'il fallût l'abolir pour revenir au vrai, au raisonnable, au bon sens primitif. On ne voit point que ce soit le sûr moyen de rendre à la science un caractère populaire, et que l'existence des sciences intellectuelles soit une hypothèse artificielle qui fasse violence à l'esprit humain. L'apparence du paradoxe, l'innovation, au contraire, est du côté des naturalistes. Ce n'est point le sens commun, ce n'est point le langage ordinaire, ce fidèle et involontaire interprète du sens commun, qui dit que la science de l'homme physique et celle de l'homme moral

---

[1] *Rapports*, etc., préface.

soient la même chose, que la morale devrait faire partie de l'histoire naturelle, que la métaphysique devrait rentrer dans la zoologie. Toutes ces assertions sont restées dans les livres; et bien que maintes fois réimprimées depuis cinquante ans, elles n'ont point cours dans la conversation ordinaire, elles n'ont point passé dans l'usage; la littérature ne les a pas adoptées; la politique n'en tient compte; l'expérience journalière ne s'y soumet pas, et le public s'obstine à distinguer le naturaliste et le philosophe, le moraliste et le médecin, à ne point confondre le moral et le physique. Le matérialiste lui-même est obligé de les distinguer pour se faire entendre. Dans l'opinion du monde, il y aura toujours une différence saillante entre la science d'Hippocrate et celle de Platon. La Logique ou la Métaphysique d'Aristote ne seront jamais des parties de son Traité des animaux; et ce qui choquera les penchants et les habitudes de notre esprit, ce sera d'identifier l'étude de l'intelligence avec l'anatomie du système nerveux. Il le faut cependant, ou les physiologistes se trompent; il faut renouveler totalement les notions et les locutions usitées. Si Cabanis a raison, on doit changer jusqu'au titre de son livre. Qu'est-ce, en effet, que les *Rapports du physique et du moral de l'homme?* Le mot *rapports* suppose diversité, là où l'on nous enseigne l'unité; le titre du livre implique la distinction que le livre nie; dès qu'il n'y a que le physique, il n'y a plus de moral, donc plus de rapports. Le nom même de l'esprit humain, lequel n'est plus distinct de l'appareil encéphalique, est une expression fautive que le philosophe doit s'interdire, et Condorcet a erré en n'intitulant pas son dernier et célèbre ouvrage : *Esquisse des progrès du cerveau humain.*

On peut donc dire, avant de rien discuter au fond, que la physiologie n'a tenu aucune de ses promesses, et qu'elle n'a rendu la philosophie, ou plutôt sa philosophie, ni moins contestée, ni moins variable, ni plus populaire; rien ne justifie sous ce rapport la révolution que la physiologie a entreprise en s'emparant de la métaphysique.

Il s'agit, comme on le sait, d'effacer la vieille et familière distinction du corps et de l'âme; c'est-à-dire de n'admettre dans l'homme que des organes, et d'expliquer tout l'homme par ces organes. Or, on peut, chose assez singulière, arriver à cette conclusion par deux voies opposées, en procédant de l'intérieur à l'extérieur, ou de l'extérieur à l'intérieur. Le premier procédé est celui des psychologistes qui tendent au matérialisme, le second, celui des physiologistes qui veulent anéantir la psychologie même.

Nous avons discuté le premier en étudiant l'idéologie. La philosophie sensualiste a le même point de départ que Descartes; elle débute par le moi ou la conscience; mais n'observant dans la conscience que la sensation, et dans celle-ci que l'affection qui lui semble se transformer en idée, elle est impuissante à garantir, soit la certitude des vérités intellectuelles, soit l'existence des réalités extérieures. Lorsqu'elle veut de la sensation conclure aux premières, elle n'aboutit qu'à l'idéologie; lorsqu'elle veut affirmer les secondes, elle se fait gratuitement matérialiste; je dis gratuitement, car la sensation seule ne donne pas la matière, et de la sensation seule ne peut se déduire aucune des vérités physiologiques. La conscience ne les suggère pas, et l'idéalisme les ébranle. Voyez, flairez, entendez, ces sensations mille fois répétées ne vous feront connaître ni le nerf optique, ni le nerf olfactif, ni le nerf auditif, ni le cerveau qui, dit-on, sent et pense par tous ces nerfs. Il n'est aucune des observations des naturalistes dont nous ayons une conscience quelconque. L'anatomie et ses conclusions reposent sur deux principes : la vérité des perceptions du monde sensible, et la validité extérieure de la loi de causalité. L'analyse de la sensation, comme affection des sens, ne donne aucun de ces principes. Ni Condillac, ni M. de Tracy, n'ont su les établir; ils ont donc laissé la physiologie sans bases, et en lui abandonnant l'homme tout entier, le sensualisme lui a concédé par delà son pouvoir.

Il faut revenir à l'autre procédé, et de l'observation externe induire la nature et la cause des opérations internes. Ainsi raisonnent généralement les physiologistes. Les phénomènes de la santé et de la maladie, les expériences pratiquées sur les animaux, l'inspection des organes après la mort, les conduisent à de certaines inductions sur les fonctions intellectuelles de l'homme, ou du moins sur la manière dont elles s'accomplissent dans ce milieu physique où réside le moi humain. Ils fondent ainsi toute la psychologie dans la physiologie, et prétendent avoir trouvé le secret d'ériger la première en science positive. Cette prétention suppose deux principes. D'abord qu'il n'y a de certain que le visible, ensuite que l'observation n'est possible qu'alors que l'observé est distinct de l'observateur. Si ces deux propositions ne sont pas vraies, sur quel fondement asseoir la prééminence des méthodes dites expérimentales? Mais si ces propositions sont vraies, comment et de quel droit appliquer la physiologie aux faits psychologiques?

Les choses visibles ne sont certaines qu'en ce qui est du ressort de la vue; et sans dresser contre la sensation toutes les batteries du scepticisme, il faut reconnaître que le domaine de la sensation est borné, et que, comme champ de connaissance, elle serait bientôt stérile sans les jugements qui la fécondent, sans la raison qui l'exploite et la limite à la fois. La sensation ne dépose que des choses senties, et les choses de l'intérieur de l'homme ne sont à la portée d'aucun sens. Jamais le physiologiste ne verra ni ne touchera une pensée, un souvenir, une volonté, une sensation même; soit qu'il veuille les considérer comme opération, fonction ou résultat, soit qu'il prétende atteindre par les sens une idée déterminée, l'organe qui la conçoit, l'acte par lequel cette conception s'opère, il veut toucher l'impalpable ou voir l'invisible. Le moral échappe à tous les sens. Or, s'il y a un moral, s'il y a des pensées, des souvenirs, des sentiments, des volontés, nous savons qu'il y en a; il faut donc que nous ayons les moyens de le savoir; et comme ces moyens ne sont pas les sens, il suit que pour obtenir la connaissance, il n'est nul besoin d'une différence entre l'observateur et l'observé. Ce n'est que dans la sphère des sens que cette différence est nécessaire. Un écrivain a été jusqu'à dire que la psychologie des passions était la seule possible, parce que le cerveau étant différent des entrailles, la pensée qui appartient à l'un pouvait observer les passions qui résident dans les autres [1]. Mais cela même était une chimérique espérance; car le cerveau ne verrait point les passions en regardant ses entrailles; et même quand il voudrait regarder ses entrailles, il n'aurait pas le bonheur de les voir, il n'a que la consolation bien vaine d'y penser. O faiblesse de la science humaine! misérables viscères que nous sommes! Qu'il y a loin de l'abdomen au crâne; et lorsque la cervelle est si curieuse, pourquoi le péritoine est-il impénétrable?

Il pourrait être utile, mais les bornes de cet ouvrage ne le permettent pas, d'exposer avec détail les idées des chefs de la philosophie physiologiste, et de la réfuter en forme. On y montrerait partout l'hypothèse sous les dehors de l'observation, et la dialectique sous le masque de l'expérience; mais ce serait l'objet d'un ouvrage entier. Nous ne présenterons dans cet Essai que des observations générales sur un système que recommande le nom de Broussais [2].

[1] M. Auguste Comte, *Cours de philosophie positive*, T. I, leçon Ire.
[2] Nous avions fait sur cet auteur un travail complet, savoir, une analyse et une réfutation méthodiques; et nous y avions joint un examen critique de l'ouvrage de Cabanis et de la doctrine de Gall. Mais pour publier tout cela, il eût fallu ajouter un volume à cet ouvrage.

II.

BROUSSAIS.

Broussais était un esprit hardi. Au génie de l'observation il unissait un don précieux, il osait conclure; courage peu commun aujourd'hui que le double abus de l'expérience et de la critique a si profondément intimidé les sciences, et rabaissé leur essor. Il sut donc, lorsque passant de la médecine à la philosophie il embrassa l'idée d'appliquer la physiologie à la métaphysique, écarter les réserves et les doutes circonspects dont s'entouraient beaucoup d'écrivains; et de l'observation reprise à nouveau des phénomènes nerveux, induire hardiment l'identité substantielle du système nerveux et de l'esprit humain. Il fut vraiment matérialiste, et n'eut pas peur des conséquences de la science telle qu'il la croyait. Chez lui il n'est plus question de rapports du physique et du moral; les phénomènes du second ne sont plus seulement rapprochés de ceux du premier; le physique n'est plus une cause, un siége, un théâtre; il est le moral même. Le physiologiste n'admet plus, il ne conçoit plus autre chose; hors de là il permet les conjectures, les vœux, les désirs; mais il ne voit rien de certain, rien de démontrable, rien d'intelligible.

Nous devons quelque examen à cet aveu franc et assez imposant du vrai sens de la physiologie appliquée à la métaphysique; nous nous trouvons pour la première fois en face du matérialisme scientifique [1].

Nous en résumerons les principes, suivant M. Broussais, dans les propositions suivantes :

1°. La contraction, c'est-à-dire un mouvement alternatif de condensation et de relâchement, est la forme générale de l'action de la matière vivante, par conséquent de la matière nerveuse, par conséquent de la matière cérébrale.

2°. Il ne se passe d'observable et de certain que cela dans le phénomène de l'innervation. Dans les phénomènes intellectuels et moraux, il ne se passe d'observable et de certain que des phénomènes d'innervation.

3°. Les phénomènes intellectuels et moraux ne sont pas autre chose pour la science; ils n'ont pas pour elle d'autres causes que les propriétés du système nerveux. Qu'il y ait d'autres causes ou propriétés plus cachées, mais également physiques, cela est infiniment probable. Il faut bien en outre que les éléments mêmes de la matière se retrouvent dans la matière vivante, avec leurs propriétés primitives, avec les affinités moléculaires, avec leurs modes d'action atomique; mais quant à la cause première de l'innervation, on peut admettre son existence, on ne peut ni connaître, ni soupçonner sa nature; elle peut se confondre avec la cause première de cet univers qui existe assurément, mais qui est impénétrable.

4°. La prétention de définir celle-ci, de com-

[1] Voyez l'ouvrage intitulé : *De l'Irritation et de la Folie*, 2 vol. in-8, édition de 1839.

prendre sa nature, de connaître ses moyens d'action, est téméraire. Plus téméraire encore il est de considérer comme un principe distinct, comme un être, la cause ou le sujet de la pensée. Aucune perception n'y autorise; aucune expérience scientifique ou vulgaire ne le laisse entrevoir; et il y a, soit contre la nature, soit contre l'existence qu'on lui attribue, des objections invincibles.

5°. Le principe indépendant des organes n'apparaît en rien, tandis que la liaison nécessaire des phénomènes intellectuels avec les phénomènes nerveux apparaît constamment et invariablement.

6°. Ce principe indépendant ou du moins distinct des organes, qu'est-il quand les organes ne sont pas encore développés, lorsque leur action est suspendue, quand elle est affaiblie, altérée, viciée? L'état embryonnaire, l'enfance, le sommeil, la maladie, la folie, la vieillesse, montrent l'esprit dans un état rigoureusement proportionnel à l'état des organes cérébraux.

7°. Le principe pensant n'a été inventé que pour expliquer le comment des phénomènes intellectuels; et d'abord, c'est vouloir expliquer l'inexplicable, et excéder la portée légitime de la science.

8°. En second lieu, ce principe n'explique rien, et donne naissance à des difficultés non moins insolubles que celles qu'il est destiné à lever et qu'il ne lève pas. Telle est sa liaison avec l'organisme, telle est son action sur l'organisme. Il y a là plus que mystère, il y a impossibilité, il y a contradiction [1].

---

[1] *De l'Irritation, passim*, et notamment T. I, p. 262, 520, 569, 579. T. II, p. 63, 119.

Le fond de ces propositions est le thème éternel du matérialisme. C'est le sujet du troisième livre du poëme de Lucrèce, ce chantre austère et pathétique de la matière. Cependant ne confondons pas les conséquences que M. Broussais tirait de ses principes avec les négations célèbres que le matérialisme dicta souvent aux disciples d'Épicure ; constatons dès l'abord deux points de dissidence importants qui sont à l'honneur de M. Broussais, et qui peuvent servir à réfuter sa doctrine.

Premièrement il n'est pas sceptique, non qu'il ne doute de beaucoup de choses à mon sens indubitables ; mais on sait que celui-là n'est pas sceptique qui n'admet le doute ni sur l'existence du monde extérieur, ni sur la véracité de nos facultés quand elles l'attestent. Or, notre auteur ne permet aucune incertitude à cet égard ; il se fie pleinement à la sensation, à la perception ; le contraire lui paraît absurde ; il n'attribue l'idéalisme qu'au spiritualisme même et à l'ignorance des faits physiologiques. En un mot, l'existence des corps et leurs rapports avec nous lui paraissent choses *sans réplique*. Il ne se montre en aucune façon touché de l'argumentation de Hume contre la causalité, la causalité étant une induction, et l'induction étant un fait cérébral tout aussi positif que la sensation même[1].

En second lieu, M. Broussais n'est point athée ; jamais du moins il n'est disposé à regarder ce monde comme l'œuvre du hasard, à méconnaître dans la nature l'action d'une cause première. Il confesse « une

---

[1] *De l'Irritation*, T. I, p. 207, 253, 515. T. II, p. 42, 216.

« cause suprême, ordonnatrice et conservatrice que
« nous ne pouvons définir. » Il « conçoit la nécessité
« d'une cause ou d'une force qui soit le moyen
« d'union, peut-être le premier mobile des autres
« forces; » Il a « le sentiment d'une cause et d'une
« force première qui lie tout et enchaîne tout [1]. »
C'est un grand inconnu qu'il ne faut ni personnifier
ni définir, dont l'idée est une induction de la causalité. Comme le sentiment seul nous élève à lui, il
serait insensé de vouloir le connaître; mais il se
met en rapport avec nous dans la matière des nerfs;
car la cause première de l'action du cerveau n'est
pas dans le cerveau; et conduit par la nécessité de
trouver « un lien commun à toutes ces forces qui
« lui paraissent être de la matière en mouvement »,
M. Broussais a écrit ces paroles : « L'athéisme ne
« saurait pénétrer dans la tête d'un homme qui a
« réfléchi profondément sur la nature [2]. »

[1] « Quant à moi, mon opinion que je consigne ici pour moi seul peut-être et pour un petit nombre d'amis, c'est que tout homme complétement organisé a le sentiment d'une cause et d'une force première qui lie tout et enchaîne tout; mais je ne puis la définir, et je ne sens pas le besoin de l'honorer par un autre culte que celui que lui rend ma conscience. » (*Irritation*, T. I, p. 608.)

[2] Même ouvrage, T. I, p. 443. T. II, p. 70. 182. *Cours de phrénologie*, leçon XIX, p. 725. Lisez tout le passage, et cet autre de ce dernier ouvrage : « Le cerveau ne peut agir sans le concours de
« divers agents, le calorique, l'oxygène, l'électricité, les impondé-
« rables, enfin, dont l'action n'est pas aussi étudiée par les physio-
« logistes que par les physiciens. Nous ajouterons que ces principes
« qui ne nous sont connus que par quelques effets, semblent se con-
« fondre avec la cause première de la vie; mais que pourtant nous
« ne répugnons point à en distinguer cette dernière, pourvu qu'on
« ne l'emprisonne pas, par fragments, dans les différents cerveaux
« d'une seule espèce d'être vivant. Cette cause, nous la sentons par

A cette double affirmation, l'existence du monde extérieur attesté par nos facultés et l'existence de la cause première, se réduit pour M. Broussais toute la philosophie transcendante ; car c'est là de la philosophie transcendante. Le reste n'est, avec lui, qu'observation empirique et externe, c'est-à-dire que physiologie. Hors de ce cercle, il ne voit que de la métaphysique et jamais il ne prononce ce mot qu'avec dédain. A peine prend-il la peine de réfuter la science ainsi nommée. Il fait plus d'honneur à la psychologie qu'il poursuit avec beaucoup de verve et d'obstination, et qu'il réussit à peu près à convaincre de n'être qu'une métaphysique déguisée.

Il reconnaît cependant que la psychologie des Écossais débute assez bien [1]. On sait, en effet, que ceux-ci ont en général réduit la science à l'histoire naturelle de la pensée ; ils se renferment dans l'enceinte de l'observation et de la description des phénomènes. Ils ne s'aventurent qu'avec scrupule aux inductions qui vont au delà, même à celles qui obtiennent d'eux bienveillance et croyance, et l'on

« induction sans la concevoir ; nous comprenons même la nécessité
« d'un moteur unique pour toute la nature ; mais nous n'avons au-
« cun moyen de la découvrir. » Leçon III, p. 79. Voyez aussi les leçons XII et XVIII, p. 406 et 652 et suiv. Il y a dans les deux ouvrages de M. Broussais quelque confusion sur l'origine de la notion de Dieu, qu'il rattache toujours au sentiment, tout en la faisant sortir de l'induction ; il l'attribue à la causalité, et non comme Gall à la vénération. La confusion vient de ce qu'il rapporte volontiers au sentiment toute induction qui n'est pas le produit immédiat d'une perception par les sens. (Voyez *De l'Irritation*, T. I, p. 290, 541, 546, 569, et T. II, p. 126, 261, etc., et le *Cours de phrénologie*, leçon XX, p. 825.)

[1] Broussais, *Cours de phrénologie*, leçon V.

pourrait citer de Dugald Stewart tel passage qui laisse le champ libre au matérialisme, en réservant toutes les questions concernant l'essence de l'homme[1]. Une psychologie aussi modeste méritait bien quelque indulgence; aussi M. Broussais en parle-t-il sans amertume, et reconnaissant qu'elle est dans une bonne voie, il lui reproche seulement de n'avoir pas continué à y marcher. Elle est pour lui sage, mais timide, et ne va point assez au fond des choses. Si la psychologie n'est en effet que l'observation des phénomènes de la conscience, si elle s'interdit la foi et presque l'examen en ce qui touche les lois de la raison impliquées dans ces faits et leurs inductions immédiates, il est certain qu'elle ne mérite pas les anathèmes proférés ailleurs contre son nom par son véhément adversaire. Mais il faut reconnaître que, malgré qu'elle en ait, la psychologie va toujours un peu plus loin; bien que principalement descriptive, elle est toujours partiellement rationnelle, et nous qui faisons profession de très-peu nous hasarder au delà des limites de la psychologie, nous avouons volontiers que nous dépassons le point où M. Broussais déclare que de psychologie on tombe en métaphy-

---

[1] « Le caractère distinctif de la science inductive de l'esprit est de s'abstenir de toute spéculation sur la nature et l'essence de ce même esprit... Les conclusions sur l'esprit humain auxquelles nous conduit naturellement la méthode d'induction... s'arrangent également des systèmes métaphysiques des matérialistes et de ceux des partisans de Berkeley. » D. Stewart, *Essais philos.*, *Disc. prélim.*, ch. I, I. La même idée est exprimée au commencement de ses *Eléments de la philosophie de l'esprit humain*, introduct. part. I. Reid insinue quelque chose de semblable, Essai I, ch. I, et M. Jouffroy a répété et développé l'assertion. Préface de la traduction de l'*Esquisse de phil. mor.*, de Stewart, §. IV.

sique, et nous n'aimons pas que la psychologie s'attache trop à s'en disculper : cela sent la faiblesse et l'hypocrisie.

Il demeure vrai qu'avec les faits de conscience pris à titre de simples phénomènes, on ne peut construire une science du fond des choses, mais pas plus, mais moins encore le matérialisme que le spiritualisme. La part que dans tous les systèmes l'organe encéphalique prend à l'activité mentale, n'est point aperçue de la conscience. Personne ne sent distinctement l'activité quelconque du cerveau. Dans la sensibilité uniquement, on s'aperçoit de l'intervention des organes, mais des seuls organes extérieurs des sens, et une illusion naturelle et irréfléchie nous porte même à croire d'abord que l'œil voit, que l'oreille entend, que la vue est toute dans l'œil, l'audition toute dans l'oreille; il faut y penser un peu pour se convaincre que l'oreille et l'œil ne font que servir à voir et à entendre, et sont les instruments d'un organe plus intérieur. La multitude n'y songe guère, et quoique le sentiment du moi respire dans tout son langage, dans toute sa conduite, c'est pour elle foi implicite plutôt que science distincte, et l'on peut ici remarquer en passant combien il faut se défier de l'empirisme des sensations. Il nous porte à donner aux organes extérieurs des sens une tout autre importance que celle qui leur est reconnue par l'universalité des physiologistes. Eux-mêmes le récusent en cela, et ils ont raison.

Il faut donc chercher la connaissance hors de l'expérience externe; après elle ou à côté d'elle se trouve l'expérience interne ou la conscience. J'avoue que si l'on ne s'attache point à démêler les principes enveloppés dans les croyances qu'elle suggère, on ne fera point par l'étude de la conscience de grands pas dans la voie de la vérité, et j'accorde à M. Broussais qu'il faut quelque chose de plus. L'intelligence développée, la raison instruite d'abord et comme excitée par l'expérience et la conscience, les féconde, les dirige à son tour, les emploie plus savamment, et refait tant à l'aide de leurs suggestions, que de ses principes et de leurs conséquences prochaines, une science proprement dite. Au fond, c'est par ce procédé que l'on établit toutes les théories anthropologiques, y compris le matérialisme, et il est loin d'être aussi purement expérimental qu'il le prétend.

La doctrine opposée, aussi expérimentale que lui, n'est pas, comme on le pense bien, moins rationnelle.

Elle puise d'abord dans le sentiment bien étudié le principe de l'identité de la personne humaine, et montre ensuite ce principe contradictoire avec la diversité, la multiplicité des organes. En disant que le sentiment manifeste l'identité, je veux dire que l'expérience externe et interne, ou la 'sensibilité et la conscience, complétées par la mémoire, que la perception intérieure des sensations, des affections morales, des actes de l'intelligence, de ceux de la volonté et de ceux des organes qu'elle dirige, atteste diversement mais concurremment un même moi. C'est ce qui a été exposé vingt fois dans ces Essais. Or, ce moi quel est-il pour la plus simple réflexion? Il est quelque chose; il est la personne même; il est, par rapport à toutes les modifications, à toutes les opérations qui viennent d'être rappelées, un agent et un patient. Telle est la philosophie de tous ceux qui ne sont pas philosophes. La réflexion va plus loin, elle distingue davantage, elle devient analytique, et elle remarque qu'après tout la sensibilité, l'expérience, la conscience n'attestent rigoureusement que des phénomènes, qu'elles font croire au moi, mais qu'elles ne le montrent ni ne le prouvent. Alors elle suppose que le moi n'est qu'une succession de sensations et d'idées, une collection d'impressions, d'affections; et sans plus reconnaître d'autres faits, elle sépare l'observation et l'étude des sensations et des idées, de toute recherche relative au principe duquel elles dépendent; et suivant qu'elle est ou non portée soit à se fier aux inspirations de la conscience, soit à se laisser gagner aux subtilités de l'analyse, soit à garder la réserve et la neutralité entre la crédulité et le paradoxe, elle admet le moi comme existence, ou elle le nie absolument, ou elle s'interdit toute conclusion à ce sujet. Là s'arrête, en général, la psychologie proprement dite. Par une sorte de tendance à l'empirisme ou de déférence au sens commun, elle adhère à l'existence d'un être qui sent, pense et veut, sans qu'il résulte pour elle d'aucune analyse scientifique; ou bien elle le rejette comme une induction gratuite; ou enfin elle ne le croit pas objet de science et cesse de s'en occuper. Le scepticisme est contenu à divers degrés dans ces trois partis pris ou à prendre; et c'est par là qu'il a été permis d'accuser la psychologie de penchant au scepticisme. Le dernier parti est celui auquel incline la psychologie écossaise, au moins chez quelques-uns de ses interprètes. Elle paraît souvent penser que la science proprement dite devrait s'en tenir à l'observation du phénomène des facultés; c'est le scepticisme par restriction. Le second parti est un scepticisme presque dogmatique, l'idéalisme, à parler exactement. C'est une doctrine sceptique, parce qu'elle révoque en doute les croyances naturelles de l'humanité et méconnaît l'autorité des principes de la raison. C'est une doctrine affirmative, parce que sur cette récusation de nos facultés, elle fonde une conclusion. C'est enfin un scepticisme qui conclut, l'autre ne conclut pas. Mais des trois systèmes, le premier est le plus sensé, quoique faible encore et insuffisant. Distinguant par l'analyse, comme tous les autres, les questions de phénomène et les questions d'existence, ce système ne résout pas les dernières par la négation. Il croit au moi sur la foi de la conscience, ou sur celle de la sensation, par bon sens, par imitation, par respect pour le témoignage commun, par un instinct pratique, mais pourtant par une sorte d'inconséquence, en ce sens qu'il admet que cette croyance est sans preuve sensible, le moi substantiel encore une fois ne restant pas au fond du creuset de son analyse. Voici les formes que prend ordinairement cette doctrine. Si le respect du sens commun, des croyances qui importent à la morale, qui sont les plus consolantes et les plus honorables pour l'humanité, la domine; c'est alors une psychologie excellente, bien qu'incomplète et faible ou vulnérable par quelques côtés. C'est la psychologie des Écossais prise largement. Si elle accorde beaucoup à la sensation, et que dans ce fait puissant elle répugne à ne voir qu'un phénomène sans substance, plutôt par une sorte de foi irrésistible dans la sensibilité, que par une adhésion réfléchie aux lois de l'esprit humain; c'est le sensualisme raisonnable, lequel cependant peut prendre deux routes, ou, avec Condillac, se décider, en vertu du principe de l'unité, pour la croyance à l'esprit, pour le spiritualisme; ou, avec M. de Tracy, ne sauver la psychologie de cette idéalisme provisoire, qu'on appelle l'idéologie, qu'en se jetant dans le matérialisme avec la plupart des physiologistes. Ceux-ci ne voient dans le moi de la conscience qu'un moi phénoménal, ou le phénomène d'un moi matériel qu'ils s'attachent à observer et à décrire. Mais tous ces systèmes, je le répète, sont plus ou moins entachés de scepticisme, en ce point que tous admettent plus ou moins nettement pour la philosophie une impossibilité qui les touche plus ou moins, d'établir scientifiquement l'existence de la personne réelle; cette concession est un des titres principaux qu'invoque le matérialisme physiologique. Ce fond de scepticisme provient de l'emploi exclusif de ce qu'on est convenu d'appeler la méthode analytique. L'analyse, telle que le dernier siècle l'a enseignée, est le caractère commun et le principe dominant de toute cette psychologie.

Nous avons dit que c'était à ces doctrines que s'arrêtait le second degré de la réflexion; mais il est un troisième degré. Plus attentive, plus profonde, plus hardie, la réflexion démêle les principes enveloppés dans les inductions de la conscience, et qui bien que suggérés par celle-ci, sont vrais indépendamment d'elle. Le moi, manifesté par ses phénomènes, est plus qu'un phénomène, parce qu'il n'y a pas de qualité sans substance, ni d'effet sans cause. Ce sont là des lois, des dogmes, des axiomes de la raison, des vérités régulatrices, bien qu'amenées par voie d'induction. Les croyances de la conscience peuvent tenir d'elle leur empire; mais elles sont légitimes, parce qu'elles s'appuient sur les principes de la raison; elles ont ainsi une vérité empirique et une vérité rationnelle; elles sont vraies de fait et de droit. La raison fonde ce que la conscience atteste, l'existence du moi.

Mais à cette existence la raison ajoute l'unité; et de même que la conscience donne l'unité empirique et phénoménale du moi, la raison lui reconnaît une unité réelle et nécessaire, et du droit qui est en elle, elle prononce que cette unité est d'autre nature que celle d'un tout matériel. L'organisme humain, celui d'un animal quelconque, est un tout matériel. Il a son unité, c'est-à-dire son ensemble. Il est un, en tant qu'il est délimité de toutes parts ou figuré et distinct, et que toutes ses parties conspirent. Mais cette unité même comporte multitude, multitude de côtés et de plans, multitude de parties. L'activité harmonique de l'animal implique diversité des instruments et des fonctions; il n'y a point de concert sans diversité.

L'unité du moi est tout autre et pour la conscience et pour la raison.

Elle est tout autre pour la conscience; car elle n'est pas l'accord seulement des parties et des fonctions. L'accord n'est que la relation, l'accord n'est pas une existence, et nous sommes partis d'une première donnée, celle du moi existant, du moi substance. Or la substance plus l'unité est autre chose que l'accord des substances diverses. Le sujet des actes du moi est le sujet d'attributs qui ne sont percevables qu'à la conscience, d'attributs qui n'ont sous ce rapport rien de commun avec les qualités des corps. Ainsi, à en juger par ses qualités, et l'on ne peut juger d'une substance autrement, rien n'autorise à identifier la substance du moi avec celle du corps. L'unité que lui prête la conscience n'est point celle qui ne sied qu'à la matière et qui suppose des parties, c'est celle qui n'en suppose pas; car dans les différents points de sa durée, dans la succession de ses modifications, dans la comparaison successive ou simultanée qu'il en fait, le moi change et persiste, il est le même et divers,

> ...*alius et idem*
> *Nasceris.*

L'individualité rigoureuse a son type dans le moi. Par son identité en des temps divers, sous des phénomènes divers, il nous donne le sentiment et la notion d'une unité dont aucune représentation externe ne nous offre la pareille ou l'image.

A ce sentiment, à cette notion implicite, comme toutes celles de la conscience, la raison ajoute cette double réflexion.

Les phénomènes du moi nous garantissent quelque

chose d'existant, comme les qualités des corps nous font percevoir quelque chose d'existant. Le support des qualités des corps s'appelle la substance matérielle. Que savons-nous de cette substance? Rien, sinon son existence et ses modes. Dire qu'elle est matérielle, c'est dire qu'elle est manifestée par de certaines qualités fort connues, et qu'on appelle qualités de la matière. Le support des modes du moi, le sujet de ses phénomènes est attesté et manifesté par des accidents qui n'ont nul rapport avec les qualités dites de la matière. Ne lui voyant d'autre point de commun avec la substance matérielle, que l'existence, nous la devons donc appeler substance autre que la substance matérielle. A ces deux ordres de qualités différents qui donnent chacun la seule définition possible de la substance à laquelle ils se rapportent, il faut donc assigner des substances de différente nature. Par la définition même, il y a donc la substance matérielle et la substance qui ne l'est pas.

Développant cette distinction, la raison établit que, pour elle, la substance des corps est manifestée multiple, et la substance du moi manifestée une; et qu'en effet, il est impossible de comprendre sans l'unité l'action du sujet pensant. Le sujet du corps est donc la substance étendue, impénétrable, multiple; le sujet de la pensée la substance non étendue, non impénétrable, une. C'est ce qu'on veut dire, et rien de plus, quand on dit l'une matérielle, l'autre immatérielle, l'une corporelle, l'autre incorporelle. On les appelle dans l'homme le corps et l'âme [1].

[1] Voir, pour le développement de cette démonstration, Bayle,

Voilà jusqu'où va la réflexion philosophique, même avant de s'élever au-dessus d'une science démonstrative et logique, pour atteindre à une science purement spéculative, tentative qui ne lui est pas interdite et qu'elle peut risquer en poussant plus avant ses recherches sur la nature de la substance et sur les causes, la portée et l'essence de ce dualisme, auquel nous venons de la conduire. Mais nous n'avons pas dessein d'aller aussi loin, et ce qui vient d'être dit suffit pour établir contre la physiologie et le matérialisme cette dualité qui, en même temps qu'elle est une vérité scientifique, est un lieu commun de la croyance populaire.

Après avoir dégagé le principe de l'unité du moi, nous rappellerons qu'il est tellement naturel à l'esprit humain, que pour établir le matérialisme il faut changer le sens commun et innover dans le commun langage. L'abus de la causalité et de la personnalité, où la déviation des organes phrénologiques, n. 22 et n. 35, a, selon M. Broussais, introduit la chimère d'un esprit humain; mais ce n'est pas tant un paradoxe des métaphysiciens spéculatifs qu'une croyance du peuple routinier, et s'il y a erreur, c'est une de ces erreurs accréditées par une forte apparence, par un

---

Diction. crit. art. DICÉARQUE, notes C et L, et LEUCIPPE, note E. — L'article *Ame* de la grande *Encyclopédie*. — Condillac, *Art de raisonner*, liv. I, ch. III. — M. Jouffroy, préface de la traduction de l'*Esquisse de philosophie morale* de D. Stewart, 1826. — M. Damiron, *Essai sur l'Histoire de la philosophie en France au dix-neuvième siècle*, T. I. *École sensualiste*, et *Cours de philosophie*, T. I. *Psychologie*, ch. I. — *Revue française*. Examen de l'ouvrage de M. Broussais, n° XI, 1829. — Et dans ce volume l'Essai X.

air de vérité, tout au moins comme l'était jadis la foi dans le mouvement du soleil et l'immobilité du globe terrestre. Comme disent les jurisconsultes, l'*onus probandi* est donc du côté des physiologistes. Ne l'oublions pas en discutant les preuves ou les présomptions de M. Broussais. Il n'a, à ma connaissance, rien établi de direct contre ce qui vient d'être posé. Il a plutôt, suivant l'usage des physiologistes, présenté des fins de non-recevoir qu'il n'a réfuté en soi l'argument philosophique.

N'importe; dans cet ordre d'objections, il y en a de fortes, peut-être même d'insolubles; ce qui ne serait d'ailleurs une raison ni de nier ni de douter. Jusque dans les questions pratiques de la vie, la raison doit savoir se décider même contre des objections insolubles.

La première et la plus générale dans la question qui nous occupe, est prise de la difficulté, ou, si l'on veut, de l'impossibilité de se représenter l'esprit, son union avec le corps, et son action sur les organes. Comment est et comment agit l'esprit? Mystère impénétrable sans doute; mais de quel droit nous l'objectez-vous? N'est-ce pas une vérité triviale dans votre philosophie qu'il est téméraire de vouloir connaître le comment des choses? Ne faites-vous pas profession de penser qu'il y a des mystères impénétrables? Ne dites-vous pas : « Nous ne décou-
« vrons pas la manière dont l'appareil nerveux pro-
« duit la pensée. Il ne s'agit pas de savoir pourquoi
« ni comment; l'hypothèse commencerait..... Le
« comment ou la cause première reste inconnue
« pour les psychologistes comme pour les physiolo-

« gistes. Les agents primitifs... meuvent la matière...
« la mettent dans divers états où figure l'état de vie...
« Voilà le *mystère* impénétrable de la nature..... Les
« causes, les forces ou les principes obtenus par la
« voie de l'induction, cessent de l'être, dès qu'on
« y pense attentivement, pour se résoudre dans le
« grand inconnu. Le moi se passe dans la matière et
« par les impondérables, peut être en partie en eux;
« c'est un *mystère*..... Le phénomène de la conscience
« est un fait dont on doit s'abstenir de tenter l'expli-
« cation. Que se passe-t-il de matériel dans les nerfs
« et le cerveau pour l'exécution de leurs fonctions?...
« C'est le grand *mystère* de l'économie vivante [1]. »
On le voit, partout il y a *mystère*. Il y a dans les
deux cas de l'inconnu, un invincible inconnu. Les
diverses doctrines ne sauraient se le reprocher mutuellement. On ne peut examiner qu'une chose, le
mystère est-il plus grand d'un côté que de l'autre?
est-il du côté du spiritualisme plus répugnant pour
la raison que du côté du matérialisme?

Nous avons déjà touché les difficultés du matérialisme. Il faut, avec M. Broussais, que de simples
condensations d'une substance molle produisent in-
tégralement et substantiellement tous les genres de
sensations, d'idées, d'émotions, d'affections, de
volontés, et dans chaque genre les variétés infinies
de ces divers phénomènes de l'activité mentale. Cela
est au moins étrange et trouble l'imagination. Un
froncement de pulpe avec une altération insensible
de température et de couleur, un phénomène d'irri-

---

[1] T. I, p. 242, 244. — T. II, p. 64, 65, 74, 76, 86, 104 et 182.

tation, c'est-à-dire de pénétration des fluides impondérables et des liquides, sera indifféremment et sauf des modifications fugitives, la sensation de l'odeur d'une rose, la sensation de la soif, la convoitise d'un trésor, la tentation du suicide, la découverte des logarithmes, l'invention de la machine à vapeur, la conception du Paradis perdu, le plan de la bataille de Rivoli, la résolution du chevalier d'Assas, l'improvisation du Polichinelle de Naples. Cette contraction nerveuse, dans ses diverses nuances, sera tout cela et des millions d'autres choses; et en même temps ces millions de choses ne seront en tout que contractions nerveuses, et rien de plus. M. Broussais ne dit pas seulement qu'une contraction nerveuse est attachée et nécessaire à nos actes, mais qu'elle est ces actes mêmes, en tant qu'accomplis et en tant que perçus. Résoudre une équation, ce n'est pas employer et diriger son cerveau de manière à la résoudre ; car qui l'emploierait ou le dirigerait, si ce n'est un moi distinct des organes, par conséquent un esprit ? La résolution d'une équation est une action du cerveau qui se meut pour cela, stimulé par une équation, comme le poumon stimulé par l'air vital se gonfle et respire. La contraction nerveuse, encore une fois, n'est ni le moyen, ni l'instrument, ni la condition de la chose; c'est la chose même; et le résultat du fait de penser est, comme le penser même, un phénomène organique. Je le demande, quoi de plus difficile à comprendre? quoi de plus contraire à la présomption naturelle? quoi de plus répugnant pour la raison? Essayez de vous représenter ceci : il n'y a pas d'esprit; l'idée n'est plus un acte, un produit de l'esprit, un certain état de l'esprit; l'idée n'est plus même un effet d'une opération du cerveau; car un effet est distinct de sa cause, et il faudrait que l'idée se produisît du cerveau dans un autre milieu, qui serait alors un moi distinct de l'organe; non, elle est elle-même une opération du cerveau. Ce je ne sais quoi qui est comme l'idée de la vertu ou comme l'idée d'une quantité négative, n'est que de la fibre et du sang. C'est faute de la voir, c'est faute d'être organisés pour l'apercevoir à l'aide des sens, que nous nous figurons que ce ne soit pas cela, que ce soit autre chose. La douleur, la colère, la pensée, le souvenir, la compréhension ne sont pas seulement des produits de la modification des organes, ce ne sont que des organes modifiés. Autrement il faudrait qu'il y eût quelqu'un qui, par le moyen des organes, conçût, reçût la douleur, la colère, la pensée, le souvenir, et alors le matérialisme n'existerait plus. Quand je dis : je pense à la vertu, je devrais dire : la circonvolution placée sous le pariétal, sous la partie latérale de la voûte de mon crâne[1], est dans l'état de tension, de couleur et de chaleur, expérimentalement connu sous le signe *pensée de la vertu*. Pensée de la vertu, souvenir de Rome, calcul des fractions, sont des états d'organes comme œdème, hypertrophie, phlogose, gangrène; et ce qui est curieux et nécessaire, les idées de gangrène, phlogose, hypertrophie, œdème, sont aussi des états des organes, distincts des états mêmes désignés par ces

[1] Organe de la conscience morale ou conscienciosité (Spurzheim).

noms. Quand le cerveau par exemple pense au cerveau, il est dans l'état physique idée du cerveau, état où lui-même représente lui-même à lui-même, sans que lui-même se sente lui-même.

Demandez-moi maintenant comment un esprit peut agir sur un corps ; cela est mystérieux, j'en conviendrai ; mais les idées, les sentiments, les raisonnements ne sont pas, pour l'expérience, des choses corporelles ; il est impossible de leur percevoir ni concevoir une étendue, une impénétrabilité quelconque ; et je vous demanderai à mon tour comment des corps peuvent produire des choses incorporelles, comment des organes peuvent engendrer des sentiments, des idées, des raisonnements ; comment le sensible peut engendrer l'insensible. Ce mystère-ci vaut l'autre. Qu'on y songe bien, un frémissement fibreux sera pour lui-même la démonstration du théorème de Taylor ! Et par suite ce théorème n'existera qu'autant qu'un cerveau sera actuellement dans l'état local d'irritation qui devrait en porter le nom ! Voilà le sort réservé aux vérités éternelles des mathématiques.

Dans les deux systèmes, la difficulté vient de la dissemblance qui existe entre les deux termes qu'il faut ou rapprocher ou confondre. Remarquez cependant une différence saillante ; pour le spiritualisme, les deux dissemblables, le corps et l'esprit, sont dans la relation d'action de l'un à l'autre, selon ce que Kant appelle la catégorie de communauté (*Gemeinschaft*, ou commerce). Pour le matérialisme, les deux termes sont dans la catégorie d'attribut à substance ou d'effet à cause. Le spiritualisme, en effet, ne dit pas que l'esprit produit le corps, ce qui paraîtrait plus que mystérieux, ce qui paraîtrait absurde, au lieu que le matérialisme attribue au corps la puissance de produire l'incorporel ou de se manifester par l'incorporel. Pour l'un, le corps est le relatif de l'esprit; pour l'autre, le spirituel est l'effet ou le mode du corps. Ce dernier mystère est tout à fait inintelligible; le premier au contraire se réduit à la conception d'un être dont la nature soit précisément de comprendre ce qui n'est pas lui, ou, plus brièvement, de comprendre. Or, tout revient à la question de savoir d'abord si le fait de l'intelligence existe, ensuite si ce fait ne donne pas nécessairement l'existence de l'être intelligent, être *sui generis*, aucune propriété de la matière observable ou concevable ne donnant l'intelligence, et n'étant pour la raison compatible avec l'intelligence. Une fois que l'être intelligent serait reconnu comme nécessaire, on ne serait plus recevable à demander comment il est dans un certain commerce avec la matière, car ce serait demander ce qui résulte de la supposition même. Par la supposition, ou l'être intelligent n'est pas, ou il est l'être, qui n'est pas la matière, en commerce avec la matière. Et du moment que cette relation existe, l'action de l'un sur l'autre, à l'aide d'une liaison et d'une coordonnance préalable, devient admissible comme une forme ou une condition de cette mystérieuse relation.

La relation donnée, je ne refuse pourtant pas de l'examiner, et de réduire à sa juste valeur cette interrogation sans cesse renaissante de M. Broussais :

Comment ce qui n'est pas corps peut-il exercer de l'action sur ce qui est corps ?

C'est demander en d'autres termes comment le dissemblable peut agir sur le dissemblable. Ceci paraît s'appuyer sur le principe longtemps reçu en physique : le semblable ne peut agir que sur le semblable ; principe admis par toute l'antiquité, et qui dès le temps de Démocrite et dans ses mains, fut l'instrument du matérialisme [1]. Mais d'abord ce principe, pris d'une manière absolue, est faux ; car le rigoureusement semblable, c'est l'identique, et en physique l'identique n'agit pas sur lui-même. Toute relation d'action nécessite au moins la duplicité, c'est déjà une dissemblance, et il y aurait plus de vérité à dire : il n'y a d'action qu'entre les différents. Il faut au moins une différence de lieu entre les mêmes ; et encore en différant de lieu, les mêmes agissent peu les uns sur les autres ; il faut supposer en eux des forces contraires pour qu'un tel phénomène s'accomplisse. En chimie, il n'y a que les différents qui agissent les uns sur les autres. Le spectacle de toute la nature atteste qu'un certain degré de différence entre les corps est nécessaire à l'action des uns sur les autres.

Jusqu'où peut aller cette différence sans que l'action devienne impossible ? Elle peut aller très-loin ; on dirait que l'action est d'autant plus intense que la différence est plus grande. Exemple : les rapports d'action qui se manifestent entre les corps organisés et ceux qui ne le sont pas. Mécaniquement, quelle

---

[1] Aristote, *Métaphys.* XII, 10. — *De generat. et corr.*, I, 7. — *Sext. Emp. adv. Math.*, I, VII.

force modifie plus la matière que la force humaine ? Chimiquement, quel corps la modifie plus que l'animal qui se l'assimile ? Comme aussi quelle action saisissante, terrible même, les corps inorganiques ne peuvent-ils pas exercer sur les corps organisés ! Il semblerait que l'action n'est jamais plus énergique qu'entre les hétérogènes.

Mais il faudrait s'entendre sur l'hétérogénéité ; c'est une expression dont le sens varie suivant l'ordre d'idées dans lequel on raisonne. Les hétérogènes de la mécanique ne sont pas ceux de la chimie, et une définition générale serait difficile. C'est avec les physiologistes, c'est avec M. Broussais que nous discutons. Pour ceux qui ne croient qu'à la matière, il n'y a dans tout ce qui existe rien de plus hétérogène que ce qu'ils appellent les impondérables et les corps pesants. Or, admettent-ils l'action des impondérables sur les corps pesants ? Ils l'admettent au point d'expliquer presque tout par elle. Voilà, certes, une grande dissemblance ; l'impondérable agir sur le pesant ! c'est la négation de l'axiome, le semblable agit seul sur le semblable.

Mais qu'est-ce qu'un impondérable ? C'est un corps sans pesanteur. C'est un corps ; car que serait-ce ? un esprit ? Nous pourrions, nous, dire de ces folies ; mais les physiologistes ne nous feraient pas si beau jeu. C'est donc un corps, et un corps sans pesanteur, non pas un corps pesant dont la pesanteur serait absolument insensible ; car qu'est-ce qu'une pesanteur insensible ? une pesanteur qui ne pèse pas. La pesanteur n'est pas une qualité absolue de la matière ; l'idée de pesanteur est relative à l'homme. La pesanteur est un effet d'une propriété qui peut-être elle-même n'est point absolue. Peser suppose une sensation. Les impondérables sont donc les corps sans pesanteur. Tout le monde sait d'ailleurs qu'ils sont invisibles, intangibles, et ainsi, pour les sens du moins, immatériels. Or qu'est-ce qu'un corps ainsi conçu? Ce qui lui reste des qualités de la matière est insaisissable, et il y a bien du mystère dans ces mots, la matière électrique ou le fluide lumineux. Je n'en conteste pourtant pas l'existence; je demande seulement si la nature de ces corps ne devrait pas donner de grands soucis, de grandes défiances aux physiologistes, et si elle ne devrait pas être saluée de leur part de la déclaration superbement humble qu'ils ne comprennent pas ce qu'on veut dire quand on en parle.

Et la nature de ces corps n'est pas tout; reste leur action. Qu'est-ce que cette action? Il est bien aisé d'unir ensemble les mots suivants : « Nous ne vi« vons que par l'excitation. L'excitabilité est entre« tenue par le calorique et l'oxygène;... l'électricité « joue aussi un grand rôle.... Les impondérables « donnent à la matière cérébrale la puissance de « produire ces phénomènes vitaux. Le moi se passe « *par* ou *dans* les impondérables. Le concours d'une « matière vivante et des impondérables peut être « donné comme cause appréciable du sentir et du « moi [1]. » Mais en vérité qu'est-ce que cela veut dire comme explication? Ce n'est qu'une traduction, encore très-hasardée, des phénomènes. C'est l'ex-

[1] T. I, p. 242, 247. — T. II, p. 71, 273, 274, 276.

pression de quelques apparences combinées avec quelques hypothèses, expression destinée à représenter systématiquement des faits certains; mais je ne vois d'ailleurs rien de plus concevable dans tout cela que dans l'union de l'âme et du corps.

On me répondra ce que j'ai dit moi-même, que toutes les théories des faits un peu compliqués de la physiologie, de la chimie, de la physique, se réduisent à des descriptions de mouvement, et le mouvement à des phénomènes d'attraction ou de répulsion, peut-être même d'impulsion seulement; et l'on en conclura que l'action et la réaction des corps entre eux se bornant à des phénomènes de mouvement, quoique mystérieuse dans ses effets, est aussi admissible que les phénomènes les plus simples des forces mécaniques. Ainsi l'on expliquera tout par le mouvement. Mais d'abord quoi de plus obscur que le mouvement? Que n'en a-t-on pas dit chez les Grecs, que n'en a-t-on pas dit chez les modernes, jusqu'à ce que Galilée s'avisât d'en rechercher les lois au lieu d'en scruter la nature? Puis, est-ce donc chose si intelligible que l'action purement mécanique d'un corps sur un autre, pour qu'on y trouve encore la cause et l'essence même du sentiment et de la pensée? L'impulsion, la plus simple impulsion elle-même est impénétrable; et en assimilant à l'impulsion le phénomène de la perception ou de la volonté, on croira l'avoir mieux comprise! Mais n'est-ce pas expliquer *obscurum* au moins *per obscurum*; et parce que vous ne savez pas pourquoi ni comment une bille pousse une bille, saurez-vous mieux comment le corps et l'esprit agissent l'un sur l'autre, quand vous aurez dit qu'il se passe entre eux la même chose qu'entre les deux billes[1]?

Ne sortons pas de cet ordre d'exemples. Presque tous les physiciens admettent des forces. S'ils les supposent distinctes des corps, voilà des existences incorporelles, actives cependant et agissant sur les corps, et produisant des phénomènes sensibles. C'est la même difficulté que celle de l'action de l'âme sur le corps. Si cette difficulté n'arrête pas quand il s'agit de mouvement inorganique, elle ne doit pas arrêter en physiologie; car il est naturel d'induire du spectacle de l'activité humaine que le principe de cette activité est une force en même temps qu'une intelligence. Mais il est vrai que M. Broussais n'admet la force qu'avec répugnance, même dans l'ordre physique [2]. Accordons-lui tout; il n'y a point de force, il n'y a que des *êtres forts*, comme il n'y a d'étendue ou de solidité que dans le concret. Ces êtres forts sont les *atomes actifs*. Les atomes actifs sont les derniers éléments des corps ayant en eux-mêmes, comme conditions de leur existence, toutes les propriétés nécessaires pour produire les phénomènes sans nombre de l'univers, depuis le mouvement de diastole et de systole du cœur jusqu'à la course elliptique du soleil autour du foyer inconnu de son incommensurable orbite, depuis

[1] Cet argument a été parfaitement développé dans un ouvrage remarquable et peu connu que nous avons eu souvent sous les yeux en composant cet Essai, Doctrine des rapports du physique et du moral, par F. Bérard (1 vol. in-8, Paris, 1823). C'est une réfutation de Cabanis et un traité de psychologie.

[2] *De l'Irritation*, préface, p. LXV, LXVI, LXXV, LXXVI. — T. I, p. 516, 566. — T. II, p. 69.

l'adhérence réciproque des imperceptibles fossiles à cent quatre-vingt-sept millions par grain dans le tripoli de Bohême, jusqu'à la conception nerveuse de l'autre vie dans la protubérance cérébrale de l'idéalité. Mais alors, je le demande, est-ce là, je ne dis pas une science, une explication, je ne dis pas une expression philosophique, mais une description intelligible et de sens commun? Qu'est-ce qu'une physique qui se réduit à dire : Il n'y a que des corps sans force distincte et constitués de manière à produire tout ce qui se passe? Ce n'est pas là une science, c'est la négation de toute science ; c'est le système des qualités occultes dans sa plus grande nudité; c'est le mystère affirmé en langage mystérieux.

Une seule lumière luit au milieu de ces ténèbres. Point d'âme, point d'esprit, point de forces ; mais il y a une cause première et inconnue, et c'est parce que cette cause existe que les choses sont comme elles sont. De ses propriétés, de ses lois, de sa nature, de son action, d'elle, en un mot, résulte l'ordre que nous voyons. Le monde est son phénomène. Faute de pouvoir montrer que la matière soit intelligente par elle-même, c'est-à-dire en vertu seulement de ses propriétés et des agents physiques qui l'animent, on admet en sus l'action de la cause première, et sur cette action invisible, inconnue, indescriptible, on reporte tout ce qu'on n'ose expliquer par la simple puissance des causes connues. On charge le premier principe de tout ce qu'à elle seule la matière en mouvement ne saurait donner. C'est lui qui s'irrite et qui se meut, qui sent et qui pense, dans tous les êtres organisés, simples machines dont il est le moteur immédiat et commun, formes diverses de l'Être unique et suprême.

> *His quidem signis atque hæc exempla secuti,*
> *Esse apibus partem divinæ mentis, et haustus*
> *Æthereos dixere ; Deum namque ire per omnes*
> *Terrasque, tractusque maris, cœlumque profundum ;*
> *Hinc pecudes, armenta, viros, genus omne ferarum,*
> *Quemque sibi tenues nascentem arcessere vitas :*
> *Scilicet huc reddi deindè, ac resoluta referri*
> *Omnia ; nec morti esse locum, sed viva volare*
> *Sideris in numero atque alto succedere cœlo.*

Or, sait-on bien comment s'appelle cette opinion ? elle s'appelle le panthéisme. M. Broussais est panthéiste. Comment l'éviterait-il ? Il ne veut pas de principe spirituel individuel ; le spiritualisme est *un roman dont le héros est un homme déguisé* [1]. Reste le matérialisme ; mais le matérialisme, réduit à la physique expérimentale, est trop insuffisant. L'oxygène, le calorique, l'électricité ont beau faire, ils ne peuvent tout faire. Il faut quelque chose de plus, il faut une cause au delà de tous ces agents, qui se mette en rapport avec l'homme dans le milieu nerveux, dans l'albumine irritable [2]. Ce recours à l'action de la cause première pour expliquer les phénomènes immédiats, cette ascension sans intermédiaire de l'individuel au général, c'est proprement le panthéisme. Le matérialisme y conduit nécessairement les esprits distingués, car en lui-même il n'est pas une position tenable.

Quoi qu'il en soit, cette cause supérieure aux phé-

[1] T. II, p. 85.
[2] T. II, p. 182, 186.

nomènes agit sur le monde matériel et dans le monde matériel, sans être observable, sans avoir à l'existence qu'on lui reconnait d'autre titre que d'être exigée par la raison [1]. Comme nécessité logique, cette cause suprême se fait admettre d'autorité ; on ne lui dispute plus la réalité, quoiqu'elle n'ait aucun des attributs de la nature matérielle, ni l'action, quoiqu'elle doive agir sur cette nature matérielle dont elle est si différente. Que deviennent après une telle concession la plupart des objections péremptoires dirigées contre le spiritualisme? Que devient cette impossibilité prétendue d'admettre quoi que ce soit de dépourvu des apparences corporelles, et de l'admettre agissant sur le monde des apparences corporelles? Elle tombe, et l'argument principal du matérialisme perd sa validité universelle.

Ne dites donc plus que l'esprit ne peut agir sur le corps, puisque votre cause non phénoménale produit les phénomènes, et inobservable dans le monde, agit sur le monde observable; il n'est ni plus absurde, ni plus contradictoire, ni plus difficile de concevoir dans l'homme une force intelligente et voulante, une cause, un principe, un être inconnu et invisible, mais attesté par ses phénomènes immédiats, comme la substance corporelle par ses qualités ou apparences sensibles qui sont ses phénomènes. L'idée

---

[1] Nous disons par la raison, puisque cette notion se forme, suivant Broussais, en vertu de la causalité, faculté supérieure et réflective. Mais cette faculté agissant par l'induction spontanée et non par suite d'une perception directe, il l'appelle sentiment. « On ne peut remonter que par le sentiment à un mobile supérieur aux impondérables. » (T. I, p. 569.)

d'un tel agent n'est pas plus négative que celle d'une cause suprême conclue par induction de l'ordre de ce monde, mais qu'on n'assimile à aucun phénomène de ce monde ; jamais inaccessible aux sens n'a été synonyme de néant. Dire que l'esprit ne peut agir sur le corps parce que le négatif ne peut agir sur le positif [1], c'est décider la question par la question; l'esprit n'est négatif que s'il n'existe pas. Parce qu'en métaphysique on arrive souvent à l'idée de substance spirituelle par l'élimination, et si l'on veut par la négation des phénomènes ou qualités de la matière, il ne s'ensuit pas que l'être spirituel soit négatif. N'être pas telle ou telle chose n'équivaut pas à n'être rien, et ce n'est point nier un être que de le définir par ce qu'il n'est pas. D'ailleurs, quand on dit avec Descartes : l'esprit est inétendu, on entend surtout qu'il est un. La substance une, sujet des phénomènes du sentiment et de la pensée, c'est une idée positive, non une négation. Ce n'est pas une négation en logique, et pour la traiter comme telle en ontologie, il faudrait avoir prouvé qu'elle n'existe pas, or c'est ce qui est resté à démontrer.

Conclusion. Les physiologistes, et M. Broussais en particulier, n'entreprennent de prouver leur thèse que par des objections *a priori* contre la thèse contraire. Nous croyons qu'il résulte de cet examen que de ces objections, les unes sont supprimées, les autres sont affaiblies, et que celles-ci, en tant qu'elles subsistent, sont démontrées communes à tous les systèmes. C'est ce que résument les propositions suivantes :

[1] *De l'Irritation*, T. II, ch. VI, sect. VI, p. 65.

1°. Si la contraction est la forme générale de l'action de la matière cérébrale, il n'y a nulle identité, nulle analogie percevable entre un nerf contracté et un phénomène de pensée.

2°. L'assertion qui confond avec les phénomènes d'innervation les phénomènes intellectuels et moraux, ne repose donc sur aucune observation directe, soit interne, soit externe, soit des sens, soit de la conscience. Et comme d'ailleurs elle ne résulte d'aucune des lois de la raison, elle est gratuite.

3°. Ce n'est donc pas un procédé légitime de la science, une application régulière de la méthode expérimentale que de nier des causes spéciales ou des sujets spéciaux pour des effets ou phénomènes spéciaux, quand d'ailleurs on admet des causes inconnues, des actions mystérieuses, ou tout au moins une cause première dont l'action et la nature sont impénétrables.

4°. Toutes les objections préalables que l'on dirige contre l'existence et l'action d'un principe pensant, retombent ainsi sur le matérialisme quand il n'est pas athée.

5°. L'unité du moi à travers ses phénomènes suppose l'unité de substance. L'unité de substance du moi étant nécessaire, sa liaison avec les organes devient le fait donné par l'expérience. Comment s'opère cette liaison, comment est-elle possible? là est le mystère.

6°. Cette liaison étant admise, les organes étant une condition de l'action de l'intelligence, toutes les suites de l'état des organes pour l'intelligence, tous les faits connus de réaction du physique sur le moral, sont des choses fort naturelles, qui concordent avec l'hypothèse d'une liaison, aussi bien qu'avec l'hypothèse d'une confusion.

7°. Quant au rapport entre le physique et le moral, on peut renoncer à l'expliquer, il le faut même; et la tentative de le représenter par les propriétés seules de la matière, d'une part ne réussit pas, de l'autre excède la portée de la science. Le comment reste dans tous les cas un mystère impénétrable.

8°. Il est plus obscur dans l'hypothèse du matérialisme. Il y a dans cette hypothèse plus qu'obscurité, il y a contradiction avec les phénomènes. La matière n'a jamais l'unité du moi; les phénomènes du moi n'ont rien de commun avec les qualités de la matière.

En définitive et supposition pour supposition, tout se réduit à savoir quelle hypothèse est plus admissible, de celle d'un être intelligent, uni par une relation mystérieuse avec le corps, ou de celle de la matière étendue et multiple, pourvue de la propriété mystérieuse de sentir, de penser et de raisonner, c'est-à-dire de faire acte d'unité en vertu d'un simple arrangement de parties. Or le mystère de l'action d'un principe de nature inconnue sur la matière dont il est distinct, a pour précédent, pour type ou pour analogue, le mystère de l'action non contestée soit des forces, soit des causes premières sur le monde; tandis que le mystère de la matière intelligente est en contradiction avec tous les phénomènes, autant qu'avec la raison.

III.

RÉFUTATION GÉNÉRALE.

Trois motifs portent à contester l'existence de l'esprit. — Cette existence ne nous est attestée par aucune perception, révélée par aucune intuition directe. — Les phénomènes d'où elle est induite sont constamment accompagnés de phénomènes organiques. — Si les uns et les autres appartenaient à des principes différents, l'union de ces deux principes, qui serait l'union de l'âme et du corps, serait inexplicable; donc elle est impossible.

On peut répondre : En admettant que l'esprit n'existe pas, nous n'avons pas davantage intuition ou perception de la cause des phénomènes intellectuels. — Les phénomènes organiques eux-mêmes ne peuvent se concevoir que par la supposition de causes ou de forces qui ne sont ni constatées, ni expliquées, ni connues. — L'union de la matière des organes avec les propriétés qui en font des organes vivants est elle-même inexplicable; donc elle est impossible.

Sur ces trois chefs, le procès contre la physiologie serait plus facile à instruire et à motiver que ne l'est celui qu'elle intente à la métaphysique. Un gros livre ne suffirait pas à l'analyse, même sommaire, des systèmes sur le principe de l'organisation, de la vie, de l'animation, de la sensibilité. Les hypothèses et les formules ont été diversifiées à l'infini pour expliquer ou exprimer ce qui fait que nous sommes ce que nous sommes physiquement. Cet

Essai a offert plus d'une allusion aux doutes et aux discordances de la science sur le principe physique des phénomènes intellectuels. Personne n'ose les rapporter purement et simplement aux propriétés connues de la matière en général. Si elle était pensante, sentante, animée seulement, ou seulement organisée, en vertu de ses propriétés générales, elle le serait toujours et partout, comme elle est étendue, impénétrable, figurée, colorée, et les attributs qui la placent accidentellement dans le règne animal se retrouveraient essentiellement dans ses moindres parties. La mort se réduirait à la dispersion des molécules organiques, et celles-ci emporteraient chacune avec elle leur part de sensibilité, d'intelligence et de vie. Or cela n'est pas ; ces caractères résident distinctement et exclusivement en de certains agrégats individuels qui sortent de ligne, et qui ne les conservent qu'autant que subsiste la cause invisible qui les a développés et qui les maintient. Ces caractères tiennent-ils à l'agrégation même? Il le paraît; mais ce n'est pas cependant la combinaison des molécules chimiques d'oxygène, d'azote, de carbone et d'hydrogène, principes généraux de la matière animale, qui suffit à la constituer telle qu'elle nous apparaît. L'animal est un agrégat formé suivant un certain plan, dans un certain but; un corps mécaniquement et chimiquement disposé comme le corps humain, serait produit par l'art, qu'il ne serait qu'un corps inanimé. Le corps d'un être tué en parfaite santé donne la preuve visible que, même composées et placées dans l'ordre particulier à l'organisation, les molécules matérielles ne suffisent pas pour produire la nature vivante. Dans la formation de l'animal, ces molécules acquièrent donc une propriété spéciale qu'elles ne tireraient jamais d'elles-mêmes. Si, comme on n'en saurait douter, elles ne sont pas des substances nouvelles créées à nouveau pour chaque être, et détruites avec chaque être, s'il n'y a pas, lorsque l'animal est conçu, transmutation de la matière, mais appropriation de la matière préexistante à une nature nouvelle, cette nature nouvelle suppose un principe, une cause, une propriété qui la transforme et qui s'unit temporairement à elle, sans toutefois s'identifier à jamais avec ses parties. Or, ce je ne sais quoi qui fait que la matière brute, inanimée, insensible, inerte, est maintenant organisée, vivante, douée de sensibilité, de force libre, de volonté, d'intelligence, ne peut être ni consubstantiel au corps, car la substance est ce qui ne périt pas, ce qui persiste après la dissolution ; ni mode accessoire de la matière du corps, car tout mode est homogène à l'essence, ou résulte des modes essentiels, et l'essence, comme les modes essentiels de la matière en général, ne donne en aucune façon les propriétés de la vie ni de la pensée. Ce je ne sais quoi est cependant une abstraction ou un être. Est-ce une abstraction? c'est alors une qualité; or si nous retrouvons dans le corps toutes les qualités de la matière, les propriétés nouvelles dont nous parlons ne sont réductibles à aucune d'elles; du mouvement, de la forme, de la couleur, tels sont bien encore les symptômes de ces propriétés nouvelles ; mais ce n'est rien de tout cela qui les constitue. Est-ce un être? sa nature nous est inconnue; elle échappe à la perception comme à la conscience; elle n'est rien pour les sens. Être ou abstraction, ce je ne sais quoi qui serait principe de vie, de sensibilité, d'intelligence, ne saurait en aucun cas être l'objet de l'expérience. La physiologie, en qualité de science tout expérimentale, ne saurait donc l'admettre; et pourtant, comme science expérimentale, l'observation des faits ne lui permet point de s'en passer. Matériel ou spirituel, un élément inconnu, que nous appellerons par hypothèse, à la manière des scholastiques, *l'animalité* ou *l'humanité*, est nécessaire à l'existence et à la possibilité de l'animal ou de l'homme; et cet inconnu, fût-il un élément matériel, est exigé par la raison et non empiriquement donné. Ainsi, non-seulement les phénomènes intellectuels, mais même ceux de la vie et de l'organisation, nécessitent l'intervention de quelque chose que ne manifeste aucune sensation et dont la nature est inconcevable. Sans ce principe, l'organisation de l'être vivant est une transsubstantiation de la matière, c'est-à-dire un miracle; or le bon sens n'y a jamais vu qu'une incarnation.

Mais qui est incarné? Est-ce une matière nouvelle, différente de la matière générale, une matière spéciale qui ne tombe pas sous les espèces du corps visible et tangible, une matière subtile? Je ne sais pas une objection contre l'existence de l'esprit qui ne puisse être dirigée contre celle de la matière subtile. Une matière qui n'a aucune des apparences de la matière, est une conception aussi gratuite que celle d'un être qui n'est pas matière. La matière subtile qui sent, qui pense, n'est ni plus ni moins difficile à admettre que le principe immatériel du sentiment et de la pensée. Elle n'a que son nom qui la sauve.

Les physiologistes ne diront pas qu'on leur impute des chimères. On les met au défi de citer un naturaliste qui n'ait tôt ou tard invoqué pour expliquer les phénomènes vitaux, et avec eux les phénomènes intellectuels, l'intervention d'une entité spéciale. Ce n'est pas notre faute s'ils ont mal défini cette entité, et si elle a pu tour à tour être prise pour un souffle, un feu, un corps, une abstraction. Nous ne nous chargeons pas de prouver que la physiologie se soit constamment rendu bien compte de ses conceptions. La nature médicatrice d'Hippocrate, l'âme irraisonnable de Galien, l'archée de Van-Helmont, l'*impetum faciens* de Boerhaave, l'âme sensitive de Hoffmann, les esprits animaux de Descartes, air, vent, flamme ou liqueur [1], l'animisme de Stahl, la sensibilité organique de Bordeu, le principe vital de Barthèz, l'organisation de Bichat, sa sensibilité animale distincte de la sensibilité organique, la puissance nerveuse de Prochaska, la force vitale de Chaussier, l'excitabilité de Brown, l'irritabilité de Haller, de Gall, de Broussais, *ce principe inconnu mais matériel*, comme dit le dernier, *qui fait jouer les ressorts de l'existence*, ou comme il dit encore, *la sensibilité résultat immatériel et incompréhensible de l'exercice de nos fonctions* [2], qu'est-ce que tout

---

[1] *La Description du corps humain*, préface, T. IV, p. 435. — *L'Homme*, T. IV, p. 345. — Réponse aux quatrièmes obj. T. II, p. 52.

[2] *De l'Irritation*, T. I, part. I, ch. III, p. 63. — *Traité de Physiologie appliquée à la pathologie*, T I, p. 26.

cela, des métaphores, des qualités ou des êtres? Bien habile qui répondrait à cette question. Toute conception analogue ne peut se rapporter pourtant qu'à un être de raison, une matière subtile, une force, une âme, ou un Dieu. S'il s'agit d'un être de raison, il s'agit d'une qualité. Une qualité de quoi? de rien, car ce ne peut être une qualité de la matière, l'être de raison étant ici inventé précisément pour suppléer à l'insuffisance des qualités de la matière. S'agit-il d'un fluide, d'une matière subtile, l'hypothèse d'un corps qui échappe aux sens, qui n'a ni l'étendue, ni la solidité, mais qui pénètre et meut, si elle n'est une chimère, est la conception de la force. La force est ou substance ou qualité. Qualité, quelle est sa substance? Substance, une force, cause du mouvement vital, une force, cause de la pensée, du sentiment, de la volonté, diffère bien peu d'une âme. Ainsi la physiologie est amenée à cette désolante alternative, une âme ou Dieu. Elle prendra son parti; nous l'avons vu, elle se dévouera, elle choisira Dieu. Elle fera circuler, s'il le faut, la cause suprême dans tous les canaux du règne organique, et les nerfs charrieront la Divinité dans leur mystérieux trajet.

On ne peut réussir à rester matérialiste. Après s'être bien attaché aux phénomènes corporels, après avoir montré au bout du scalpel ou sous le verre de la loupe, les fibrilles tressaillantes de la vie et de la pensée, le physiologiste, à un moment venu, pose ses instruments, quitte la terre, et s'élançant dans un monde intelligible, invoque des causes accessibles à l'esprit seul, et se dédommage d'avoir matérialisé l'esprit en spiritualisant la matière.

Il serait aisé en effet de convaincre les physiologistes les plus décidés contre l'admission d'un esprit doué de personnalité, qu'ils admettent forcément en dernière analyse un principe invisible, soit individuel, soit général, qui reproduit sous divers oms l'âme végétative ou l'âme universelle. Car, ou les phénomènes de l'organisme vivant sont sans cause, ou leur cause n'est pas de la nature de la matière connue. Une cause qui n'est pas de la nature de la matière connue, est déjà quelque chose approchant une cause immatérielle.

Toutes les fins de non-recevoir contre l'intervention de tout principe supérieur à l'expérience sont donc déplacées dans la bouche des physiologistes. Ne souffrons pas que les Gracques se plaignent de la sédition.

Pour contester le spiritualisme, les savants devraient commencer par y renoncer eux-mêmes; c'est-à-dire que réduisant la science au classement et à l'analyse des phénomènes, ils devraient se taire sur les causes, constater des mouvements sans induire des forces. Ils devraient dire : l'homme n'a connaissance que des phénomènes, ceux qu'il sent et ceux qu'il suppose, 1°. d'après les effets qu'il leur assigne; 2°. d'après l'état et la structure des agents visibles auxquels il les rapporte. Toute science est donc éminemment phénoménale. Or, les phénomènes de l'organisme n'étant pour les sens que des phénomènes d'étendue et de mouvement, restent, comme tous les phénomènes d'étendue et de mouvement, soumis à la science des lois générales de la matière. En quoi d'essentiel pour la simple observation les apparences d'un viscère en fonctions different-elles de celles d'une machine? On ne peut le dire. Or, puisque toute machine, le monde inorganique lui-même, cette machine immense, est régie par des principes mécaniques, tous les phénomènes de la vie rentrent ou doivent rentrer dans la science de la physique générale. Limitons la science à l'observation, l'observation aux phénomènes, les phénomènes à des mouvements d'organes, et décomposons ces mouvements et ces organes comme nous ferions du mécanisme d'une montre, en les rangeant dans l'ordre de leur action. La science de l'homme se réduira ainsi à une anatomie et à une physiologie purement descriptives. Voilà dans toute sa prudence le rôle de la science expérimentale appliquée à la nature humaine.

Mais quel physiologiste s'en est tenu là? aucun. M. Magendie lui-même qui professe un inflexible mépris pour les abstractions systématiques, après avoir bien simplement décrit toutes les propriétés physiques ou chimiques des éléments du corps humain, est obligé d'en admettre une qu'il appelle *action vitale*, et qu'il ne peut rattacher à rien. Cette action vitale semble résulter de l'organisation et non de la nature des éléments du corps organisé. Or, l'organisation n'est qu'un mot, ou elle est un principe nouveau introduit dans la matière.

Les phénomènes organiques sont des mouvements sans doute comme ceux de la chimie, comme ceux de la physique; à cet égard ils sont mécaniques, ils le sont pour le toucher et pour la vue. Cependant aucune mécanique ne donnera la formation constante et harmonique des organes, c'est-à-dire la génération. Aucune mécanique ne donnera l'irritabilité, même l'irritation des organes; aucune, leur mouvement propre, leur activité originelle, l'ensemble de leur action, la vie enfin; aucune, leurs sympathies, ces conditions fondamentales de la santé et de la maladie; aucune, la sensation purement nerveuse, ni le moyen du mouvement volontaire. De là, pour le physiologiste, des faits qui ne peuvent être que verbalement ramenés aux lois générales de la matière. De là l'impossibilité que la mécanique organique suffise à l'homme, comme la mécanique céleste suffit au monde. Encore celle-ci est-elle obligée d'emprunter sans explication deux forces à l'observation, la force de projection et la force centrale. La physique est toujours sans réponse à la question de Rousseau : « Que Newton nous montre la main « qui a lancé les planètes sur la tangente de leur « orbite? »

D'ailleurs les phénomènes appréciables ne sont pas les seuls certains; faut-il redire que les sensations, les pensées, les affections, les volontés sont des faits tout aussi certains, quoique parfaitement inaccessibles aux sens? Encore bien moins, ces faits sont-ils réductibles aux lois mécaniques de la matière. Aucun phénomène de mouvement, absolument aucun ne présente, même pour une induction éloignée, une analogie saisissable avec ces actes si fréquents, si connus, accompagnement nécessaire et témoignage unique des faits dont s'enquiert l'observation externe.

La physiologie mécanique est donc une science incomplète ; elle n'explique pas, elle ne décrit même pas tout l'organisme. Elle l'embrasserait tout entier qu'elle n'embrasserait pas tout l'homme, ou elle n'y parviendrait que par des conjectures et par des hypothèses.

Si donc les physiologistes tiennent à se montrer observateurs aussi sévères, expérimentateurs aussi scrupuleux qu'ils le prétendent, qu'ils se gardent d'aucune conclusion sur la nature et la cause de ceux des phénomènes organiques qui ne sont pas purement mécaniques, de ceux des phénomènes humains qui ne sont pas sensiblement organiques; et qu'ils s'en tiennent à cette modeste conclusion : Il n'y a de science que la science d'observation. L'observation montre dans l'homme une masse étendue, figurée, mobile, colorée, ayant la température, la pesanteur, la cohésion, etc. Par là, il ne diffère pas essentiellement du reste de l'univers sensible, et les phénomènes de son corps sont les mêmes que ceux de tous les corps. Dans quelles conditions, sous quelles formes, dans quel ordre, à quel degré ces phénomènes se manifestent-ils? Telle est l'unique question que doit se poser la science, et qu'elle peut résoudre par l'observation en se faisant descriptive. L'observation et la description reconnaissent alors à ces phénomènes communs des caractères spéciaux. Ils paraissent distincts de tous les autres par leurs causes finales, par les circonstances de leur manifestation, conséquemment par leurs causes immédiates ou instrumentales.

Les classer méthodiquement, c'est-à-dire dans leur ordre de succession, et dans leur ordre d'action et de réaction, tel est encore le pouvoir et le droit de la science. Enfin l'observation distingue entre elle-même et les faits organiques, des faits intermédiaires, observables par sentiment intime dans l'observateur, et cependant invisibles et intangibles, phénomènes pourtant, puisqu'ils sont connus, et qu'on peut rappeler, comparer, juger, soumettre à l'induction et au raisonnement, conséquemment introduire dans la science comme tout le reste. Ni par les circonstances de leur manifestation, ni par la forme dans laquelle ils sont connus, ni par leurs causes finales, ni par leurs causes immédiates, ils ne paraissent se confondre avec les phénomènes précédents. Les confondre ne serait plus observer ni décrire; et la science de ces faits se formera par l'observation et s'achèvera par la description.

Voilà où doit conduire et s'arrêter l'esprit de la méthode expérimentale religieusement suivi. Or, cette conclusion, quelle est-elle? C'est la conclusion même de la psychologie ordinaire. L'objet de la physiologie n'est connu et ne peut être défini que par ses phénomènes, c'est-à-dire par ses qualités sensibles. L'objet de la psychologie ne peut être connu ni défini que par ses phénomènes, c'est-à-dire par ses modes observables. De là deux sciences, comme il y a deux ordres de phénomènes. Ne dites pas que ce qui présente l'un de ces ordres de phénomènes s'appelle matière; nous ne dirons pas que ce qui présente l'autre s'appelle esprit; ou, si nous parlons de la matière et de l'esprit, il sera bien entendu que ce sont les noms arbitraires, l'un de ce qui est étendu, figuré, coloré, mobile, etc.; l'autre de ce qui sent, juge, veut, se souvient, etc. Quelle est l'essence de l'une ou de l'autre de ces choses? Est-elle la même pour l'une et pour l'autre? questions étrangères à la science d'observation ; questions étrangères à la physiologie et à la psychologie. L'une sera matérialiste pour elle-même, l'autre spiritualiste pour elle-même, c'est-à-dire chacune dans ses limites; mais l'une ne conclura point pour l'autre. L'opposition de la matière et de l'esprit ne sera que la distinction entre les deux ordres de phénomènes que chacune des deux sciences étudie. Le sujet immédiat de l'un de ces ordres de phénomènes est-il essentiellement différent du sujet immédiat de l'autre, ou bien les deux ordres se réunissent-ils dans un même et unique sujet? Les deux sciences consentent à l'ignorer ; le mot même de substance ne sera point prononcé, et la paix sera faite [1].

Tel est, en effet, le compromis que la psychologie offre à la physiologie, et il est vraiment singulier qu'il ne soit pas accepté par celle de qui la proposition aurait dû venir. Quant à moi, je l'avoue, je ne me résigne pas pour la psychologie, encore moins pour la philosophie, à une telle humilité. Ce ne serait pas même un partage égal. La psychologie ne

[1] « En exposant les notions relatives que nous avons de l'esprit « et du corps, j'ai évité d'employer le mot *substance* pour n'éveil- « ler aucune controverse. » D. Stewart, *Éléments de la philos. de l'esprit humain*, T. I, *note* A. Voyez aussi son *Histoire des sciences métaph.*, T. I, ch. II, p. 183, et la *note* I.

dispute pas à la physiologie son domaine; elle se borne à défendre le sien. Elle lui laisse le corps, tandis que la physiologie ne veut pas lui laisser l'esprit. Il ne s'agit pas, en effet, de mettre d'accord le matérialisme et l'idéalisme, mais le matérialisme et le spiritualisme. Le matérialisme est un envahissement dont la physiologie n'a pas besoin pour exister, et l'esprit serait toléré qu'elle resterait tout entière. Il n'y a de partage égal que dans le système des frontières naturelles. Aussi bien je soupçonne quelque artifice dans le désintéressement de la psychologie. Lorsqu'elle dit que par la transaction proposée tous les droits de la philosophie de l'esprit humain sont en sûreté, elle a bien l'air de garder l'arrière-pensée de reprendre son terrain par un détour. Plus tard, en présentant comme des phénomènes et partant comme des faits, les convictions naturelles de l'esprit humain sur lui-même, elle pourrait bien faire rentrer dans la science descriptive toutes les notions qu'elle aurait paru écarter avec la science rationnelle. Nous aurons plus d'exigence et plus de sincérité.

Un de ces Essais sera consacré à la revendication des droits de la philosophie dans la question débattue entre la physiologie et la psychologie, et nous ne laisserons tronquer ni nos méthodes ni nos conclusions. Ici, il ne nous reste qu'une chose à faire, détruire les prétextes du matérialisme en réduisant à leur valeur les difficultés qu'il nous oppose.

On sait que penser maintenant de l'objection fondée sur l'impossibilité de constater directement l'existence de l'esprit. C'est le sort de toutes les causes, de toutes les forces, de toutes les substances, de tout ce qui est invisible dans l'ordre de la physique. La difficulté étant commune à tous les systèmes, à toutes les sciences, est donc ici comme nulle. Deux points restent à considérer : l'un est la liaison constante des phénomènes organiques avec les phénomènes moraux, ce qui constitue, dit-on, une probabilité en faveur du matérialisme; l'autre, l'impossibilité d'expliquer le rapport de l'âme et du corps, ce qui constitue, dit-on, une objection contre le spiritualisme. Soumettons ces deux points à un dernier examen.

L'union des phénomènes des deux ordres n'est rien moins qu'une découverte. Ce fait, vieux comme le monde, n'a échappé en aucun temps aux philosophes d'aucune école; il n'a été ni méconnu ni atténué par ceux qui ont le plus insisté en faveur du principe spirituel. Mais il n'a pas plus mis d'obstacle aux doctrines spiritualistes qu'il n'a exercé d'influence sur la croyance du genre humain. Car c'est la croyance du genre humain que celle d'un principe distinct des organes et des sens, et qui ne peut être de même nature, puisqu'on ne le croit pas détruit avec eux. L'objection porte donc sur des faits connus, dès longtemps appréciés, et elle n'a pas beaucoup troublé l'humanité ni découragé les philosophes.

Parmi les naturalistes, elle est loin d'avoir constamment produit les mêmes effets. Il ne se sont pas tous accordés à ne voir dans l'homme qu'un système organique. Un grand nombre, ne pouvant réussir à expliquer l'organisation par elle-même, ont cru qu'elle réclamait un principe invisible, ne fût-ce que pour présider à ses propres fonctions. La physiologie, matérialiste pour le compte de la philosophie, a été spiritualiste pour son propre compte, si c'est être spiritualiste que d'admettre un principe d'action inaccessible aux sens. Il est vrai qu'on a tiré de là une autre conséquence ; de ce principe, âme de la vie physique, on a fait toute l'âme, qui n'a plus guère été que l'animation. C'est même en ce sens que le mot a été souvent et longtemps employé. L'*anima* de toute la latinité philosophique ancienne et moderne n'est pas le synonyme de l'esprit pur, et Descartes, l'inventeur peut-être de l'esprit pur, se plaint de *l'équivoque qui est dans le mot d'âme, et de ce que les premiers auteurs n'ont pas distingué en nous ce principe par lequel nous sommes nourris, nous croissons et faisons sans la pensée toutes les fonctions qui nous sont communes avec les bêtes, d'avec celui par lequel nous pensons.* Aussi celui-ci, *cet acte premier, cette forme principale de l'homme,* il l'a, dit-il, *le plus souvent appelé du nom d'esprit pour ôter cette équivoque et ambiguïté* [1]. Maintenant que cet esprit soit distinct de cet autre principe qui n'est pas le corps, en sorte qu'il y ait dans l'homme trois principes, l'âme pensante ou l'esprit, l'âme animante ou la vie, l'appareil organique ou le corps, ou bien que les deux âmes doivent être réunies en une, c'est une question dont la solution intéresse peu la difficulté qui nous occupe à ce moment. Il s'agit en effet de savoir si l'identité des deux natures apparaît dans le mélange des phénomènes.

[1] T. II, Réponse aux cinquièmes objections, p. 253. T. VIII, Lettre au P. Mersenne, p. 504.

De ce que des phénomènes intellectuels sont précédés, accompagnés et suivis de phénomènes organiques, résulte-t-il que les uns doivent être rapportés au même sujet que les autres? La logique universelle, l'expérience universelle, ne fait qu'une réponse; c'est que la coïncidence ne peut légitimement suggérer que la connexion. La liaison dans le temps de phénomènes distincts n'a jamais attesté entre eux l'identité substantielle, mais bien un rapport. Et lequel? un rapport de causalité.

Prenons le plus simple exemple, la sensation. Mes sens, ou les organes externes de mes sens, sont affectés par un objet. Cette affection des membranes où s'épanouissent les nerfs, est communiquée à mes nerfs; l'affection des nerfs est communiquée au centre nerveux, c'est-à-dire à mon cerveau. La sensation s'accomplit; je sens. Où se passe la sensation? Dans les organes externes? Non, sans doute; le vulgaire le croit; il croit que l'œil voit, tandis que l'œil représente. Mais ici le physiologiste est d'accord avec le philosophe; la sensation n'est point dans l'organe externe. Est-elle dans les trajets nerveux? Pas davantage. Est-elle dans le cerveau? Oui, dit le physiologiste. Mais en quoi l'affection des nerfs du cerveau ressemble-t-elle plus à la sensation que l'affection des nerfs proprement dits ou celle de leurs extrémités épanouies? Impossible de le dire. Il y a plus de similitude entre ces trois affections successives qu'entre aucune d'elles et la sensation. Or, si de l'aveu de tous ni la première, ni la seconde n'est la sensation, si l'une et l'autre ne sont que les conditions organiques de la sensation et non pas elle, pourquoi la troisième, qui ne diffère pas essentiellement des premières, et que les physiologistes appellent comme les autres une irritation, ne serait-elle pas de même une condition organique de la sensation, pourquoi serait-elle la sensation elle-même? C'est par une supposition gratuite et contraire à l'analogie que l'on rayerait ces mots échappés à la conscience universelle : *Je sens*, pour les remplacer par cette formule : *Mon cerveau sent*. Le vulgaire dissémine la sensibilité, le physiologiste la centralise, le philosophe la personnifie. Mais le vulgaire qui croit que l'œil voit, ne dit point : *Mon œil voit;* il dit : *Je vois*. Le physiologiste ne croit pas que l'œil voie, mais il devrait dire : *Mon cerveau voit*, et non *je vois*. Le philosophe ne croit à la vision ni de l'œil, ni des nerfs, ni du cerveau; il ne croit qu'à celle de la personne, et il dit : *Je vois* comme le vulgaire. La science et le sens commun s'accordent.

La physiologie divise le phénomène organique. Elle ne met la sensation ni dans l'organe externe, ni dans le nerf. Pourquoi? parce qu'elle ne l'y voit pas, ou n'y voit rien qui lui ressemble. Elle la met dans le cerveau : l'y voit-elle ou y voit-elle ce qui lui ressemble? non. Mais, dit-elle, le cerveau supprimé, la sensation n'a plus lieu. L'organe externe et les filets nerveux supprimés, a-t-elle lieu davantage? Mais on ne sent pas quand le cerveau est paralysé, on sent mal quand il est malade; donc c'est lui qui sent. On ne voit pas quand l'œil est crevé, on voit mal quand l'œil est malade; est-ce donc l'œil qui voit? Mais au delà du cerveau on n'aperçoit rien. Aperçoit-on quelque part la sensation ? Cependant elle se constate d'une certaine façon ; et si cette façon particulière de la constater n'existait pas, jamais l'observation scientifique ne la ferait connaître. Instrument, autopsie, injection, dissection, analyse chimique, rien ne ferait connaître la sensation, n'était la sensation même. Ainsi, aucune expérience, aucun phénomène sensible, aucune raison, aucune ressemblance, aucune analogie, n'identifie l'affection du cerveau avec la sensation. L'épanouissement externe est l'épanouissement de mes nerfs ; mes nerfs sont les prolongements de mon cerveau ; *mon* cerveau est le cerveau de *moi*. C'est ce dernier terme que la physiologie retranche. Avec elle, mon cerveau est le cerveau de mon corps, mon corps le corps de mon cerveau, ou plutôt c'est un cercle vicieux. Du cerveau vous ne remonterez jamais qu'au cerveau, qui ne sera qu'un cerveau, et jamais le mien. Le cerveau qui sent, et qui sent qu'il sent, ne sera jamais que le cerveau de lui-même. Rigoureusement, le moi est inexprimable dans le système de la sensibilité organique.

Ce qui est vrai de la sensation sera vrai de la pensée. De ce qu'un phénomène organique est l'antécédent ou l'accompagnement nécessaire d'une sensation, une induction naturelle nous persuade qu'un phénomène organique convoie nécessairement tout acte de la pensée, séparé même de toute sensation ; et cette analogie est confirmée par la nécessité de la présence du cerveau pour la pensée, de la santé du cerveau pour que la pensée soit normale ; enfin la fatigue de la tête suit l'activité de la pensée. Que se passe-t-il alors dans le cerveau? on l'ignore. Mais ce qui s'y passe est-il identique ou comparable à la pensée? pas plus qu'à la sensation. La pensée n'a phénoménalement rien de commun avec une irritation, une vibration, une stimulation. Le moi pensant n'est pas plus atteignable dans le cerveau pensant que le moi sentant dans le cerveau sentant; et la nécessité d'une condition organique de la pensée ne confond pas nécessairement la pensée avec cette condition.

Enfin, quand la pensée se transforme en volonté, c'est-à-dire qu'un phénomène organique voulu se manifeste dans le corps et pour la sensibilité interne, en conformité de la pensée, quelle identité, quelle parité, quelle analogie nous autoriserait à confondre la volonté avec l'action du cerveau sur les nerfs, des nerfs sur les membres? Nous retrouvons dans l'ordre inverse tous les phénomènes qui accompagnent la sensation, et les raisons qui nous ont porté à distinguer de ces phénomènes la sensation, nous obligent à en distinguer la volonté.

Mais vous ne concevez pas, dans la sensation, dans la pensée, dans la volonté, quelque chose au delà du cerveau. Vous ne le concevez pas, dites-vous; mais dans la volonté, dans la pensée, dans la sensation, quand le cerveau agit, ou sent, pense, veut, le fait-il en vertu des propriétés connues de la matière, ou d'aucune des forces supposées dans les corps par la physique générale? Vous ne l'affirmeriez pas. Aucune de ces propriétés ou de ces forces ne vous rendraient un phénomène moral. Vous pouvez disposer de toutes, de la pesanteur, de l'affinité, de l'électricité et du reste; vous les faites jouer au gré de l'art des expériences. Jamais vous ne réussiriez à tirer la pensée ou la sensation de tout cela; vous ne le tenteriez point. Il y a donc là une propriété inconnue, une force inconnue. Le cerveau, comme masse étendue, figurée, même organisée, ne se meut pas lui-même, n'agit point par lui-même. Vous êtes obligé d'admettre un principe d'action qui est en lui, qui ne se sépare point de lui, tant qu'il est cerveau, mais qui cependant n'est essentiel à aucune de ses parties. Ce principe, n'étant pas la matière dont est composé le cerveau, s'il est une abstraction, n'est rien. C'est la cause inconnue de tous les phénomènes que vous attribuez au cerveau, par conséquent des phénomènes intellectuels et moraux. Il est donc la cause inconnue et spéciale de phénomènes incomparables avec les phénomènes généraux de la matière. Or, cette cause est, par la supposition même, un principe réel, spécial, distinct de la matière connue, n'ayant rien de commun avec elle que d'être avec elle et en rapport avec elle; tout cela vous l'avouez. Que cette force soit une énergie individuelle ou la cause universelle et suprême, vous êtes contraint de la concevoir, au delà ou en dedans du cerveau phénoménal, et en rapport d'action avec la matière du cerveau. Ne me dites pas que ce n'est qu'une qualité, et qu'une qualité n'est pas proprement un être. Quoi! la pensée est un accident de la substance cérébrale, c'est-à-dire de la matière du cerveau? Mais d'abord les accidents de la matière sont du ressort de la perception; celui-là est impercevable. Puis un accident est la qualité du tout ou des parties. Celui-ci appartiendrait-il au tout et non aux parties? La matière ne comporte pas de telles qualités; elles sont contradictoires avec la nature de l'être homogène et étendu. La qualité serait donc inhérente à toutes les parties? Mais aucune partie, séparée du tout, ne pense, ni ne veut, ni ne sent. Enfin serait-elle dans une seule partie? laquelle donc? un point? divisible ou indivisible? Divisible, c'est le tout matériel, la difficulté revient. Indivisible, un principe spécial, réel, différent de la matière par tous ses phénomènes, concentré dans un point indivisible, et cependant en rapport d'action et de passion avec la matière, qu'est-ce autre chose que la conception même d'un principe immatériel?

Voilà ce qui résulte de l'examen méthodique de la première probabilité du matérialisme. Maintenant passons au rapport des phénomènes entre eux.

Si l'homme est corps et esprit, comment le corps et l'esprit sont-ils liés, comment agissent-ils l'un sur l'autre? Cette liaison, cette action mutuelle est inexplicable; donc elle est inconcevable, donc elle est impossible. Mais d'abord ce qui est inconcevable n'est pas nécessairement impossible. Comment les molécules d'un corps sont-elles à la fois agrégées par la force de cohésion et séparées par la force de répulsion du calorique? Comment l'électricité est-elle tout à la fois si manifeste dans ses effets, si insaisissable dans sa nature? Comment la force est-elle transmise d'un corps à un autre dans le plus simple phénomène d'impulsion? Tout cela est inconcevable, et tout cela est reconnu possible et réel. Mais il peut y avoir des degrés dans l'inconcevable; on peut dire que dans toutes les liaisons de cause et d'effet de la physique, un rapport de nature rend plus vraisemblable la connexion des phénomènes et l'action mutuelle des forces et des substances. On posera même en principe qu'il n'y a point de rapport possible entre deux natures substantiellement et essentiellement différentes. Mais ce principe serait le jugement de la question par la question, et n'a ni plus ni moins de valeur que ces autres propositions : Le corps et l'esprit sont deux êtres dont les essences sont différentes et s'excluent l'une l'autre; mais elles sont constituées de manière à pouvoir être unies et agir l'une sur l'autre, ou l'une à l'occasion de l'autre. Ceci est aussi la question jugée par la question ; les deux assertions ne sont démontrées ni l'une ni l'autre; mais pour soutenir la première, la physiologie aurait à répondre préalablement aux questions suivantes :

1°. Comment admet-elle l'action d'un principe de l'organisation et de la vie qui n'est pas, ainsi que nous croyons le lui avoir démontré, de même nature que la matière du corps? Ou si elle rejette ce principe, comment explique-t-elle, comment conçoit-elle la vie, la sensibilité, l'activité organique de la matière du corps ?

2°. Dans tous les phénomènes de mouvement, comment explique-t-elle l'action de la force? Si elle croit la force immatérielle, le principe qu'elle oppose à l'action de l'âme sur le corps est faux. Si elle croit la force matérielle, qu'elle la montre confondue avec les propriétés générales de la matière. Si elle nie la force, qu'elle montre les phénomènes de mouvement et de changement résultant des propriétés générales de la matière inerte.

3°. Comment conçoit-elle l'action de Dieu sur le monde matériel ? Dieu n'est pas matière, Dieu est matière, ou Dieu n'est pas. Qu'elle s'explique sur tous ces points, ou qu'elle renonce à l'existence d'une cause première. Car admettre son existence et refuser de s'expliquer sur sa nature, c'est accorder que cette nature peut être telle qu'elle se distingue profondément de tout ce que nous connaissons de la matière, et demeurer cependant compatible avec l'action de cette cause sur la matière. Or cette concession suffit, et, de Dieu, elle est en principe applicable à l'âme.

Tout ceci est purement polémique ; abordons à présent la question des rapports du corps et de l'âme, non pour la résoudre, mais pour l'éclaircir. Quels sont les caractères principaux de ces rapports, et ces rapports une fois caractérisés, s'ensuit-il une impossibilité absolue de les supposer entre un système matériel et un principe qui ne l'est pas ?

Bien des phénomènes se passent dans l'organisme sans que l'esprit y participe ; bien des phénomènes ont lieu sans conscience ; mais aucun phénomène dont il y ait conscience, n'a lieu sans une certaine coopération du corps ; il faut au moins que le corps soit présent et vivant. Il faut même, c'est une probabilité qui est pour nous une certitude expérimentale, une action d'une partie de l'organisme qui réponde à tout acte donnant lieu à un phénomène de conscience. C'est là le fait le plus éminent de la liaison pure et simple. Point d'action de la pensée sans action du cerveau; ce n'est pas la tête qui pense, mais on pense avec la tête. Sans aucun acte de la volonté, sans rapport appréciable d'influence mutuelle, par une coïncidence constante érigée à juste titre en connexion, l'action de la pensée est accompagnée de l'action du cerveau. Assurément la première détermine la seconde; peut-être la seconde peut-elle déterminer la première, même hors le cas de la sensation. Dans les rêves, dans la rêverie, dans les moments où l'esprit se laisse aller vaguement, sans lier ses pensées par un autre fil que l'association fortuite des idées, il est possible que l'action propre du cerveau, laissée en quelque sorte à elle-même, détermine à peu près seule la suite des différentes consciences qui se succèdent en nous; mais il est encore plus certain que l'intelligence, par ses facultés volontaires, l'attention et la réflexion, détermine impérieusement les actions correspondantes du cerveau qui lui sont nécessaires, et suscite même les phénomènes du cerveau qui se rapportent à l'action de deux facultés moins soumises à la volonté que les autres, savoir l'association des idées et la mémoire. Ces facultés sont moins volontaires, en ce qu'elles sont mises directement en action par une faculté tout à fait involontaire, la sensation. Tous nos souvenirs, toutes nos associations d'idées, ont été originairement le produit de causes accidentelles, d'expériences internes ou externes; c'est là ce qu'il y a de fortuit et de fatal dans notre monde intérieur. La sensation a sa cause hors du moi ; c'est la plus involontaire de nos facultés, ou plutôt elle l'est tout à fait en ce sens que nous ne pouvons, par les seules forces de l'intelligence et de la volonté, la renouveler ou l'empêcher ; nous ne pouvons que jusqu'à un certain point suspendre son empire ou modérer sa vivacité, en disposant de notre attention, dont parfois même elle s'empare de vive force, ou bien réaliser au dehors les circonstances nécessaires pour la reproduire. Par l'entremise de la sensibilité, un pouvoir extérieur s'exerce donc sur notre moral ; et en déterminant certaines modifications cérébrales, des causes, indépendantes de nous, limitent notre volonté, la gênent, quelquefois la subjuguent. Non-seulement nous ne saurions nous empêcher de sentir, mais nous ne pouvons même, à un certain degré, nous défendre de faire céder ou de laisser céder à la sensation nos facultés les plus volontaires. Les sensations ne sont pas seulement perceptives, elles sont affectives. Si nous sentions comme nous pensons, sans peine comme sans plaisir, sans haine comme sans amour, l'organe physique ne serait qu'un pur instrument. Notre intelligence serait libre, si ce n'est qu'elle ne pourrait point ne pas voir ce qu'elle voit, sentir ce qu'elle sent. Mais ce qu'elle sent, ce qu'elle voit ne serait que matériaux bruts et neutres, et il ne résulterait de la nécessité de se servir de ces matériaux et de les prendre comme ils sont, qu'une limitation de la portée de l'intelligence. Dans sa sphère, elle serait absolument libre. Mais il en est autrement. Les sensations sont agréables ou désagréables. La cause finale de ce fait paraît être éminemment dans les besoins de la vie physique; ainsi le voulait, on peut le conjecturer, la conservation de l'individu et de l'espèce. D'où l'on infère à bon droit que le plaisir et la peine, et toutes leurs conséquences, ont leur origine dans les intérêts de la matière. De là cette grande sévérité de la morale pour la matière, et les imprécations que l'esprit a souvent prononcées contre le corps. Quoi qu'il en soit de ces conjectures, la sensibilité, en tant qu'affective, ajoute un élément considérable à l'action des phénomènes organiques sur l'intelligence et la volonté. Nous ne pouvons nous abstenir non-seulement de percevoir ce que nous percevons, mais de jouir et de souffrir, de désirer et de craindre, d'espérer et de regretter. Ainsi notre mémoire, notre jugement, notre raisonnement, sont modifiés non-seulement par le fait, mais par la qualité des sensations. Cette qualité est un poids nouveau dans la balance de l'intelligence. Le phénomène organique, qui n'avait qu'une action informante sur les phénomènes inorganiques, exerce une action sollicitante; ce qui limitait seulement la liberté, la séduit. En rapportant ces deux modes d'action, l'un à la perception, l'autre au sentiment, on peut dire que la perception instruit, que le sentiment émeut; si le premier peut tromper, le second peut corrompre; et toujours l'intelligence cède quelque chose aux besoins, aux désirs, aux craintes. Elle a toujours, il est vrai, conscience qu'elle pourrait céder plus, qu'elle pourrait céder moins; et, sous ce rapport, sa liberté s'appelle, pour cette raison, libre arbitre. La part qu'elle doit abandonner à la perception est fixée par la sensation même ; elle est toute faite. Celle qu'elle délaisse au sentiment est variable, parce qu'elle est arbitraire. L'intelligence oscille entre deux limites extrêmes, l'absolue résistance et l'abandon absolu. Tout ceci est de la plus haute importance pour le bonheur pratique, pour la morale pratique : en métaphysique, cela n'importe que comme phénomène des rapports des organes avec le moi ou du corps avec l'âme.

Ainsi les rapports d'action de l'âme et du corps peuvent s'exprimer comme il suit :

Point d'action intellectuelle sans une action organique correspondante.

Dans le cerveau, la première détermine nécessairement la seconde, c'est-à-dire sans en avoir conscience, sans en avoir la volonté, sans savoir qu'elle est ni quelle elle est, comme une cause détermine fatalement son effet.

Par la volonté dont elle a conscience, cette même cause peut déterminer, au moyen d'une action déterminée fatalement dans le cerveau, une action à l'extrémité des organes dont elle a une connaissance phénoménale par la sensation externe ou interne.

La présence et la santé du cerveau et des organes sont donc nécessaires au moi dans la vie terrestre.

L'action des organes déterminée par des causes étrangères ou extérieures à l'intelligence, détermine ou occasionne forcément certains phénomènes dans la conscience, et par conséquent une certaine action intellectuelle ;

Les uns, complétement soustraits dans leur nature à l'action de la volonté, à l'initiative de l'intelligence, les sensations perceptives;

Les autres également indépendants quant à leur nature, mais dépendants jusqu'à un certain point quant à leur degré, les sensations affectives;

D'autres enfin qui suivent de ceux-là, plus dépendants de l'intelligence et de la volonté, mais pouvant être cependant les effets indirects les plus prononcés de l'action des phénomènes organiques, savoir les besoins, les sentiments, les passions qui dérivent des sensations.

Ces trois modes d'action du physique sur le moral pourraient s'appeler, l'un l'action, le second l'influence, le troisième l'empire.

Cette description nous paraît embrasser tous les rapports du physique et du moral. Car si l'on admet les faits élémentaires dont elle se compose, on admettra et on comprendra aisément comme conséquences les faits secondaires. C'est-à-dire qu'aisément l'on comprendra que l'état particulier où se trouvent les organes, comme les accidents de la constitution, de la santé, de la vie, modifient dans leur degré, dans leurs proportions, les phénomènes de l'action variable que ces organes exercent; et l'on cessera de se beaucoup enquérir de toutes ces circonstances de la vie physique qui de Lucrèce à Cabanis ont tant charmé les naturalistes.

Maintenant cette action mutuelle est-elle possible? est-elle un mystère qui non-seulement dépasse notre connaissance, mais qui répugne à notre raison? c'est le point de la question.

La difficulté a troublé les plus grands esprits, ceux-là même qui n'ont pas pris le parti de l'abolir pour la résoudre.

On en chercherait vainement la solution dans Bacon. Bien qu'il ait mis au rang des sciences la théorie de l'alliance entre l'âme et le corps, *Doctrina de fœdere*, il semble n'y avoir vu que l'occasion de quelques recherches physiologiques sur les rapports appréciables des deux natures. L'interprétation de la physionomie et celle des songes, l'influence des maladies sur l'âme et des passions sur le corps lui paraissent les quatre parties qui constituent cette science [1]; c'est-à-dire que Bacon n'a vu que des expériences à faire sur les conséquences d'un fait qu'il a oublié de demander à l'expérience d'établir.

Descartes et Leibnitz ont été plus curieux, et le problème n'a pas tenu peu de place dans leurs méditations.

Descartes qui le premier a distingué sévèrement les deux substances [2], a cependant insisté pour qu'on se gardât bien de penser que soit l'âme, soit le corps, soit la simple juxtaposition de l'âme et du corps fût l'homme véritable. Dans l'homme, l'âme est *très-étroitement conjointe, réellement et substantiellement unie* au corps, et cette union, unité de composition mais non de nature, constitue l'humanité [3]. En parlant ainsi, il n'affaiblissait pas la difficulté,

---

[1] *De dign. et augm. scient.*, lib. IV, cap. I.
[2] C'est un hommage que lui rendent Arnauld et Henry More (*OEuvres de Descartes*, T. X, lettres, p. 137 et 386), et D. Stewart au moins pour les temps modernes.
[3] T. I, *Méditation* VI, p. 336. — T. II, Réponse aux quatrièmes objections, p. 50. — T. VII, Lettre à M. Regius, p. 581.

et s'exposait hardiment aux objections. Elles ne lui ont pas manqué. Il a rencontré sur son chemin et ceux qui doutaient avant Locke que la pensée fût incompatible avec l'étendue, et ceux qui dès lors attaquaient le spiritualisme, par l'impossibilité tant de l'union du simple et de l'étendu, que de l'action de l'incorporel sur le corporel [1]. Ses œuvres polémiques si nombreuses, si remplies, ses précieuses lettres abondent en éclaircissements, en réfutations, en explications. S'il n'a pas délivré la raison du fardeau d'un tel problème, il en a du moins diminué le poids.

Sa doctrine est connue. L'esprit et le corps sont deux substances. En tant que substances, ils s'excluent; car la pensée constitue l'essence de l'un, comme l'étendue l'essence de l'autre. Pour l'un comme pour l'autre, la pensée et l'étendue ne sont pas de ces attributs qu'on donne ou retire à volonté; l'esprit et la pensée, le corps et l'étendue sont inséparables. Ainsi l'âme pense toujours, le corps est toujours étendu. Mais le corps et l'esprit sont séparables, cependant ils sont unis. Chacun éprouve par soi-même qu'il est une seule personne qui a un corps et une pensée, lesquels sont de telle nature que cette pensée peut mouvoir le corps et sentir les accidents qui lui arrivent [2].

[1] Objections de Hobbes, d'Arnauld, de Gassendi, de divers théologiens et géomètres, de Henry More et de Henry Leroy (*OEuvres de Descartes*. Object. contre les *Méditat.*, T. I, p. 468, et T. II, p. 11, 92 et suiv., 229 et suiv., et p. 317. — T. X, lettres, p. 71 et 246).

[2] T. I, *Méthod.* IV. — *Méditat.* VI. — T. II, Réponse aux cinquièmes et sixièmes objections, p. 251 et 359. — T. III, *Princ. de*

Cependant l'âme n'a que les attributs d'une substance incorporelle. Elle n'est point principe de mouvement et de vie; il n'y a point d'âme motrice, végétative, sensitive. L'âme agit, et par son action même elle détermine sans le savoir, dans la glande *conarion* ou pinéale, qui est son principal siége, des mouvements des esprits animaux, agents directs du mouvement comme du sentiment. Ces esprits sont de petits corps, les parties les plus vives et les plus subtiles du sang que la chaleur a raréfiées dans le cœur, et qui de là entrent sans cesse dans les cavités du cerveau et en sortent sans cesse par ses pores pour aller courir dans les nerfs, par où ils entretiennent la sensibilité externe et cérébrale et la contractilité musculaire. Le principe du mouvement est donc dans le sang échauffé par le cœur, et si dans certains cas des mouvements sont déterminés par l'âme ou l'esprit, ils ne sont pas l'ouvrage direct de la volonté; ils procèdent principalement de la disposition des organes, soumis au cours de la liqueur des esprits animaux, dont la direction est modifiée nécessairement par les actes de la volonté à l'insu de la volonté même [1].

Il ne se passe rien dans le corps dont il ne soit

---

la philos., part. I. — T. IX, Lettre à la princesse Élisabeth, p. 123 et 129. — T. VIII, A un révér. père de l'Oratoire, p. 568, et T. VII, p. 592.— Remarques de Descartes sur un certain placard, T. X, p. 77, et Lettre à Arnauld, p. 146 et 156.

[1] T. IV, *Les passions de l'âme*, part. I. — *Traité de l'homme.* — *La description du corps humain*, préface. — T. II, Réponse aux quatrièmes objections, p. 51. — T. VIII, Lettre à Regius, p. 511 et 518. — T. IX, Lettre à un seigneur, p. 418. — T. X, Lettre à M. Chanut, p. 45.

possible de rendre raison par des principes mécaniques ¹, rien par conséquent qui doive être attribué à autre chose que la substance étendue. La substance incorporelle est donc exclusivement sentante, voulante, pensante. Il n'y a pas d'autre âme que l'âme raisonnable.

C'est à la distinction de l'âme et du corps que Descartes s'est surtout attaché; et longtemps il n'a presque rien dit de leur union. Cependant comme on fait de celle-ci une objection contre celle-là, il répond en niant d'abord que de cette union il résulte que la pensée soit un mode ou une dépendance du corps. Si par exemple chez les fous, la faculté de penser est troublée, il n'en faut pas conclure qu'elle soit tellement attachée aux organes qu'elle ne puisse être sans eux. De ce qu'elle est souvent empêchée par ces organes, il ne s'ensuit aucunement qu'elle soit produite par eux. Il s'ensuit seulement que tant que l'esprit est uni au corps, il s'en sert comme d'un instrument pour faire ces sortes d'opérations auxquelles il est pour l'ordinaire occupé, mais non que le corps le rende plus ou moins parfait qu'il n'est en soi. De ce qu'un artisan ne travaille pas bien toutes les fois qu'il se sert d'un mauvais outil, on ne peut inférer qu'il emprunte son adresse et la science de son art de la bonté de son outil ².

---

¹ T. II, Réponse aux quatrièmes objections, p. 52. — T. X, Lettre à Morus, p. 235.

² T. II, Réponse aux quatrièmes objections, p. 50-53. — Réponse aux cinquièmes objections, p. 251. — T. IX, Lettre à la princesse Élisabeth, p. 123 et 129.

Que l'esprit, qui est incorporel, puisse faire mouvoir le corps, il n'y a ni raisonnement ni comparaison qui nous le puisse apprendre; mais néanmoins nous n'en pouvons douter, et il faut bien prendre garde que cela est l'une des choses qui sont connues par elles-mêmes et que nous obscurcissons toutes les fois que nous les voulons expliquer par d'autres [1].

Cependant comme toute la difficulté ne procède que d'une supposition qui est fausse et qui ne peut être aucunement prouvée, à savoir, que si l'âme et le corps sont deux substances de diverse nature, cela les empêche de pouvoir agir l'une contre l'autre, on peut représenter aux physiciens qu'ils admettent dans les corps des *accidents réels*, comme la chaleur, la pesanteur et autres semblables, et qu'ils ne doutent pas que ces accidents ne puissent agir contre le corps; et toutefois il y a plus de différence entre eux et lui, c'est-à-dire entre des accidents et une substance, qu'il n'y en a entre deux substances. Par exemple, l'accident réel ou qualité réelle distincte, appelée pesanteur, peut, dit-on, mouvoir une pierre vers le centre de la terre, et l'on croit l'entendre assez bien, parce qu'on en croit avoir une expérience manifeste. Or, il n'est pas plus difficile de concevoir comment l'âme meut le corps que comment une telle qualité meut la pierre en bas. Il n'importe pas que cette pesanteur ne soit pas une substance, car on la conçoit comme une substance, puisqu'on la croit réelle. Et si l'on dit qu'on la

---

[1] T. X, Lettre à Arnauld, p. 161.

conçoit comme corporelle, ou elle sera corporelle en tant qu'elle appartient au corps ou peut s'unir à lui, encore qu'elle soit d'une autre nature, et l'âme aussi peut être dite corporelle en ce sens-là ; ou par corporel on entendra ce qui participe de la nature des corps, et dans ce sens la pesanteur n'est pas plus corporelle que l'âme elle-même. Du reste, selon Descartes, ces qualités n'existant pas dans la nature, il ne peut y en avoir d'idée vraie dans l'entendement humain, et la notion qu'on s'en forme vient précisément de celle qu'on a de l'action d'une substance immatérielle dans le corps et contre le corps. C'est ainsi qu'on donne à la pesanteur et autres choses semblables une existence distincte. Nous leur appliquons des notions que nous expérimentons en nous-mêmes, et qui ne nous ont été données que pour concevoir la façon dont l'âme meut le corps [1].

La notion en elle-même, la notion générale n'a rien que la philosophie réprouve. « Comme il ne
« messied pas à un philosophe de croire que Dieu
« peut mouvoir le corps, quoiqu'il ne pense pas
« que Dieu soit corporel, il ne lui messied pas éga-
« lement de croire quelque chose de semblable des
« substances incorporelles ; et bien que je croie
« qu'aucune manière d'agir ne convient dans le
« même sens à Dieu et aux créatures, j'avoue ce-
« pendant que je ne trouve en moi-même aucune
« idée qui me représente une manière différente dont
« Dieu ou un ange puisse mouvoir la matière de

---

[1] T. II, Lettre à M. Clerselier, contenant une réponse aux instances de Gassendi, p. 314. — T. IX, Lettre à la princesse Élisabeth, p. 127.

« celle qui me représente la manière dont je suis
« convaincu en moi-même que je puis mouvoir mon
« corps par ma pensée [1]. »

Ces considérations, dégagées de la théorie propre à Descartes sur la constitution physiologique de l'homme, nous paraissent encore justes et puissantes, et nous nous y appuyons avec confiance. Cependant elles contiennent sur le mode d'action des deux substances une doctrine implicite qui, développée par Malebranche, est devenue le système des causes occasionnelles. Les deux substances, l'une par rapport à l'autre, ne sont pas cause dans toute l'énergie du mot; seulement à l'occasion des phénomènes de l'une naissent les phénomènes de l'autre. Ce système exige entre elles un médiateur qui, à l'occasion d'un mouvement du corps, imprime une pensée à l'âme, et à l'occasion d'une pensée de l'âme, imprime un mouvement au corps. Et comme Descartes n'admet que deux substances, et proscrit sévèrement toute qualité occulte, ce médiateur ne peut être que Dieu. Dieu, dit Fontenelle, demeure alors la seule cause véritable des mouvements et des pensées [2]. Ce système contient en principe celui de Leibnitz. On sait que, touché de la difficulté d'admettre une union active entre l'âme et le corps, « parce qu'il n'y a pas de proportion entre une sub« stance incorporelle et telle ou telle modification « de la matière », il voulut que de toute éternité le corps eût été constitué de manière à répondre à

[1] T. X. Lettre à M. Morus, p. 243.
[2] *OEuvres* de Fontenelle, T. VIII, *Doutes sur le système physique des causes occasionnelles*, ch. II.

toutes les pensées de l'âme [1], et qu'il y eût ainsi entre les actes de l'une et les modifications de l'autre, non une connexion de cause à effet, mais une coïncidence exacte et fatale qu'il nomma l'harmonie préétablie.

C'est notre faute peut-être, mais il ne nous semble pas que la difficulté exige un si grand appareil de systèmes, et le mystère de l'union des deux substances ne nous accable pas à ce point que, pour l'alléger, nous nous jetions dans de telles extrémités. La question de l'origine du mal, celle de l'origine de la matière, celle de la prescience divine, par exemple, nous troublent bien autrement et donnent un ébranlement bien plus redoutable aux croyances de notre raison. Nous ne voyons dans l'action mutuelle des deux substances, qu'un mystère assez comparable à ceux que présentent toutes les actions que nous pouvons percevoir ou concevoir en ce monde. Toute action est inexplicable. L'incompatibilité dans le même sujet des essences de l'esprit et du corps sera, si l'on veut, une difficulté de plus. Cependant cette difficulté suppose cette proposition : Il paraît qu'il faut l'étendue pour agir sur l'étendue. Mais c'est affirmer une propriété de l'inconnue. Or, cette propriété est-elle une donnée du problème? non, elle est le problème lui-même. Est-elle une déduction des données de l'équation? non, car on la pose, on ne la démontre pas. Aller plus loin et dire que la substance est nécessairement étendue, c'est s'avancer dans les ténèbres. Cela n'est soute-

---

[1] *Nouveaux Essais sur l'Entend. hum.*, Liv. II, ch. I.

nable, en effet, que de la substance même de l'étendue. Ce n'est pas l'étendue qui est nécessaire à la substance, c'est la substance qui l'est à l'étendue. L'expérience ne donne que l'étendue; la nécessité d'une substance pour l'étendue est en fait une induction ultérieure de la perception, en droit une loi de la raison. L'une et l'autre attestent et supposent un principe, c'est qu'il n'y a point de phénomène sans substance. Quel phénomène? pas plus celui de l'étendue qu'un autre, le phénomène indéterminé. La substance est donc le corrélatif nécessaire de phénomène et non d'étendue. Qu'est-elle en cette qualité? un inconnu. Vouloir que cet inconnu soit essentiellement et universellement étendu, c'est affecter sur la substance des connaissances qu'on n'a pas. Il est étrange que cette proposition se rencontre surtout dans les ouvrages de ceux qui font profession de parler peu de la substance, et d'en fuir la notion et le nom comme ce qu'il y a de plus obscur et de plus périlleux dans la science.

Tous les êtres réels sont substances, c'est-à-dire que tous les êtres réels sont chacun quelque chose qui ne peut exister que par soi-même, et qui ne peut être distingué ni par plus, ni par moins d'un seul concept; car, suivant une belle idée de Descartes, la substance est ce qui n'a besoin pour exister que de Dieu et de soi-même[1]. Tous les êtres réels sont des causes, c'est-à-dire que de la présence des uns par rapport aux autres résultent des change-

---

[1] T. III, *Princ. de la philos.*, part. I, §. 51. — T. II, Réponse aux quatrièmes objections, p. 47.

ments dans les accidents, soit des uns, soit des autres.

Tous les êtres sont des essences, c'est-à-dire que quelque changement qui s'opère dans les accidents d'un être, il lui reste toujours un attribut constitutif qui fait que spécifiquement il est ce qu'il est, et n'est pas ce qu'il n'est pas.

Tous les êtres présentent des accidences invariables dans leur nature, variables dans leur manifestation, de sorte que toute durée est un perpétuel changement, et que la substance change incessamment dans ses accidences sans en perdre aucune.

Or, comment les êtres sont-ils substances, causes, essences, modalités ? Cela est impossible à dire, et la contradiction est ici au seuil de toute tentative d'explication. Ce n'est pas, du moins, le naturalisme qui nous apprendra ce qu'il faut penser de tout cela. Comment donc prétendrait-il limiter l'action de la substance à raison de sa nature? S'il l'essaie, j'opposerai la notion de cause à la notion de substance, et j'arriverai, sur les pas de Leibnitz, à ne voir que des forces dans l'univers [1]. Il est facile, en effet, de réduire tout l'être interne à une action, tout l'être externe à une résistance, c'est-à-dire l'un et l'autre substantiellement à une force, et aussitôt l'objection des matérialistes devient incompréhensible dans les termes. Nous n'embrassons pas for-

---

[1] « Pour éclaircir l'idée de substance il faut remonter à celle de force ou d'énergie... La force agissante est inhérente à toute substance qui ne peut être ainsi un seul instant sans agir. » Leibn. *De prim. philos. emendat. et notion. substant.* — Maine de Biran, *Doctr. de Leibnitz.* — *Œuvres philos.* T. IV et ailleurs.

mellement la théorie de M. de Biran; nous disons seulement que nos adversaires seront reçus à définir l'action de la substance, quand ils nous auront expliqué ce que c'est que l'action de la cause.

L'âme peut être dite une force, en ce sens qu'elle est, non une cause de mouvement, mais un principe d'action, lequel se manifeste distinctement par l'acte volontaire, implicitement par l'acte intelligent, c'est-à-dire en général par la pensée. Le principe d'action qui se manifeste par la pensée peut-il être uni à un tout étendu? Nous dirions que cela est impossible, si nous n'avions pour garants qu'il en est ainsi la conscience et la sensation; l'impossibilité entrevue ou supposée le cède au fait. Le principe d'action qui se manifeste par la pensée, peut-il être le même que le sujet du tout matériel en tant que matériel, c'est-à-dire le même que le sujet de la matière ou de l'étendue en général? Il n'y a pas une seule raison à donner pour l'affirmative; personne même ne l'a hasardée, car personne n'a imaginé que la substance matérielle fût pensante par elle-même. Il faut que la pensée advienne à la substance matérielle, comme une forme essentielle de l'École, et qu'elle en change l'essence. Or, cette addition à la substance matérielle et qui en change l'essence, si ce n'est la transmutation de la matière par la volonté du créateur, c'est l'adjonction d'un principe nouveau qui manquait à la matière, et qui agit sur elle. Que l'on nous demande comment ce principe hétérogène peut agir sur le tout matériel auquel il est uni; pour la troisième fois, nous répondrions que c'est impossible, parce que c'est inexplicable, si pour la troisième fois, l'évidence de la sensation et de la conscience ne nous donnait comme réel l'inexplicable qui cesse d'être impossible. Que conclure de là? Qu'il est téméraire de prendre pour l'abîme de l'impossible une lacune de nos connaissances. Si l'on accorde un moment que deux substances ne peuvent agir l'une sur l'autre, parce qu'on ignore comment elles agissent, non-seulement Dieu disparaîtra de l'univers, mais l'univers lui-même tombera dans l'unité immobile où l'avait plongé Parménide, c'est-à-dire qu'il conservera l'être en acquérant toutes les conditions du néant.

Démocrite sut observer la nature; il avait presque inventé la philosophie expérimentale; il est le créateur des principes du matérialisme. On sait l'anecdote antique. Un jour Abdère le crut fou. On appela pour en juger le génie de l'observation en personne, le père de la médecine, Hippocrate. Il vint et trouva Démocrite qui, un crâne à la main, étudiait les formes du cerveau. Hippocrate admira, et il jugea les Abdéritains insensés.

Or, c'est Hippocrate qui a dit : « *Si unus esset homo, non doleret, quia non sciret undè doleret.* » Il croyait donc qu'il fallait un moi qui ne fût pas l'organisme, pour s'apercevoir de l'organisme. C'est ce moi qu'il faut connaître. Connais le moi, disait l'oracle; dissèque ton cerveau, semblait dire Démocrite le philosophe. Le cerveau et le moi, c'est l'homme, pensait Hippocrate le médecin. Et nous, nous disons à la médecine : « Souviens-toi de ton père. »

ESSAI VIII.

DU JUGEMENT.

I.

IDÉE GÉNÉRALE DU JUGEMENT.

Pierre est bon.
Achille tire son épée.
Cet or contient du cuivre.
Le fer est pesant.
La vertu est aimable par elle-même.
Pauvreté n'est pas vice.
Tout corps est étendu.
Deux et deux font quatre.
$(A + B)^2 = A^2 + 2AB + B^2$.
Dans la proportion géométrique, le produit des extrêmes est égal au produit des moyens.
Un côté quelconque du triangle est plus petit que la somme des deux autres.
Tout ce qui commence d'exister, a une cause.
Ces propositions sont des jugements; les propositions sont des jugements énoncés.

On peut remarquer que dans toutes ces propositions, il est dit qu'une chose en est ou n'en est pas une autre. Ainsi dans un jugement, on pense ou on nomme deux choses, et l'on pense ou l'on dit que l'une est ou n'est pas l'autre. Il y a donc à distinguer dans le jugement,

1°. La chose qu'est ou n'est pas l'autre ;

2°. La chose que la première est ou n'est pas ;

3°. Le rapport entre l'une et l'autre, qui consiste en ce que l'une est ou n'est pas l'autre.

C'est ce qu'on peut appeler les trois termes d'une proposition.

Exemples : *Pierre est bon*. *Pierre*, premier terme, ou la chose qui est ou n'est pas l'autre ; *bon*, second terme, ou la chose que l'autre est ou n'est pas ; *est*, terme moyen, ou l'expression du rapport (négatif ou positif) entre le premier et le second terme ; c'est le verbe.

Achille tire son épée équivaut à *Achille est tirant son épée*. *Achille*, premier terme ; *tirant son épée*, second terme ; *est*, verbe.

Pauvreté n'est pas vice. *Pauvreté*, premier terme ; *vice*, second terme ; *n'est pas*, verbe

$(A + B)^2 = A^2 + 2AB + B^2$. $(A + B)^2$, premier terme ; $A^2 + 2AB + B^2$, second terme ; $=$, verbe.

Un côté quelconque du triangle est plus petit que la somme des deux autres. *Un côté du triangle*, premier terme ; *plus petit que la somme des deux autres*, second terme ; *est*, verbe.

On appelle ordinairement le premier terme, le sujet ; le second terme, l'attribut ou le prédicat ; et le terme intermédiaire, la copule ou le verbe.

Maintenant, qu'est-ce que le jugement ?

On peut dire que le jugement est l'acte par lequel une chose est affirmée ou niée d'une autre. Cette définition est la définition ordinaire des anciens logiciens. Elle se recommande par son antiquité, et le nom d'Aristote la protége. Voici les expressions mêmes d'Aristote :

« L'oraison est une voix signifiant quelque chose « de composé, dont les parties séparées ont aussi « une signification.... L'énonciation (proposition) « est une oraison qui affirme ou qui nie..... Elle « énonce une chose avec une autre, ou sans une au-« tre.... Elle est donc une voix qui signifie qu'une « chose est présente ou n'est pas présente dans une « autre..... L'affirmation énonce une chose d'une « autre; la négation énonce une chose sans une au-« tre [1]. »

Cette définition, Port-Royal la traduit en ces termes : « Après avoir conçu les choses par nos idées, « nous comparons ces idées ensemble, et trouvant « que les unes conviennent entre elles et que les au-« tres ne conviennent pas, nous les lions et délions, « ce qui s'appelle affirmer ou nier, et généralement « juger [2]. »

On dirait que cette définition a engendré celle de Locke : « Le jugement consiste à joindre des idées « dans l'esprit, ou à les séparer l'une de l'autre, « lorsqu'on ne voit pas qu'il y ait entre elles une con-« venance ou une disconvenance certaine, mais « qu'on le présume [3]. »

Suivant Hobbes, « la proposition est un discours « composé de deux noms réunis par un verbe, par « lequel on exprime que l'on connaît que le second

---

[1] Aristote, *Organ. lib. de interpretatione*, V, 1, 5, 6. — VI, 1 (édition de Buhle, T. II, p. 21).

[2] *Logique*, part. II, ch. III.

[3] Locke, *Essai sur l'entendement humain*, liv. IV, ch. XIV.

« nom est le nom de la même chose dont le premier
« est aussi le nom, ou, ce qui revient au même, que
« le premier nom est contenu dans le second [1]. »

De la définition de Locke et de celle de Hobbes
Condillac a fait la sienne.

« Quand, dit-il, nous comparons nos idées, la
« conscience que nous en avons nous les fait con-
« naître comme étant les mêmes par les endroits que
« nous les considérons, ce que nous manifestons en
« liant ces idées par le mot *est*, ce qui s'appelle affir-
« mer; ou bien elle nous les fait connaître comme
« n'étant pas les mêmes, ce que nous manifestons en
« les séparant par ces mots *n'est pas*, ce qui s'appelle
« nier. Cette double opération est ce qu'on appelle
« juger [2]. »

« Apercevoir des ressemblances et des différen-
« ces, c'est juger. Le jugement n'est donc encore
« que sensations [3]. Juger n'est qu'apercevoir un rap-
« port entre deux idées que l'on compare [4]. Une
« proposition identique est celle où la même idée
« est affirmée d'elle-même, et par conséquent
« toute vérité est une proposition identique.....
« une proposition n'est que le développement d'une
« idée complexe en tout ou en partie. Elle ne fait
« donc qu'énoncer ce qu'on suppose déjà renfermé

---

[1] Hobbes, *Éléments de philosophie*, part. I, *Computatio* (logique), ch. III. Traduction de M. de Tracy, T. IV des *Éléments
d'Idéologie*.

[2] Condillac, *Essai sur l'origine des connaissances humaines*,
part. I, sect. II, ch. VIII.

[3] *Logique*, part. I, ch. VII.

[4] *Grammaire*, part. I, ch. IV.

« dans cette idée; elle se borne donc à affirmer
« que le même est le même¹. »

Dans ces passages, et mieux encore, dans les
ouvrages d'où ils sont extraits, on voit que la
convenance ou la disconvenance des idées qui, suivant Locke, sert de base au jugement, a été transformée par Condillac en égalité ou identité; et le
jugement, selon lui, n'est qu'une équation de termes identiques.

La faculté de juger n'est, pour M. de Tracy,
que la faculté de sentir un rapport entre nos idées.
Ce rapport n'est pas l'identité, il n'est pas la convenance; c'est, pour ainsi parler, le rapport du contenant au contenu. Mais comme il est senti, juger
c'est encore sentir².

L'école allemande définit le jugement l'acte de
« la conscience par lequel X et Y, en tant qu'objets
« déterminés et distincts de la conscience, sont
« combinés en une conscience unique et détermi-
« née Z³. » — Ou bien — « Dans le jugement deux
« idées sont placées vis-à-vis l'une de l'autre, et
« rapportées l'une à l'autre, ce qui fait paraître si
« elles s'accordent ou non dans leurs caractères⁴. » —
Ou enfin — « Un jugement est la détermination du
« rapport mutuel de deux ou plusieurs concepts pour
« l'usage de la connaissance⁵. »

---

[1] *Art de penser*, part. I, ch. X.
[2] Voyez l'Essai VI.
[3] Salomon Maimon, *Propedeutique à une nouvelle théorie de la pensée*, ch. II, §. 3.
[4] Eschenmayer, *Psychologie*, part. I, ch. IX, §. 118.
[5] Matthiæ, *Manuel de philosophie*, traduit par M. Poret. Paris, 1837.

Toutes ces définitions offrent entre elles de grandes analogies. Elles pourraient se rapprocher au point de se confondre, hormis peut-être celle de Condillac qui ajoute aux autres une idée de plus, et réduit le rapport des deux termes à l'identité. Son erreur nous paraît grave; mais quant aux autres définitions, il n'en est aucune qui ne soit acceptable. Si cependant il fallait choisir, notre choix serait pour la première de toutes, pour celle des anciennes logiques. Elle n'est ni scientifique, ni profonde; c'est la définition que donne le bon sens.

Mais parmi ces définitions, une seule est-elle complète? En voici deux autres :

« Le jugement, dit Kant, est la fonction de l'unité
« entre nos représentations. »

« Nous entendons par jugement, dit Reid, toute
« détermination de l'esprit, relativement à la vérité
« ou à la fausseté de tout ce qui peut être exprimé
« par une proposition [1]. » Cette définition revient à celle de Bossuet : « Juger, c'est prononcer au dedans
« de soi sur le vrai et sur le faux [2]. »

Ces deux définitions ajoutent aux notions que les premières nous donnaient des notions nouvelles.

Quand on sait que la proposition affirme ou nie une chose d'une autre, énonce un rapport de convenance ou de disconvenance entre toutes deux, présente la seconde comme contenue ou non dans la première, enfin, exprime ou exclut la combinai-

---

[1] Voyez les Essais IV et III, p. 324 et 218 du T. I; Kant, *Critique de la raison pure*, logique trans., 1re section, liv. I, ch. I, art. 1; Reid, *Essais sur les facultés intellectuelles*, VI, ch. III.

[2] Bossuet, *Connaissance de Dieu et de soi-même.*

son de deux idées, on ne connaît encore, ce me semble, et d'une manière très-générale, que le mécanisme ou la forme du jugement. On a plutôt la définition de la proposition que celle du jugement.

Or, en faisant ce que fait la proposition, que faisons-nous? Qu'est-ce que le jugement en lui-même? Quelle est l'essence de l'opération? Nous venons de voir quelle en est la forme; mais que se passe-t-il dans cette opération, et quelle est la faculté qui s'y rapporte?

Kant a répondu; que la réponse soit bonne ou mauvaise, obscure ou claire, il n'importe ici; le point, c'est qu'il a tenté de nous faire connaître l'opération en elle-même.

Mais cette opération, quel en est le sens, le but, le résultat définitif? Au moyen du jugement que se passe-t-il, et au moyen de ce qui se passe qu'arrive-t-il? Qu'est-ce que l'esprit accomplit par le jugement? Reid essaie de nous le dire. L'esprit, dit-il, se détermine, il décide une question de vérité ou de fausseté. Ceci est encore un élément nouveau dans la connaissance du jugement.

Elle n'était donc pas complète. Aurions-nous la connaissance complète du levier, si l'on nous avait seulement dit : « Le levier est une barre inflexible, « droite ou courbe, dont un des points est fixe et « offre un point d'appui autour duquel elle peut « tourner librement? » Nous ne connaîtrions que l'extérieur du levier, ce qu'on en voit, non ce qu'on en comprend. La plupart des définitions précitées ne nous en apprennent guère plus du jugement.

Il faut donc ajouter quelque chose à la description

du levier. Il faut dire que « si des forces sont ap-
« pliquées à ses deux extrémités, elles peuvent réa-
« gir l'une sur l'autre par le moyen de sa rigidité,
« et se combattre mutuellement en l'appuyant
« contre le point d'appui. » Voilà ce qui se passe
dans l'action du levier. Ceci pourrait se comparer
au degré de connaissance que donne la définition
du jugement selon Kant.

Mais enfin si vous ajoutez que « dans le levier on
« emploie une certaine force dont on dispose, ou
« *la puissance*, pour équilibrer ou vaincre une
« autre force dont on n'est pas maître, ou *la ré-
« sistance* », vous aurez du levier une idée à peu
près complète, et une connaissance équivalente à
celle que vous laisse du jugement la définition de
Reid ajoutée à toutes les définitions précédentes.

Pour éclaircir et compléter cette connaissance,
pour l'ériger en théorie, nous devons considérer le
jugement sous divers points de vue, étudier dans le
jugement la forme et le fond, répondre au moins
à ces deux questions : Qu'est-ce qu'un jugement
(opération)? Qu'est-ce que le jugement (faculté)?

II.

DU JUGEMENT CONSIDÉRÉ DANS SA FORME,

OU DE LA PROPOSITION.

Analyser un jugement en particulier, c'est analyser une proposition. La proposition, en effet, est
l'expression du jugement, et l'on peut la considérer
indépendamment soit de l'acte par lequel elle a été

produite, soit de l'occasion qui l'a suggérée, c'est-à-dire de son origine psychologique et de son origine accidentelle. On peut également faire abstraction de sa valeur intrinsèque, de la foi qui lui est due et de celle qui lui est donnée, c'est-à-dire de sa vérité réelle ou supposée. Ce point de vue ainsi restreint est, en général, celui des logiciens; c'est le nôtre en ce moment.

On peut concevoir une proposition sans la croire, sans la prononcer, sans proprement la juger; la preuve, c'est que l'on conçoit également des propositions contradictoires. *Le fer est pesant, le fer est impondérable*, sont deux assertions également concevables. *La partie est plus grande que le tout* est, du premier coup d'œil, une proposition fausse, mais très-intelligible. Nous comprenons ce que c'est que *partie*, ce que c'est que *tout*, ce que c'est que *plus grande*; le matériel de cette proposition se comprend donc parfaitement. C'est la pensée qui est inintelligible, ou plutôt qui est absurde.

La proposition, prise dans cette neutralité, sans égard à son origine ou à sa valeur, nous occupe seule ici. Nous ne voulons qu'en décomposer les matériaux.

La logique ordinaire a raison; il y a trois termes dans toute proposition, dans celle-ci : *Pierre est bon*, comme dans celle-là : *Les vertus que nous ne devons ni à l'éducation, ni à l'expérience, ni à la raison, sont un don gratuit de la Providence.*

De ces trois termes, celui dont on affirme[1] s'ap-

[1] Pour plus de simplicité, je supposerai constamment tous les

pelle ordinairement *le sujet*, celui qui est affirmé du premier *l'attribut*.

Le second terme est affirmé du premier comme *attribut*, c'est-à-dire qu'il lui est *attribué;* le verbe est le signe de *l'attribution*. Fixons le sens de ces mots *attribut, attribuer, attribution*. La logique latine dit *prædicatum, prædicare, prædicatio*. De ces trois mots, nous n'avons que *prédicat*, encore est-il assez peu usité. Les Grecs disaient originairement *catégorie*, dont ils avaient le verbe et tous les dérivés; nous n'avons pas d'expression spéciale.

On a voulu remplacer un seul mot par une définition. On a dit que la proposition exprimait *un rapport de convenance ou de disconvenance* entre deux idées, ou énonçait que l'une était ou n'était pas *contenue* dans l'autre. *Être contenu* ou *rapport de convenance*, c'est une définition de l'expression *être l'attribut*. Une idée serait donc *l'attribut* d'une autre, parce qu'elle lui est unie par *un rapport de convenance*, ou parce qu'elle y est *contenue*. Ces expressions supposent chacune une théorie conforme du jugement, et ne sont justes que si la théorie à laquelle chacune appartient est vraie. Nous ne sommes pas encore en mesure de faire une théorie du jugement; mais avant toute théorie, voyons si les expressions conviennent, en effet, à toute proposition (supposée affirmative).

Faut-il dire que l'attribut est toujours *contenu* dans le sujet? que l'attribut est toujours dans un *rapport de convenance* avec le sujet?

jugements affirmatifs. Il sera facile ensuite d'appliquer les règles du jugement affirmatif au jugement négatif.

On peut considérer le sujet, et en général tout terme d'une proposition, soit comme un mot, soit comme une idée, soit comme un objet réel. Sous ces trois rapports, le sujet *contient*-il nécessairement l'attribut?

Dans ce jugement *Pierre est bon*, le sujet, comme mot, est un nom-propre, il ne contient ni bonté, ni méchanceté. Si vous disiez : *Tout substantif est un nom*, peut-être serait-il vrai que le *nom* est compris dans le *substantif*; mais le mot *Pierre* ne contient assurément pas la *bonté*.

La vertu est une ombre ; cette proposition est très-régulière. Peut-on dire que l'idée de *vertu* contienne l'idée *d'être une ombre ?* Il faudrait pour cela que ce fût ou l'idée réelle et absolue de la *vertu*, ou bien que ce fût au moins l'idée que s'en forme celui qui juge. Si ce doit être l'idée générale de *vertu*, il n'entre assurément dans aucune définition, dans aucune analyse de la *vertu*, l'idée qu'elle est une *ombre*. On peut savoir très-bien ce que c'est que la *vertu*, et n'avoir jamais ni pensé, ni dit, ni lu, ni entendu dire qu'elle fût une *ombre*. Il faut donc se borner à soutenir que telle est l'idée actuelle et personnelle de celui qui juge ; alors ce n'est pas dans le sujet qu'est contenu l'attribut, c'est dans la pensée de celui qui répète le blasphème de Brutus à la bataille de Philippes. Or nous considérons ici la proposition isolément ; ce n'est pas de son idée de vertu que veut parler celui qui juge ; c'est bien de la *vertu* elle-même. Dans la proposition, évidemment *vertu* signifie le sentiment du devoir, l'amour et la pratique de la justice, de la sagesse, la fidélité à la vérité et à sa parole, etc., enfin tout ce qui compose la *vertu*. De tout cela, la proposition affirme que c'est une *ombre*.

Enfin, considère-t-on dans le sujet non le mot, non l'idée, mais l'être réel ; il est évident que l'attribut n'y est pas contenu. Soit cette proposition : *Médor est mon chien*, on ne peut dire avec propriété que dans l'individu *Médor* soit *contenue* l'idée ou l'élément d'être *mon chien. La sphère est la forme de la terre.* L'objet *sphère* peut, ainsi que tous les objets géométriques, être parfaitement connu, et dans cette parfaite connaissance, égale à l'objet lui-même, ne sera pas *contenue* la circonstance que la *forme de la terre* est *sphérique.* Ce n'est point un des éléments de la sphère.

Ainsi, soit comme mot, soit comme idée, soit comme être, le sujet ne *contient* pas proprement et essentiellement l'attribut. Ainsi l'expression *idée contenue par une autre*, substituée au mot *attribut*, n'est exacte qu'à la condition qu'on ne prenne pas littéralement ce mot *contenir*, et qu'on entende seulement par *idée contenue*, celle qui appartient à une autre par un lien quelconque, comme circonstance, propriété, qualité, relation, conséquence, résultat, ou d'un seul mot comme *attribut*. Ce n'est que figurément qu'on peut confondre le rapport de l'*attribut* au sujet avec le rapport du *contenu* au contenant.

Le définira-t-on mieux en l'appelant *rapport de convenance ?* Ce mot de *convenance* est bien vague. Signifie-t-il une convenance morale et légitime, *quod decet*, ce qui se doit? *Socrate est prisonnier, mon frère est méchant,* sont des propositions irréprochables, et assurément il n'est pas *convenable* que *Socrate* soit *prisonnier* et que *mon frère* soit *méchant*. S'agit-il de simple convenance par opposition à obligation, ou nécessité? mais dans le jugement : *le tout est plus grand que la partie,* il n'est pas question seulement d'un attribut *convenable* pour le *tout,* mais d'un *attribut* nécessaire. Le mot *convenance* signifie donc ici que l'une des idées comparées *convient* à l'autre comme l'*attribut* au sujet ; il faut entendre *convenance* dans le sens de *rapport d'attribution*. La *convenance* des idées est donc une expression qui n'explique rien, qui ne définit rien, qui a besoin, pour être éclaircie, de l'expression qu'elle remplace. Nous aurions autant gagné à nous contenter du mot *attribut*.

S'il fallait à toute force définir l'attribut, je dirais que c'est la chose ou l'idée qui appartient à une autre, soit comme élément, soit comme qualité, soit comme relation, soit comme circonstance. Mais une définition ne semble pas absolument nécessaire. Tout le monde sait ce que c'est que la proposition. Dans la proposition, un terme est *attribué* à un autre; le rapport qui les unit est un rapport d'*attribution*. J'entends ces mots *attribué*, *attribution*, dans un sens spécial, propre, technique, qui m'est éclairci, qui m'est révélé par la connaissance intuitive et nécessaire que j'ai du jugement. Si donc l'on me demande la définition de ces mots, je dirai qu'ils servent à exprimer le rapport qui lie les deux termes d'un jugement. Qu'est-ce qu'attribuer? C'est affirmer une chose d'une autre. Qu'est-ce que juger ou affirmer? c'est ce que vous savez. Lorsqu'il s'agit d'une opération aussi naturelle, aussi familière, aussi essentielle à l'esprit humain, on peut, sans crainte de n'être pas compris, se refuser à toute définition et faire appel à la conscience. Tout homme en son bon sens sait ce que c'est que juger, dès qu'on le lui a dit; et on ne peut le lui mieux dire qu'en citant sa conscience en témoignage, comme on ne peut lui bien apprendre ce que c'est que le rouge et le bleu qu'en lui montrant du rouge et du bleu. Ce n'est point par la définition que se connaissent les sensations, non plus qu'aucune opération de l'esprit.

Étant donné que vous savez ce que c'est que juger, nous appellerons *attribuer* l'acte qui se consomme en jugeant. Nous dirons que le jugement est un acte *attributif*, sans avoir d'autre prétention que d'exprimer et non d'expliquer ce qui se passe dans le jugement.

Pierre est bon. Pierre est le sujet, *bon* est l'attribut, *est* le signe d'attribution; on peut appeler ainsi la copule des anciennes logiques. Ce terme est la marque du jugement, le lien logique, l'expression du rapport jugé, le signe *judiciaire* en un mot. Il se trouve implicitement ou explicitement dans toute proposition. L'y insérer, c'est la faire, c'est juger.

On peut remarquer qu'il y a beaucoup de rapport entre cette analyse de la proposition et l'analyse qu'en donne la grammaire. *Pierre est bon.* Pierre est le substantif, *est* le verbe, *bon* l'adjectif. *Substantif* est la même chose que sujet; car, dans toute proposition, le sujet est une substance ou pris substantiellement. *Adjectif* est analogue à l'attribut; car adjectif est ce qui s'ajoute, et ce qui s'ajoute ou ce qui s'attribue sont choses fort ressemblantes. Enfin le *verbe* équivaut au signe d'attribution. On sait que le verbe *être* est la racine de tous les verbes, puisque tous peuvent se ramener au verbe *être* plus un adjectif : *marcher, être marchant; écrire, être écrivant,* etc. Qu'exprime donc le verbe en général ? La liaison du substantif et de l'adjectif, ou celle du sujet et de l'attribut.

Au-dessus de ces mots *substantif* et *sujet*, d'une part, *adjectif* et *attribut*, de l'autre, nous trouvons des mots plus généraux, des idées plus hautes, celles de *substance* et de *qualité*, en entendant par *qualité* tout ce qui n'est pas *substance* ou pris substantiellement, en un mot les *accidents* de la scholastique. *Substance* et *qualité*, ces deux idées corrélatives sont les éléments de tout jugement, les termes de toute proposition; car ce sont nos deux manières fondamentales de concevoir les choses. Et comme ces deux idées sont corrélatives, cette corrélation donne lieu au jugement; cette corrélation perçue, c'est l'acte d'attribution. Le verbe n'exprime, en général, que le fait de la possession des qualités par le sujet.

Il n'est pas besoin de remarquer que nous avons la faculté de prendre substantiellement ce qui n'est pas substance, et même quelquefois adjectivement ou attributivement ce qui est substantiel. C'est une manière de concevoir, une pure forme. Ainsi l'on dit : *la beauté est passagère. La beauté*, qui est une qualité, est prise comme substance par rapport à la qualité de *passagère.* Ce sont les résultats de suppositions de ce genre, que la grammaire appelle des *substantifs abstraits*. En sens inverse on dit : *Le cœur est un viscère, le bras est un levier;* c'est-à-dire *le cœur* a les qualités d'un *viscère, le bras* les qualités d'un *levier*. L'attribut, substantif par la forme, est pris adjectivement. Dans cette proposition : *L'âme est une substance;* à *l'âme* sujet, est attribuée la qualité d'être une *substance. Substance* est pris adjectivement. Lors donc que nous disons que substance et qualité sont les termes de tout jugement, il faut entendre substance et qualité réelles ou supposées.

Dans ce sens on peut dire, en général, que la proposition est l'expression d'un rapport dont le type est le rapport de la substance aux qualités ; ce qui ne signifie pas que toujours le sujet soit effectivement une substance, ni l'attribut essentiellement une qualité[1].

III.

DU JUGEMENT CONSIDÉRÉ COMME OPÉRATION,

OU DU JUGEMENT PENSÉ.

Le jugement est la conception de ce dont la proposition est l'expression. Le jugement est la proposition pensée, comme la proposition est le jugement exprimé. « Juger, dit Bossuet, c'est prononcer *au dedans de soi*. »

[1] Pour compléter cette discussion sur les éléments formels du jugement, il faudrait lire dans les Écossais et dans M. Cousin la critique de la définition que Locke a donnée du jugement. (Reid, Essai VI, T. III. Cousin, *Cours de* 1829, T. II, leçons 23 et 24.) Voyez aussi la *Logique* de Kant (traduction de M. Tissot, 1840).

Il y a toutefois cette différence que l'on peut concevoir une proposition que le jugement contredit. Une proposition que nous jugeons absurde est cependant une proposition; un jugement que nous jugeons absurde n'est pas un jugement pour nous, il n'en a que la forme. Il y manque ce qui fait le jugement, c'est-à-dire le rapport d'attribution. Je puis bien articuler, concevoir ce jugement, *le cercle est carré*, ou *tout corps est indivisible*. Mais ce n'est pour moi qu'un jugement supposé; car je juge le contraire de ce jugement. Lors donc que nous parlerons désormais du jugement, nous entendrons le jugement réel et non le jugement supposé; le jugement réel, dis-je, celui qui est réellement pensé, mais non encore le jugement vrai, celui qui est pensé à juste titre. La proposition n'était que le jugement conçu ou prononcé; nous passerons maintenant au jugement mental, au jugement effectivement porté, au *jugement jugé*, c'est-à-dire à l'acte par lequel nous connaissons qu'un attribut appartient à un sujet. La vérité du jugement viendra plus tard.

C'est l'acte de juger qu'il faut exposer psychologiquement.

La proposition affirme une chose d'une autre; on peut dire que juger c'est connaître une chose d'une autre. Je pense que *Pierre est bon*; de *Pierre* je pense la *bonté*. Je conçois ainsi *la bonté* de *Pierre*, et j'ajoute quelque chose à la connaissance de *Pierre*. Juger c'est connaître, cela est évident. Tous les philosophes sont d'accord pour proclamer le jugement le grand instrument de nos connaissances.

« La capacité suprême de connaître, dit Kant, repose absolument et uniquement sur celle de juger [1]. »

Nul doute, en effet, que nos connaissances les plus importantes ne puissent se traduire en jugements, ne soient essentiellement des jugements. Qu'est-ce que connaître? c'est savoir ce que sont les choses. Or, savoir ce que sont les choses, c'est en général savoir quelles elles sont. Savoir ce qu'elles sont, ou quelles elles sont, c'est juger. Penser qu'une chose est ceci ou cela, c'est juger. Nos connaissances en général sont donc des jugements.

Cela est-il vrai de toutes nos connaissances? Nous avons dit: juger c'est connaître; pouvons-nous dire: connaître c'est juger?

Nos facultés sont des moyens de connaître. Sans en essayer ici un dénombrement raisonné et définitif, rappelons seulement que les dénombrements usités contiennent en général la raison, la réflexion, le raisonnement, le jugement, la mémoire, la comparaison, l'attention, la conception, l'idée, la perception, la sensation. Toutes ces facultés sont en effet des moyens de connaître; mais quelques-unes au moins ne font que contribuer à la connaissance. Ainsi l'attention est certainement utile, nécessaire pour connaître; mais l'attention seule, sans le jugement, ne nous instruirait de rien. Une éternelle attention qui ne conclurait pas serait un miracle de patience et un chef-d'œuvre d'inutilité. L'attention n'a de prix que par le jugement auquel elle conduit. C'est parce qu'elle sert à juger, qu'elle sert à con-

[1] *Logiq.* trad. de M. Tissot, Append. I, §. 6.

naître. Il en est de même de la comparaison, qui n'est guère que l'attention portée sur deux objets. Le but de la comparaison, c'est le jugement.

La mémoire nous rappelle tout, des sensations, des perceptions, des raisonnements, choses qu'on pourrait appeler des connaissances acquises. Elle laisse donc intacte la question de savoir comment s'acquièrent nos connaissances. Dailleurs, l'action même de la mémoire suppose le jugement; par exemple celui-ci, que le sujet qui se rappelle est le même que celui à qui les choses rappelées sont arrivées.

Quant à la raison, à la réflexion, au raisonnement, toutes ces facultés supposent le jugement; le raisonnement n'est qu'une suite de jugements; la réflexion ne vaut que par les jugements et les raisonnements qu'elle enfante. Si, comme on le dit, la raison n'est que le bon usage de nos facultés, elle n'est pas une faculté spéciale; à notre avis elle est la première de toutes; mais enfin on verra plus tard et nous pouvons hardiment affirmer qu'elle serait impuissante sans le jugement. De quoi se compose-t-elle? de bons jugements; bien juger, ou être raisonnable, sont termes synonymes.

Il faut donc mettre hors de cause la raison, la réflexion, le raisonnement, la mémoire, la comparaison, l'attention. Restent la conception, l'idée, la perception, la sensation. Si la conception est différente de l'idée, c'est en ce sens que l'idée suppose toujours quelque réalité à laquelle elle se rapporte, tandis qu'on peut concevoir le chimérique, le faux, l'absurde; c'est du moins en ce sens que le mot *conception* est pris par ceux qui en ont fait une faculté spéciale, et en ce sens il ne désigne pas un moyen de connaître. La connaissance suppose ce qui est; elle implique la vérité, et par la définition la conception ne l'implique pas. Restent donc la sensation, la perception, l'idée.

Les sens sont assurément des moyens de connaître; la sensation sert à la connaissance; mais donne-t-elle à elle seule une connaissance proprement dite? les philosophes de la sensation eux-mêmes ne le soutiennent pas. Ce n'est pas la sensation seule qui affirme que le rouge est dans l'œillet ou la dureté dans l'acier : la sensation n'est qu'une manière d'être affecté; il faut, Condillac le dit, qu'elle se transforme. Quand on ajoutera que ces jugements sortent de la sensation, on ne niera pas le jugement; tout au plus prétendra-t-on que c'est la sensation qui juge; on se trompera sur le principe auquel il faut rapporter le jugement; mais cependant on reconnaîtra l'existence du jugement, on reconnaîtra que c'est par le jugement seul et en devenant jugement, que la sensation donne des connaissances, et que par conséquent nos connaissances sensibles sont des jugements. Au vrai, la sensation ne fait que mettre à portée les objets de la connaissance. Les sensations, en général, ne nous apprennent rien que leur existence et la nôtre; mais cette existence même, une fois qu'elle est connue, c'est un jugement; car elle n'est connue que dès le moment qu'elle est extraite de la sensation; tant qu'elle y reste enveloppée, nous avons les matériaux de la connaissance, nous n'avons pas la connaissance même ; voir l'existence dans la sensation, c'est juger. *Je suis* est une proposition; *le moi des phénomènes duquel j'ai conscience est existant;* en voilà l'analyse et la traduction.

Qu'est-ce que la perception? si ce n'est rien que la sensation, ce qu'on vient de dire de celle-ci s'y applique; si c'est autre chose, c'est cette conclusion naturelle que la sensation vous suggère infailliblement. La pression d'un corps dur vous donne une sensation plus ou moins vive, puis la perception de quelque chose d'étendu, de solide, enfin d'un extérieur qui correspond à la sensation : c'est là sans doute une connaissance; mais cette connaissance est un jugement naturel; telle est même la définition de la perception.

Nous voilà donc réduits comme moyens immédiats de connaissance à l'idée et au jugement. Or, la plupart des définitions du jugement reviennent à ceci : le jugement est la comparaison ou la combinaison de deux idées ; le jugement suppose donc l'idée, et si l'idée est une connaissance, voilà une connaissance qui précède le jugement. Telle est en effet la théorie reçue.

Mais d'abord l'idée est-elle une faculté? ce n'est pas le sens le plus ordinaire du mot; l'idée est en général représentée comme le produit de nos facultés. S'il fallait en donner une définition, on pourrait dire que l'idée est la chose telle qu'elle est connue de l'esprit ; aussi l'idée se confond-elle habituellement avec la notion; or, à la notion nos diverses facultés contribuent. Il y a des idées ou notions qui sont appuyées sur une sensation, d'autres en grand nombre sur une sensation et un raisonnement. Quoi qu'il en soit, toute idée est une connaissance : comment s'obtient cette connaissance, comment se produit cette idée? On distingue communément l'idée simple et l'idée complexe ; la distinction est difficile à préciser. On ne détermine pas aisément le point où une idée cesse d'être simple; mais à prendre en masse les idées complexes, on peut dire qu'elles supposent toutes des jugements antérieurs dont elles sont le résultat. Une idée complexe en effet, est-elle une idée générale, une idée de genre formée par la synthèse; il faut, pour l'obtenir, avoir comparé des individus et réuni leurs ressemblances en faisant abstraction de leurs différences ; cette opération est un jugement, ou contient des jugements. L'idée complexe est-elle une idée abstraite, une idée de qualité, formée conséquemment par l'analyse; pour détacher une qualité d'une substance, pour l'abstraire, il faut au moins avoir jugé qu'elle appartenait à cette substance. Le jugement est dans l'origine de l'idée abstraite. L'idée complexe est-elle enfin la notion d'un objet composé; aucun objet composé ne peut être connu sans l'entremise du jugement ; c'est l'acte par lequel nous lui attribuons ses qualités. Toute idée complexe suppose donc un jugement. L'analyse et la synthèse, si nécessaires à la formation de la plupart de nos idées, ne sont que des séries de jugements. La connaissance résumée et exprimée par une idée, n'est que le produit d'un ou plusieurs jugements.

L'idée simple est, suivant les définitions usitées, ou celle qui n'exige qu'une seule opération intellectuelle, ou celle qui est déduite immédiatement de la sensation. Si l'on admet la première de ces définitions, l'opération de laquelle résulte l'idée simple doit être, pour être unique, ou le jugement, ou la perception, ou la sensation. Si c'est le jugement ou la perception, il est trop évident que l'idée simple suppose le jugement, puisque la perception est un jugement naturel. Si c'est la sensation, la première définition rentre dans la seconde. Or, comment une idée peut-elle être immédiatement déduite de la sensation? Comment la sensation peut-elle être transformée en idée? par le jugement. Dès que vous rapportez une sensation à un objet, vous jugez. Dès que vous comparez une sensation déjà éprouvée avec une autre sensation déjà éprouvée, et que vous prononcez que c'est ou ce n'est pas la même, vous jugez. Rapporter une impression à un objet, une qualité à sa substance, un effet à sa cause, c'est incontestablement juger ; car rapporter, c'est concevoir un rapport, ce qui est une des définitions du jugement. Qu'est-ce qu'une sensation ? Une occasion de juger ; c'est le jugement qui puise dans la sensation une connaissance ; cette connaissance fixée, c'est l'idée.

Ainsi l'on voit que le jugement donne l'idée. Toute idée est le résultat d'un jugement ou seul, ou réuni à d'autres opérations ; on ne peut connaître sans juger. Le jugement est la forme générale de la connaissance.

Ils intervertissent donc l'ordre naturel, ces systèmes qui placent toujours l'idée avant le jugement. Point d'idée sans jugement. Cette vérité, qui est encore neuve, n'a été, que je sache, ni complètement vue, ni bien établie. Kant l'a touchée, lorsque, pour mettre de l'ordre dans les idées pures, il s'est vu obligé d'emprunter au jugement un principe de classification ; et si l'on veut relire toute son exposition des catégories, on verra de quels liens étroits il unit l'idée et le jugement. Il explique continuellement l'une par l'autre, et ce que nous venons de dire se trouve contenu en germe dans ce qu'il dit. Cependant il ne songe pas à sortir de l'ordre convenu, et il avance même quelque part que le jugement est le but de l'idée. C'est le contraire qui nous paraît vrai ; l'idée est le but du jugement. Le jugement est la forme générale de l'acquisition de la connaissance ; l'idée, la forme générale de la connaissance acquise.

D'où vient donc l'opinion opposée et cette définition si accréditée que le jugement est le résultat d'une comparaison d'idées ? Le voici. De même que le jugement se fonde sur la sensation, sur la perception, pour produire des idées, il peut se fonder ensuite sur les idées déjà produites pour en former de plus complètes. En d'autres termes, l'esprit juge de ses connaissances ; il les combine, et en les combinant, parvient à des connaissances nouvelles. En d'autres termes encore, il ajoute des jugements à des jugements, et complète ses idées. Ainsi, un premier jugement est nécessaire pour produire une idée ; un second jugement porte sur cette idée, la développe, y ajoute, et ainsi de suite. Si j'ai jugé que l'*or est jaune et pesant*, l'idée d'*or* est le résumé de ce double jugement, et elle est pour moi l'idée de *corps jaune et pesant*. Je juge ensuite que l'or est *fusible, insipide, inodore ;* c'est-à-dire que j'ajoute de nouvelles connaissances à ma connaissance de l'or. Cette idée devient plus complexe ou renferme une connaissance plus étendue. L'échelle des idées n'est qu'une succession de jugements qui s'ajoutent les uns aux autres.

Dans cette succession, il faut distinguer le premier jugement des autres, c'est-à-dire celui qui commence la connaissance de ceux qui la poursuivent ou l'achèvent, celui qui donne la première idée de ceux qui y ajoutent. On pourrait distinguer deux sortes de jugements : le jugement *avant l'idée*, et le jugement *après l'idée*.

Les métaphysiciens n'ont en général étudié que le jugement *après l'idée*. Ils ont vu alors la faculté de juger combinant des idées; donc l'idée précédait le jugement. Ils n'ont pas assez remarqué que de cette combinaison résultaient des idées plus complexes, et que par conséquent, en observant le jugement, ils avaient pris sur le fait la production des idées. Cette production, chose étrange! a très-peu occupé ceux qui ont cependant assigné à l'idée un si grand rôle parmi les phénomènes de l'esprit humain.

L'école de Locke et de Condillac n'a donné aucun nom à la faculté de former des idées. C'était la sensation transformée, c'était le produit de la sensibilité, c'était la combinaison de la sensation et de la réflexion; puis les idées une fois venues, le jugement paraissait qui n'avait guère d'autre office que de comparer les idées toutes faites et de voir comment elles étaient faites. Il en extrayait ce qui y était contenu; mais il n'y ajoutait rien, car l'idée comprenait ou était censée comprendre son attribut. Une idée n'étant qu'une collection de notions emboîtées, pour ainsi dire, les unes dans les autres, le jugement n'était qu'un déboîtement. Il consistait à tirer de l'idée ce qui y avait été mis; mais il ne servait point à l'y mettre. Soit le jugement : *l'or est fusible*. Ce jugement, disait-on, revient à celui-ci : *l'or* (métal jaune, pesant, *fusible*, inodore, insipide, etc, etc.) *est fusible*, ou plutôt l'idée de *l'or* contient l'idée de *fusibilité*. Tel est le fond du jugement, suivant Condillac. Avec lui, le jugement n'est pas réellement instructif, il n'est qu'un inventaire de nos connaissances. En effet, s'il se borne à décomposer nos idées, il ne nous apprend rien, car nos idées ne sont que nos connaissances acquises, et nous ne pouvons juger que des idées que nous avons.

Lorsque vous raisonnez d'une manière abstraite, et par conséquent en dehors de tout fait de conscience, vous n'appliquez le jugement qu'à des idées préexistantes. Vous ne vous enquérez pas de la manière dont elles sont venues au monde. Par exemple, si vous examinez si la matière est divisible à l'infini, vous prenez dans la circulation les idées de matière, de divisibilité, d'infini, et tantôt les isolant pour l'analyse, tantôt les rapprochant pour la synthèse, vous en portez des jugements successifs. Ainsi, sans aucun doute la science ne porte que sur des idées, et par là toute science, même expérimentale, peut devenir idéologique. Mais si vous remontez à l'origine de la connaissance même, si vous voulez mettre à nu les fondements de chaque idée, vous arrivez à des jugements antérieurs, ou primitifs, ou plus voisins de jugements primitifs, dont chaque idée n'est que le produit et le résumé, et toute science alors cesse d'être idéologique pour devenir jusqu'à un certain point psychologique.

IV.

DU JUGEMENT CONSIDÉRÉ DANS SES ÉLÉMENTS.

§. I. *Des jugements après l'idée, ou secondaires.*

On se rappelle notre distinction entre le jugement *avant l'idée* et le jugement *après l'idée*. Il faut la bien comprendre. Presque tous nos jugements s'appliquent à des idées déjà formées. Notre mémoire n'a gardé la trace ni de l'époque où elles ont été produites, ni de la manière dont elles se sont faites. Nous avons oublié si le jugement a pris part à leur formation. Maintenant il les trouve dans l'esprit et détermine leurs rapports. Presque toutes nos déterminations de ce genre, ou plutôt presque tous nos jugements sont donc, pour répéter notre expression, faute d'une meilleure, *après l'idée*. Nous ne jugeons guère que d'idées antérieures, mais nous formons ainsi, ou des idées plus composées, ou des idées nouvelles.

Mais si, comme tout jusqu'ici nous porte à le croire, le jugement est le procédé nécessaire à la formation des idées, il faut bien que ces idées antérieures résultent elles-mêmes d'anciens jugements, et, en remontant ainsi jusqu'à nos premières idées, nous rencontrons la nécessité de jugements préalables à ces mêmes idées. C'est cette sorte de jugements, que, au cas qu'ils existent, on peut provisoirement désigner du nom de jugements *avant l'idée*.

L'examen de la question de savoir s'ils existent et comment ils sont possibles sera facilité par une étude plus approfondie de l'opération comprise dans les jugements ordinaires, ou jugements postérieurs aux premières idées. Ils composent la presque totalité de nos jugements. Nous les appelons jugements *après l'idée*, ou secondaires.

Le jugement de ce genre compare des idées, et attribue une idée à une autre. Cela veut-il dire qu'il ne porte que sur des idées? L'école de Locke a pu le croire, mais le mot *idée* ne peut signifier pour le bon sens que les choses dont nous avons idée; ainsi le jugement attribue une chose dont nous avons l'idée à une autre chose dont nous avons l'idée. J'ai l'idée d'*or*, et je combine avec elle l'idée de *fusibilité*; j'ai l'idée de *Pierre*, et je combine avec elle l'idée de *bonté*; j'ai l'idée de *Vadius*, et je combine avec elle l'idée d'*écrire*. Je dis : l'*or est fusible*, *Pierre est bon*, *Vadius écrit*.

Mais bien que j'aie vu de l'*or*, que je reconnaisse ce métal quand j'en vois, et que, par conséquent, j'en aie l'idée, je ne le savais pas fusible; je le vois fondu, je vois une dissolution d'or dans un acide, un amalgame d'or et de mercure, et je juge que l'*or est fusible*. Le jugement produit une nouvelle idée, celle de la *fusibilité* de l'*or*, ou, ce qui est la même chose, combine l'idée de la *fusibilité* avec celle de l'*or*. Il étend, il complète cette dernière idée; il me fait mieux connaître l'or.

De même, je connais *Pierre*, je l'ai vu souvent,

mais j'ignore s'il est *bon* ou méchant. J'expérimente sa bonté, j'en vois la preuve, et je conclus qu'il est *bon*. L'idée produite est la *bonté* de *Pierre*, l'idée de *bonté* est combinée avec celle de *Pierre*. Voilà cette idée augmentée, complétée par le jugement; voilà *Pierre* mieux connu.

Je connais *Vadius*, je l'ai vu, je sais tout ce qu'il a fait, je sais qu'il écrit souvent; j'ai une idée très-complète de Vadius; mais, de cette idée, il ne résulte pas, il ne peut résulter qu'il écrive actuellement; c'est matière de fait à constater; c'est à l'intuition de me l'apprendre. Je vois le fait, et, sur la foi de ma sensation, je juge que *Vadius écrit*; à l'idée que j'ai de *Vadius*, j'ajoute l'idée, c'est-à-dire la connaissance qu'il écrit en ce moment. Voilà donc encore une nouvelle connaissance résultant d'un jugement. Comment aurait-elle pu être extraite de l'idée de *Vadius?* C'était chose impossible, et cependant j'avais une juste idée de *Vadius*. Remarquons, par occasion, que l'attribut n'est donc pas toujours compris dans l'idée du sujet.

Voilà le jugement proprement dit, le jugement actuel et réel; seul, il donne une véritable connaissance. Mais une fois qu'un jugement a été porté, c'est une connaissance acquise; il se fixe dans mon esprit; je puis le rappeler, le répéter, y faire allusion. Il a complété l'idée du sujet par celle de l'attribut; je puis retirer de l'idée du sujet celle de cet attribut, puisque je l'y ai mise. Ainsi, dans l'idée de l'*or*, j'ai mis celle de *fusibilité*, dans l'idée de *Pierre*, celle de *bonté*, dans l'idée de *Vadius*, celle d'*écrire*. Je puis extraire de nouveau l'idée de l'attribut de celle du sujet, sans cependant les séparer, et en les laissant unies par le signe d'attribution, et je dis de nouveau : l'*or est fusible*, *Pierre est bon*, *Vadius écrit*. Après avoir donné à mon jugement la forme d'une idée, je puis rendre à mon idée la forme d'un jugement. Par le jugement, j'ai attaché l'attribut au sujet ; puis je l'ai plié sous le sujet ; je peux le déplier de nouveau en les laissant attachés, mais dans ce cas, le jugement est répété plutôt qu'il n'est porté. Il est répété, c'est-à-dire qu'il est conçu et exprimé de nouveau ; c'est le rappel d'une connaissance, et non l'acquisition d'une connaissance. Ainsi, il faut distinguer le jugement de rappel et le jugement d'acquisition. Le second seul est réellement attributif ; le premier ne l'est que dans la forme ; il reproduit et constate une attribution. L'un est *explicatif*, l'autre *additif*. Aussi Kant appelle-t-il l'un *analytique* et l'autre *synthétique*. On conçoit que, parmi les jugements *après l'idée*, tout jugement additif ou synthétique peut devenir explicatif ou analytique de fait, et le devient même avec le temps ; et de même tout jugement analytique a pu être originairement synthétique ou présuppose un jugement synthétique.

En effet, au moment où je découvre que *la vertu est aimable par elle-même*, que *l'aimant attire le nickel*, je fais un jugement synthétique, j'ajoute une connaissance à une connaissance. Mais une fois que cette connaissance ou idée s'est liée à l'autre, de manière à en faire partie, et que dans l'idée de la *vertu* entre pour moi l'idée d'être une chose *aimable par elle-même*, dans l'idée de l'*aimant* celle d'agir sur le nickel comme sur le fer, les jugements ci-dessus ne sont que la décomposition venant après la composition, un simple rappel de la manière dont j'ai formé l'idée. Or, le rappel d'une synthèse est une analyse. Ces sortes de jugements expliquent, c'est-à-dire *déplient* la connaissance ; ils sont explicatifs ou analytiques.

De même soit donné un jugement analytique : si je veux remonter à la première fois qu'il a été composé, je puis trouver qu'alors il a produit une connaissance réelle ; il a joint une notion à une autre ; il a donc été additif ou synthétique. Ainsi l'idée d'*attirer le fer* est pour moi inséparable de l'idée d'*aimant*, mais elle ne l'a pas toujours été, et ce jugement, *l'aimant attire le fer*, qui ne fait qu'exposer ma connaissance, l'a produite autrefois ; il a été comme le signal de l'entrée de cette connaissance dans mon esprit.

Soit maintenant le jugement : *Tout corps est étendu*. Ce jugement est évidemment analytique, car je sais, pour ainsi dire, de science immémoriale, que le *corps est étendu*. L'idée d'*étendue* fait partie de l'idée de *corps* ; elle lui est même essentielle au point que, sans l'idée d'*étendue*, l'idée de *corps* est nulle. Le jugement analytique, *tout corps est étendu*, a-t-il donc jamais été synthétique ? Un jugement synthétique est celui qui ajoute l'idée de l'attribut à l'idée du sujet. Or, dans l'exemple cité, on ne peut avoir l'idée du sujet sans celle de l'attribut, l'idée de *corps* sans celle d'*étendue* ; le jugement n'a donc pu joindre celle-ci à celle-là, c'est-à-dire l'attribut au sujet qui n'existait pas encore. L'idée de *corps* ne résulte que de la combinaison de l'idée d'*étendue* avec d'autres idées, pour le moins avec celle de *figure*. L'idé de *corps* n'existant donc point sans celle d'*étendue*, ce jugement *tout corps est étendu*, ne peut jamais sous cette forme être synthétique, car il reviendrait à l'expression suivante qui n'a aucun sens, *X est étendu*. D'où vient la difficulté? elle n'est qu'apparente, elle vient de ce que *tout corps est étendu* ne peut être converti en jugement synthétique qu'en devenant un jugement *avant l'idée*. Il faut remonter au jugement productif de l'idée de *corps*. Tout jugement analytique est nécessairement *après l'idée*.

Celui qui nous sert d'exemple analyse l'idée de *corps*, idée antérieurement faite. S'il était synthétique, il faudrait qu'il la fît; car avant l'attribut d'*étendue*, l'idée de *corps* n'est pas faite. *La substance étendue et limitée*, ou, d'un seul mot, *la substance figurée est le corps;* voilà le jugement qui produit l'idée de *corps*. Puis, vous analysez cette idée par le jugement, *tout corps est étendu*. Mais si vous cherchiez dans ce jugement même le premier jugement qui vous donne l'idée de *corps*, celui qui la forme, vous voudriez un jugement impossible, c'est-à-dire un jugement qui supposât par le sujet ce qui est en question, ce qui n'existe que par ce que lui-même est porté. On conçoit malaisément qu'un pareil jugement fût porté avant que l'idée du sujet sur lequel il statue fût faite.

La plupart des métaphysiciens n'ont connu que les jugements *après l'idée*, et même que les jugements analytiques. Aussi se sont-ils souvent rapprochés de cette opinion que seul Condillac a nettement professée, que les deux termes d'un jugement sont identiques. Cela allait contre la vieille définition du jugement, qui consiste à affirmer une chose d'une autre; dès que cette chose est *autre*, les deux choses ne sont pas identiques. Mais si le jugement, quand il attribue une idée à une autre, ne fait que lui rendre ce qu'elle contient déjà, il suit que nous ne pouvons lier ensemble des idées qui ne soient pas déjà les unes dans les autres; il suit encore, ou que nous ne pouvons lier deux idées, c'est-à-dire avoir de connaissance, ou que toutes nos idées sont d'avance les unes dans les autres, ce qui nous réduit à n'avoir jamais qu'une seule et même idée. Là conduisent les chimères de l'esprit de système.

Nous espérons avoir prouvé : 1°. que le jugement est l'instrument nécessaire de nos connaissances, en d'autres termes, que toute connaissance suppose un jugement;

2°. Que le jugement est successivement l'acte par lequel se produisent les idées ou notions, ou les connaissances nommées, et l'acte par lequel les idées déjà produites s'étendent et se complètent, et que dans ces deux cas seulement il est productif de connaissance proprement dite;

3°. Que cependant la connaissance produite peut être de nouveau et indéfiniment remise sous forme de jugement, et qu'alors le jugement n'est qu'une opération rappelée ou vérifiée; il est explicatif de la connaissance;

4°. Que le jugement *après l'idée*, ou ayant pour

sujet une idée déjà faite, 1°. est productif de connaissance, lorsqu'il ajoute une connaissance nouvelle à la connaissance acquise, et peut s'appeler alors jugement synthétique ; 2°. qu'il est simplement explicatif de connaissance, lorsqu'il décompose la connaissance acquise et la remet sous forme de jugement, et qu'alors il peut s'appeler jugement analytique ;

5°. Que tout jugement synthétique de ce genre peut ainsi être converti, et même l'est toujours avec le temps, en jugement analytique ;

6°. Que tout jugement analytique est nécessairement postérieur à l'idée sur laquelle il statue.

§. II. *Des jugements avant l'idée, ou élémentaires.*

Les conclusions précédentes s'appliquent à la grande majorité des jugements ; mais elles ne comprennent pas, elles laissent en dehors les jugements *avant l'idée*, ceux qui sont ou paraissent antérieurs aux idées, bases nécessaires de presque tous les jugements. Il y a là un problème encore intact.

On sait que le jugement productif de connaissance est en un sens *avant l'idée*, puisqu'il précède nécessairement l'idée qu'il doit produire ; il la précède comme la cause précède l'effet ; mais il n'est pas nécessairement antérieur à toute idée du sujet sur lequel il statue, puisque la plupart du temps il perfectionne cette idée et l'amplifie d'idées nouvelles. Dans le jugement étudié jusqu'ici, nous avons toujours une idée du sujet avant de lui adjoindre l'attribut, c'est-à-dire avant de juger. On ne comprend même pas comment le jugement serait possible sans une idée préalable du sujet. Il faut bien une connaissance quelconque pour y ajouter une connaissance nouvelle. On ne peut connaître mieux que ce qu'on connaît déjà.

Mais d'un autre côté, nous avons vu que toute idée ou connaissance suppose un jugement, et nous voyons maintenant qu'il faut déjà quelque idée d'une chose pour en juger. N'y a-t-il pas là une palpable contradiction? Est-ce l'idée qui suppose le jugement? Est-ce le jugement qui suppose l'idée?

Sans doute, en thèse générale, on ne saurait juger que de ce qu'on connaît; le jugement suppose déjà une idée du sujet, non pas une idée égale à celle que le jugement donne; car alors le jugement ne serait jamais qu'explicatif, il n'ajouterait dans aucun cas aucune connaissance. Mais l'idée du sujet du jugement doit être suffisante pour qu'on en puisse juger. A quel point l'idée d'une chose commence-t-elle à être suffisante pour qu'on en puisse juger? Ce point serait difficile à déterminer.

D'abord cela dépend et de la nature de l'objet, et de celle du jugement; suivant que l'une et l'autre sont plus ou moins simples, une connaissance plus ou moins étendue est suffisante. Dans la vie pratique un tact assez sûr nous avertit que ce degré suffisant de connaissance est ou n'est pas atteint. Par exemple on dit, selon le besoin, en parlant du même individu : *Je le connais* ou *je ne le connais pas.* On vient vous dire : *Connaissez-vous Jacques, et savez-vous ce qui lui est arrivé?—Je le connais, parlez.* Si l'on ajoute : *Savez-vous si l'on peut se fier à lui?* *—Je ne le connais pas assez pour en juger.* Cette réponse est très-sensée, elle indique une appréciation suffisante de ce qu'il faut de connaissance pour juger. Dans la science nous devons retrouver une gradation analogue de connaissances correspondant à la gradation des jugements. Ainsi, pour juger que *deux triangles sont égaux lorsqu'ils ont un angle égal compris entre côtés égaux chacun à chacun*, il faut savoir seulement ce que c'est qu'un triangle, comme l'apprend l'intuition, et comprendre l'axiome qui définit l'égalité et sert de principe à la méthode de la superposition. Mais pour juger que *dans tout triangle rectangle le rayon est au sinus d'un des angles aigus, comme l'hypoténuse est au côté opposé à cet angle*, il faut connaître le cercle, le rayon, le sinus, le carré de l'hypoténuse, etc., tous les éléments de la théorie géométrique du triangle; en un mot, connaître mieux le triangle, lequel est, au fond, le sujet de tous les jugements destinés à faire connaître ses propriétés.

Si maintenant nous faisons abstraction de la difficulté et de la complication plus ou moins grande des idées et des jugements, nous pouvons dire, en général, que pour porter un jugement quelconque d'une chose, il y a un degré nécessaire de connaissance. Nous l'appellerons *la connaissance suffisante ou indispensable*. Au-dessous de cette connaissance indispensable, on n'a point d'idée de l'objet. Ainsi, celui qui ne sait pas que *le cercle est rond*, que *le triangle a trois angles*, n'a pas la connaissance indispensable du cercle et du triangle. On peut dire qu'il n'en a pas l'idée, ou du moins l'idée qu'il faut pour en juger.

Arrêtons-nous encore à ce point, et prévenons, s'il se peut, toute difficulté.

On observera d'abord que pour avoir une connaissance, il n'est pas absolument nécessaire qu'elle soit réfléchie, c'est-à-dire que l'on sache distinctement qu'on la possède. Ainsi, quand je dis que tout homme qui a l'idée de *corps* a l'idée d'*étendue*, cela ne signifie pas à la lettre qu'il le sache toujours formellement, qu'il soit prêt à répondre à cette question : Qu'est-ce que l'*étendue ?* qu'il comprenne parfaitement cette définition du corps *la substance figurée*, ni même que ce mot d'*étendue* lui soit bien présent. Mais cela signifie que la perception d'*étendue* est impliquée dans toute notion de *corps*, qu'elle lui sert de base, et que le *corps* est un sujet qui contient toujours cet attribut. On peut bien supposer un homme qui ne soit pas stupide et pour qui cependant ce jugement *le corps est étendu*, soit nouveau; mais il reconnaîtra bien vite que cela est vrai; il y retrouvera l'expression de ce qui lui est parfaitement connu; il constatera qu'il a toujours su au fond ce que contient ce jugement. On n'aura fait que lui préciser, lui développer une connaissance qu'il avait déjà; on ne lui aura pas donné une connaissance nouvelle.

Cette observation peut éclaircir et compléter ce que nous avons dit du jugement explicatif. Ce jugement, il est vrai, ne donne pas essentiellement une connaissance nouvelle. Mais il spécifie, il confirme, il développe souvent une connaissance acquise. Il en donne la conscience à celui à qui elle manquait; il lui révèle ce qu'il savait et le met en état de s'en rendre compte. Le jugement explicatif ou analytique ne se borne donc pas toujours à rappeler une connaissance ; en l'analysant, il la rend plus nette, plus sûre ; il est donc très-utile. S'il ne vous fait pas connaître quelque chose de plus comme le jugement synthétique, il vous fait mieux connaître ce que vous connaissiez déjà. Sous ce rapport, il est souvent un préliminaire indispensable pour le jugement synthétique. Il le rend possible, ou du moins plus facilement intelligible. Ainsi le jugement *le corps est étendu*, est un jugement explicatif ; mais il peut être nécessaire de le prononcer pour arriver au jugement synthétique *tout corps est pesant*. Cette proposition *le moi est un principe pensant*, n'est guère qu'un jugement analytique ; et cependant on conçoit qu'en le prononçant, on peut rendre plus distincte la notion qu'il contient, la faire concevoir plus nettement de manière à rendre possibles ou plus aisément saisissables d'autres jugements moins simples, tels que ceux-ci : *le moi est inétendu*, ou *le moi est une rigoureuse unité*.

Le jugement analytique est particulièrement nécessaire pour mettre en lumière la connaissance indispensable ou suffisante renfermée sous le nom du sujet. Au-dessous de tout jugement synthétique, il y a, en général, un jugement analytique qui est l'expression de la connaissance indispensable pour porter le premier. Ce jugement analytique est la base de l'autre, le degré immédiatement inférieur avant celui-ci. C'est répéter avec d'autres mots ce que nous avons dit, qu'on a toujours besoin de quelque idée du sujet pour y ajouter un nouvel attribut.

Reste maintenant la question : Comment cette connaissance indispensable qui est une idée, a-t-elle été produite, à moins de supposer une suite infinie d'idées et de jugements ? En d'autres termes, comment le jugement *avant l'idée* est-il possible ? Nous savons qu'il ne s'agit ici que du jugement avant l'idée indispensable.

Rappelons la contradiction : tout jugement n'est possible qu'à la condition d'une connaissance quelconque, et toute connaissance suppose un jugement. N'y a-t-il pas là ce qu'on appelle un cercle vicieux ?

Ce ne serait pas la première fois que pareille chose se trouverait à l'origine de nos connaissances. Dès que l'on remonte à la dernière hauteur dans l'esprit humain, si l'on consulte la logique, on tombe toujours dans quelque embarras de ce genre. Il vient toujours un point où l'on ne sait comment éviter l'absurdité d'une suite infinie de principes et de conséquences. N'en est-il pas de même dans l'étude de la nature en général ? Dès qu'on élève une question d'origine, on tombe dans le cercle sans fin des causes et des effets. Comment y échapper ? Il n'y a qu'un parti à prendre ; faire halte au dernier terme visible de l'investigation, et affirmer une cause première qui ne soit dans les conditions d'aucune autre, et qui, par sa nécessité et son infinité, déroge à toutes les lois du monde contingent et fini. Quelque chose d'analogue se passe dans les hauteurs de l'esprit humain. L'homme a été une fois, à un certain moment, doué du mouvement intellectuel. Il est une horloge dont le balancier s'est ébranlé par une cause invisible ; il paraît donc en mouvement de lui-même. C'est une force vivante et libre. Mais dans le moment qui a précédé son action, il est impossible de trouver en elle le principe de cette action : il y a quelque chose de donné dans l'homme; et ce qui est donné s'impose au problème, et ne se résout point avec le problème.

Or donc, le jugement donne la connaissance, et la connaissance est nécessaire au jugement; la logique ne peut sortir de cette contradiction. Voyons si l'observation sera plus heureuse ; et sans chercher une solution rationnelle, examinons d'abord s'il n'y a pas là des faits à constater.

Réduisons bien le petit nombre de cas où se présente la difficulté.

Les connaissances que le jugement nous donne sur un même sujet, ne sont pas toutes également importantes pour nous, ni toutes également essentielles à ce sujet. Nous avons distingué la connaissance suffisante ou indispensable. On n'avait pas fait encore cette distinction, parce que jusqu'ici ne voyant dans les sujets et les attributs que des idées contenues dans d'autres, il semblait que tous les attributs étaient sur le même pied. On pouvait tous les tirer du sujet indifféremment. L'ordre de cette extraction était arbitraire. Cela se conçoit ; on n'admettait que des jugements analytiques, et l'on supposait la connaissance parfaite et apparemment infuse de tous les sujets antérieurs à tous les jugements.

Mais les choses ne se passent pas ainsi. Évidemment je puis avoir l'idée de l'acide nitrique, sans connaître toutes les propriétés de l'acide nitrique.

Mais je comprendrai tous les jugements qui m'apprendront ces propriétés, s'ils n'exigent, s'ils ne supposent que la connaissance que j'ai déjà de l'acide nitrique.

Si je connais même en gros la composition chimique de l'acide nitrique, je puis juger que, mis en contact avec le fer, il donnera naissance à un dégagement de gaz azote. Si je connais seulement l'acide nitrique pour en avoir vu, je le connais pour un liquide blanc, mais il me manque la connaissance chimique indispensable pour juger de ses propriétés chimiques.

J'ai cependant une connaissance indispensable, mais suffisante pour juger qu'il est pesant, transparent, enfin qu'il a les qualités physiques des liquides; j'en sais assez pour comprendre les jugements, fondés d'ailleurs sur l'intuition, qu'il est corrosif, brûlant, mortel. Mais ces jugements mêmes, je ne pourrais ni les porter, ni les comprendre, si j'en savais encore moins de l'acide nitrique, si ce mot n'avait aucun sens pour moi. Alors ce ne serait qu'un mot; savoir que c'est un mot, ce serait là toute ma connaissance. Avec cette connaissance, on me composerait le jugement synthétique suivant : *L'acide nitrique est un corps*, c'est-à-dire *le mot d'acide nitrique a pour attribut d'être le nom d'un corps*. Puis : *ce corps est liquide, blanc, corrosif*, etc.

De même, pour arriver aux propriétés chimiques, il me faut une connaissance indispensable ou suffisante chimique. C'est au moins celle-ci : *L'acide nitrique est un composé d'oxygène et d'azote*. Avec cette connaissance des éléments de l'acide nitrique, je puis porter des jugements qui m'enseignent ses propriétés, et ainsi de suite.

On voit ici une différence entre les jugements qui nous font connaître les propriétés et ceux qui nous révèlent les éléments. Eh bien, je crois cette différence sérieuse et générale.

Les attributs que les jugements nous font connaître, sont tantôt des éléments, tantôt des qualités, puis des relations, puis des circonstances, etc. Pour avoir l'idée d'une chose, il n'est pas nécessaire de connaître toutes ses relations, toutes ses circonstances, ni même toutes ses qualités. Les jugements qui nous donnent ces sortes d'attributs peuvent être portés synthétiquement; mais ils supposent au moins la connaissance des éléments de la chose qu'ils concernent : la connaissance indispensable ou suffisante est la connaissance des éléments.

Il faut donc distinguer parmi les idées qui composent la connaissance complète d'une chose, les idées élémentaires.

Ainsi, l'idée élémentaire de la connaissance chimique de *l'acide nitrique*, c'est qu'il est *composé d'oxygène et d'azote*. L'idée élémentaire de la connaissance du *corps*, c'est qu'il est une *substance étendue et figurée*. L'idée élémentaire de la *vertu*, c'est qu'elle est l'*accomplissement du devoir* ou l'*empire sur soi-même*, etc.[1]. Avec ces idées élémentaires je puis ou comprendre ou porter les juge-

---

[1] On conçoit que je ne donne point ici une définition modèle de la vertu; chacun substituera dans l'exemple celle qu'il préfère.

ments synthétiques : *L'acide nitrique est décomposé par l'hydrogène et produit de l'azote et de l'eau. Tout corps est pesant, divisible, mesurable, etc. La vertu est souvent persécutée, elle est conforme à l'ordre de la société, etc.*

La question qui nous occupe ne peut donc s'élever qu'à l'occasion des jugements qui nous donnent la connaissance des éléments, et que nous appellerons les *jugements élémentaires*. Ceux-ci ne supposent et ne peuvent supposer aucune idée de l'objet sur lequel ils statuent; c'est pour cela qu'ils peuvent être dits *avant l'idée;* mais cela ne signifie pas qu'ils soient antérieurs à toute idée, à tout jugement, à tout élément de connaissance.

Ainsi, quand il s'agit de connaissance chimique, ce jugement *l'acide nitrique est un composé d'oxygène et d'azote*, est un jugement élémentaire, en ce qu'il contient les éléments de l'idée chimique, ou connaissance chimique de l'acide nitrique, ce que nous avons appelé la connaissance indispensable ou suffisante.

Mais il suppose des jugements d'un autre ordre ou des intuitions correspondantes, donnant la connaissance usuelle ou physique de ce même acide. Ces jugements à leur tour se groupent autour d'un jugement élémentaire, tel que celui-ci : *l'acide nitrique est un corps.*

Mais ce jugement lui-même suppose nécessairement la connaissance du *corps* et occasionnellement l'intuition de l'acide en question; et la connaissance du *corps* suppose de certains jugements que nous avons souvent analysés.

En remontant toujours ainsi, on arrive à des jugements nécessairement antérieurs à tout jugement ou à toute idée, et qui sont l'origine de toute connaissance.

On voit que parmi les *jugements élémentaires* ou *avant l'idée*, il y en a de proprement dits et d'improprement dits. Cela nous donne pour les jugements synthétiques la série suivante :

Jugements synthétiques ordinaires ou secondaires, c'est-à-dire *après l'idée* (exprimant les qualités accessoires, les relations, les circonstances, les modes actuels, etc.).

Jugements synthétiques élémentaires ou avant l'idée improprement dits (c'est-à-dire qui donnent les éléments de l'idée ou la connaissance indispensable pour l'ordre de jugements et de connaissances dont il est question, mais qui ne sont pas antérieurs nécessairement à toute idée ou jugement applicable à la formation de l'idée élémentaire).

Jugements synthétiques élémentaires ou avant l'idée proprements dits (c'est-à-dire qui ne présupposent aucun jugement ou idée, c'est-à-dire aucune connaissance formée).

Ainsi, la nécessité de ces derniers jugements, véritablement *a priori*, se trouve démontrée par le seul examen des conditions de la possibilité de nos jugements en général.

La nécessité de ces jugements n'est encore qu'une nécessité logique. Voyons si l'observation psychologique nous donnera leur possibilité et leur existence.

Les faits du genre de ceux qui nous occupent peuvent en effet être considérés de deux manières, sous le point de vue logique ou plutôt rationnel, et sous le point de vue psychologique. La philosophie est une science de raison et d'observation. Elle a donc deux méthodes, ou plutôt elle a deux procédés qui se contrôlent et se complètent l'un l'autre.

Psychologiquement, le jugement élémentaire proprement dit est ou spontané ou occasionné : il est nécessairement spontané en un certain sens, et par la définition même, en ce qu'il ne présuppose aucun jugement; il ne peut être occasionné que par quelque chose qui ne soit pas proprement une connaissance, comme par exemple une sensation. La connaissance qui n'est occasionnée que par la sensation, peut être dite spontanée, en ce sens qu'elle n'est pas déduite d'une autre connaissance; car la sensation est moins une connaissance qu'un moyen de connaissance. Dans la sensation, la faculté de juger trouve l'occasion d'un jugement. Lorsque dans la sensation de la dureté d'un solide, nous puisons le jugement qui affirme le corps extérieur, ce jugement naturel et fondamental est gratuit et direct; ce qui veut dire qu'il n'y a nulle raison à en donner, qu'il ne se déduit effectivement d'aucune connaissance antécédente de l'extérieur. C'est ce caractère particulier à ce jugement qui autorise à le considérer comme jugement primitif ou du moins comme fait primitif.

La perception est le jugement puisé dans l'intuition des sens; cette intuition est la seule donnée;

par un seul et même acte elle est convertie en jugement et en idée.

Ainsi, le jugement qui ne présuppose qu'une occasion expérimentale, fait, dès que l'occasion est venue, sa première apparition dans l'esprit et exerce une autorité naturelle; psychologiquement, on peut dire qu'il est spontané; c'est ce qu'on rend mieux en disant qu'il est primitif.

Pour bien faire connaître ce genre de jugement, il n'y a qu'un moyen, c'est de citer des exemples : pour montrer que de tels jugements sont possibles, il suffit de montrer qu'il y en a.

Au premier rang se présente *le jugement de substance et de qualité*. Il faut bien que ce jugement soit primitif : en effet, les idées qui le précéderaient seraient, on l'accorde, des idées des objets sensibles. Elles seraient donc des idées ou de substance ou de qualité; elles supposeraient donc le jugement qui montre la substance à travers les qualités, ou qui de la substance, affirme les qualités. Ce jugement est impliqué dans tous ceux que nous portons sur les objets réels.

Il en est de même du *jugement de cause et d'effet*. L'idée de cause ne se puise dans aucune idée antécédente; elle peut venir à l'esprit à l'occasion de certains phénomènes qui frappent nos sens; mais la cause, en tant que cause, pas plus que la substance, ne frappe nos sens. Le jugement de *causalité* est donc, comme celui de *substantialité*, prime-sautier dans l'esprit humain. De l'un et de l'autre, on peut dire : *prolem sine matre creatam*.

La substance et la cause sont des idées primitives

ou jugements primitifs, c'est-à-dire qui ne présupposent aucune autre connaissance. Les jugements non primitifs continuent la connaissance, les jugements primitifs la commencent.

Qu'on ne demande donc plus comment, la connaissance étant nécessaire au jugement, les jugements primitifs précèdent toute connaissance; c'est demander pourquoi ils sont primitifs. Veut-on nier qu'ils le soient, qu'on leur assigne une origine rationnelle; la tentative a accablé tous ceux qui l'ont essayée. Objecte-t-on que l'on ne comprend pas comment cela se fait? qu'importe si cela est? Il faut bien, comme on dit, qu'il y ait commencement à tout. Dans tous les systèmes, il faut bien que la connaissance débute quelque part et par quelque chose. Qu'on l'appelle idée, jugement, sensation, il faut toujours admettre un fait primitif, un fait dont on ne rend pas compte, et qui vous livre sa réalité pour toute explication.

Il y a donc des jugements primitifs; ces jugements sont les seuls vrais jugements *avant l'idée;* ils sont des idées ou connaissances supposées dans tous les autres jugements; et avec l'aide des impressions sensibles, ils rendent possibles tous les jugements qui les supposent et qui, au premier aspect, semblent ne s'appuyer sur rien. Eux seuls ne reposent sur rien, et se soutiennent par leur propre poids; mais sur eux est construit l'édifice du monde intellectuel.

Encore une fois, ils ne sont primitifs que dans l'ordre de la connaissance; car en fait, ils supposent des impressions sensibles qui les provoquent à se manifester. Il n'est pas même nécessaire que ces occasions une fois données, ils se révèlent formellement, explicitement à l'esprit. Au contraire, ils se présentent enveloppés dans la perception et sous une forme d'application particulière. Ce n'est que la réflexion qui démêle dans le jugement particulier, occasionné par telle impression sensible, la perception de l'extérieur, jugement général et immédiat, et dans ce jugement de la perception, le jugement pur et absolu de substance et de qualité.

Voilà comme les choses se passent en fait; d'abord une impression sensible, puis une intuition ou perception particulière, comprenant un jugement particulier. Mais cette perception et ce jugement particulier ne sont qu'une application ou expression spéciale du jugement en général qui repose sur la perception; et enfin, ce jugement lui-même suppose le jugement tout à fait général, tout à fait dégagé de ce qu'il y a de personnel et d'actuel dans la perception, savoir le jugement de substance.

Maintenant cet ordre historique de l'acquisition de nos connaissances nous fait remonter leur ordre logique ou rationnel. Il est évident que logiquement ou rationnellement le jugement de substance est le principe, et qu'il faut commencer par lui. Donnez-moi ce jugement et l'affection attachée à la pression d'un solide, et le jugement qu'il existe hors du moi un sujet étendu en trois dimensions, existant d'une existence absolue, sera immédiatement constitué. De même, donnez-moi la conscience de vos propres opérations et le jugement de substance, et vous verrez naître la notion du moi. Pourvu de toutes ces notions, vous pourrez fournir une base à tous vos jugements ultérieurs. Le point de départ de nos connaissances est dans ces connaissances premières, irréductibles, dont aucune ne rend compte et qui rendent compte de toutes les autres.

Les jugements de la cause et de la substance sont synthétiques, cela ressort de leur définition même; ils créent une connaissance; on pourrait dire qu'ils créent quelque chose de rien, car la donnée sensible qui les suggère ne les produit pas; ils existent par leur propre vertu.

C'est nécessairement que l'esprit les conçoit; mais ils ont encore un autre genre de nécessité, c'est cette évidence qu'on ne peut obscurcir, cette autorité qu'on ne peut décliner. Le contraire de ce que ces jugements affirment est absurde et impossible; la raison est solidaire avec eux. Il est dans ses conditions d'existence que ces jugements soient vrais. Ils le sont en toute hypothèse, indépendamment de toute application. Ce sont des vérités absolues. Les jugements marqués de ce caractère sont des jugements nécessaires.

Ainsi les jugements primitifs sont synthétiques et nécessaires.

Nous en savons assez maintenant pour construire scientifiquement, c'est-à-dire rationnellement, le tableau de tous nos jugements.

V.

CLASSIFICATION GÉNÉRALE DES JUGEMENTS.

§. I. Des jugements primitifs.

Les premiers jugements dans l'ordre rationnel sont les jugements primitifs.

Les jugements primitifs sont ou logiques, ou ontologiques, ou psychologiques.

1°. Les jugements primitifs logiques sont ceux qui sont purement et rigoureusement rationnels, c'est-à-dire qui seraient vrais d'une raison abstraite, ou d'une raison antérieure à toute existence, si une telle raison était possible; pure hypothèse de la raison spéculative. Ces jugements primitifs sont dits logiques, parce qu'ils sont les lois de la raison indépendantes de l'être, c'est-à-dire qu'ils sont logiques en acte, et ontologiques seulement en puissance.

Aristote a découvert le premier de ces jugements, ou du moins c'est lui qui a donné le premier rang dans la science au principe de contradiction sous cette forme : « Il est impossible que le même attri-
« but appartienne et n'appartienne pas au même
« sujet, dans le même temps, sous le même rapport. »
(Ou plus brièvement : « La même chose ne peut en
« même temps être et n'être pas. » Ou bien encore :
« L'affirmation et la négation ne peuvent être vraies
« en même temps du même sujet. »)

Ce jugement primitif est à la fois le principe rationnel de toute chose et de tout jugement. Aucun être n'est possible, aucune raison n'est possible, que sous la condition et sous l'empire de ce jugement. Aussi est-il donné par Aristote comme principe de l'ontologie dans sa Métaphysique, et comme principe de la logique dans sa Logique[1]. De même aussi il peut recevoir diverses formes, et prendre tantôt celle-ci : *Ce qui est est;* tantôt celle-là : *L'attribut ne peut être contradictoire au sujet.* On trouvera dans les auteurs des formules différentes; mais ces formules, qui sont différentes, reviennent au même en raison de l'universalité du principe qu'elles expriment, et leur diversité résulte précisément de ce qu'on peut tour à tour prendre ce principe comme loi de l'existence ou comme loi de la pensée, comme forme de l'être ensemble et du connaître, comme règle de la possibilité des choses et de celle du jugement, expression des choses; preuve nouvelle et fondamentale de l'accord et de l'union de la réalité et de la raison.

Ce principe est nécessairement indémontrable, car il est l'origine et le garant de toute démonstration; et la notion d'un jugement primitif logique est celle d'un jugement qui ne suppose nécessairement aucune connaissance antérieure, et n'implique logiquement aucun jugement supérieur.

Leibnitz a la gloire d'avoir posé un principe mis par des philosophes au même rang que le principe de contradiction; c'est le principe de la raison suffisante : « rien n'existe sans une raison d'exister »; raison *suffisante*, comme le dit Leibnitz, ou *détermi-*

---

[1] *Métaphys.*, liv. IV, §. III-VIII, et liv. XI, §. V. — *Logiq.*, Categ., XIII. *Hermen.*, ch. VII et VIII. — *Analyt. post.*, liv. I, ch. III. Voyez aussi *Critiq. de la raison pure*, Logiq. transcend., liv. II, sect. I, et dans le premier volume, l'Essai IV, p. 377.

nante, comme le veut Kant, peu importe ici. Sous les deux formes, ce principe est non-seulement la règle de l'être comme possible, mais encore la loi de la raison dans le jugement. Car, de même que le principe de contradiction est la base et la condition de tout jugement en lui-même, aucun jugement ne pourrait être rattaché à un autre, ni par conséquent aucune connaissance dérivée d'une autre connaissance, si le premier jugement n'était la raison du second, la première connaissance la raison de la seconde. Ici encore l'ontologie et la logique reconnaissent l'empire d'un même principe, et l'être suppose la même condition que le connaître [1].

Ces deux jugements primitifs logiques, les seuls qui jusqu'ici aient été admis comme tels par un nombre suffisant d'autorités philosophiques, sont synthétiques, immédiats, nécessaires, absolus.

Ils sont synthétiques ou productifs de connaissance; car l'idée d'être n'est pas identique à l'idée de ne pouvoir avoir d'attribut contradictoire. Exister et avoir une raison d'exister ne sont pas non plus identiques.

Le principe de contradiction et celui de la raison suffisante peuvent être conçus l'un et l'autre comme ayant pour sujet *ce qui est*.

Ce qui est ne peut n'être pas sans cesser d'être ce qui est.

---

[1] Leibnitz, *Meditationes de cognitione, veritate et ideis*. — Kant, *Logiq.*, introd. VI; et *Dissertation sur les premiers principes de la connaissance métaphysique*, analysée par M. Tissot, dans l'appendice IX de sa traduction de la *Logique*. — Cousin, IIIe leçon de son *Cours d'histoire de la philos. mod.*, 1816-1817.

Ce qui est ne peut être sans une raison d'être.

Or, ce qui est ou l'être est la notion universellement enfermée dans tout jugement quelconque, général ou particulier, primitif ou secondaire. La notion d'être ne pénètre dans l'esprit que sous la forme d'un être actuel et déterminé. Originairement, c'est la perception interne ou externe qui la donne, non pas dans l'abstrait, mais sous le concret. Tout jugement exprime que quelque chose est quelque chose sous la condition du principe de contradiction. Mais l'être perçu est un phénomène; l'être conçu une substance; l'être abstrait une idée, laquelle idée résume ce jugement qu'un être est ce qu'il est. Serait-ce donc là un jugement identique, et par conséquent analytique? A la forme on pourrait le croire; car il pourrait à la rigueur se rédiger ainsi: *ce qui est est*. Mais assurément cette expression même est une vaine tautologie, ou elle signifie qu'à l'idée de *ce qui est*, simple idée de l'objet d'une perception possible, s'ajoute l'idée de ne pouvoir être autrement qu'il n'est sans cesser d'être ce qui est. Le sujet est un existant quelconque, donné ou possible, perçu ou conçu; le jugement est la condition de cette existence, et s'il est vrai que nul ne peut penser un existant sans le penser implicitement comme conforme au principe de contradiction, ce n'est qu'une preuve de l'autorité universelle de ce même principe. Par ce principe l'être pris comme donné ou contingent dans le sujet est pris comme nécessaire dans l'attribut. Le principe de contradiction ajoute donc à la connaissance; il est donc synthétique.

Cela est plus clair encore du principe de la raison suffisante. L'idée de la raison d'exister est une addition à l'idée d'existence, quoique la raison d'exister soit une condition inséparable de l'existence même.

Ces jugements sont immédiats, non pas sans doute que nous en acquérions directement la connaissance expresse, et qu'ils se présentent d'eux-mêmes à l'intuition. Les circonstances psychologiques de leur intervention dans l'intelligence les enveloppent au contraire et les déguisent pour la raison qui leur obéit sans le savoir. Mais ils sont immédiats en ce sens qu'aucune expérience antérieure n'est nécessaire pour les employer, et qu'au contraire ils sont spontanément et sans déduction ni induction appliqués et impliqués dans tous les jugements de l'expérience elle-même.

Ils sont nécessaires ; c'est ce qui ressort de toutes les parties de cette analyse ; et la notion de l'être qui est tout à la fois ce qu'il est et ce qu'il n'est pas, ou de l'être qui existe sans qu'il y ait aucune raison de son existence, est le non-sens le plus évident qui se puisse concevoir.

Enfin ils sont absolus ; c'est-à-dire qu'ils ne supposent logiquement, comme condition nécessaire de leur vérité, l'existence d'aucun objet actuel, non plus que d'aucune connaissance particulière ou d'aucun principe plus général. Nous avons vu qu'ils étaient vrais avant l'ontologie, et que rien ne serait, qu'ils seraient les lois du possible.

2°. Les jugements primitifs ontologiques sont ceux qui ne supposent nécessairement, comme titre de leur vérité, aucune connaissance antérieure, mais qui ne sont vrais qu'en tant qu'applicables à des êtres actuels. Quand l'être devient actuel, c'est-à-dire passe de la pure puissance à l'acte, il ne peut se réaliser que sous la loi des principes ontologiques.

Exemples : « *Tout phénomène a un principe durable et invariable qui est l'objet lui-même ou la substance.* » — Jugement de *substantialité*.

« *Tout ce qui commence d'exister a une cause.* » — Jugement de *causalité*.

Ces jugements sont synthétiques, immédiats, nécessaires, absolus.

a. Ils sont synthétiques ou productifs de connaissance ; car l'attribut n'en est pas contenu dans le sujet.

En effet, le phénomène n'est, à vrai dire, que ce qui tombe sous les sens ou sous la conscience ; la substance n'y tombe pas ; elle n'est donc pas donnée à la manière du phénomène. Mais du phénomène, c'est-à-dire de l'impression sensible ou de l'aperception consciencieuse, le jugement conclut la substance. Le phénomène est le connu, la substance l'inconnu pour l'observation, sinon pour la raison ; le phénomène est le sujet, la substance l'attribut [1]. Le jugement de *substantialité* est donc productif de connaissance ou synthétique.

Tout ce qui commence d'exister, c'est-à-dire tout événement n'est encore que phénoménal. L'idée de cause n'est point présente dans l'impression sensible produite par la manifestation d'une chose qui com-

---

[1] Voyez notre observation p. 98 et 99.

mence, d'un événement qui arrive. L'œil de la sensibilité ou de la conscience ne voit pas la cause. Le jugement seul l'affirme à l'aspect de l'événement ; c'est une attribution qu'il lui fait ; il ajoute une connaissance ; il est synthétique.

b. Ces jugements sont immédiats, c'est-à-dire qu'ils ne supposent aucun jugement intermédiaire. Ils admettent la donnée de la sensation ou de la conscience qui est plutôt un élément de connaissance qu'une connaissance proprement dite, et ils la convertissent directement en connaissance. Le sujet réel de ces jugements est une intuition, non une idée. C'est par là surtout que ces jugements sont primitifs.

Ainsi les phénomènes ne sont, à vrai dire, que ces effets si familiers et si connus qui se passent en nous, soit à l'occasion des objets sensibles, soit à l'occasion des opérations intérieures, et desquels il résulte que nous sommes avertis de leur existence. Or ces modifications, prises à part de tout jugement, ne donnent pas une idée ; car cette idée serait celle du moi, ou celle du *non-moi*, celle d'une substance, ou celle d'une qualité, lesquelles toutes supposent un jugement; et cependant cette sorte de modification est le sujet du jugement de substantialité. Ce jugement s'appuie donc à nu sur l'élément donné par la sensibilité ou la conscience ; il est donc immédiat.

De même pour le jugement de causalité. Un événement qui commence à avoir lieu, et qui, abstraction faite de tout jugement, produit une impression, se manifeste aux sens. Aucune idée antérieure n'est nécessaire pour l'induction de la cause. Le jugement de causalité pose donc directement sur le phénomène, il est immédiat.

c. Ces mêmes jugements primitifs sont nécessaires, c'est-à-dire que le contraire en est contradictoire ou incompatible avec la raison.

En effet, les phénomènes sans la substance, c'est-à-dire les apparitions sans quelque chose qui apparaisse, c'est la notion de rien qui soit quelque chose. C'est une notion contradictoire. Que le phénomène persiste ou change, il suppose une substance, ou il est l'effet sans cesse répété d'une cause toujours subsistante, c'est-à-dire que le miracle de la création se reproduit à tous les instants. Mais, dans ce cas même, Dieu serait la substance de toutes les qualités; il y a donc quelque chose; le néant n'apparaît pas.

Si les phénomènes ne sont pas les qualités d'une substance, ils sont les effets d'une cause, et alors la substance et la cause se confondent. Dans tous les cas, des phénomènes changeants ne peuvent changer sans cause. La succession en est arbitraire ou nécessaire. Or c'est un fait de conscience qu'elle n'est point arbitraire; il ne dépend pas de moi qu'un boulet de canon soit au même instant au point de départ et au point d'arrivée, encore moins qu'il arrive avant d'être parti, ou parte avant d'être arrivé. La succession est donc nécessaire ou du moins soustraite à mon libre arbitre. En doutez-vous? Essayez d'intervertir même par la pensée l'ordre de cette succession, vous ne le pouvez. Il y a donc une succession nécessaire. Or la succession nécessaire est l'expression de la relation de cause et d'effet. Un changement sans cause est absurde. Pourquoi? Il n'est pas besoin d'en donner aucune raison, cela est ainsi ; si cela était autrement, il n'y aurait plus de raison humaine. L'évidence qui rend le doute impossible, la vérité qui ne permet pas l'exception, sont les marques de la nécessité des jugements.

d. Enfin les jugements dont nous parlons sont absolus. En général, on en peut dire autant des jugements nécessaires ; car la raison ne leur peut attribuer de vérité relative. Cependant on doit observer qu'ils supposent plus ou moins de données antérieures sans lesquelles ils ne seraient pas nécessaires. La conclusion rationnelle de prémisses contingentes est nécessaire, elle n'est pas absolue, puisqu'elle dépend de ses prémisses.

Les jugements primitifs ne supposent absolument qu'une donnée d'expérience, et cette expérience ne leur sert pas de preuve, mais d'occasion. Lorsqu'ils se révèlent à nous, ils sont empreints d'une vérité indépendante de la circonstance qui les a suscités. Ils ne seraient pas portés sans elle, mais sans elle ils seraient vrais. Ainsi la connaissance que nous en avons n'est pas absolue, mais la vérité en est absolue. Historiquement, ils viennent *a posteriori* ; rationnellement, ce sont des jugements *a priori*.

En effet, il n'y aurait nul phénomène pour nous que le phénomène supposerait toujours la substance. Rien sous nos yeux n'aurait jamais commencé d'exister, que ce qui commence d'exister nécessiterait toujours une cause : c'est le caractère de l'absolu.

Cet absolu n'est pourtant pas l'absolu logique : nous avons vu qu'il y avait un primitif logique qui précède le primitif ontologique. Dès que l'objet de l'ontologie commence, c'est-à-dire dès qu'il y a quelque chose, il n'y a rien qu'en conformité des principes ontologiques; ils sont donc *a priori* et absolus, puisqu'ils sont la condition de l'être possible; mais ils reconnaissent comme axiomes supérieurs les deux principes de contradiction et de la raison suffisante. Toutefois, comme il est visible que le jugement de substantialité se rapporte au premier, et le jugement de causalité au second, il semble que les deux jugements primitifs ne soient que les principes primitifs logiques, passés de la sphère purement rationnelle dans la sphère ontologique, ou de la puissance à l'acte. Il y aurait là certainement une recherche bien intéressante à entreprendre.

3°. Après ces jugements rigoureusement primitifs, viennent les jugements primitifs psychologiques. Ceux-ci ne supposent nécessairement aucune connaissance antérieure, mais ils impliquent logiquement quelque jugement supérieur ou plus général.

Exemples : « *Les phénomènes intérieurs dont j'ai conscience appartiennent au moi.* » Jugement du *moi*.

« *Les phénomènes extérieurs dont j'ai sensation appartiennent au non-moi.* » Jugement du *non-moi*.

Ces jugements primitifs psychologiques sont synthétiques; on peut encore dire qu'ils sont immédiats et nécessaires, mais non d'une nécessité absolue. Si le jugement de substance n'existait pas, ils seraient peut-être encore des jugements nécessaires à notre nature, non des conceptions nécessaires de notre raison.

a. Ils supposent les jugements primitifs absolus, ils les supposent rationnellement; car ils ne supposent pas que nous en ayons une connaissance positive et réfléchie; psychologiquement, ils précèdent dans la conscience les jugements de substantialité et de causalité, ou plutôt ils sont suggérés en même temps; mais ils enveloppent ceux-ci et les appliquent.

Logiquement donc ils les supposent. Qu'est-ce en effet que le jugement du *moi?* c'est celui-ci : *Les phénomènes extérieurs dont j'ai conscience, appartiennent à une substance qui est* moi; c'est-à-dire *qui est le* je *qui a conscience.* Et le jugement du *non-moi* revient à ceci : *Les phénomènes extérieurs dont j'ai sensation, appartiennent à une substance qui n'est pas* moi, c'est-à-dire *qui n'est pas le* je *qui a sensation.* Le jugement de substantialité est donc impliqué dans ces jugements, les premiers de tous peut-être dans la série des faits psychologiques. Le même raisonnement s'appliquerait aux jugements du moi comme cause, et du non-moi comme cause; car l'un et l'autre peuvent être connus comme cause aussi bien que comme substance. Le jugement de causalité en est alors le principe logiquement nécessaire.

Mais ces jugements rationnellement présupposés n'ont pas en effet été expressément prononcés; ils peuvent n'être qu'implicites dans l'esprit. Une connaissance distincte, une conscience réfléchie de pareils principes est un commencement de philosophie, et l'homme, en général, n'est qu'implicitement philosophe.

C'est là ce qui nous fait refuser aux jugements primitifs psychologiques le titre de jugements absolus. Les jugements du moi et du non-moi ne sont pas même logiquement immédiats; car sans les notions implicites, mais nécessaires de substance et de cause, ils seraient sans valeur logique. Ils ne sont pas absolus, car si les jugements de cause et de substance n'étaient pas vrais, leur vérité serait problématique.

b. Ils sont synthétiques, car ils ajoutent une connaissance à celle qu'ils supposent. Ainsi, le jugement du moi n'est pas simplement celui-ci : « *Les phénomènes intérieurs appartiennent à une substance.* » Il ne serait alors que la répétition analytique et la particularisation du jugement primitif de *substance* : mais il donne dans l'attribut l'idée de *substance*, plus de *moi*; la *substance* dont il s'agit est celle qui est *moi*. De même, dans le jugement du *non-moi*, la *substance* est celle qui n'est pas *moi*. La *substance moi* et la *substance non-moi*, voilà les deux connaissances nouvelles que nous donnent les jugements dont il est question; ils réalisent les jugements primitifs rationnels; ils y ajoutent l'existence effective que ceux-ci ne supposent pas; car, n'y eût-il rien, ceux-ci seraient vrais.

c. Les jugements primitifs psychologiques sont immédiats en fait ou psychologiquement; car ils reposent directement sur les données expérimentales : entre la sensation ou la conscience et eux il n'y a pas d'intermédiaire. Dans la dureté du solide je perçois le sujet résistant ou l'extérieur; dans l'acte de la pensée je perçois le sujet pensant : ce sont des notions directes; la preuve, c'est que lorsqu'on s'efforce de les faire indirectes ou de les déduire, on les obscurcit et on les ébranle.

d. Ils sont nécessaires en ce sens qu'ils sont indubitables. Que les qualités extérieures de l'être appartiennent au moi, c'est ce que la conscience dément; et qu'elles n'appartiennent pas à quelque chose, c'est ce que la raison ne peut souffrir. La conscience et la sensation une fois données, plus le jugement de substantialité, l'existence de l'extériorité nous apparaît comme une vérité nécessaire; mais cette nécessité n'est pas absolue, elle est relative aux révélations de la conscience et de la sensation; il pourrait n'exister que le moi, et point de non-moi; cela ne répugne point absolument à la raison; c'est le fait de la sensation et de la conscience, l'opposition du sentiment de l'intérieur et du sentiment de l'extérieur qui nous manifeste qu'il y a un non-moi : mais le fait une fois posé, le jugement est nécessaire. De même, mon existence n'est pas nécessaire, le non-moi pourrait être seul au monde, le moi pourrait ne pas être; c'est parce que ses opérations me sont attestées par la conscience, que je juge nécessairement qu'il existe, mais non qu'il existe nécessairement : cette nécessité n'est donc pas absolue.

Ce qui ne veut pas dire, remarquez-le bien, que la réalité du moi et du non-moi soit toute relative à ma perception, et consiste uniquement dans ma perception elle-même; cela signifie seulement que leur réalité n'est pas indépendante de notre perception, quant à la connaissance que nous en avons; nous ne sommes sûrs qu'ils existent que grâce à notre perception. Si cette perception n'avait pas lieu, que deviendraient le moi et le non-moi? Sans conscience, qu'est-ce que moi et non-moi? Au contraire, je ne serais pas là pour porter le jugement de substance et de cause, que ces jugements n'en seraient pas moins vrais; ainsi le veut la raison absolue. Les vérités de l'ordre de l'existence du moi et du non-moi exigent au contraire la condition de la nature humaine.

Cette condition posée, on peut faire fond sur ces vérités; on peut même accorder aux disciples de Reid que ces existences sont absolues, en ce sens qu'elles ne sont pas purement subjectives, en ce sens encore qu'elles sont vraies en elles-mêmes. Mais ce genre d'absolu est un absolu de fait, et l'absolu des vérités rigoureusement primitives est un absolu de droit. Cette distinction est importante.

Il en résulte que l'on pourrait appeler les jugement primitifs rationnels jugements primitifs de droit, et les jugements primitifs psychologiques jugements primitifs de fait. Ce serait peut-être la qualification la plus juste.

§. II. Des jugements non primitifs.

Les jugements primitifs cautionnent tous les autres jugements; eux seuls les rendent possibles.

Une énumération exacte des jugements primitifs serait la meilleure et la vraie table des catégories. C'est une œuvre qu'il n'est pas impossible que la philosophie accomplisse un jour. On peut soupçonner d'avance que cette table ne comprendrait pas toutes les catégories des auteurs. Celles-ci se rapportent en partie à des jugements très-généraux, mais subordonnés à d'autres connaissances.

Les jugements primitifs sont les mêmes que nous avons appelés jugements élémentaires proprement dits. Leur part est faite.

Il reste maintenant les jugements non primitifs qui comprennent :

Les jugements synthétiques élémentaires improprement dits ou non primitifs ;

Les jugements synthétiques non élémentaires ;

Les jugements analytiques tant élémentaires que non élémentaires.

Ces trois sortes de jugements prises ensemble comprennent toutes les sortes de jugements, moins les jugements primitifs ; elles comprennent les jugements généraux, particuliers, permanents, momentanés, actuels, possibles. Leur multitude confond l'imagination [1].

Il est tout à fait impossible de les compter, mais il ne l'est pas de les classer. Indiquons quelques principes de classification.

I. Le principe de division qui se présente le premier distingue les jugements synthétiques et les jugements analytiques.

Le principe de division qui se présente le second les partage en jugements nécessaires et en jugements contingents.

Le premier est relatif à la quantité de la connais-

[1] Sur les diverses espèces de jugements, on peut consulter les traités de Logique, mais surtout la Logique de Kant. ch. II, et la

sance contenue dans le jugement, le second à la qualité de la connaissance.

1°. Le jugement synthétique ajoute à la quantité de la connaissance. *Tout corps est pesant.* Ce jugement transforme l'idée de corps qu'on peut représenter ainsi : *corps = substance + étendue + figure,* en l'idée que nous figurerons ainsi : *corps = substance + étendue + figure + pesanteur.* Après le jugement, il y a une idée de plus dans l'idée de *corps*.

Dans le jugement analytique, la quantité de la connaissance ne change pas. *Tout corps est étendu,* revient à ceci : *corps = substance + étendue.* Ce jugement ne fait donc que décomposer l'idée *corps*, il n'y ajoute rien. Seulement il peut la rendre plus claire; il peut donc faire quelque chose à la qualité de la connaissance.

2°. La qualité de la connaissance est seule intéressée dans la considération de la nécessité ou de la contingence des jugements. *Tout corps est étendu,* est un jugement nécessaire; il donne une connaissance dont le contraire implique. *Tout corps est pesant,* est un jugement dont le contraire n'a rien qui répugne à la raison. C'est une vérité d'observation, non de raison. C'est une connaissance expérimentale et partant contingente.

On doit voir d'avance que les jugements analytiques sont toujours nécessaires, mais d'une nécessité relative. Étant donné le sujet, on ne peut se dispenser d'en affirmer l'attribut, puisque l'attribut

---

Critiq. de la raison pure, logiq. transcend., liv. I, ch. I, sect. II. Voyez l'Essai IV; III, §. II.

n'est que l'expression développée du sujet qui est supposé donné.

La plupart des jugements synthétiques sont au contraire contingents ; ils ajoutent, sur la foi de l'intuition, en vertu de l'expérience ou du raisonnement, une connaissance à la connaissance du sujet qui ne la contenait pas nécessairement. Ils ne sont donc pas nécessaires, au moins pour le plus grand nombre; car nous avons vu que les jugements primitifs les plus rigoureusement nécessaires sont cependant synthétiques. C'est précisément ce qui leur assigne un rang à part; c'est en cela que consiste ce qui les fait jugements primitifs. C'est cette merveille qui, jusqu'à nos jours, n'avait point été assez remarquée, et qui, bien constatée, bouleverse tous les systèmes sur l'origine des connaissances humaines.

Mais il faut remarquer que, dans le temps, tout jugement n'est pas constamment analytique, ni constamment synthétique.

Les jugements analytiques le sont essentiellement. *Tout corps est étendu, tout effet a une cause*, ne peuvent cesser d'être des jugements analytiques. Cependant, on peut concevoir que des jugements analytiques essentiellement ne le paraissent pas actuellement, par rapport à celui qui les entend, ou que du moins ils soient pour lui productifs de connaissance. Si ses idées ne sont pas nettes, si son attention est faible, le jugement analytique peut lui donner une idée nouvelle. Ainsi, combien de gens qui n'ont jamais réfléchi que l'idée de *corps* implique celle d'*étendue*, ni peut-être que l'*effet* comprend l'idée de *cause!* Ces jugements analytiques de droit peuvent donc être ou paraître synthétiques de fait. Mais nous appelons en général analytiques ceux qui le sont essentiellement, ceux dans lesquels le sujet est tel que l'esprit doit naturellement y voir l'attribut renfermé, ou que, tout au moins, il reconnaît qu'il y était renfermé, dès que le jugement lui est prononcé.

Le jugement est essentiellement synthétique, lorsqu'il ajoute, par l'attribut, une connaissance nouvelle à l'idée du sujet. Mais une fois cette connaissance acquise, elle entre dans l'idée du sujet, elle s'y incorpore, et alors le jugement, originairement synthétique, paraît analytique quand il est répété. Synthétique de droit, il est analytique de fait. Ainsi, le jugement *tout corps est pesant* est bien certainement synthétique d'origine; mais il nous est si familier, l'expérience de la pesanteur universelle revient si souvent, que nous ne séparons plus l'idée de *pesanteur* de celle de *corps*, et le jugement *tout corps est pesant* nous paraît se borner à analyser le sujet.

De là nous pouvons tirer les distinctions suivantes :

A. Tout jugement qui exprime par l'attribut une connaissance comprise nécessairement dans le sujet pour qu'on en puisse juger, est analytique de droit (ou essentiellement). — Exemples : *Tout corps est étendu. — Pierre est un homme.*

B. Tout jugement qui ajoute une connaissance non comprise nécessairement dans l'idée du sujet pour en juger, à la connaissance quelconque que nous en avons, est synthétique de droit (ou essentiellement). — Exemples : *Tout corps est pesant.* — *Pierre est majeur.*

C. Tout jugement qui extrait du sujet une connaissance déjà comprise effectivement dans l'idée que celui qui juge a du sujet, est analytique de fait. — Exemples : *Tout corps* (étant donné que l'idée de *pesanteur* est pour moi liée à celle de *corps*) *est pesant.* — *Pierre* (que je sais être mon fils) *est mon fils.*

D. Tout jugement qui ajoute par l'attribut une connaissance nouvelle à la connaissance effective et antérieure que celui qui juge avait du sujet, est synthétique de fait. — Exemples : *Tout corps* (étant donné que je n'ai jamais réfléchi à ce que c'est que le *corps*) *est étendu.* — *Pedro* (étant donné que je ne sais pas que *Pedro* est un nom d'homme) *est un homme.*

a. Les jugements analytiques de droit sont toujours nécessaires.

b. Les jugements synthétiques de droit sont rarement nécessaires.

c. Les jugements qui ne sont analytiques que de fait sont rarement nécessaires.

d. Les jugements qui ne sont synthétiques que de fait sont toujours nécessaires.

Nous allons voir comment les jugements très-simples dont *Pierre* est le sujet, peuvent être tantôt analytiques, tantôt synthétiques, soit de droit, soit de fait, et alternativement nécessaires ou contingents.

1°. Je me suppose au degré le plus infime de connaissance ; je ne sais ce que c'est que *Pierre*. Pierre est pour moi un son, un son articulé ; voilà tout ce que j'en connais, et j'exprime cette connaissance par le jugement suivant : *Pierre est un son articulé.* Ce jugement est analytique de fait et de droit, car il exprime tout ce que je connais du sujet *Pierre*. Si je n'en connaissais cela, je n'en connaîtrais rien du tout, puisque je suis supposé n'en connaître rien de plus.

Ainsi, dans ce jugement, l'attribut est identique au sujet. Or toute proposition identique est nécessaire, en vertu du principe connu sous le nom de principe de contradiction.

2°. Supposez maintenant que je sois placé dans des circonstances telles que je vienne à porter ce jugement : *Pierre est un homme.* Assurément ce n'est pas de l'idée de *Pierre*, idée égale pour moi à celle de son articulé, que j'ai pu tirer cet attribut ; je ne le déduis pas du sujet, je l'y ajoute. Le jugement est synthétique de droit et de fait ; il n'est pas nécessaire.

3°. Par la suite je répète ce jugement ; je dis par exemple : « *Pierre est un homme, il faut donc qu'il connaisse ses devoirs.* » Ou bien : « *Pierre est un homme, comment s'étonner de ses défauts*, etc. Dans ces raisonnements, le jugement *Pierre est un homme*, revient à celui-ci : *Pierre* (que je sais être un homme) *est un homme ;* jugement analytique de fait et de droit. De fait, car je sais que l'idée de *Pierre* contient l'idée d'*homme*. De droit, car si j'ignorais que *Pierre* est un *homme*, je croirais que c'est un son ; j'aurais donc une idée de *Pierre*, substantiellement différente de *Pierre* ; je n'en aurais pas la connaissance indispensable pour en juger; la connaissance indispensable comprend au moins la substance.

4°. Pourvu de cette connaissance, je puis être conduit à porter les jugements suivants :

a. Pierre est un être.
b. Pierre est bon.
c. Pierre a été créé.
d. Pierre est un être pensant.

a. — Le premier jugement, *Pierre (qui est un homme) est un être*, est un jugement analytique de droit et de fait; car l'idée d'*homme* contient nécessairement et inséparablement l'idée d'*être*.

b. — Le second jugement, *Pierre (qui est un homme) est bon*, est synthétique de droit et de fait; car l'idée d'homme ne donne pas nécessairement l'idée de *bonté*, et, par la supposition, je suis censé ne savoir rien de *Pierre*, sinon qu'il est *un homme*.

c. — Le troisième jugement, *Pierre (qui est un homme) a été créé*, est synthétique de droit, mais il peut être analytique de fait. Il est synthétique de droit, car on peut, à la rigueur, avoir l'idée de l'*homme*, sans savoir qu'il a été créé, témoin les enfants et même les Anciens, qui n'ont jamais eu d'idée bien nette de la création. Il peut être analytique de fait, car au temps où nous vivons en général, l'idée d'*homme* est inséparable de celle de *créature*.

d. — Le quatrième jugement, *Pierre (qui est un homme) est un être pensant*, peut, dans certains cas, être considéré comme synthétique de fait, bien qu'analytique de droit. Il faut pour cela me supposer assez ignorant pour ne pas admettre la *pensée*

comme un élément nécessaire de l'idée d'*homme*.
Dans cette hypothèse, au lieu d'extraire du sujet
l'attribut, je croirai l'y ajouter; mais en général,
cette sorte de jugement, ou plutôt ce cas de jugement, synthétique de fait, analytique de droit, est
comme impossible, car le jugement analytique de
droit est celui qui extrait un attribut indispensable
à la connaissance suffisante du sujet. Or, il ne saurait
en même temps être synthétique de fait; car il faudrait pour cela ajouter une connaissance indispensable. Si j'ai le sujet, j'ai la connaissance indispensable qui est l'attribut du jugement analytique de
droit; je ne puis donc l'ajouter puisque je l'ai, et si
je n'ai pas dans le sujet cette connaissance indispensable, je n'ai pas le sujet, et je ne puis ajouter la
connaissance, attribut du jugement synthétique,
au sujet que je n'ai pas. Seulement il arrive quelquefois que faute de nous rendre bien compte de nos
idées et de les bien exprimer, certains jugements
nous font l'illusion d'être analytiques de droit et
synthétiques de fait. Nous imaginons qu'ils nous
donnent la connaissance parce qu'ils la précisent et
la formulent. La métaphysique, qui passe son temps
à éclaircir des idées nécessaires, produit souvent cet
effet. Tel est ce jugement: *Pierre (qui est homme)
pense*. Quoique chacun connaisse en fait la pensée,
et la regarde implicitement comme un attribut essentiel de l'espèce humaine, cependant on peut,
dans de certaines conditions intellectuelles, ne s'être
jamais dit que l'homme est essentiellement pensant,
n'avoir jamais attaché une idée distincte à ce mot:
la pensée. Par conséquent, il serait permis de sup-

poser le cas où ce jugement paraîtrait donner une connaissance nouvelle, et se présenterait ainsi comme synthétique de fait.

II. Après les distinctions que nous avons établies, la distinction la plus importante est peut-être celle des jugements généraux et des jugements particuliers. Elle a beaucoup occupé les logiciens ; nous n'y insisterons pas longtemps.

« *Les trois angles d'un triangle sont égaux à deux droits. Tout ce qui commence d'exister a une cause. Il n'y a point de corps qui ne puisse être mû. Tous les hommes sont sujets à l'erreur.* » Voilà des jugements généraux.

« *La terre est un sphéroïde. Ce triangle est équilatéral. Ces jeunes gens sont passionnés. Pierre taille sa plume.* » Voilà des jugements particuliers.

Cependant on doit entrevoir qu'il y aurait encore bien des distinctions à faire, tant entre ces divers jugements généraux, qu'entre ces divers jugements particuliers. Bornons-nous à les indiquer.

D'abord on remarquera que la généralité ou la particularité des jugements n'est pas une chose absolue. Ainsi ce jugement, *les Polonais sont mobiles*, est général par rapport à celui-ci, *ce Polonais est mobile*. Il est particulier relativement à cet autre : *Les hommes sont mobiles*.

Autre exemple : *Dans un triangle isocèle, les angles opposés aux côtés égaux sont égaux*. Ce jugement est général en ce sens qu'il s'applique sans exception à tous les triangles isocèles, mais il n'est pas général en ce sens qu'il ne s'applique pas à tous les triangles, comme celui-ci : *Dans tout triangle, un côté quelconque est plus petit que la somme des deux autres.*

Distinguons la généralité absolue et la particularité absolue. *La vérité est une. Pierre frappe Paul.* Le premier de ces jugements est général, rigoureusement général ; le second, rigoureusement particulier.

Décomposons le premier. 1°. Le sujet, *la vérité*, est un terme général ; c'est la vérité considérée d'une manière absolue. Ce terme est plus général que ne le serait celui-ci, *toutes les vérités*, qui ne signifie qu'une généralité collective, inférieure à la généralité absolue. 2°. L'attribut qui consiste à *être une*, est également une idée générale qui ne suppose ni n'exprime rien de particulier ni d'individuel. Ce terme est donc en lui-même d'une généralité absolue. 3°. Le verbe l'applique au premier terme, et par là il détermine celui-ci ; mais le verbe *est* signifie ici, non une existence actuelle, mais une existence essentielle. La généralité du terme est évidente. En quoi consiste-t-elle ? En ce qu'il n'exprime et ne suppose rien de circonstanciel, rien de déterminé dans le temps. Mais cela résulte de ce que les deux termes qu'il unit sont généraux.

Dans le second jugement, le sujet est un nom propre, *Pierre ;* l'attribut, *frappant Paul*, est un acte particulier, un fait actuel concernant un individu. Le lien qui sert à unir ces deux termes n'exprime par conséquent qu'une existence actuelle.

Nous appellerons le jugement général sans exception, du nom spécial de *jugement universel*, et le jugement exactement particulier sera le *jugement individuel*. Entre ces deux extrêmes se placeront bien des sortes de jugements généraux et de jugements particuliers, mais la généralité, comme la particularité, en sera relative et non absolue.

D'après cette analyse, il faut distinguer la généralité des termes du jugement et la généralité du jugement ; l'une n'est pas l'autre.

En effet, la généralité du sujet ne fait pas celle du jugement. Ce jugement : *la vérité est l'objet des recherches de Malebranche*, est un jugement particulier. Cependant quel terme plus général que celui-ci, *la vérité ?*

La généralité du moyen terme ne fait pas celle du jugement, car elle dépend des autres termes. Ce mot *est* signifie l'existence essentielle ou actuelle, permanente ou momentanée, selon les idées qu'il sert à unir. Ainsi, dans ces propositions : *La vérité* EST *une. Pierre* EST *malade*, le mot *est* s'applique diversement.

Enfin, la généralité de l'attribut ne fait pas seule la généralité du jugement. *Pierre est substance*, n'est pas un jugement général. Il faut même ajouter que l'attribut est toujours général jusqu'à un certain point, ou du moins plus général avant qu'après le jugement ; c'est le jugement qui le particularise en l'attachant au sujet. Dans celui-ci : *Pierre frappe Paul*, l'attribut *frappant Paul* est général en ce sens qu'il est attribuable à des sujets divers et indéterminés ; mais cependant il n'est pas vraiment général en ce sens qu'il exprime un acte, et un acte relatif à un individu.

En quoi donc consiste la généralité, je dis la généralité rigoureuse? Est-ce dans la présence des mots dits généraux? Mais dans le jugement particulier *cet homme est malade*, *homme* est un nom général, *malade* un terme général, en tant qu'indéterminé. Est-ce dans la présence des idées de genres? mais les idées sont tour à tour des idées de genre et d'espèce; il n'y a rien là de fixe ni de certain. Est-ce dans la généralité de l'idée comprise dans le premier ou le second terme? mais nous avons vu comment une idée très-générale, celle de *substance*, pouvait entrer dans un jugement particulier : *Pierre est substance*.

Les conditions d'un jugement universel sont que le sujet soit une idée générale prise dans un sens universel, et elle est prise dans un sens universel à raison de l'attribut, et l'attribut ne prend le sujet dans un sens universel, qu'autant qu'il ne contient rien d'actuel. Ces conditions sont donc au nombre de deux : 1°. généralité du sujet; 2°. point de détermination dans le temps dans aucun terme.

Ainsi soit ce jugement : *Pierre est substance*. Il n'y a dans l'attribut aucune détermination dans le temps; mais le sujet n'est pas une idée générale.

Et dans cet autre jugement : *la vérité est l'objet du livre de Malebranche*, le sujet est bien une idée générale; mais l'attribut contient une détermination dans le temps. Comment cette détermination se reconnait-elle? en observant comment l'attribut modifie le terme *est*; il le modifie suivant qu'il comporte l'existence actuelle ou l'existence essentielle.

Pour que ces conditions soient remplies, il n'est pas nécessaire que le sujet soit tel qu'on ne puisse concevoir une généralité plus grande, il suffit qu'il soit général. Ainsi, les théorèmes : *les trois angles d'un triangle sont égaux à deux droits, dans le triangle isocèle les angles opposés aux côtés égaux sont égaux*, sont tous deux des jugements généraux, quoique le *triangle isocèle* soit une idée moins générale que celle de *triangle*.

Voici des exemples qui résument et mettent en relief toutes les différences que nous avons observées.

1°. *Le triangle est une figure dont l'aire est égale au produit de sa base par la moitié de sa hauteur.* Ce jugement est général absolument, ou universel. Sujet : *le triangle*, idée générale; attribut : *figure dont l'aire*, etc., idée générale sans détermination de temps; verbe : *existence* formelle ou essentielle et non actuelle.

2°. *Le triangle isocèle est une figure dans laquelle les angles opposés aux côtés égaux sont égaux*; jugement universel par lui-même, bien qu'il porte sur un sujet moins général que le précédent.

3°. *Les triangles ont trois angles, dont la somme est égale à deux angles droits.* Ce jugement, par la forme, n'est que d'une généralité collective. Cependant, comme il est de la nature des vérités géométriques d'avoir une généralité absolue, il exerce sur l'esprit l'empire d'une proposition universelle; mais la forme en est mauvaise. Tout naturellement cette forme a été bannie des mathématiques, ce qui est une preuve entre mille qu'elles ne sont point une science qui procède par des expériences additionnées et généralisées en forme de règle. Tel est au contraire le procédé et le langage des sciences physiques. Ainsi, on dit très-bien : *les orbes des planètes sont des ellipses dont le soleil occupe un des foyers.* C'est la première des lois de Kepler.

4°. *Les triangles, formés par les cristallisations prismatiques de tel minéral, sont équilatéraux.* Jugement d'une généralité collective et relative : elle est collective, car elle ne résulte que de l'addition des cas particuliers ; c'est un résultat de nombreuses expériences. Elle est relative, car il s'agit d'une certaine espèce de triangles actuels. Le jugement n'est général que par rapport à chacun de ces triangles ; il serait particulier par rapport au triangle en général. Quant à la forme de la proposition, c'est celle qui convient le mieux aux sciences d'observation. Cependant, à mesure qu'un plus grand nombre de cas observés vient augmenter la généralité du jugement, comme l'esprit a la faculté de donner la forme absolue à ses conceptions, et qu'il aime à le faire, on convertit en propositions universelles les propositions collectives, et l'on dit : *l'alun cristallise en octaèdres ; le cheval a six incisives et six molaires*, au lieu de dire *les aluns* ou *les chevaux*, ce qui serait plus rigoureusement exact, si par la forme absolue l'homme ne rendait témoignage de cette croyance catégorique qui est en lui, et qui le porte à affirmer la stabilité et l'universalité des lois de la nature.

5°. *Les triangles de cette édition d'Euclide sont mal faits.* Jugement collectif, mais particulier.

6°. *Ce triangle est équilatéral.* Jugement particulier, quoique l'attribut soit général.

7°. *Ce triangle est celui que trace Paul.* Jugement absolument particulier, ou individuel.

On a vu que la détermination du temps influe beaucoup sur la généralité ou particularité de nos jugements; cependant, on peut aussi considérer isolément cette détermination, et l'on trouvera là encore un nouveau principe de classification.

Ainsi, *le triangle a trois angles égaux à deux droits* et *Paul mesure ce triangle*, ne sont pas seulement un jugement universel et un jugement individuel; le premier est, on peut le dire, universel dans le temps, c'est-à-dire éternel; l'autre, individuel dans le temps, c'est-à-dire rigoureusement actuel ou instantané. L'un sera vrai à tout jamais, l'autre n'est vrai qu'une fois dans les mêmes circonstances. Entre ces deux limites, nous trouverons des jugements qui embrassent un temps plus ou moins long. Nous en distinguons de deux sortes: les uns qui embrassent une durée indéfinie, comme celui-ci : *le fer est fusible, Saturne est entouré d'un anneau, les hommes sont mobiles;* les autres qui ne comportent qu'une durée qui n'est pas indéfinie, comme *Caïus est vivant, Pierre est jeune, la Suisse est en guerre.*

Nous ne pousserons pas plus loin l'étude des classifications du jugement; celles que nous avons indiquées nous suggèrent une seule observation, et la voici.

Les jugements éternels sont universels; les jugements universels et éternels sont nécessaires, j'entends rigoureusement nécessaires : ces trois caractères ne sont en effet que trois formes de l'absolu :

on pourrait les énoncer par ces seuls mots, ce sont des jugements absolus, savoir les vérités les plus élevées auxquelles il nous soit donné d'atteindre.

On ne peut citer qu'une classe de vérités du même ordre qui ne remplissent pas toutes ces conditions; ce sont les vérités qui concernent Dieu; ce sont les jugements par lesquels nous affirmons ses attributs. Les jugements qui concernent Dieu sont particuliers; car à parler logique, l'idée de Dieu est individuelle, et cependant les jugements dont il est le sujet sont généraux, nécessaires, absolus. Dieu est une existence; en général, toutes les existences sont contingentes; la sienne est nécessaire; c'est par là même qu'il est Dieu, l'être nécessaire. L'idée de Dieu n'est point primitive, mais déduite; celles de substance et de cause la dominent; elle ne se fonde immédiatement sur aucune intuition sensible, sur aucune aperception de la conscience; elle ne se rapporte donc à aucun fait psychologique, et cependant elle participe de l'empire des vérités primitives; elle est éternelle; elle porte un caractère d'absolu. Il suffit d'avoir remarqué ce fait; ce n'est point le lieu de montrer comment par sa nature même la notion de Dieu doit nécessairement déroger aux lois des autres notions. L'incompréhensible de la nature de Dieu réside précisément dans cette alliance de la nécessité et de l'existence, de l'infini et de l'actuel, de la substance et de l'absolu.

VI.

DU JUGEMENT CONSIDÉRÉ COMME FACULTÉ.

Tout ce qui vient d'être dit a pu faire connaître ce qui se passe dans le jugement. Les éléments dont il se compose sont maintenant bien déterminés; mais par quelle force, en vertu de quoi sont-ils combinés? quelle est la faculté de juger?

La nature de nos facultés est impénétrable. La raison des choses est un mystère qui défierait même une intelligence supérieure à celle de l'homme. Comment se fait-il que l'homme ait le pouvoir de juger? autant vaut demander comment il se fait que la matière soit étendue, que la substance ait des qualités, et que le bleu soit bleu.

Ce que nous savons de mieux de nos facultés, c'est qu'elles sont. Faits primitifs de l'esprit humain, elles n'ont pourtant pas une existence substantielle, car il n'y a de substance que le moi et le non-moi, le moi communiquant avec le non-moi par ses facultés, le non-moi communicable au moi par ses qualités.

Spontanément, gratuitement, le moi rapporte un fait de sensation ou de conscience à un autre fait ; il les combine, et il se reconnaît le droit comme la nécessité de les combiner. Et il connaît que cette combinaison est l'expression de la vérité, il connaît la vérité par cette combinaison même. Ses opérations qui viennent de ses facultés, ses facultés qui ne sont que ses propres manières d'agir, lui servent d'initiation à la connaissance des choses. La communication sensible et matérielle est un milieu obscur que l'esprit illumine. Il y a comme un mur entre les objets et nous. Par le jeu de nos facultés, ce mur devient diaphane. Toutes les comparaisons des anciens philosophes sont menteuses ; nos pensées ne sont pas des reflets de la réalité; l'esprit n'est pas un tableau magique, c'est un transparent. A travers nos pensées, nous voyons les objets voilés, pâlis, obscurs, mais ce sont les objets eux-mêmes.

Le jugement est le flambeau intérieur ; sa lumière est pure, si elle n'est vive, et elle suffit pour nous conduire. Mais comment luit-elle en nous ? qui l'allume? Questions insolubles et vaines, réelles cependant, et que nous avons raison de poser, ne fût-ce que pour bien savoir qu'elles sont insolubles, car cela même les constate et les certifie. L'esprit humain peut poser toutes les questions. C'est la preuve de son origine, de son autre avenir. C'est la preuve que la vérité n'est qu'ajournée pour lui.

Quoi qu'il en soit, il est certain que ses connaissances, si on les poursuit jusque dans leur principe, si on les somme au nom de la logique, sont toutes aussi gratuites que ce que nous appelons des hypothèses. La raison humaine est une continuelle hypothèse. Mais cette hypothèse est armée d'une autorité irrésistible ; mais la logique qui s'efforce de l'ébranler, est, avant de la combattre, obligée de recevoir ses armes de la raison elle-même, et la reconnaît pour juge en la récusant.

Il en est ainsi de toutes nos facultés. Résignons-nous donc à voir sans surprise et sans défiance le jugement se porter d'un objet à l'autre pour les unir d'un lien qui semble arbitraire, du moins qui ne se motive pas. Nos jugements synthétiques sont autant de ponts jetés sans échafaud. Le jugement est, ou peu s'en faut, spontané. Moyennant de certaines données, il s'accomplit, il part, il se détend comme un ressort. Par quelle force? De quel droit? je l'ignore; mais ce que je sais, c'est qu'il est aussi impossible que la plupart de nos jugements ne soient point portés, qu'il l'est d'en rendre raison; c'est qu'il est aussi impossible d'en rendre raison que de les révoquer en doute. Un jugement se prouve par sa propre affirmation. Nos facultés se garantissent elles-mêmes, et en appellent de ce qu'elles affirment à ce qu'elles perçoivent. Pourquoi dites-vous que cet événement a une cause? parce qu'il a une cause. Pourquoi dites-vous que ce fruit est rouge? parce qu'il est rouge. Dites du moins que c'est vous qui le dites. Oui, mais je le dis parce que cela est.

Il est donc impossible de trouver ni le fil directeur, ni le titre légal de nos jugements. Ils semblent se former arbitrairement, mais cet arbitraire se règle involontairement sur la réalité. Nous paraissons conclure au hasard, mais nos conclusions sont les rapports des choses. La haute définition que Montesquieu a donnée de la loi est la définition de nos pensées; nos pensées, lois écrites des lois naturelles de l'univers!

Le jugement, considéré sans égard à la validité de ses prononcés, le jugement pris comme faculté, est une synthèse naturelle absolument inexplicable, qui est pour nous parce qu'elle est et comme elle est. Il forme des combinaisons avec les éléments de la sensation et de la conscience. Ces combinaisons sont des idées. Il peut les décomposer ensuite, mais il n'est analyse que parce qu'il a été synthèse. La synthèse est sa forme essentielle et naturelle; l'analyse, sa forme réfléchie, ou la réaction qui suit l'action. C'est le sens de la définition de Kant citée au commencement. « Le jugement est la fonction de l'unité « entre nos représentations diverses. »

VII.

DU JUGEMENT CONSIDÉRÉ DANS SA RÈGLE,

OU DE LA VÉRITÉ ET DE LA FAUSSETÉ DES JUGEMENTS.

De fait, les combinaisons appelées jugements sont des actes de l'esprit, nous en avons la conscience. Leur réalité n'est pas attaquable; mais la vérité des jugements n'est pas la réalité de leur existence, elle est leur conformité à la réalité qu'ils font connaître. Ils ne la font connaître qu'en raison de cette conformité même. De fait encore, l'esprit humain croit à cette conformité, et il a la conviction d'y croire à bon droit. Mais en droit cette conviction est-elle une preuve? En fait, ne sait-il pas lui-même qu'elle est souvent une erreur?

Ces deux objections ou questions qui peuvent chacune mener au doute, sont fort différentes. La première suppose que la foi due par l'esprit humain à l'esprit humain pourrait bien être une pétition de principe. La seconde demande s'il peut être certain de quoi que ce soit, ayant la certitude que ses certitudes sont souvent illusoires.

La première est l'objection radicale du scepticisme. Elle ruine la seconde, car si l'esprit humain est sans titre, non à cause de ses erreurs, mais faute de preuves, il ne peut pas même constater ses erreurs, et il ne peut être certain même de n'être pas infaillible. Et la seconde à son tour se retourne contre la première, car si nous pouvons toujours nous tromper, si notre faillibilité est indubitable, cela même est d'une certitude absolue, et l'esprit humain est sûr de quelque chose. Ainsi je me refuse aux deux questions, et les laisse se détruire l'une par l'autre.

Mais ce que je ne puis nier, c'est que l'esprit humain ne croie à la vérité de ses jugements, et ne soit également certain qu'il se trompe souvent. L'homme est capable de vérité et n'est pas infaillible.

De cette double conviction, la première est un jugement enveloppé dans tous nos jugements. C'est un principe de notre nature que la foi dans nos facultés. Ce principe est inséparable de nos facultés mêmes. La pensée de la possibilité de l'erreur est plus réfléchie, mais elle peut se déduire également, soit de la contemplation de nos facultés, dont la limitation est une intuition certaine, soit de l'expérience de nos erreurs.

Il y a donc des jugements vrais et des jugements faux, et il n'est pas impossible que des jugements tenus pour vrais soient faux; cependant il y en a de certains. Voilà le pour et le contre, le fort et le faible de la raison humaine.

En quoi consiste la vérité et la fausseté des jugements? Vérité, fausseté, ce sont là de ces notions communes, qui peuvent se passer d'une définition ; sans doute, la science, pour être complète, doit déterminer les éléments et les conditions des idées de vérité et de fausseté ; mais ce n'est nullement nécessaire pour les avoir et les comprendre. Contentons-nous de dire avec Bossuet : « le vrai, c'est ce qui « est ; le faux, c'est ce qui n'est pas. » Ce jugement : *Dieu est bon*, est vrai. Pourquoi ? parce que cela est. Ce jugement : *la pensée est un solide*, est faux. Pourquoi ? parce que cela n'est pas.

Mais à quel signe reconnaître le vrai et le faux ? quelle règle pour le discerner ? Avant de répondre, je demanderai si c'est le scepticisme qui m'interroge. Si c'est lui, je me tais. Que lui dirais-je ? Tout est incertain, et le signe même de la vérité et de la fausseté doit être délusoire comme toute pensée humaine. Discutons-nous sensément, et scepticisme à part, la question suppose ou qu'il existe un signe certain, une marque infaillible de la vérité, ou que par une étude approfondie des causes de l'erreur, nous pouvons l'éviter ou la corriger.

Un signe certain, une marque infaillible ! Si une pareille chose existait, elle serait connue. Car pour que ce critère fût ce qu'on suppose, il faudrait qu'il se reconnût sans effort et sans étude. Mais dès qu'on en fait un objet de recherche, l'incertitude est inévitable. En effet, nos facultés continuent de n'être pas infaillibles, source d'erreur sans cesse renaissante ; et si la certitude absolue est quelque part, elle est dans les notions communes, non dans les opinions systématiques. Or c'est une opinion systématique qu'on exige, quand on demande la découverte de ce qu'ignore le genre humain. La recherche exigée est donc impossible. Car elle suppose que la lumière de la raison ne suffit pas, puisqu'on réclame quelque chose de mieux, un guide plus sûr, une lumière plus éclatante; or c'est à la raison même qu'on s'adresse. La demande est contradictoire.

Reste la ressource d'étudier la cause de l'erreur. Nos souvenirs sont inexacts, dit l'idéologie. Triste remède! Enseignez-nous alors l'art de rendre la mémoire infaillible, ou de discerner les souvenirs fidèles et les souvenirs mensongers. A qui d'ailleurs persuader que pour les jugements qui ne portent pas sur des événements passés, l'esprit, lorsqu'il est sain et calme, ne soit pas à tous les moments également capable de bien juger? Il s'agit de savoir si Dieu existe, si la vertu est préférable à la richesse; qui songera à consulter sa mémoire? En vérité, l'idéologie est singulière.

La cause principale de nos erreurs, c'est la précipitation à juger; ainsi parlent presque tous les philosophes. J'aime mieux cette explication; elle est plausible, elle est souvent vraie. On y ajoute que la précipitation à juger vient de notre orgueil, et là-dessus Descartes impute nos erreurs à la volonté plus qu'à l'entendement, et Malebranche, heureux de la découverte, fait, ou peu s'en faut, de l'erreur un péché. J'y consens, mais alors apprenez-moi le secret d'éviter le péché, de me soustraire à l'orgueil, de me préserver de la précipitation. Voilà tous nos livres de logique transformés en traités de morale¹.

¹ Cette doctrine de l'origine de l'erreur a été adoptée en géné-

Nul doute que nos passions ne subornent trop souvent notre jugement, nous croyons ce qui les flatte, et tel pense se consacrer au culte de la vérité, qui ne sacrifie qu'aux vains désirs, idoles de son cœur. Mais ce sont là les causes indirectes de l'erreur, et qui nous la rendent plus facile. L'orgueil accompagne l'esprit de système, il lui prête de son opiniâtreté. L'orgueil hâte nos conclusions, il ne permet pas cette lenteur et cette sévérité d'examen qui attestent une sage défiance de nous-mêmes. Mais quoi! je ne vois là que des dispositions propices à l'erreur, et j'en cherche la cause directe. Je pense de la précipitation à juger tout le mal qu'en disent Descartes et Locke; mais la vérité est-elle donc une affaire de temps, et n'a-t-on jamais vu d'erreurs modestement conçues et longuement méditées?

Il y a des esprits propres à l'erreur. L'erreur est l'illusion de la raison, et le faux jugement n'est souvent qu'une faiblesse de l'esprit. Être présomptueux, trancher légèrement sont une chose; se tromper, mal juger, en sont une autre. Avec les conseils de la morale, il y a les principes de la méthode; et ces principes généralement sages, cette méthode généralement bonne depuis Bacon et Descartes, sont encore les meilleurs préservatifs de l'erreur. Cependant, quelle est l'efficacité de cette partie de la science? que lui devrez-vous? une plus

ral par les théologiens. « Le sens, dit Bossuet, est forcé de se trom-
« per. L'entendement n'est jamais forcé à errer, jamais il n'erre que
« faute d'attention, et s'il juge mal en suivant trop vite le sens et
« les passions qui en naissent, il redressera son jugement pourvu
« qu'une droite volonté le rende attentif à son objet et à lui-même. »
(*Connaissance de Dieu et de soi-même.*)

grande probabilité de porter des jugements vrais.

Tout cela touche à la question, mais ce n'est pas la question. Celle qui nous préoccupe est psychologique. « Tout jugement est, selon Reid, une déter-« mination de l'esprit relativement à la vérité. » Eh bien, comment pouvons-nous nous déterminer *relativement à la vérité?* Le jugement en lui-même peut être considéré indépendamment de toute vérité. On peut le prendre comme un mécanisme. Cette faculté spontanée qui le produit pourrait être indépendante de celle de distinguer s'il est vrai ou faux, et aussi indifférente à la vérité ou à l'erreur que l'est par exemple la faculté de l'association des idées. Toutes nos facultés, considérées abstraitement et en elles-mêmes, peuvent être supposées indifférentes au vrai et au faux. On ne voit pas qu'il y ait dans chacune d'elles le principe de leur bon ou mauvais usage. La sensation, la perception, l'idée, l'attention, n'ont point juridiction les unes sur les autres, ne peuvent se gouverner mutuellement, se faire les unes aux autres leur part. Le jugement lui-même est quelque chose de neutre; un jugement faux est un jugement tout comme un vrai; la combinaison d'idées qui constitue l'un et l'autre peut se concevoir et s'exprimer également. Cependant, il y a en nous quelque chose qui approuve l'un et condamne l'autre. Il y a un principe qui discerne le vrai du faux dans les jugements, qui ne les fait pas, mais qui les juge, comme il juge la sensation, la perception, toutes nos facultés. Il y a pour chacune et pour toutes à la fois une faculté supérieure qui les surveille, les emploie, les dirige, leur assigne leur rôle, limite leur portée et leur sert de commun arbitre. Cette faculté régulatrice, incomparable avec aucune autre, et négligée de presque tous les analystes de l'esprit humain, porte pourtant un nom bien connu, c'est la raison. Elle n'est point, comme on dit, le résultat du jeu régulier de toutes nos facultés; car le moyen que celles-ci jouent régulièrement, s'il n'existe un principe qui les domine et les ordonne? Ce principe est dans le moi. Le moi, en tant qu'il est considéré dans cette faculté suprême, s'appelle la raison.

Les autres facultés sont indispensables à la raison, mais elles ne sont pour elle que des moyens; elle les emploie. Elle ne leur doit aucun compte; elle décide du vrai, du faux, du bien, du mal, et elle se sent faite pour en décider légitimement; elle attribue à ses décisions une réalité qui ne se fonde que sur la persuasion de celui qui les prononce. La raison de chacun se croit en communauté avec la raison universelle. Elle dit : « Ceci est *raisonnable*, cela ne l'est pas. » Avoir raison, c'est avoir la raison pour soi. Et quelle raison? non pas la vôtre, ni la mienne, mais celle qui est la raison véritable, savoir la raison absolue. Qu'est-ce donc que la raison dans l'homme? La faculté de l'absolu.

Le scepticisme se récriera, le criticisme dénoncera les empiétements de la vérité subjective. Peu m'importe, je ne déduis ni ne démontre, je raconte un fait. Ce caractère d'absolu est bien remarquable dans la raison ; elle pèse et mesure tout ; elle possède l'étalon normal, elle est l'essayeur universel. Elle contrôle tous nos jugements et poinçonne toutes nos idées. Je ne sais si c'est son droit, mais c'est son métier, et on la laisse faire.

Sans doute elle se trompe souvent, elle le sait, elle s'en accuse, car elle se juge; nouvelle preuve qu'il y a en elle quelque chose d'absolu. Qu'on décline sa compétence, qu'on insulte ses oracles, la dialectique le permet; la raison même s'y prête jusqu'à un certain point; mais elle se venge et reprend son droit en déterminant de fait les convictions rebelles, elle se laisse nier et se fait obéir.

Ce caractère d'absolu, d'impersonnel, qui signale la raison, trahit son origine, et justifie cette participation à la raison divine à laquelle elle prétend. « C'était la vraie lumière qui éclaire tout homme « venant au monde[1]. »

Maintenant vous me demandez comment il y a des jugements vrais et des jugements faux. Demandez-le à la raison, juge du vrai et du faux, loi pour l'esprit, parce qu'elle interprète une loi absolue dont elle se sait inspirée. Il y a là une faculté spéciale de la vérité; et recherchez comment elle sait que ceci est la réalité, cela l'erreur, vous ne découvrirez rien, sinon qu'elle le sait parce qu'elle le sait, et elle le sait parce qu'elle est faite pour le savoir. Comment l'ouïe nous donne-t-elle les sons et l'odorat les odeurs? Comment le jugement est-il fait pour combiner les idées, la mémoire pour les reproduire? Il y a là quelque chose de spécial et de primitif. La déduction trouve là son terme.

La raison n'est donc pas essentiellement le juge-

---

[1] Saint Jean, I, 9.

ment. Les jugements lui sont soumis ; elle préside au jugement comme au reste ; mais cependant comme c'est par les jugements qu'elle parle, elle se confond dans le langage avec le jugement. L'homme judicieux diffère peu de l'homme raisonnable.

Toutes ces assertions n'ont pas, je pense, besoin de nombreuses preuves. L'expérience journalière, le langage usuel, les confirment. Rentrez en vous-même un moment, et vous y entendrez cette voix, cette voix impérieuse qui donne l'ordre aux facultés.

Voici deux jugements : « *Toutes les choses éten-« dues sont des substances. Toutes les substances « sont des choses étendues.* » Tous deux comme jugements sont réguliers, irréprochables ; les termes en sont clairs, déterminés, concordants ; cependant vous discernez que le premier seul est vrai, que l'autre ne l'est pas, parce qu'il entraîne la négation de l'existence des esprits. Comment discernez-vous cela ? Est-ce par la sensation, par l'attention, par la mémoire ? La mémoire et l'attention peuvent vous servir à le discerner, mais assurément elles ne le discernent pas elles-mêmes. Il faut donc une faculté spéciale.

Voici deux sensations : de ces deux fleurs, l'une est artificielle, l'autre naturelle, c'est une épreuve que l'on veut faire, il faut choisir. Les deux sensations sont pareilles à s'y tromper. Mais des deux fleurs, l'une est trempée de rosée ; c'est la fausse, je le décide aussitôt. Si c'eût été la vraie, on aurait eu soin de l'essuyer de peur qu'elle ne fût reconnue. Est-ce la sensation qui décide ? Non, au moyen d'un raisonnement je corrige mes sensations, et quelque chose en moi prononce qu'il vaut mieux en croire ce raisonnement que l'impression des sens.

Je me rappelle deux souvenirs, ils sont contradictoires ; mais l'un, qui est le moins vif, cadre avec mes autres notions ; l'autre, qui me semble d'hier, contrarie toutes mes idées. Je donne tort au second, et me rends à celui-là. Ce n'est pas la mémoire qui prononce ainsi.

La tour carrée me paraît ronde ; mais je sais qu'elle est carrée, et contre mes sensations je déclare qu'elle est carrée. Qui donc s'interpose entre la sensation et la mémoire, et donne à celle-ci gain de cause contre celle-là ? Quelque chose apparemment qui n'est ni la mémoire, ni la sensation.

Enfin il s'agit d'une question métaphysique. Par une déduction claire et suivie, on me conduit à une certaine solution, qui même ne me répugne pas. Je résiste cependant ; je résiste, car je suis d'avis que ce n'est point par voie de déduction, mais par voie d'observation que la question doit être résolue. Quoique le raisonnement soit sans réplique, il ne me subjugue pas, et je prononce que ce n'est pas la bonne méthode. Qui fait ce choix en moi ? une certaine intuition intellectuelle, une faculté spéciale.

La nécessité et l'existence de cette faculté spéciale éclatent à chaque pas ; et justement parce qu'elle est une faculté, c'est assez faire pour elle que de montrer qu'elle est, ce qu'elle est, ce qu'elle n'est pas, à quoi elle sert. Mais comment est-il possible qu'elle discerne le vrai du faux, qu'elle mette à leur rang chacune des autres facultés ? parce qu'elle est faite pour cela. Et comment se fait-il qu'une bille lancée en pousse une autre, et que la lumière éclaire les objets?

La raison existe;

Elle discerne le vrai du faux;

Elle dirige, contrôle, ordonne les autres facultés;

Elle s'élève au-dessus de tout ce qui est accidentel, apparent, personnel, subjectif;

Elle tend toujours à l'absolu.

Ce sont là des faits; on peut très-arbitrairement les déclarer trompeurs, on ne peut les déclarer faux. C'est peut-être une grande arrogance, mais il n'est pas d'homme si humble et si borné qui ne se croie participant de la raison éternelle. Quiconque dit : j'ai raison, entend dire quelque chose de plus que s'il disait : je suis de mon avis.

C'est pourtant de cette conviction que les hommes ont douté. Ils se sont fait une étude de se dépouiller de cette irrésistible présomption; ils ont mis la gloire de leur raison à ravaler la raison humaine au point de n'être que l'accident personnel d'une sensibilité variable. D'orgueilleux philosophes ont volontairement renoncé à cette rassurante prérogative à laquelle se confie le plus obscur paysan. La philosophie s'est trouvée trop riche de moyens de connaître, et elle a jeté aux flots du doute le trésor de l'esprit humain. Chargée de le fortifier et de l'éclairer, elle a mutilé l'homme et lui a crevé les yeux, et puis elle lui a dit : Marche et conduis-toi. Que de peines, que d'efforts pour démontrer ce que jamais personne n'est parvenu à croire, pour établir ce que démentent les premières paroles d'un enfant dans son berceau! Que de soins ingénieux pour ôter à la morale, à la foi, à la science, leur valeur et leur appui, et pour rendre l'homme beaucoup plus ignorant et plus petit que ne l'avait fait la nature ! Et c'est la même philosophie qui se vante d'avoir émancipé le genre humain !

ESSAI IX.

DE LA MATIÈRE.

I.

OBJET DE CET ESSAI.

La philosophie n'intéressera jamais les hommes que par ses conséquences. De tous les faits qu'elle observe, de toutes les idées qu'elle analyse, on lui demandera toujours ce qu'elle conclut. Les philosophes s'efforcent en vain d'éluder cette question. Aimant la science pour elle-même, ils voudraient qu'on la leur laissât cultiver sans but et sans application. Ils se trouveraient plus libres, et leur repos serait moins troublé, s'ils restaient maîtres de décrire les facultés et les opérations de l'esprit, sans se prononcer sur son essence et sur sa destinée, sans décider s'il est immatériel et immortel. De même ils veulent bien étudier les qualités de la matière, en décomposer la notion, mais non démontrer qu'elle soit capable ou incapable de pensée, ni examiner si elle est éternelle ou créée. Enfin ils consentent à exposer l'origine et les éléments de la notion de la première cause, plutôt qu'à s'expliquer sur la nature de Dieu, plutôt qu'à déclarer s'il est distinct de l'univers et s'il y a une Providence. Ce qu'ils évitent ainsi de nous enseigner est pourtant ce qu'en dernière analyse la curiosité du genre humain veut savoir, et les systèmes n'ont pour lui de prix et presque d'existence qu'à raison des conclusions auxquelles ils conduisent sur les points importants pour le repos de notre raison et la conduite de notre vie. Aussi les doctrines sont-elles désignées et classées d'après le caractère que ces conclusions leur assignent. A la vérité, les chefs de secte et les disciples réclament; ils se plaignent de ce qu'on les interprète sans mission, ils s'écrient qu'on dénature leurs intentions, et qu'on force les conséquences de leurs principes. Ils recourent à de subtiles distinctions qu'ils appuient sur des réticences. Soins inutiles; ils sont bon gré, mal gré déclarés sceptiques, dogmatiques, matérialistes, spiritualistes, idéalistes, panthéistes, ou athées. Le public aime ce que la science redoute, il se plaît à appeler les choses par leur nom.

Je n'ai jamais observé sans étonnement la sensibilité ombrageuse des philosophes à cet égard. Qui n'a été témoin par exemple de l'indignation que manifestent les sectateurs de la philosophie des sensations, lorsqu'on leur retrace les conséquences positives de cette doctrine? Il semble qu'on les méconnaisse ou qu'on les dénonce. On dirait que l'inquisition est encore là qui apprête ses tortures et ses bûchers, et que ceux qui les réfutent les envoient au martyre. Une timidité générale règne dans leur école; et elle semble ne croire jamais la liberté de penser assez assurée, la société assez tolérante pour que leur philosophie puisse se déclarer tout haut et s'avouer pour ce qu'elle est. Soit honte, soit crainte, elle veut qu'on la ménage, soupçonne quiconque la définit de vouloir la persécuter, proteste de ses bonnes intentions, et s'intimide de sa propre foi. Elle se défend de croire uniquement aux sens, tout en faisant de la sensation le fait universel. On pourrait dire qu'elle rougit de la matière comme les faibles dévots rougissaient de Jésus-Christ. Peut-être est-ce une preuve indirecte de la défiance qu'inspire aux matérialistes leur propre cause, et comme un involontaire aveu que l'esprit humain ne leur appartient pas.

Par une réserve encore moins explicable, l'école opposée évite quelquefois de se prononcer à son tour. Elle décline la responsabilité des conséquences de ses doctrines; elle circonscrit avec soin ses recherches, atténue ses solutions, en dissimule la portée. Ceux-là surtout qui ont donné à la métaphysique le nom de psychologie, ont grand soin d'avertir que cette science de l'âme ne décide rien nécessairement quant à l'âme elle-même, et subsiste indépendamment de toute conclusion, de toute hypothèse à cet égard. C'est une concession peut-être à l'exigence de leurs adversaires, et à cet esprit incrédule et sceptique que le le dix-neuvième siècle prend quelquefois pour le triomphe de la raison. Cependant, qu'on le dissimule ou qu'on l'avoue, on touche de part et d'autre aux fondements de ces croyances positives et vulgaires qui nient ou affirment les existences invisibles, les origines et les fins de toutes choses. La philosophie ne peut se neutraliser au point d'y devenir complétement indifférente; à cet égard, son impartialité sera toujours affectée, et son indécision artificielle. Au fond tous les philosophes ont un avis sur ces inquiétants problèmes, et toutes les philosophies les atteignent au moins par leurs conséquences. C'est donc le sens commun qui a raison, lorsqu'il rappelle la science à ces grands intérêts de l'homme et veut la forcer d'opiner à haute voix.

Peut-être le scepticisme pur n'est-il jamais qu'une fiction. S'il est quelquefois réel, au moins annonce-t-il toujours un état de transition; et même alors, il laisse apercevoir une tendance déterminée, il penche au matérialisme ou bien à l'idéalisme. J'entends par ces deux mots les doctrines dont les conclusions dernières peuvent se rédiger ainsi : tout est matière ou rien n'est matière. De ces deux erreurs, la première est encore celle qui fait le moins de violence au bon sens de l'humanité. Elle lui interdit de certaines pensées; elle enchaîne sa raison; elle l'enferme dans les ténèbres. Mais elle ne se plaît pas, comme l'idéalisme, à la fausser, à la torturer, à la condamner à de perpétuels tours de force, à créer un homme selon la science de tout point opposé à l'homme selon la nature. L'une attriste, mais l'autre trouble l'esprit. Entre l'une et l'autre, il y a un juste milieu; et ce n'est pas le scepticisme. Tout est matière, dit le matérialisme. Tout est esprit, ou idée, ou phénomène, dit l'idéalisme. Tout est-il quelque chose, dit le septicisme? Oui, répond le spiritualisme; tout est quelque chose, l'esprit est quelque chose, la matière est quelque chose, tout est l'esprit et la matière.

Matière, esprit, voilà donc les éléments, et, ce semble, les seuls éléments des existences connues et concevables. Où donc trouver des mots, des idées qui aient plus de droit à l'attention et à l'examen de la raison? Lorsqu'on en parle, lorsqu'on y pense, n'est-ce pas un devoir intellectuel que de savoir de quoi l'on parle, et à quoi l'on pense? La science n'est pas seule à concevoir l'esprit et la matière ; ce sont de ces idées communes à tous les hommes et qui peuvent, sous ce rapport, être envisagées par la philosophie comme des faits généraux qu'elle ne saurait se dispenser d'observer. Essayons de l'aider à remplir ce devoir.

Des philosophes ont fort mal traité l'intelligence commune. Ils ont soutenu que le langage usuel était si peu précis et les idées courantes si mal déterminées qu'en général le monde ne savait ni ce qu'il pensait ni ce qu'il disait. Parce que les hommes se servent habituellement des termes sans les avoir définis, parce que l'intérêt et l'entraînement de la vie pratique ne leur permettent pas de se rendre compte de toutes leurs idées et de les disposer dans un ordre méthodique, il semble qu'ils ne sachent rien, et que le sens commun ne soit que la commune ignorance. Mais le sens commun contient tous les éléments de la raison ; il n'est point d'intelligence où ne se rencontrent tous les principes et toutes les questions. Chaque homme est l'esprit humain, et les hommes savent de tout. Cette science n'est ni réfléchie, ni explicite ; elle n'est pas exempte de confusion ni d'incohérence ; mais entre le philosophe qui ignorerait ce que sait le vulgaire, et le vulgaire étranger à ce que sait le philosophe, l'avantage ne serait pas pour le philosophe qui risquerait fort de n'être qu'un idiot. Mettez d'un côté toutes les lumières exclusivement propres à la science, et de l'autre toutes les notions qu'elle partage avec le sens commun, et vous serez effrayé de voir combien la part de la science sera petite. Si de telles quantités pouvaient s'évaluer en chiffres, je ne sais si 5 pour 100 ne serait pas une estimation exagérée de la mise de la science dans le fonds social de la connaissance humaine.

Il ne faut donc pas négliger les idées vulgaires ; et rechercher ce que pense généralement le genre humain, c'est peut-être rechercher ce qu'il y a d'essentiel dans la pensée, c'est-à-dire les fondements mêmes de la science. Ainsi, lorsque les hommes parlent si souvent de la matière et de l'esprit, gardons-nous de croire qu'ils n'attachent à ces mots aucun sens, et de dédaigner l'analyse de leur commune pensée. Ces noms de la matière et de l'esprit existent à peu près dans toutes les langues, se retrouvent dans toutes les bouches, et répondent apparemment à des idées inséparables de l'esprit humain.

Ces idées ont sans doute, dans tous les temps et dans toutes les intelligences, un fond commun. Mais la définition scientifique n'en est pas toujours la même. Elle change suivant les époques et les systèmes ; à la longue la notion commune en est quelquefois altérée. Celle-ci dépend en partie de l'état des opinions, de la religion dominante, du progrès des sciences, enfin du degré de développement intellectuel de la société. Les sciences physiques ne sont que l'étude des propriétés de la matière ; la philosophie n'est en général que l'étude de l'esprit humain. Les progrès des sciences physiques et de la philosophie doivent donc modifier, au moins chez les gens instruits, les idées de matière et d'esprit. Pour chaque époque, et presque dans chaque système, il y a une notion scientifique de l'une et de l'autre. Il est bon de l'étudier et de la connaître, afin de voir en quoi elle en confirme ou dément, étend ou limite la notion vulgaire et naturelle. Il faut comparer celle-ci à celle-là, afin que l'une soit moins confuse et l'autre moins hypothétique.

La philosophie pourrait à la vérité se contenter pour elle-même d'étudier la notion usuelle, de la ramener à ses éléments, pour la considérer dans sa plus grande généralité, telle qu'elle est explicitement ou implicitement dans l'esprit de tout homme quel qu'il soit. Ce procédé est bon, il suffirait à la philosophie; il mène au vrai. Mais la philosophie n'est pas seule, elle est entourée, pressée par d'autres sciences, les sciences physiques, par exemple. Or ce procédé n'est pas le leur, il ne les satisferait pas; il ne mettrait pas la philosophie en mesure de les convaincre, ni même de discuter avantageusement avec elles; car il faudrait qu'elle commençât par les forcer de consentir à sa méthode; or ce serait déjà décider la question au fond; généralement ce que l'on conteste à la philosophie, ce sont ses moyens de connaître. Elle a tout à légitimer, même la validité de sa méthode.

Laissons donc de côté toute question de préséance, et conseillons à la philosophie de faire les premiers pas et d'aller chercher les autres sur leur terrain. Renonçons à démêler ce qu'est en elle-même la notion de matière et d'esprit, ou ce que par les procédés philosophiques on peut savoir de la matière et de l'esprit; demandons aux sciences physiques elles-mêmes l'idée qu'elles en donnent; et nous verrons ensuite ce qu'on peut faire de cette idée.

Cet Essai roulera spécialement sur la notion de la matière. Cette préférence lui est bien due. N'est-elle pas le dieu auquel sacrifient toutes les sciences?

D'ailleurs, il est vrai que l'homme a de très-bonne heure, grâce à la résistance de la matière, grâce à la sensation de solidité, une notion prompte et directe du monde extérieur, alors qu'il n'a encore que la conscience de l'intérieur, et aucune notion de l'esprit. Cette dernière notion est indirecte, réfléchie, et ne parvient jamais à être aussi distincte que le paraît naturellement celle des corps.

Cette marche plaira aux sciences physiques auxquelles il nous convient de faire en ce moment les avances. C'est pour elles la seule marche expérimentale. Comme les besoins de notre nature nous permettent de nous contenter de la conscience des choses de l'intérieur, c'est-à-dire d'une connaissance assez confuse, tandis que nous avons de très-bonne heure une idée qui nous semble très-nette des choses extérieures, la méthode qui prend dans cette idée son point de départ et sa certitude première, est dite par excellence expérimentale. Dans le vrai, elle ne l'est ni plus ni moins qu'une autre, car l'expérience nous atteste aussi bien pour le moins nos opérations internes que nos impressions sensibles, et celles-ci, d'ailleurs, ne sont pas si externes qu'elles le paraissent. Mais enfin, cette méthode n'est point mauvaise pour l'objet que nous nous proposons. Elle ne l'est même jamais que lorsqu'elle est exclusive.

De tout cela, au reste, les savants ne conçoivent aucun souci. Ils prennent en général comme certains les objets des sciences physiques. Ces sciences acceptent leurs objets comme des données, et pour elles rien n'est subjectif; en cela, elles ont le sens commun pour elles. Cependant, comme il faut bien commencer, il est rare qu'elles ne débutent point par quelques idées générales sur la matière, idées appropriées toutefois à celles des propriétés des corps qu'elles ont dessein d'étudier. Suivons leur marche sans la critiquer, et tenons fidèlement registre de toutes les notions que nous recueillerons sur leurs pas.

II.

DE LA NOTION COMMUNE DE LA MATIÈRE

SELON LES PHYSICIENS.

§. I. Idée générale de la matière.

Les sciences physiques sont, d'après l'étymologie, les sciences de la *nature*; mais la nature dont elles traitent est la *nature physique*, étymologiquement la *nature naturelle*, en français la *nature corporelle*. Si la nomenclature des sciences était rigoureuse, ce sens exclusif du mot *nature* (comme dans cette expression *sciences naturelles*) déciderait dès à présent qu'il n'y a dans la *nature* que des *corps*. Mais on ne l'entend pas ainsi; les plus francs matérialistes parlent sans cesse du physique et du moral; or le moral est apparemment dans la nature. On appelle souvent du nom de *nature* l'universalité des choses, moins Dieu. On parle aussi de la nature morale, de la nature de l'esprit, de celle même de Dieu. C'est donc spécialement et par exception que les *sciences naturelles* sont une expression à peu près synonyme de sciences *physiques*, et c'est encore par exception que le physique est le nom de tout ce qui est corporel dans la nature, ou plutôt dans l'universalité des choses. L'usage, la nécessité ou le hasard ont ramené ce mot *physique* du sens originaire et général (*naturel*) au sens usuel et particulier (*corporel*) par une transformation inverse de celle qui a fait du mot spécial de géométrie (mesure de la terre) le nom général de la science de la mesure de l'étendue, et quelquefois même de toute la science mathématique.

Quoi qu'il en soit, on peut dire que les sciences physiques sont les sciences des corps. Les corps sont à la matière ce que le particulier est au général ; les corps sont la matière divisée. Les sciences physiques sont donc les sciences de la matière.

Les corps, suivant une division aujourd'hui triviale, et cependant contestée, sont les uns inorganiques ou bruts (règne minéral), les autres organiques (règnes végétal et animal).

On peut dire que les sciences physiques considèrent d'abord les corps inorganiques sous trois points de vue, celui de la mécanique, celui de la physique proprement dite, celui de la chimie. Ces sciences étudient les corps d'une manière générale, et plus ou moins abstraite, c'est-à-dire en les séparant plus ou moins des conditions actuelles où ils sont placés. Mais elles les replacent ensuite dans ces conditions ; alors elles les observent dans leur état *naturel*, dans leur réalité actuelle, on pourrait dire *historiquement*; et elles forment ainsi un ensemble qu'on peut nommer *histoire naturelle*, et qui les comprend toutes avec les sciences physiques appliquées aux corps organiques ; car les deux physiologies peuvent être difficilement séparées de l'histoire naturelle proprement dite.

La mécanique est de toutes les sciences physiques

celle qui possède au plus haut degré la faculté de s'ériger en science abstraite. Sous ce rapport, elle diffère à peine des pures sciences mathématiques. Dans les corps, la géométrie ne voit que l'étendue et la figure ; la mécanique abstraite, que la force et le mouvement. Elle ne voit rien de plus, tant qu'elle demeure abstraite. Mais la force et le mouvement ne peuvent se réaliser sans l'espace et l'étendue, ce qui donne, suivant les uns, ou suppose, selon les autres, l'impénétrabilité. Des corps étendus, figurés, mobiles, et partant impénétrables dans l'espace, voilà ce qu'admet tout au moins la mécanique dès qu'elle revient à l'observation. Qu'observe-t-elle ? Les phénomènes de la force. Ce sont déjà des faits de physique. Elle devient la physique même, dès que lui empruntant une seule observation, celle de la pesanteur, elle s'en sert pour construire tout le système du monde. Car, à parler exactement, la mécanique céleste est une partie de l'astronomie, et l'astronomie une partie de la physique générale.

La physique proprement dite se définit elle-même *la science des propriétés générales des corps* (D'Alembert)[1], ou plutôt elle est la science des modifications diverses qui sont produites dans les corps matériels (Biot), et qui ne dépendent ni de l'affinité moléculaire, ni de l'organisation. Or, ces

---

[1] Les définitions et toutes les notions scientifiques insérées dans cette partie de cet Essai, sont tirées des ouvrages les plus répandus et les plus classiques sur la physique, etc., etc. On n'a pas en général indiqué les sources ni cité les auteurs, pour ne pas surcharger les pages ; mais le lecteur peut se fier à l'exactitude des termes, et s'assurer que les idées que nous empruntons aux savants sont, sinon toutes justes, au moins toutes authentiques. On peut consulter au reste tous les livres élémentaires.

propriétés ou ces modifications ne paraissent pas différer en elles-mêmes des objets de la mécanique; car elles peuvent toutes se réduire à des mouvements, et les causes ou *principes actifs* (Biot) qui les produisent, à des forces. De toutes les propriétés physiques de la matière, le mouvement étant la plus apparente et la plus féconde en phénomènes, peut être considéré comme le fait générateur de la science. Mais ce fait prend diverses formes, ou s'accomplit dans diverses conditions. De là divers objets pour la physique, ou diverses sciences dans la physique; savoir, celle de l'attraction sous ses différentes espèces, celle du son, celles de la chaleur, de la lumière, de l'électricité, du magnétisme. Ces mots indiquent autant de rapports sous lesquels la physique considère les corps, ou autant d'états dans lesquels elle les observe. Que l'attraction, et en général le jeu des forces que l'on conçoit dans les corps pour représenter leur constitution naturelle, puisse être ramené à des faits mécaniques, c'est chose évidente au premier coup d'œil. Que le son se rapporte également aux phénomènes de mouvement, puisqu'il dépend de l'élasticité de la matière, c'est encore un point incontestable. Quant aux quatre propriétés ou états que la physique étudie en outre dans les corps, c'est-à-dire la température et les états lumineux, électrique, magnétique, qui ne sait qu'en général et depuis assez longtemps on les a considérés comme des effets dont les causes ont été converties en abstractions sous les noms de calorique, lumière, électricité, magnétisme? Et ces abstractions, soit qu'on y ait vu de simples noms ou des êtres, soit qu'on les ait crues réellement des forces, ou des substances, ou des principes actifs, ou des qualités occultes, ont été, au moins par hypothèse, représentées comme des corps impondérables ou des fluides particuliers. Ainsi parlent les traités de physique publiés depuis quarante ou cinquante ans. Puis enfin ces fluides, ou les états des corps qu'on leur attribue, n'ont point paru aussi différents entre eux qu'on l'avait d'abord pensé. L'expérience commune nous porte à réunir la cause de la chaleur et celle de la lumière, et aucune expérience scientifique n'est absolument inconciliable avec la théorie qui attribue ces deux phénomènes à un principe commun ; on peut dire que l'identité de l'électricité et du magnétisme n'est plus contestée, et l'unité du principe inconnu auquel on pourrait rapporter ces quatre ordres de faits se laisse elle-même entrevoir. Du moins les principes distincts auxquels on les attribue ont-ils bien des caractères communs, suivent-ils bien des lois communes, et semblent-ils dans beaucoup de circonstances se manifester comme s'ils n'étaient qu'un. En tout cas, ils se rapprochent en ceci qu'ils ont été successivement ou indifféremment considérés comme des corps spéciaux, ou comme des causes inconnues, ou comme des propriétés des corps naturels ; et si, faute d'en pénétrer la nature, on s'en tient au système tant soit peu idéologique qui les donne pour des causes inconnues de changement, on ne voit en eux que des forces, et dans leurs effets que des mouvements qui diffèrent par leurs apparences sensibles. Toute théorie mise à part, il serait difficile de trouver dans tous ces mots, dilatation, propagation, radiation, vibration, réflexion, réfraction, attraction, répulsion, polarisation, enfin dans tous les phénomènes que les quatre fluides impondérables, vrais ou prétendus, offrent à la physique, autre chose que des phénomènes de mouvement. Cela justifie l'idée qu'il nous suffit d'établir pour le moment, que la physique expérimentale est essentiellement une mécanique.

La chimie a pour objet la constitution intime des corps, sous le rapport non de la disposition de leurs parties, mais de la nature, autant qu'elle est appréciable, des matériaux qui les composent. Les molécules de ces matériaux paraissent susceptibles d'être unies non-seulement par adhérence, mais par combinaison. La cause ou le principe d'action qui les combine, prend le nom d'affinité. Les changements produits par cette cause, les mouvements produits par cette force, sont les phénomènes chimiques, et c'est aujourd'hui plus qu'une conjecture qu'ils se rattachent à la même cause que ceux de l'électricité. Cette conjecture, au reste, serait reconnue téméraire, que la différence très-accessible aux sens des propriétés chimiques comparées aux propriétés physiques, n'entraînerait pas la nécessité de multiplier les qualités constitutives de la matière, et, sous ce rapport du moins, la chimie pourrait toujours se réduire aux mêmes termes que la physique.

L'histoire naturelle des corps bruts ne nous conduirait pas davantage à découvrir quelque élément de plus dans la constitution générale de la matière. Des formes et des couleurs, des états différents de cohésion, de densité, de pesanteur, la cristallisation, le gisement, la stratification, sont des phénomènes qui se rapportent tous aux propriétés chimiques, physiques, mécaniques des corps; et la minéralogie ainsi que la géologie ne font qu'étudier ces propriétés dans de nouvelles conditions.

De tout ce qui vient d'être dit, il me paraît résulter que la mécanique prédomine dans les sciences physiques. La force et le mouvement sont la cause et l'effet qui font que l'étendue matérielle devient l'objet de leur étude, et elles n'ont au fond rien à observer, rien à concevoir de plus dans la nature inorganique.

Le monde organique paraît séparé du règne inorganique par un vide, par ce que la science appelle un *hiatus*, et l'on hésite à continuer la chaîne des êtres du minéral au zoophyte. On a dit souvent que les lois de la physiologie dérogeaient essentiellement à celles de la physique générale. Entre les unes et les autres on a cru apercevoir un véritable antagonsime. Il est certain que la physiologie animale ou végétale est la physique de la vie, et la vie ne paraît pas réductible aux seules forces que nous avons indiquées jusqu'ici. Cependant, en laissant une place à part au principe inconnu de la nature vivante, en tant que vivante, on doit reconnaître que les phénomènes matériels de la vie, c'est-à-dire les faits sensibles, ne se distinguent pas dans leurs caractères généraux des phénomènes qui occupent la physique. A mesure que l'examen avance, que les expériences sont plus délicates et l'analyse plus subtile, les différences s'affaiblissent, les premiers paraissent se confondre avec les seconds, au moins dans leurs causes immédiates, et la part de la chimie, de la physique, de la mécanique, dans la physiologie, augmente aux yeux des observateurs.

Nous ne voulons pas dire assurément que, dans

l'organisation animale par exemple, tout s'explique par la simple mécanique, et que le corps animé ne soit qu'un système de leviers, de poulies, de résistances et de contrepoids. Les idées de Borelli n'ont plus grand crédit en médecine. Les organes ne sont pas non plus des composés soumis aux seules affinités dont les produits se déposent dans les creusets et les cornues de nos laboratoires, et la *chimie vivante*, comme l'appelle un grand physiologiste, ne saurait être complétement assimilée à cette chimie que gouvernent nos expériences. Mais il est certain qu'en observant de très-près quelques phénomènes fondamentaux, tels que la contractilité et l'innervation, on est conduit à penser que l'électricité y joue un grand rôle; et ainsi un agent impondérable unique, soit force, soit matière, source de la chaleur, de la lumière et de la vie, semblerait à quelques bons esprits le principe commun de tous les phénomènes mobiles de la nature, de tous ceux qui décèlent soit l'action des masses, soit l'action moléculaire, soit l'irritabilité des parties. Parmi les altérations, les transformations qu'éprouvent les liquides et les solides organiques, il en est déjà beaucoup qui se ramènent à des variations visiblement dépendantes des éléments constituants de ceux-ci; des combinaisons parfaitement conformes aux lois de la chimie s'opèrent sous l'influence de certaines fonctions ou de certaines maladies; et tandis que la chimie et la physique se rejoignent, et jusqu'à un certain point se confondent par l'électricité, destinée peut-être à devenir leur principe commun, la physiologie se rapproche de l'une et de l'autre, en leur empruntant ce même principe, et il semble en ce moment que la tendance, sinon le résultat de la science, soit de rapprocher dans leur nature tous les phénomènes et toutes les sortes de matière, et ainsi d'étendre et de vérifier dans toutes les parties de l'univers physique l'idée commune à Descartes et à Newton que le monde est régi par des principes mécaniques.

Il faut prendre ce que nous venons de dire dans une grande généralité. Nous n'établissons pas une théorie de la nature; nous constatons seulement un caractère commun de tous les phénomènes naturels. Ils appartiennent tous à des corps, c'est-à-dire à des parties de matière, c'est-à-dire à des combinaisons d'étendue et de figure; ils en sont les changements; tout changement corporel suppose un mouvement; ils sont donc des mouvements. Les sciences physiques, ou en les comprenant sous un seul nom, la physique est donc une science du mouvement. Or, le mouvement, en remontant jusqu'à sa cause, et en appelant cette cause force, est l'objet de la mécanique. Au degré d'abstraction où nous nous sommes placé, les sciences physiques paraissent donc ne supposer rien de plus qu'une mécanique, et la mécanique en est le fond et le type. Voilà ce que nous avons entendu dire. Il n'est pas douteux que cette idée, réduite à ces termes, n'exprime un fait d'évidence sensible, et de plus qu'elle ne soit la pensée fondamentale de la physique moderne. Si le sage Newton ne la pose pas comme une vérité démontrée, il l'exprime comme un vœu, un soupçon, une espérance [1], et c'était d'ailleurs l'admettre implicitement que de

---

[1] *Philosophiæ naturalis principia mathematica.— Præfat.*

donner des principes mathématiques pour base à la philosophie naturelle.

Il suit de cet aperçu général que la matière est conçue comme un agrégat d'éléments ou molécules, douées, phénoménalement parlant, de forces attractives ou autres, qui agissent en des circonstances diverses, et se manifestent par des phénomènes différents et complexes; lesquels toutefois étant produits par des forces, peuvent se ramener à des phénomènes de mouvement. Je ne dis pas que la théorie ainsi résumée puisse rendre compte de tous les faits et suffise à la nature, je l'ignore; je dis seulement que cette théorie, ensemble atomique et mécanique, prévaut dans la science à l'époque où j'écris.

On ne doit prendre tout ceci que comme une idée générale, une première esquisse. Nous essaierons tout à l'heure de tracer un tableau plus achevé; mais auparavant, demandons-nous, sans plus ample examen, ce qui de toutes ces vues sur les objets des sciences physiques, résulte pour la philosophie : une notion scientifique de la matière, notion qui diffère un peu de la notion philosophique. Celle-ci ne prend dans la matière que ses caractères spécifiques, ceux qui font qu'elle est matière, et non esprit ou tout autre chose qui n'est point matière; ceux qui suffisent, non pour qu'on la connaisse dans son histoire, mais pour qu'on la distingue de tout ce qui n'est pas elle. La notion physique ou scientifique au contraire nous donne la manière d'être de la matière, sa manière d'être réellement et actuellement, au moins sous ses traits généraux, ou si l'on veut, ce que l'observation et un commencement d'induction expérimentale ajoutent aux données de la pure perception.

§. II. Tableau des propriétés de la matière.

Représentons-nous maintenant avec plus de détail et sous une forme plus analytique, la série de propriétés qu'exprime ou suppose cette idée générale des sciences de la matière.

Les physiciens affirment très-volontiers que la matière est étendue; mais de cette propriété ils ne font ni un principe, ni même un fait important; car d'ordinaire ils n'en déduisent rien. D'Alembert va jusqu'à dire qu'on n'en peut rien déduire, et il y voit la preuve que l'étendue n'est pas l'essence de la matière. Quoi qu'il en soit et qu'on en puisse penser, l'étendue est nécessairement admise par les sciences physiques; car suivant elles, on vient de le voir, la matière est un composé d'éléments susceptibles de mouvements : or, pour nos sens, le mouvement suppose l'étendue. Sans l'étendue et le mouvement il n'y aurait point de physique; l'étendue et le mouvement tombent sous les sens et ne sont ni une découverte ni une hypothèse; la notion n'en est point exclusivement scientifique. Rappelons-nous toujours que nous suivons ici les sciences physiques; c'est avec elles et comme elles que nous raisonnons. Ainsi, dans l'étendue, nous nous garderons de rappeler que la raison voit la preuve, ou plutôt le gage de la substance. La physique n'a que faire de la substance, et ne la nomme même pas : mais dans le mouvement, elle voit sa cause, c'est-à-dire la force. Le principe de causalité domine donc dans la physique; elle en relève; mais elle lui obéit sans l'établir, et l'accepte aussi sans le nommer.

La force est-elle une notion naturelle et philosophique, comme elle est une notion scientifique? Cette question n'occupe nullement la physique, laquelle induit la force en observant ses effets. Car la force ne tombe pas sous les sens; le mouvement seul est dans ce cas. Elle en est la cause, cause inconnue d'effets connus; pure supposition ou conception, comme le dit la physique, quand elle se montre réservée, scrupuleuse, et se pique de rester exclusivement expérimentale; induction certaine pour la science, lorsque, plus hardie, elle se fie aux instincts de la raison, et qu'elle ne craint pas de poser cet axiome : point de mouvement sans force.

Il est vrai qu'une fois sur cette pente, elle ne s'arrête pas là. Donnons un exemple de la manière dont le physicien procède, quand il spécule, ou raisonne sur ses observations premières.

Il remarque que, si l'on peut concevoir la matière sans le mouvement, elle est physiquement, c'est-à-dire au point de vue de l'histoire naturelle, dans un mouvement constant. Du moins l'expérience ne la montre-t-elle inerte nulle part. Pour que ses parties se tiennent, il faut bien qu'une force les pousse ou les attire; pour qu'elles se séparent, il faut qu'une force surmonte celle qui les fait adhérer. Il y a donc toujours mouvement; du moins la force est-elle toujours en action. D'où l'on peut conclure que le mouvement est inhérent, si ce n'est essentiel à la matière. La conséquence serait de ne point séparer dans l'ordre physique la substance et la force, de les confondre au moins dans l'état présent des choses. Il serait bien tentant alors de penser que telle était la constitution nécessaire de la matière. La matière, ainsi conçue, renfermerait en soi le principe immédiat de tous les phénomènes physiques, et le monde actuel se maintiendrait par lui-même. Mais ce n'est là ni une intuition sensible, ni une induction nécessaire, bien qu'aujourd'hui beaucoup d'esprits paraissent y revenir.

Or, si le mouvement est actuellement inhérent à la matière, il l'est à toutes ses parties. Chaque partie de la matière en a donc les propriétés essentielles; et même ces parties étant douées de force, sont des forces, des forces incorporées. On peut les supposer élémentaires, ce sont des éléments de phénomènes. C'est la force qui, sous le nom de cohésion, d'affinité, ou sous le nom plus général d'attraction, unit ces parties et produit le phénomène d'étendue. Sans la force, l'étendue serait peut-être concevable, mais non sensible. Aussi pour quelques esprits, l'étendue elle-même est-elle ramenée, dans la réalité actuelle du monde, à n'être qu'une induction du phénomène du mouvement, qu'un résultat de l'hypothèse de la force. Elle cesse d'être une propriété physique fondamentale, et perd le premier rang dans la nomenclature des propriétés de la matière.

Cette théorie se lie à celle des atomes; celle-ci explique la constitution physique de la matière par l'agrégation de molécules premières ou d'éléments qu'on dit indivisibles, parce que l'étendue, condition de la divisibilité, n'est que le résultat de leur agrégation. L'agrégation elle-même ne serait alors qu'un produit des forces qui les constituent, et il n'y aurait plus pour la physique que des mouvements et des forces. Kant eût appelé le mouvement le phénomène, la force le noumène. Dépouillée de l'étendue comme qualité primordiale, la substance tend à se réduire à la force. Mais c'est encore là une induction logique, une supposition de la science. La théorie atomistique n'est donnée ni par la sensation, ni par la perception spontanée et primitive de la raison ; et quelque crédit qu'elle obtienne dans les sciences naturelles, elle n'y est pas encore rangée au nombre des articles de foi.

Enfin, une troisième induction se rattache immédiatement aux précédentes ; ou plutôt c'est l'induction de la force transportée des masses aux atomes qui les composent. Pour que les atomes forment des agrégations, il faut en effet qu'il y ait, soit en eux, soit hors d'eux, quelque chose qui les unisse et les maintienne unis. Ce quelque chose ne peut recevoir également d'autre nom que celui de force. C'est une cohésion primitive, et la cohésion est appelée force par tous les auteurs. Parce que cette force agit, comme si les éléments de la matière étaient attirés les uns vers les autres, on l'appelle en général du nom d'attraction. L'attraction, on le voit dès à présent, est le nom d'une hypothèse. C'est une idée qui appartient encore à l'étiologie scientifique. C'est une explication du fait de l'agrégation ; ce fait, à son plus faible degré, la constitution la plus simple de la matière paraît supposer l'existence d'une certaine force qui peut n'être qu'une des formes de l'attraction qu'on dit universelle.

Expliqué ou non par cette hypothèse, le fait de l'agrégation est essentiel à l'existence des corps. La matière prise en général, la matière prise indépendamment de l'existence des corps, ne suppose qu'un continu de contiguïté qui suffirait à l'idée d'étendue, à l'idée, dis-je, mais non à la perception d'étendue. Le mouvement suppose que cette contiguïté peut se changer en une action mutuelle; l'existence des corps, que l'une et l'autre donnent naissance à l'agrégation. C'est ce qui a fait dire que le continu, nommé matière, offre 1°. un continu de contiguïté ou de juxtaposition; 2°. un continu d'impulsion; 3°. un continu de cohésion.

On pensera ce qu'on voudra de cette déduction tant soit peu systématique. Elle tranche plus d'une question qu'il faudrait mieux approfondir. Bornons-nous pour le présent à résumer sous forme abstraite les idées qui entreraient dans la notion de la matière ainsi formée; le mouvement, la force, l'agrégation résultant de la force, l'étendue résultant de l'agrégation.

Mais de tout cela, la physique moderne, élevée à l'école de la philosophie de Bacon, ne nous oblige à croire absolument que les faits sensibles, savoir le mouvement et l'étendue. Voyons donc comment à ces deux faits se joignent tous les autres. Voyons comment dans ses leçons les plus ordinaires, la physique présente, avec ces deux faits érigés en propriétés, toutes les propriétés qu'elle attribue à la matière.

D'abord, qu'est-ce qu'une propriété? expérimentalement, ce n'est que la possibilité de certains phénomènes; du moins la plupart des propriétés physiques ne sont que cela. L'électricité est le nom donné à la possibilité actuelle où sont les corps d'être dans un certain état dit électrique. Si elle est le nom destiné à la cause inconnue, à la vertu spéciale qui produit les phénomènes électriques, elle ressemble fort à une qualité occulte. C'est un mot qui simule une idée. L'ancienne physique aimait ainsi à se forger avec des paroles des connaissances apparentes, et à donner pour une explication une expression. Pourquoi l'opium fait-il dormir? parce qu'il y a en lui une *vertu dormitive*. Quelle est la cause des phénomènes électriques? l'électricité. La physique, aujourd'hui, en employant ces mots, n'entend qu'exprimer les faits. Tout phénomène a sa cause; et le nom d'électricité n'est pour elle que le nom de la cause inconnue qui produit dans les corps les phénomènes électriques, sans rien préjuger sur sa spécialité, sur sa nature, ni sur son mode d'existence. Réduite à ces termes, l'hypothèse est bien innocente. Nous serons encore plus réservé, et nous dirons qu'ici, provisoirement et réellement, le mot d'électricité, comme ses analogues, n'exprimera que la qualité que possèdent les corps d'être dans un certain état, d'offrir de certaines manifestations. Cette qualité, occulte dans sa cause et dans sa nature, ne l'est pas dans ses phénomènes. Ces phénomènes sont les faits de la science; et le mot d'électricité n'est que l'expression générale des faits, un terme sommatoire, comme dit M. de Biran. Il n'y a jusqu'ici de réel et d'incontesté que cela; et ce n'est même que jusqu'à un certain point qu'on peut appeler ce fait général une qualité. Une qualité, à proprement parler, appartient à la substance. L'électricité est une qualité proprement dite, si dans le corps elle produit les apparences électriques, comme la solidité, la résistance. Mais si elle provient d'une cause externe, la qualité du corps n'est plus que son aptitude à passer à l'état électrique. C'est en ce sens que nous avions raison de dire que les propriétés physiques exprimaient de simples possibilités.

Quelquefois le nom de ces propriétés préjuge leur nature. Alors l'hypothèse est avouée. Tel est le nom d'attraction. Ce nom suppose que la force qui se manifeste éminemment par la pesanteur, est une force qui attire, non une force qui pousse. Mais la certitude de cette supposition n'est pas absolument et universellement soutenue par les physiciens. Newton lui-même indique les moyens de se passer de l'attraction; et beaucoup d'auteurs ne l'admettent qu'avec réserve. Encore bien moins affirment-ils que cette force attirante soit inhérente ou externe, essentielle ou nécessaire. La cause inconnue des faits, supposée ressemblante à leur apparence, telle est la définition de ces noms abstraits qui désignent ces diverses propriétés de la nature physique. Un métaphysicien montrerait aisément que ces abstractions ne sont formées que par une combinaison assez confuse du principe de cause et d'effet, et du principe de substance et de qualité. Ces propriétés d'ailleurs sont indifféremment présentées, dans les livres, comme qualités, effets ou causes. Quand un auteur va jusqu'à les prendre comme des substances, comme des corps, le dernier degré de l'hypothèse est atteint. Des substances qui ne sont point esprits, et qui ne sont ni visibles, ni tangibles, ni pondérables, ressemblent fort à des êtres surnaturels; ce sont les démons de la physique. Mais cette physique, tant soit peu mythologique, n'est plus guère de mode, quoique la langue des sciences en porte encore les traces.

Après avoir montré comment se conçoivent les principales propriétés de la matière, il faut enfin en donner l'énumération.

1°. *L'étendue* et *l'impénétrabilité* qui la suit de si près, sont accordées par tout le monde.

On diffère sur la définition de l'étendue. Considérée comme cause, elle est ce qui fait que l'univers est un tout continu (Blainville). Comme qualité, elle est dans le corps la faculté d'occuper un lieu déterminé (Biot); ceci revient à dire qu'elle n'est que l'espace divisé (Pouillet). Mais alors qu'est-elle dans la matière? L'espace continu. J'aimerais mieux dire avec un auteur (Lardner), qu'elle est la propriété d'occuper l'espace. Au fait, je crains que séparée de l'impénétrabilité, la matière étendue ne soit inconcevable.

2°. Mais jointe à l'impénétrabilité, l'étendue donne plus que ne donnent les propriétés du corps, elle donne la définition de la matière (Pouillet). La matière est impénétrable, puisqu'il est impossible qu'un point de matière pénètre dans un autre point de matière. Deux portions de matière ou deux corps ne peuvent coexister dans le même point de l'espace. Ils se déplacent nécessairement l'un l'autre. En cela consiste l'impénétrabilité, ou l'impossibilité que deux corps occupent à la fois la même place. L'étendue non impénétrable serait l'étendue non corporelle. Comme propriété des corps, l'étendue suppose donc l'impénétrabilité; car seule, elle peut être une propriété du vide (Euler).

3°. Mais ces définitions nous donnent sur-le-champ trois propriétés qu'elles supposent.

Si la matière peut être prise par portion, il faut qu'elle soit divisible. Or, elle est prise par portion ; il y a des corps ; de là la *divisibilité*.

4°. Si deux corps ne peuvent se pénétrer, cependant en se déplaçant ils n'occupent pas toujours un espace égal à la somme des deux espaces que chacun d'eux occupait séparément, l'un désunit l'autre, le foule, le condense ; ou ils se compriment mutuellement. Il faut donc que les corps ne forment pas un tout absolument continu ; des interstices séparent leurs particules ; les corps sont *poreux*.

5°. Mais pour que tous ces phénomènes s'accomplissent, il faut le mouvement. Toutes ces propriétés supposent donc celle d'être *mû*, la mobilité, la motilité, la *muabilité* (Descartes). Non l'impénétrabilité, mais la démonstration de l'impénétrabilité suppose le *mouvement*.

6°. Mais le mouvement est un état accidentel ; l'impénétrabilité et la résistance de la matière, moins le mouvement, donnent son état permanent apparent qu'on appelle *inertie*.

7°. Quand une matière est divisée, elle a des contours, des limites ; elle a une forme ou une figure. La *formalité* ou la *figurabilité* est donc une propriété des corps.

8°. Mais pour que la matière divisible soit figurable, il faut que ses particules tiennent ensemble. De là, la *cohésion*.

9°. Les mêmes propriétés, considérées dans leurs diverses manifestations et leurs divers degrés, nous donnent des propriétés relatives et variables.

La cohésion, considérée comme plus ou moins grande, prend le nom de *densité*.

10°. La cohésion qui diminue ou la porosité qui s'accroît devient la *dilatabilité*.

11°. La *compressibilité* est l'inverse.

12°. L'*élasticité* est le retour au degré de cohésion d'où le corps s'est éloigné, soit par augmentation, soit par diminution.

13°. La formalité et la cohésion, nées de l'impénétrabilité et de la divisibilité, se rendent sensibles à nos organes. Le mode ou le moyen de cette sensibilité est le contact. De là, la propriété appelée *tangibilité*. La tangibilité est le nom général de toutes les manières dont les corps sont accessibles aux divers sens. Tous ne sont que diverses espèces de tacts particuliers.

14°., 15°., 16°. Mais les corps figurables et tangibles ne sont jamais vus, c'est-à-dire touchés médiatement par les yeux, sans deux circonstances, la lumière qui les éclaire, la couleur qu'elle manifeste. Ils sont visibles, colorés, lumineux : *lumière, coloricité, visibilité*.

17°., 18°., 19°. La mobilité se produit sous diverses formes, et jointe à différentes affections de nos sens, que l'expérience seule fait connaître, elle conduit aux propriétés suivantes, la *caloricité*, la *sonoréité*, l'*électricité*, dont nous ne séparons pas le *magnétisme*.

20°. A cette liste des propriétés des corps, il en manque une qui n'est pas la moins importante : aucun raisonnement ne la donnerait à défaut de l'expérience. Elle implique avec elle l'étendue, le mouvement, l'impénétrabilité, la cohésion, la divisibilité;

mais elle n'en résulte pas; il lui faut quelque autre cause. Elle s'appelle la *pesanteur* ou la *gravité*. La cause supposée de la pesanteur ou gravité s'appelle *attraction*.

21°. Cette attraction n'agit qu'entre les masses; cependant les particules qui les composent paraissent également pourvues de tendances à s'unir, de vertus attirantes, qui peuvent aussi être confondues sous le nom général d'attraction, quoique leurs phénomènes soient bien divers. Indépendamment de la cohésion déjà nommée, il est une attraction, moléculaire par la petitesse des distances auxquelles elle agit, et pourtant comparable à l'attraction des masses par les lois qu'elle paraît suivre : c'est la *capillarité*.

22°. Une attraction particulière semble se manifester dans les phénomènes de la polarisation. Quoiqu'elle se représente surtout dans les phénomènes de la lumière et du magnétisme, elle doit être nommée à part. Nous l'appellerons *polarité*.

23°. Enfin, la véritable attraction moléculaire est celle qui, en produisant les combinaisons des corps, molécule à molécule, engendre les phénomènes chimiques. On la nomme *affinité*.

24°. Ce tableau serait trop incomplet si je n'y ajoutais deux inductions fondamentales dont les physiciens font des propriétés.

Comment le mouvement peut-il avoir lieu? Il faut qu'il ait une cause. Rien ne le manifeste directement comme une qualité des corps. Il peut, nous en avons la preuve par notre propre action, leur être transmis accidentellement; il peut être l'effet d'une cause étrangère. Cette cause, on l'appelle *force*. Si

DE LA MATIÈRE. 207

elle n'est une propriété de la matière, elle est du moins une propriété de la nature.

25°. Comment l'étendue impénétrable peut-elle subsister? Par la cohésion des particules. Mais ces particules cohérentes sont quelque chose. Il y en a nécessairement d'élémentaires. Ce sont les atomes ; ils sont indivisibles, par conséquent ils ont l'impénétrabilité, sans la porosité. L'*atomité* est donc une propriété qu'établit l'induction.

Tel est, je crois, le dénombrement assez fidèle des propriétés des corps, et par conséquent de la matière, ou l'analyse des notions générales que les physiciens font entrer dans l'idée de corps ou de matière.

Ainsi, elles sont au nombre de vingt-cinq. — 1. Étendue. — 2. Impénétrabilité (solidité, dureté, résistance). — 3. Divisibilité. — 4. Porosité (lacunosité). — 5. Mouvement (mobilité, motilité, muabilité). — 6. Inertie (indifférence au mouvement et au repos). — 7. Forme (formalité, figure, figuration, figurabilité). — 8. Cohésion (agrégation, dureté, force de cohésion, attraction moléculaire). — 9. Densité. — 10. Dilatabilité. — 11. Compressibilité. — 12. Élasticité. — 13. Tangibilité. — 14. Coloricité (coloration). — 15. Lumière. — 16. Visibilité. — 17. Sonoréité. — 18. Caloricité (calorique). — 19. Électricité (galvanisme, magnétisme). — 20. Pesanteur (gravité, gravitation, attraction). — 21. Capillarité (attraction capillaire). — 22. Polarité. — 23. Affinité (attraction moléculaire). — 24. Force (impulsion, cause du mouvement communiqué). — 25. Atomité (molécules, particules élémentaires, indivisibles, insécables).

§. III. Observations.

Il est impossible de jeter les yeux seulement sur le tableau précédent, sans faire de nombreuses observations.

I. D'abord il est incomplet.

Qu'il fût incomplet pour la philosophie, ce ne serait pas un grand sujet de critique, car ce n'est point à la philosophie, c'est à la physique que nous l'empruntons. Ainsi, il est tout simple que la philosophie ne retrouve pas ici toutes ces propriétés fondamentales qui appartiennent à l'être en général, soit esprit, soit matière. Ce serait demander à la physique de faire ce que la philosophie elle-même n'a pas encore accompli d'une manière définitive, savoir un dénombrement ontologique des catégories. Parmi ces catégories, il y en a deux cependant que la simple raison, toute métaphysique à part, regrette de ne pas trouver sur cette liste. C'est la substance et la durée.

Mais la physique elle-même peut-elle trouver cette liste complète? A la rigueur, elle peut se passer de la substance. L'idéalisme n'ôte rien à la possibilité de la physique : cette science peut tout aussi bien étudier et décrire la nature, en la considérant comme un pur phénomène. Mais peut-elle également négliger le temps, la durée? Que la matière soit durable, c'est une condition de tous les phénomènes. Ils ne se manifestent que dans le temps; ils n'ont de lien que par lui.

Ce n'est pas tout. Où trouver dans cette longue nomenclature la propriété de laquelle il résulte que la matière soit soumise à des lois stables? Et cependant, supprimez cette propriété ou ce principe, que devient la physique?

La matière est une quantité. Cette quantité, variable dans les diverses espèces de corps, variable dans chacun d'eux à raison de la divisibilité, est invariable dans le tout. En d'autres termes, la matière est indestructible, autant du moins que le monde subsiste. Quant à l'indestructibilité absolue, c'est-à-dire à l'éternité de la matière, n'en parlons pas ici, c'est une question de métaphysique plutôt que de physique.

L'étendue est mesurable. Grâce au temps, le mouvement l'est aussi. Grâce à l'étendue et au temps, la force se mesure, par conséquent la pesanteur. Les corps sont pondérables.

Mais il est une propriété qui, bien qu'elle ait surtout occupé la philosophie, n'aurait pas dû échapper à l'attention des physiciens. Ce n'est ni la moins familière ni la moins mystérieuse de toutes. Il est difficile de lui trouver un nom. Elle consiste en ceci que la matière est susceptible d'une diversité qui n'est pas seulement la diversité dans l'espace, la diversité de forme, de couleur, de mouvement, etc. Les propriétés qui ont été précédemment comptées suffisent pour établir la possibilité et l'existence des corps, et, par suite, de nombreuses différences. Mais une même matière pourrait être pourvue à la fois de toutes ces vingt-cinq propriétés ou modifications, manifester par conséquent beaucoup de variétés, et rester cependant identique dans sa nature, et, comme on dit, homogène. Or, il n'en est rien; il y a diverses matières; elles sont les unes par rapport aux autres hétérogènes, ce qui ne paraît pas signifier seulement qu'elles soient inégalement mobiles, pesantes, chaudes, électriques, ou diversement figurées et colorées; elles sont, chose assez difficile à exprimer, elles sont différentes de nature pour la science comme pour l'expérience commune. Cependant, diverses matières sont toujours la matière. Des corps sont de fer, de pierre, de bois, mais sont toujours des corps, et possèdent tous les propriétés de la matière; ils sont donc de la matière, ils ne sont pas, comme on dit, de la même matière. Cette propriété des corps, ou plutôt cette faculté générale que possède la matière de se diversifier vaut bien la peine d'être rappelée. Elle a fort occupé les philosophes de l'antiquité, et c'est à cause d'elle que plusieurs d'entre eux ont appelé la matière *le divers* ou *le changeant*. Il n'est pas certain, nous devons en convenir, que cette différence entre les matières soit radicale, et ne doive pas s'expliquer par des combinaisons diverses de mouvement, de forme, d'électricité, etc. Les propriétés générales de la matière, en constituent peut-être toute la diversité par celle de leurs combinaisons et de leurs proportions. La diversité de la matière doit peut-être se rattacher plutôt à celle des causes qu'à celle des substances; on peut soupçonner qu'il en est ainsi, et des corps reconnus identiques, selon qu'ils sont cristallisés ou non, suivant qu'ils sont à l'état solide, liquide ou gazeux, présentent déjà de telles différences que peut-être toutes les autres différences matérielles comporteraient des explications analogues; mais enfin, ce n'est pas là une vérité scientifiquement prouvée ni définitivement acquise. D'ailleurs, quand même il en serait ainsi, la propriété qu'aurait la matière, au moyen de l'action diversement combinée de ses propriétés générales, de dissimuler son homogénéité physique, sa similarité métaphysique, serait à elle seule une propriété qui, bien que plus intéressante alors pour l'expérience pratique que pour la science pure, mériterait encore d'être relevée et nommée par son nom.

Enfin, la diversité combinée avec la stabilité donne un fait curieux, l'existence des essences ou la différence et la permanence des natures des corps. C'est ce fait qui permet de les comparer, de les classer, de prévoir les phénomènes, et il ne paraît résulter directement d'aucune des propriétés de la matière que nomment les physiciens. Les différents corps sont ou des matières substantiellement hétérogènes, quoique également matérielles, ou des résultats phénoméniques des différentes circonstances d'une matière homogène; mais dans tous les cas, la constance et la régularité de ces différences sont nécessaires aux relations actuelles des phénomènes physiques, et par conséquent à l'harmonie du système du monde.

Voilà plusieurs des lacunes que vous trouverez dans la plupart des traités de physique générale un peu récents. On semble avoir cru que le précepte de Newton de proscrire les hypothèses métaphysiques [1] allait jusqu'à l'interdiction de rendre raison des notions et des mots qu'on emploie.

II. Ce tableau est incohérent.

En effet, il se compose d'articles tout à fait hété-

---

[1] *Princip.*, lib. III. — *Schol. general.*

rogènes ; les choses qu'il met sur la même ligne ne sont pas de la même classe. Des notions qu'il contient, les unes se déduisent des autres, les unes sont des intuitions sensibles, les autres des inductions immédiates. Là je vois des faits certains, ici des suppositions hasardées. Les unes sont des genres, les autres des espèces, et il y a telle propriété qui peut être considérée comme un principe, dont telle autre n'est que la conséquence. Enfin ce nom de propriété est donné tantôt à des causes, tantôt à des effets, tantôt à de simples possibilités.

Ainsi, tandis que l'étendue est une qualité essentielle ou constitutive au moins de la matière, et sans laquelle la matière n'est plus concevable, la pesanteur est une propriété générale, que l'expérience du moins fait juger telle, mais que l'on peut considérer comme accidentelle, puisqu'on suppose facilement que la matière aurait pu en être dépourvue, puisque même de temps à autre la physique admet à tort ou à raison des corps impondérables qu'elle distingue de tous les corps graves.

La couleur tombe sous les sens, l'atome est par sa définition insensible. La tangibilité exprime plutôt une sensation de l'homme qu'une qualité du corps ; c'est un effet de l'impénétrabilité, plutôt qu'une propriété particulière. La porosité, au contraire, ne rappelle aucune impression de l'homme, et elle est conçue et nommée, abstraction faite de tout sujet sentant.

La cohésion désigne un fait qui comprend dans l'étendue l'impénétrabilité et la forme, ou bien l'effet que produisent sur nous ces trois propriétés réunies, ou bien enfin la cause de cet effet. Alors elle suppose la force; elle n'est même qu'une espèce de force, un des noms ou une des formes de l'attraction.

Quant à la force elle-même, si elle est une des propriétés des corps, le mouvement n'en est pas une; car il n'est que l'effet de la force, il la manifeste; il ne coexiste pas avec elle et sur la même ligne. S'il est une qualité des corps, il n'y a plus de force distincte, c'est le corps qui produit le mouvement et qui se montre mû, comme il se montre étendu. Ou bien enfin la propriété du corps, c'est la mobilité, c'est-à-dire le pouvoir d'être mis en mouvement par une cause externe ou inhérente qui s'appelle force.

L'inertie est un état ou la cause d'un état. Si elle est la cause de cet état, on ferait bien de l'appeler force d'inertie; sinon, l'inertie n'est que le nom des intervalles du mouvement.

Comme l'inertie, comme la force, l'atome est invisible. Ce sont autant d'explications de certains phénomènes, autant de causes ou de moyens de certains effets. Ces causes peuvent être supposées, soit dans leur nature, soit dans leur existence. Celles dont l'existence est supposée ne sauraient être assimilées à celles dont la nature seule est inconnue. Il faut distinguer les intuitions expérimentales, les inductions naturelles et les suppositions scientifiques.

Ces réflexions, qu'on pourrait étendre en comparant chacune des vingt-cinq notions à toutes les autres, suffisent pour démontrer l'incohérence du tableau que nous venons de dresser et la nécessité d'en étudier de nouveau les éléments.

III. Ce tableau renferme un trop grand nombre d'éléments.

En effet, puisque ces éléments sont tous mis sur la même ligne, il faut supposer qu'il n'y en a aucun qui en comprenne d'autres. Or, c'est ce qui n'est pas. On y remarque, par exemple, un assez grand nombre de propriétés, qui devraient être ramenées sous le titre général de forces, qui sont appelées des forces dans le langage usuel de la physique. Telles sont évidemment la cohésion, la capillarité, la pesanteur, l'affinité. Telles sont encore l'électricité, la polarité, le calorique, considérés comme causes de certains mouvements. La force, au sens purement mécanique du mot, la force d'impulsion n'est que l'idée la plus commune et la plus simple du principe inconnu qui produit le mouvement, du principe dynamique en général. Mais des mouvements spéciaux semblent réclamer des forces spéciales, ou du moins manifestent la force sous des aspects très-divers. Le premier de tous après l'impulsion, qui, de molécule à molécule dans la constitution des corps, s'appelle répulsion, c'est la tendance qui paraît ou rapprocher, ou unir, soit les corps, soit les parties des corps. Elle semble une attraction, quoiqu'elle pût à la rigueur être une impulsion réciproque. Toutefois, la physique admet au moins par hypothèse l'attraction; et la cohésion, la gravitation, la capillarité, l'affinité, sont des attractions. La grande attraction, l'attraction newtonienne, celle des masses, est la plus importante des forces qui animent la nature; car elle est le principe immédiat de l'ordre du monde; elle explique et maintient le système; elle agit par voie de combinaison sur la force impulsive, qu'elle dévie et accélère en même temps. Les autres attractions sont moléculaires ; elles sont en général relatives et opposées aux forces de répulsion qui sont causes de la distinction soit des corps, soit de leurs éléments constituants. Telle est la cohésion, telle est l'affinité. L'attraction capillaire, qui vient peut-être de la même source que l'affinité, ressemble à l'attraction des masses, et indique peut-être, par la nature de ses phénomènes intermédiaires, qu'il y a unité dans la cause de tous les phénomènes d'attraction ; mais ce n'est encore là qu'une conjecture un peu hasardée. L'électricité, agissant d'une manière continue à la manière de l'attraction, présente des phénomènes attractifs et répulsifs ; la polarisation au fait en est un, et elle est commune à l'électricité, au magnétisme, à la lumière. Enfin l'atome n'est admissible que comme pourvu de forces attractives et répulsives ; l'*atomité* les suppose. Il semble donc que si la force est placée au nombre des éléments du tableau des propriétés physiques de la matière, elle ne devrait l'être que comme signe d'une idée abstraite, ou comme nom commun des divers principes de mouvement. Une bonne partie des vingt-cinq propriétés ou phénomènes que nous venons d'emprunter à la science, comme éléments de la connaissance de la matière, sont des forces, ou supposent des forces. Les uns sont compris dans les autres ; quelques-uns peuvent être confondus et identifiés entre eux. Ils ne sauraient donc être ainsi enregistrés à la suite les uns des autres qu'à titre d'observations détachées, de phénomènes particuliers, d'expressions diverses, sans que cette réunion sur la même liste présage rien sur leurs rapports mutuels et leur valeur respective. Ne voyons donc dans le tableau qu'un recueil, non un système.

IV. Les éléments du tableau étant admis, il manque une classification.

C'est ce qui déjà vient d'être montré. Dès le premier examen il est manifeste que la force est une notion inductive, l'étendue un objet de la perception, le mouvement un phénomène sensible, l'atome une forme réelle de la substance, mais conçue et non perçue; rien n'est semblable, rien presque n'est analogue dans ces éléments de connaissance rapprochés sans choix, et dont la principale relation est de contribuer tous à la notion scientifique de la matière.

La classification qui manque ici a été essayée plus d'une fois par la science. Mais elle a généralement eu pour but de faciliter l'étude et de seconder la mémoire. Elle a visé à l'ordre plus qu'à la connaissance, et presque toujours elle a été faite arbitrairement. Ainsi, un habile physiologiste qui se montre disposé à généraliser les principes des sciences physiques, ou à les identifier dans une seule science, admettant seize de ces propriétés des corps, les distingue en trois catégories, selon qu'elles se rapportent aux atomes simples, aux atomes réunis en particules, et aux assemblages de particules ou corps proprement dits[1]; mais il néglige la propriété même qu'aurait la matière d'être constituée atomiquement; il omet le mouvement qui appartient aux trois catégories, et ne donne une idée complète ni

---

[1] *Cours de physiologie générale et comparée*, par M. de Blainville, IIIe leçon.

de l'abstrait appelé matière, ni du concret appelé corps. En admettant tous les éléments dont nous avons composé notre tableau, peut-être devrait-on s'arrêter à une distinction qui semble importante. Ce serait d'abord celle des propriétés qui en supposent un certain nombre d'autres, et des propriétés qui ne supposent qu'elles-mêmes. Ainsi l'étendue, considérée comme nous l'avons considérée jusqu'ici, ne suppose rien d'autre que l'atome; mais l'atome n'est pas tant une propriété qu'une induction, une hypothèse, à laquelle force de recourir l'inspection de certains phénomènes; au contraire, toutes, ou presque toutes les autres propriétés supposent l'étendue.

Parmi celles qui en supposent d'autres, les unes en supposent un grand nombre, les autres une seule; celles-ci doivent donc précéder celles-là. (Ainsi l'impénétrabilité qui ne suppose que l'étendue doit précéder la densité qui suppose l'étendue, l'impénétrabilité, la cohésion.)

Les unes ne sont pas déduites de celles qu'elles supposent; les autres en sont déduites. (Ainsi la densité se déduit des propriétés qu'elle suppose, l'élasticité ne s'en déduit pas; le mouvement matériel suppose l'étendue, il ne s'en déduit pas.)

Les unes sont liées comme effets aux propriétés qu'elles supposent; les autres les supposent sans leur appartenir comme effets. (Ainsi la tangibilité se déduit de l'impénétrabilité, de la cohésion, etc., et proprement elle n'en est pas l'effet, tandis que le mouvement est l'effet de la force.)

Enfin parmi celles qui ne sont pas déduites, il en est qui sont induites, c'est-à-dire qui sont supposées par d'autres comme leurs causes ou leurs conditions. (Ainsi du mouvement se conclut la force.)

On doit entrevoir déjà les éléments d'une classification. Seulement pour la dresser, il faudrait avoir soin de ne pas confondre l'ordre de la connaissance avec l'ordre des choses. De certains phénomènes nous sont nécessaires pour en connaître d'autres. Il ne s'ensuit pas que dans la réalité ceux-là précèdent ceux-ci, ni que les premiers soient l'antécédent logique des seconds. C'est le mouvement qui nous fait concevoir la force. Cependant la force, si elle existe, précède assurément le mouvement. Nous avons l'idée de la forme, avant d'avoir celle de la divisibilité. Cependant si la matière n'était divisible, elle ne serait pas figurable. Enfin quoique l'atome soit une des dernières notions que nous puissions acquérir, il est évident que les atomes, s'il y en a, sont conçus comme rendant seuls possibles la plupart des propriétés physiques que nous constatons, avant de concevoir les atomes.

De tout cela, il résulterait que la classification des propriétés de la matière est une question de métaphysique plutôt que de physique, et que ce n'est pas encore en ce moment que nous pouvons la fixer d'une manière définitive. Mais dès à présent, nous pouvons mieux ordonner notre tableau, au moyen d'une division raisonnée.

Parmi les propriétés ci-dessus énoncées, quelques-unes sont des causes conclues des phénomènes, et doivent être mises à part. Telle est la force, tel est même l'atome, supposition destinée à expliquer la possibilité des qualités apparentes : mettons à part la force et l'atome.

Diverses propriétés portent un nom équivoque ; ainsi l'électricité signifie quelquefois le fluide électrique ou la cause supposée de l'état électrique ; quelquefois cet état lui-même, comme dans cette proposition : « Ce corps est électrique. » Pour être fidèle à l'idée de cause, il faudrait dire *électrisé*. Nous entendrons l'électricité dans le dernier sens, c'est-à-dire qu'elle exprimera la possibilité où sont les corps d'être électriques ou électrisés. Quant à l'électricité cause, elle doit, au cas qu'elle existe, être réunie à la force dont elle est une forme, une espèce, ou un degré. La pesanteur est également le nom ou du phénomène ou de sa cause. Elle ne signifiera pour nous que le fait d'être pesant, la propriété d'avoir un poids. La cause de la pesanteur sera, comme l'attraction qui n'est qu'un de ses noms ou propre, ou métaphorique, réunie à la force ; et la pesanteur continuera de figurer au tableau des propriétés.

Dans ce tableau ainsi réduit, nous remarquerons que parmi les propriétés admises, si l'on remonte la série de celles qui se supposent les unes les autres, on trouve qu'elles se partagent en deux classes. L'une composée de celles qui supposent l'étendue et qui semblent, pour ainsi dire, de même nature qu'elle, l'autre comprenant toutes celles qui, en supposant l'étendue, se rapportent plutôt au mouvement, et jusqu'à un certain point n'en sont que des modifications.

A l'étendue peuvent se rattacher l'impénétrabilité, la divisibilité, la porosité, la formalité, la densité, la tangibilité, la coloricité, la visibilité, la cohésion et l'inertie.

Au mouvement semblent appartenir la pesanteur, la dilatabilité, la compressibilité, l'élasticité, la lumière, la sonoréité, la caloricité, l'électricité.

Il faudrait une analyse très-longue pour justifier cette division. Nous nous bornons à l'indiquer, et même en l'indiquant devons-nous rappeler qu'elle est purement méthodique, fondée sur les apparences sensibles, et n'a peut-être pas de fondement ontologique. Quoi qu'il en soit, en tête de chaque classe, nous placerons là l'étendue, ici le mouvement; l'étendue qui ne suppose aucune autre propriété, le mouvement qui suppose l'étendue.

On remarquera également qu'entre l'atome et la force que nous avons mis à part, l'atome paraît concerner l'étendue, et la force le mouvement.

Enfin, ce qui achève peut-être de désigner le mouvement et l'étendue comme deux choses dominantes dans l'étude de la matière, c'est que l'une et l'autre peuvent seules être les objets des sciences exactes; et ce n'est qu'en tant que ramenés à des phénomènes d'étendue et de mouvement, que les autres phénomènes peuvent être soumis au calcul.

Il nous serait difficile de porter plus d'ordre et de rigueur dans cette classification, sans invoquer des considérations trop métaphysiques pour être de mise dans cette partie du présent Essai. Nous voudrions, autant que possible, ne rien ajouter aux idées qui courent dans les livres de physique.

Quoi qu'il en soit, c'est de toutes ces idées que se compose la notion scientifique de la matière; et maintenant il nous serait aisé de la soumettre à la déduction. Nous dirions, par exemple : La matière est étendue et mobile. Comme étendue, elle est divisible, c'est-à-dire susceptible de se partager en corps, lesquels sont, comme elle, impénétrables, poreux, etc. Comme mobile, elle est pesante, dilatable, etc. Pour qu'elle soit tout cela, il faut que sa constitution soit atomique. Tous les phénomènes de mouvement sont dynamiques; ils supposent la force. Ainsi l'étendue et tous ses dérivés aboutissent à l'atome; le mouvement et toutes ses dépendances, à la force.

Il ne resterait plus qu'à examiner si l'atome et la force dont la double notion semble précéder, non pas psychologiquement, mais ontologiquement, l'étendue et le mouvement, sont des choses séparables l'une de l'autre; et la tendance de la physique moderne qui ne voit partout que des forces, porterait à supposer que la force est la clef du monde et la cause même du phénomène de l'étendue. On trouverait dans Bacon, dans Newton, dans Leibnitz, des citations qui concorderaient sur ce point, et qui mèneraient à cette conséquence. Mais les physiciens, qui se disent pourtant leurs élèves, se taisent là-dessus, et nous interdiraient une question qu'ils délaissent à la métaphysique.

Bornons-nous donc à la notion de la matière, telle que nous venons de l'établir analytiquement. Car si cette notion n'est point parfaitement ordonnée, du moins semble-t-elle assez complète. Cependant elle ne paraît immédiatement applicable qu'à la matière dans le règne minéral. On ne voit point, en effet, comment de toutes ces idées il peut résulter que la matière soit susceptible d'être organisée. C'est là cependant encore une propriété remarquable;

et la matière, une fois organisée, présente des propriétés nouvelles. Toutefois, si l'on veut regarder de près les phénomènes organiques, on reconnaîtra qu'ils ne diffèrent pas matériellement des phénomènes physiques. Je ne veux pas décider la question controversée maintenant, s'il y a deux natures, la nature organisée et celle qui ne l'est pas, et par conséquent deux mécaniques, deux chimies, etc., si les forces vitales sont tout à fait spéciales, exceptionnelles, soumises à des lois particulières, ou ne diffèrent des autres forces que par la complication des phénomènes. Cette question écartée, il reste que les forces vitales sont des forces, les mouvements organiques des mouvements; qu'on ne peut voir, dans les plantes ou dans les animaux, que des solides, des liquides et des gaz, et que, par conséquent, il y a encore là des phénomènes comparables à ceux de la chimie, de la mécanique, de la physique. Soit qu'on puisse les ramener tous à des phénomènes d'électricité, soit que des affinités moléculaires président à tous les jeux de l'organisme, soit enfin que des causes spéciales et distinctes doivent être admises, il n'y a en dernière analyse dans l'organisme animal ou végétal que des phénomènes de mouvement. Exhalation, sécrétion, absorption, fluxion, inflammation, irritation, contraction, condensation, etc.; autant de noms divers du mouvement sous différentes apparences. Avec des forces et des portions d'étendue impénétrables, je ne dis pas qu'on explique, mais on représente tous les phénomènes de l'organisme. Il suffirait donc, pour compléter la notion scientifique de la matière, d'ajouter qu'elle est susceptible d'être organisée, c'est-à-dire de présenter sous de nouvelles formes et dans un nouvel arrangement, les mêmes phénomènes rappelés déjà dans le dénombrement de ses propriétés. Mais ces formes et cet arrangement, qui constituent la différence sensible de l'organique à l'inorganique, ont pour caractère éminent, que dans l'organique, il y a tout à la fois plus d'unité, de constance et de diversité que dans l'inorganique. Ici des parties similaires sont arbitrairement juxtaposées et cohérentes : exemple, un morceau de fonte ou de marbre. Là, des parties différentes de forme, d'aspect, de fonctions, de substance, sont unies dans un ordre permanent et constituent un individu à peu près indivisible. C'est là, indépendamment de toute cause, le trait saillant de l'organisation. C'est donc bien le moins que d'ajouter aux propriétés générales de la matière qu'elle est organisable.

Deux questions alors se présenteront, dont la solution peut faire apprécier la valeur de la différence entre la physique organique et la physique inorganique.

1°. Les mouvements vitaux sont spéciaux ; ils ont une cause spéciale qu'on appelle force. Qu'est-ce que la force vitale ?

Cette question comprend les questions suivantes : La force est-elle un mot, une figure de langage, ou bien une réalité ; en d'autres termes, est-ce le nom supposé d'un ensemble de phénomènes, ou bien une cause effective ? Si c'est une cause, est-ce un être, ou un phénomène de l'être ? Si c'est un être, de quelle nature est-il, distinct ou non de la matière ? Y a-t-il une ou plusieurs forces vitales ? Et dans tous les cas, la force vitale concourt-elle avec les autres forces générales; en diffère-t-elle en nature, ou seulement en degré?

Ce sont là les plus hautes questions des sciences naturelles. Avant de les résoudre pour la physiologie, il faudrait les avoir résolues pour la physique. Or, elles ne le sont pas encore. Aucune partie de la science n'est moins avancée. On a mesuré presque toutes les forces de la nature, on n'en a pas même constaté une seule; mais on en parle, et l'on s'en sert comme si on les avait constatées.

2°. La seconde question nous entraînerait en pleine philosophie, et ce n'est pas le moment encore : indiquons-la.

Nous demandions tout à l'heure si la force était distincte ou non de la matière; c'était demander si la force existait; car à moins de réduire la matière à n'être qu'une force, il est clair que la force, qui serait, comme la matière, étendue, divisible, colorée, etc., ou ne serait pas, ou ne serait qu'une des propriétés de la matière. Or, si la force existe, et que la matière existe aussi, la force, qui alors n'est ni impénétrable, ni tangible, ni visible, ni étendue, est un être nouveau de la nature duquel ce que nous avons vu jusqu'ici de la matière ne nous donne aucune idée. C'est donc l'être sans la matière, l'être non matière, l'immatériel. Y a-t-il, peut-il y avoir de tels êtres? On pressent apparemment, sans que nous ayons besoin d'insister, quelle est la portée d'une telle question. Mais, en même temps, il faut rappeler dès à présent que cette question n'est admissible que dans l'ordre d'idées où nous sommes placés en ce moment, et où l'étendue est prise comme le caractère dominant, comme la propriété essentielle de la matière. Il est évident en de telles conditions que la force ne peut être ramenée à l'étendue; il l'est moins que l'étendue ne puisse être ramenée à la force. Renvoyons encore ce point à la métaphysique.

Ces deux questions seulement indiquées, nous voilà, ce semble, en possession de toutes les idées générales que les sciences naturelles puissent nous donner sur la matière.

Avant de comparer à cette notion de la matière celle que nous donne la philosophie, les naturalistes nous permettront de leur demander si rien dans cette notion autorise à attribuer à la matière une certaine propriété assez importante et qu'on appelle la pensée. Que ceux d'entre eux qui croient que la matière pense, veuillent bien s'expliquer. Disent-ils : La matière est étendue, impénétrable, divisible, mobile, etc., donc elle est pensante? ou bien : La matière est tout ce qui vient d'être dit; et puis, en outre, elle est pensante?

Dans le premier cas (et c'est la position véritable du matérialisme), il faut qu'on nous apprenne de laquelle des propriétés de la matière se déduit la pensée. Est-ce de la porosité ou de la dilatabilité, de la coloricité ou de l'électricité? Il faut au moins qu'on ramène la pensée à être soit un phénomène d'étendue, soit un phénomène de mouvement. Or, c'est ce qu'on ne peut faire par aucune intuition, procédé naturel pour reconnaître le mouvement ou l'étendue. Jamais on ne sent, on ne perçoit une pensée étendue ou mobile, c'est-à-dire occupant un lieu ou changeant de lieu, c'est-à-dire encore déplaçant ou remplaçant un autre corps. Jamais on ne sent, on ne perçoit l'étendue pensante ou le mouvement pensant. Aucune expérience n'a été faite, aucune expérience n'est possible, qui procure un pareil spectacle. Or, si la pensée matérielle ne peut être une intuition, il faut qu'elle soit une déduction. Mais cette déduction est impraticable; car elle ne peut partir que d'un principe impossible à établir, savoir, il n'existe que ce qui tombe sous les sens. Or, ce principe n'est pas démontrable; il est gratuit; il n'est ni nécessaire, ni naturel. Il n'est pas naturel : car la grande majorité de l'espèce humaine croit aisément à l'existence de Dieu et des âmes. Il n'est pas nécessaire : car le contraire du principe ne répugne qu'aux sens et n'est point contradictoire avec la raison. Par quelle argumentation pourrait-on donc réduire la pensée à être un phénomène de mouvement ou d'étendue? un mouvement qu'on n'a pas vu, une étendue qu'on n'a pas vue, sont choses qu'on ne saurait prouver que de deux manières, ou en démontrant que le contraire impliquerait, ou en établissant que l'hypothèse rend raison de tous les faits. Dans le premier cas, qu'on nous cite dans la pensée quelque propriété, quelque caractère qui soit contradictoire avec le défaut de mouvement ou d'étendue. Le contraire seul peut être soutenu. Dans le second cas, il faudrait montrer que la pensée, à l'exemple de quelques mouvements des corps célestes qu'on ne peut suivre, mais que l'on calcule par une hypothèse dont les résultats cadrent parfaitement avec les faits visibles, est quelque chose dont on peut rendre hypothétiquement raison avec de l'étendue et du mouvement. Un de ces Essais a été consacré à en montrer la palpable impossibilité.

Les propriétés de la matière, telles qu'elles nous sont manifestées, ne suffisent pas à nous rendre raison de tous les phénomènes physiques. Nous sommes, pour ainsi dire, obligés d'aller chercher au delà de ces phénomènes la cause du mouvement. La force est une induction ou une supposition indispensable. Comment donc ces propriétés donneraient-elles la pensée? La force elle-même, fût-elle certaine, ne peut donner la force pensante. La force vitale, organique, etc., ne donne après tout que des changements de forme, des mouvements, ou plutôt des déplacements. Or, la pensée est à coup sûr quelque autre chose que tout cela.

On objectera peut-être que dans la recherche des propriétés physiques de la matière, nous avons admis des causes sans ressemblance avec leurs effets. Quelle ressemblance entre la force et un corps dur, entre l'attraction et un corps pesant? Pourquoi donc la matière étendue et mobile ne serait-elle pas la cause de la pensée?

Répondons d'abord que l'on nous propose une induction inverse de celle qu'on nous donne en exemple. Ainsi, pour expliquer un corps qui résiste ou qui pèse, nous sommes forcés de concevoir une cause que nous avons peine à supposer corporelle. La force en effet n'est conçue ni étendue, ni impénétrable. Et pour expliquer comment se produit quelque chose qui n'a aucune des apparences de la matière, la pensée, nous serions obligés de remonter à un principe matériel? L'analogie est loin d'être exacte.

En second lieu, il est vrai que l'attraction n'a nul rapport de similitude avec la sensation de dureté ou de pesanteur. Aussi, ne s'agit-il pas, dans la description de la matière, de la sensation qu'elle produit. Nous avons fait abstraction du sujet sentant; mais d'accord en cela avec tous les naturalistes, nous avons pris comme données inébranlables et indémontrables, les jugements immédiats attachés inséparablement aux sensations simples, tels, par exemple, que la conception de l'étendue comme existante, à propos de la sensation de l'étendue touchée. Si nous avions incidenté sur ce point, nous aurions élevé l'objection des sceptiques, et ce n'était pas le lieu. Or, si l'on fait abstraction de la sensation, il n'est pas vrai que l'attraction, considérée comme cause de la pesanteur, soit toute différente de son effet : on n'en sait rien, on n'en peut rien dire. L'attraction n'est pas chose dont nul ait prétendu soupçonner la nature. On veut dire seulement, en se servant de ce mot, que si un corps était attiré vers le centre de la terre, il exercerait dans le trajet sur les corps interposés la pression que nous appelons pesanteur : par conséquent, peser ressemble à être attiré. Une vertu attirante supposée dans les corps peut donc être l'idée de la cause inconnue de la pesanteur; et les phénomènes, notamment la loi générale que suit la pesanteur, autorisent à supposer plutôt une force qui attire qu'une force qui pousse. Cela étant, on appelle cette force attraction; et l'hypothèse admise, comment dire que la cause n'a point de rapport avec son effet? De quel droit affirmer quelque chose d'une cause dont la conception peut être rendue aussi ressemblante à son effet qu'on le voudra, puisqu'elle n'est conçue qu'à raison de cet effet et pour le besoin des phénomènes? J'en dis autant de la cohésion. Si de la cohésion comme fait vous induisez la cohésion comme cause, c'est-à-dire si de l'état de continuité résistante des parties de la matière vous concluez une force qui les unit, comment affirmer quelque chose de la nature d'une force dont vous ne savez guère que cela, qu'elle vous paraît une conception nécessaire?

En raisonnant par analogie, s'il fallait inférer de là ce qu'on doit croire de la cause de la pensée ou du sujet de la faculté pensante, je dirais que cette faculté ne pouvant être déduite ni du mouvement ni de l'étendue, n'ayant dans ses manifestations rien de semblable, rien même d'analogue aux phénomènes matériels, puisqu'elles échappent aux sens, ne peuvent être représentées par aucune image, et se signifient d'une manière spéciale et directe au sens intime, il paraît conséquent et naturel de la rapporter à une cause ou à un sujet sans rapport avec les causes ou les sujets sensibles. En effet, comme le mot pesanteur, qui se prend tantôt pour l'effet, tantôt pour la cause, le mot pensée signifie alternativement ou le produit, ou ce qui produit; on dit une pensée et la pensée. Une pensée, attestant une cause pensante, comme un mouvement, une cause mouvante; et aucune expérience ni aucune déduction ne pouvant rapporter la cause pensante à aucune cause physique jusqu'ici connue, à aucune propriété soit perçue, soit supposée logiquement dans les corps, les règles du raisonnement obligent de mettre à part la cause pensante, et, jusqu'à nouvel ordre, de la poser comme un principe *sui generis* dont nous ne savons encore rien que son existence et sa nécessité.

N'allons pas plus loin, et disons seulement que rien dans tout ce qui vient d'être dit sur la matière ne fonde le droit de réduire à la matière l'universalité des existences, et que le fait de la pensée ne ressort ni directement ni indirectement des propriétés des corps. Jusqu'ici le matérialisme est donc une hypothèse gratuite.

III.

DE LA NOTION COMMUNE DE LA MATIÈRE,

SELON LES PHILOSOPHES.

§. I. Idée générale de la matière.

Pour connaître la matière, nous avons emprunté aux sciences naturelles les notions que l'observation et le raisonnement leur fournissent, et nous avons essayé seulement de nous en rendre compte et de les soumettre à une ordonnance provisoire qui ne nous a toutefois satisfait qu'imparfaitement. On a dû apercevoir encore çà et là des nuages et des lacunes; une science plus pure et plus complète n'aurait pu être demandée qu'à la métaphysique; mais nous n'y aspirons pas, nous ne voulons que mettre en regard la notion scientifique et la notion philosophique de la matière. Or, nous n'avons fait encore que la première moitié de notre tâche; passons à la seconde : nous avons raisonné avec les naturalistes; raisonnons à présent avec les philosophes.

Quand il s'agit de rechercher ou d'exposer les

éléments philosophiques d'une notion complexe, on peut y procéder de deux manières : en allant du simple au composé, ou du connu à l'inconnu. Il s'en faut en effet que ces deux méthodes reviennent au même. Souvent il nous arrive de connaître le composé avant le simple ; la succession de nos connaissances est relative à notre nature plutôt qu'à la nature des objets connus. Des deux procédés, le premier est le plus conforme à l'ordre que la raison établit entre les idées ou entre les choses, le second à l'ordre de l'acquisition de nos connaissances ; l'un est logique, l'autre expérimental. On sait que dans les phénomènes confus que nous observons, dans les notions en gros que nous nous formons, l'esprit remonte aux principes aussi souvent qu'il descend aux conséquences ; il recherche ainsi ce que supposent les faits donnés ; c'est l'inverse de la déduction. Mais ce travail terminé, la raison peut opérer la déduction, et reproduire les faits ou les idées dans l'ordre où les faits et les idées paraissent s'engendrer les uns les autres. La philosophie, comme science d'observation, doit, pour assurer ses bases, suivre un autre procédé, et s'enquérir des choses dans l'ordre où l'esprit humain livré à lui-même, sous le poids de la vie réelle, les aperçoit et les reproduit ; c'est la méthode psychologique. Mais une fois que cette méthode nous a conduits à des connaissances éclaircies et assurées, il est possible d'en tracer un tableau rationnel, et de représenter les faits dans un ordre que j'appellerai volontiers systématique. La science en effet n'est pas l'histoire de la connaissance, et la chronologie des découvertes n'est pas exactement le système des faits.

Ici, nous ne nous enchaînerons à aucune méthode exclusive. Cependant l'ordre que nous adopterons sera plus systématique que psychologique. Nous exposerons ce que nous connaissons de la matière, plutôt que la façon dont nous acquérons cette connaissance. Sans doute le souvenir de ce mode d'acquisition pourra bien nous aider quelquefois à éclaircir, à justifier nos idées; nous ferons, quand il le faudra, allusion aux antécédents de l'expérience; nous en appellerons parfois à la psychologie. Mais l'ordre de notre exposition sera le plus souvent un ordre de déduction ; à la succession expérimentale de nos idées nous substituerons, autant que possible, leur hiérarchie logique. Qu'on veuille bien remarquer cependant qu'il ne s'agit ici que du procédé d'exposition, car pour le fond des idées, il sera pris à la source où puise toute philosophie d'observation, et ce n'est point une théorie *a priori* que nous présentons.

Sans les corps, la matière serait un continu solide; les corps sont des fragments de ce continu. Ils subsistent nécessairement dans un continu pénétrable ; ils ne peuvent être conçus hors de l'espace. L'espace se prête infiniment à une infinité de corps réels ou possibles : ainsi le corps suppose l'espace.

L'espace est donc un antécédent logique de l'idée de corps. L'espace est une conception nécessaire. Est-il un être? n'est-il qu'une idée? La question trouble la philosophie depuis qu'elle est posée. L'espace ne semble qu'une idée; car il n'est pas matière, puisqu'il n'est pas impénétrable, et il n'est pas esprit, puisqu'il est divisible. Comment cependant ne serait-il pas un être, puisqu'il a des propriétés, celle par exemple de contenir tous les corps, et puisque nous ne pouvons nous empêcher de le croire existant, après la suppression même des corps qui le remplissent? grande difficulté qui n'est pas encore résolue. Sans prétendre la résoudre, nous dirons que l'idée d'être se joint à l'idée d'espace; à l'idée, remarquez-le bien, et nous ne disons rien de plus. Soit à tort, soit à raison, nous concevons nécessairement l'espace comme existant, comme quelque chose. L'idée d'être est donc dans l'idée d'espace.

Il n'est pas l'être en général, car l'être en général est une abstraction qui convient indifféremment à l'esprit ou à la matière. N'étant pas l'être en général, il a des qualités, ou du moins dans l'idée d'espace se trouve l'idée de certaines qualités. Celle qui le caractérise est la capacité de recevoir et de contenir tous les êtres susceptibles d'occuper un lieu, c'est-à-dire étendus. L'espace est donc le vide ou le néant d'êtres étendus. Des deux propriétés qui caractérisent principalement la matière, il manque à l'espace l'impénétrabilité; lui manque-t-il l'étendue pure? La faculté de recevoir des lieux comme celle d'en occuper semble impliquer l'idée d'étendue. Les corps ne sont étendus que parce qu'ils occupent certaines portions de l'espace; et ils les occupent, grâce à leur solidité ou impénétrabilité. L'étendue, sans la solidité ou impénétrabilité, ne donne donc ni le corps ni la matière; l'étendue ainsi abstraite peut appartenir à l'espace. Quelle est en effet la définition de l'espace pour ceux des philosophes qui n'en admettent point la réalité? L'étendue abstraite; pour les autres, ce serait plutôt l'étendue vide. Bornons-nous à dire que l'étendue sans limite, moins l'idée de l'impénétrabilité, plus l'idée de l'être, donne l'idée d'espace.

Cependant, comme l'étendue ne s'applique d'ordinaire qu'aux objets corporels, nous leur réserverons ce mot; appliqué à l'espace, ce sera l'étendue fondamentale. L'étendue réelle qui se manifeste par la présence du corps sera la seule dont nous parlerons désormais.

L'espace est pénétrable, c'est-à-dire qu'il a cette propriété inconcevable de pouvoir coexister avec l'objet qui le remplace. C'est le dernier degré de la divisibilité, la divisibilité absolue, la divisibilité sans atome. Cette divisibilité ne peut se réaliser par le phénomène de la division : car l'espace n'est pas phénoménal; il est insensible. Nous concevons l'espace pur, nous ne percevons que l'espace *garni*, c'est-à-dire le corps dans l'espace. Ainsi, l'espace n'est divisible qu'en parties concevables, non en parties sensibles; car lui-même échappe à tous nos sens, et il n'existe, pour nous, que par sa capacité d'être rempli. Si donc par abstraction nous le considérons en lui-même, nous pouvons dire qu'il est divisible, mais c'est une propriété plutôt qu'une qualité; sa divisibilité réalisée, sa manière d'être divisé, c'est d'offrir un lieu aux existences. Il n'est pour nous que lorsqu'il est rempli; on peut dire qu'il n'apparaît que par les objets dans lesquels il s'absorbe. La possibilité de la coexistence de ces objets divers suppose l'espace; mais encore une fois, l'espace n'est que concevable, ce qui ne veut pas dire qu'il ne soit que possible. Il est une conception, mais nécessaire.

L'espace pur est le vide. Supposez maintenant que

l'espace se remplisse, qu'il produise sur nous cet effet par lequel il cesse pour nous d'être le vide : dans l'espace pur, il n'y avait rien ; dans l'espace réel, il y aura quelque chose. Cette qualité par laquelle la réalité extérieure nous est manifestée, porte en métaphysique différents noms dont aucun n'est heureusement choisi. On l'appelle résistance, impénétrabilité, solidité ; on pourrait l'appeler encore tangibilité, extériorité, étendue réelle. Nul doute que l'effet immédiat et distinctif de cette qualité ne soit de rendre l'être sensible au toucher ; mais le nom de tangibilité a l'inconvénient de ne désigner cette qualité que par un de ses effets sur nous-mêmes. Ce nom supposant la présence d'un être qui touche l'objet, n'exprime qu'une qualité relative. Il en est de même du mot de résistance. La matière résiste : à qui ? voilà encore une idée de relation, et la solidité est une qualité absolue. D'ailleurs, il y a quelque chose d'actif dans l'idée de résistance, et il semble qu'à proprement parler, l'être animé seul résiste. La solidité serait l'expression la plus convenable. Elle est le nom exact et mathématique de l'étendue avec toutes ses dimensions. L'inconvénient, c'est que la physique donne à ce mot de solide un sens spécial et nomme ainsi l'état des corps qui ne sont ni gazeux ni liquides. Or, l'air et l'eau sont métaphysiquement et mathématiquement solides, aussi bien que le fer ou le caillou ; car l'air et l'eau ont un volume, déplacent d'autres corps, occupent un lieu dans l'espace ; enfin, l'on ne peut leur refuser la réalité des trois dimensions de l'étendue, et telle est la véritable idée de l'impénétrabilité. Cette dernière expression, la plus usitée chez les métaphysiciens, a bien quelques-uns des inconvénients de celle de solidité. On éprouve de l'embarras à comprendre comment les liquides, comment les gaz peuvent être dits impénétrables, et la fluidité paraît équivaloir à la pénétrabilité. Mais il suffit de concevoir que ce serait une pénétrabilité bornée et relative, et que c'est par illusion, hypothèse ou préjugé que le langage ordinaire fait abstraction de l'existence matérielle de l'air. Il n'est pas besoin d'être physicien pour savoir que l'air est un corps, que les liquides ne sont compressibles qu'à un très-faible degré, et la moindre machine à vapeur prouve énergiquement que ce qui est aériforme est impénétrable. Nous pourrons donc nous servir du langage usité en métaphysique, et nous conserverons ce mot d'impénétrabilité, en regrettant qu'il n'en existe pas de meilleur et de spécial. Si nous ne craignions l'innovation dans le langage et les équivoques qu'elle engendre, nous nous servirions de l'expression d'étendue réelle ou sensible. En effet, l'étendue inaccessible aux sens n'est que l'espace, étendue supposée ou seulement conçue. Dès que l'étendue devient sensible ou percevable, c'est à la condition de l'impénétrabilité, c'est-à-dire de déplacer un autre corps, ou de ne pouvoir dans un même temps occuper le même lieu qu'un autre corps. C'est l'étendue, plus la matérialité; c'est l'étendue réelle ou proprement dite. L'étendue, moins cette condition, c'est le vide. L'étendue remplissant le vide est la véritable étendue ou l'extériorité solide. Aussi, lorsque nous parlerons désormais de l'étendue, entendrons-nous constamment l'étendue ainsi conditionnée; car l'étendue, moins cette condition, se confond avec l'espace, et puisque nous avons ces deux noms, étendue et espace, pourquoi les attribuerions-nous à une seule et même chose? Nous distinguerons donc l'étendue de l'espace, et elle ne peut en être distinguée qu'à la condition qu'on lui adjoigne la résistance. L'espace résistant, l'espace solide, l'espace impénétrable, ce sera pour nous l'étendue; ce sera déjà la matière.

Ici, la sensation et la perception réunies nous attestent une existence. La matière ne paraît point par elle-même une conception nécessaire. Sans doute puisqu'elle est, nous ne saurions concevoir comment elle pourrait n'avoir pas été; mais nous sommes maîtres de supposer qu'elle aurait pu ne jamais être. Ce n'est pas la raison qui nous force à concevoir la réalité de l'être étendu, c'est l'expérience. La sensation seule nous oblige à l'induire immédiatement; mais la sensation posée, cette induction est nécessaire.

L'espace est plus que divisible, il est pénétrable. L'étendue pénétrable, c'est la définition de l'espace. L'étendue impénétrable, c'est la définition de la matière. Du moment que l'être divisible est tangible, ou plutôt du moment que l'étendue est sensible, elle est divisible, car elle est divisée; l'expérience nous l'atteste. Si ce seul et même être occupait tout l'espace sans division, sans divisibilité réalisable, en d'autres termes, si l'étendue n'était comme l'espace que conçue divisible, ce serait le plein. Cela suffit pour démontrer par induction l'existence du vide : car l'étendue est divisible et divisée. Ainsi la combinaison de l'être, de l'étendue, de l'impénétrabilité, de la divisibilité, donne tout de suite la figurabilité. La figure n'est que la manière d'être divisée de l'étendue. Point de division sans figure. La figure et la division ne sont que deux points de vue d'un même fait.

L'étendue pourrait être égale à l'espace. La matière serait alors un continu. Mais dans ce même être, dans ce continu qui n'est que concevable, il y a des divisions. Ces divisions sont terminées par des lignes. Ces lignes sont dans de certains rapports les unes à l'égard des autres. Elles sont des figures.

Ainsi de même que l'espace ne nous apparaît que rempli, c'est-à-dire à la faveur de l'étendue réelle, de même l'étendue réelle ne se montre à nous que divisée, c'est-à-dire figurable.

Or, l'être étendu, impénétrable, divisible, ce continu supposé s'appelle matière.

L'être étendu, impénétrable, divisé, figurable ou figuré, c'est le corps.

Les notions de matière et de corps sont des notions ontologiques. Mais la matière n'existe effectivement que dans les corps et par les corps. Elle ne peut être considérée indépendamment des corps que par abstraction.

On pourrait représenter les notions d'espace, de matière, de corps, ainsi qu'il suit :

Espace = être + étendue + pénétrabilité.

Matière = être + étendue + impénétrabilité + divisibilité.

Corps = être + étendue + impénétrabilité + divisibilité + division + figuration.

Et d'après les explications que nous avons données sur l'idée d'étendue, ce seraient des définitions suffisantes que celles-ci : « La matière est l'être éten-
« du. — Le corps est la matière divisée ou l'étendue
« figurée. »

C'est au fond le sens de la définition d'Aristote, savoir qu'un corps est une substance composée de matière et de forme.

§. II. Tableau des propriétés de la matière.

Toutes les notions qui viennent d'être exposées nous sont originairement suggérées par le toucher. Le toucher est le garant de l'existence du monde.

Aussi n'hésitons-nous pas à regarder toutes les qualités que nous venons d'attribuer à l'être comme réelles, comme existant absolument dans les corps. Nous ne pouvons concevoir les corps autrement : il n'y aurait rien dans l'espace, si ce qui y est n'y était pas ainsi. Il faut bien que ce qui y est ait la propriété d'occuper un lieu, c'est-à-dire soit impénétrable; autrement ce qui y est n'y serait pas. Il faut bien que ce qui est impénétrable soit divisible; autrement le monde serait un continu similaire, immobile, illimité, dans lequel aucune distinction, aucune relation ne serait possible, par conséquent aucun phénomène physique, aucune perception, aucune sensation. Il n'y a point de sensation de l'infini : toute sensation suppose le fini, par conséquent, dans l'ordre matériel, la division.

La divisibilité de l'étendue, avons-nous dit, donne naissance à ses divisions et par là même aux figures. L'étendue divisée est nécessairement figurée. Point de parties impénétrables qui ne soient des figures. La figuration n'est pas la division; mais elle est inhérente à la division.

Les divisions ou parties figurées coexistent dans l'espace. Elles le divisent simultanément. Elles occupent en même temps des lieux divers. Aucune ne peut occuper le même lieu qu'une autre avec cette autre; l'impénétrabilité s'y oppose; cependant l'une peut remplacer l'autre. Si donc une même portion d'étendue est dans un lieu et dans un autre lieu, comme la nature de l'étendue ne permet pas qu'elle soit dans l'un et dans l'autre simultanément, il faut qu'elle y soit successivement. Le tout divisible dans lequel les corps coexistent simultanément, c'est l'espace : le tout divisible dans lequel les corps coexistent successivement, c'est le temps.

L'occupation successive d'un même lieu par diverses portions de matière, ou de divers lieux par la même portion, c'est le mouvement. Or, les mêmes corps peuvent être observés en des lieux divers, des corps divers aux mêmes lieux. Donc les corps sont doués de la propriété de changer ou d'être changés de place, c'est-à-dire d'être mus; ils sont mobiles. Le mouvement existe, l'expérience l'atteste. Tandis que la localisation n'a besoin que de l'espace, le changement de lieu ou le mouvement a besoin du temps. Ce n'est pas le mouvement qui constitue le temps; mais le mouvement n'existe qu'à la condition du temps. Il faut pour le mouvement, l'espace, plus le temps.

Le mouvement est une nouvelle qualité, la mobilité, une nouvelle propriété de la matière. Mais ici se place une remarque importante. L'observation nous montre le mouvement comme une qualité générale des corps; point de corps qui ne soit mû ou mobile. La matière ne peut être observée sans le mouvement. Mais peut-elle être conçue sans le mouvement? oui, elle le peut. Peut-elle être conçue sans l'étendue, l'étendue réelle et impénétrable? non, elle ne le peut. Le mouvement existe, il est expérimentalement inhérent à la matière. Lui est-il essentiellement inhérent? rien encore n'autorise à le soutenir.

Il est évident de soi que l'étendue est essentielle à la matière. L'étendue, hors de la matière, est une abstraction; la matière sans l'étendue est un non-sens. Leur relation n'est pas celle du mode et de la substance : le mode ne peut que par supposition être conçu hors de la substance; mais la substance sans tel ou tel mode peut être conçue existante. Or, la matière sans l'étendue n'est plus la matière, elle n'est rien, ou elle n'est que la substance, c'est-à-dire pas plus la matière que l'esprit; car la matière, c'est la substance étendue. Ce n'est donc que par analogie qu'on peut appeler l'étendue une qualité. On a eu raison de le dire, elle ne qualifie pas seulement la matière, elle la définit.

Il semble au contraire que le mouvement peut disparaître sans que la matière s'anéantisse. Supprimez le mouvement, l'ordre actuel du monde est détruit, ce dont est fait le monde subsiste. La matière ne sera plus ni pesante, ni chaude, ni lumineuse, elle ne sera plus combinée ni organisée, soit; mais cela veut-il dire qu'elle ne sera plus? non, elle sera encore; elle sera la matière inerte.

Voilà ce que nous enseigne la sensibilité bien observée; on verra plus bas que la raison peut aller plus loin et identifier des choses que nous sommes forcés de distinguer encore.

Les qualités de la matière qui viennent d'être énumérées, paraissent être les qualités premières de la matière. En voici le dénombrement : l'étendue, l'impénétrabilité, la divisibilité, la figure, le mouvement. Mais comme la figure résulte de la divisibilité, et que l'étendue sans l'impénétrabilité n'a rien de réel, on peut les réduire à trois, l'étendue, la divisibilité et le mouvement.

De ces trois qualités, la divisibilité est nécessaire à l'existence des corps et à celle du mouvement. Étendue indivisible, c'est étendue immobile. Mais la matière peut être conçue sans les corps et le mouvement : donc la seule qualité nécessaire à la matière, c'est l'étendue, en comprenant sous ce nom l'étendue impénétrable. Ainsi l'on a eu de bonnes raisons pour regarder l'étendue et l'impénétrabilité comme les seules qualités rigoureusement premières, c'est-à-dire nécessaires, de la matière (Royer-Collard).

Mais la division, d'où l'on induit la divisibilité, est nécessaire au mouvement. Car le mouvement est moins une qualité de la matière, qu'une qualité des corps. De la divisibilité naît la possibilité des corps et par suite celle du mouvement.

Ainsi les qualités premières de la matière qui se présentent d'abord, seraient :

L'étendue (réelle, c'est-à-dire comprenant l'impénétrabilité), qualité nécessaire.

La divisibilité, propriété contingente.

La divisibilité se réalise par la division. De là une propriété expérimentale, celle de la division de la matière en portions de matière, c'est-à-dire en parties étendues et impénétrables : ce sont les corps. L'existence des corps peut jusqu'à un certain point être considérée comme une qualité de la matière ; car celle-ci ne nous apparaît que divisée en corps. Mais la matière, moins cette division, n'est qu'une conception; car elle n'existe pas ainsi; elle est conçue comme le fond même et comme l'étoffe de la réalité.

Ainsi et pour s'arrêter à une rédaction définitive, voici les éléments de la notion de matière.

Étendue et impénétrabilité, qualités premières nécessaires. C'est la condition de la matière, c'est ce qui constitue la matérialité.

Divisibilité, propriété et non qualité, c'est une idée dérivée et non une perception.

Division en portions ou *corporification*, qualité première expérimentale de la matière.

La matière ainsi qualifiée donne le corps, qui est la matière à son état réel.

Le corps ne diffère de la matière que comme le particulier du général. Il a donc toutes les qualités de la matière; il est étendu et impénétrable, c'est-à-dire matériel.

Mais de plus, comme matière divisée, il est figuré, il ne peut pas ne pas l'être. Autrement, il serait la matière, c'est-à-dire un continu indivis.

Ainsi l'étendue et l'impénétrabilité qui constituent la matérialité, plus la figure qui résulte de la divisibilité de la matière, sont les attributs essentiels des corps.

Étendue, impénétrabilité, figure, qualités premières nécessaires, non de la matière, mais des corps : elles constituent la *corporéité*. Sans l'une des trois, le corps n'est pas le corps. La figure sans l'étendue implique. L'étendue sans la figure est la matière sans l'impénétrabilité, ou l'espace. L'impénétrabilité sans l'étendue n'est rien, ou n'est qu'une supposition contradictoire. La figure avec l'étendue sans l'impénétrabilité, c'est le fantôme, le spectre; et même à prendre le spectre comme possible, c'est-à-dire à croire aux revenants, la conception en exclut le corps. Une figure incorporelle est la définition du spectre ou de l'ombre. Il est donc démontré que nous avons atteint les éléments de la *corporéité*, c'est-à-dire les qualités nécessaires des corps.

Une qualité ou plutôt une propriété qui se déduit immédiatement des précédentes, c'est la divisibilité. Le corps est divisible, puisqu'il est la matière. C'est le propre de la divisibilité que le terme n'en puisse être conçu. Le corps étant une division de matière divisible, est donc divisible également, c'est-à-dire qu'il peut toujours être conçu divisé. Quant à la division réelle ou physique qu'il subit ou peut subir, c'est objet d'observation, c'est affaire d'expérience. Nous y pourrons revenir. Pour le moment, il suffit de dire que la divisibilité, la divisibilité, bien entendu, et non la division, est une propriété qui se conclut nécessairement de la nature de la *corporéité*.

Les qualités nécessaires sont celles sans lesquelles leur sujet n'est pas conçu. On peut, si l'on veut, réduire aux qualités nécessaires les qualités premières. Ce qui est certain, c'est que les qualités nécessaires sont premières.

Après les qualités nécessaires, conditions logiques du corps, viennent celles qui ne sont pas moins générales, mais sans lesquelles le corps peut être conçu. Celles-ci en sont les conditions expérimentales. Elles sont contingentes.

La première des qualités générales des corps, c'est le mouvement; du mouvement se conclut la propriété du mouvement, ou la mobilité. De cette propriété se dérive la possibilité de presque toutes les propriétés physiques de la matière. L'observation semble nous représenter la matière comme un composé d'éléments en mouvement; mais il ne s'ensuit pas en bonne logique que le mouvement soit essentiellement inhérent à la matière. Le mouvement est essentiel au monde, c'est-à-dire à l'ordonnance des corps; mais il ne semble que la condition expérimentale des corps. Nous parlons ici le langage de l'observation ou de l'expérience.

Le mouvement existe; il existe indépendamment de nous. Il n'est point uniquement relatif à notre manière de sentir. Par le mouvement ou à la condition du mouvement, les corps agissent les uns sur les autres, ou du moins changent de relation les uns à l'égard des autres. Il y a donc un mouvement absolu, c'est-à-dire indépendant de notre sensibilité; mais un mouvement absolu, c'est-à-dire indépendant de toute relation, aucune expérience ne le constate.

Toutes ces qualités sont sensibles. Mais le sens qui nous les fait connaître distinctement, est le toucher. Il serait téméraire de dire que la vue ne nous en donnerait aucune idée. Mais cette idée serait moins complète, car la vue ne nous révèle pas le fait de la résistance solide, et serait plus facilement suspecte de ne pas nous donner quelque chose d'absolu. En effet les objets de la vision peuvent sembler des représentations du moi, des affections intérieures, si le toucher ne vient contrôler, ou rectifier et guider les opérations de la vue. Le toucher est le sens dominateur. Le sourd-muet, l'aveugle-né est un homme ; on ne sait ce que serait un être humain à qui le toucher n'aurait pas été donné ; on ne le conçoit pas. Aussi la nature n'a-t-elle pas permis qu'un tel être existât. Nous ne connaissons réellement le monde que parce que le monde est tangible. On peut même ajouter que c'est la tangibilité qui nous donne toutes les sensations ; car tous nos sens ne sont que des touchers particuliers, et nos diverses affections sensibles ne sont provoquées que par de certains contacts entre les objets et nos organes.

Le toucher est donc le sens des qualités premières [1]. La vue le seconde et le complète ; avec le temps même, elle le supplée. On se contente de voir, et l'on se fie à la vue, sans confirmer par le tact ce qu'elle enseigne, car cela prendrait trop de temps, et quelquefois cela serait impossible. Mais jamais la

---

[1] Nous parlons ici le langage de la plupart des psychologistes. Suivant eux, le toucher donne directement la perception de l'étendue, qualité absolue des corps, tandis que le goût ou l'odorat ne donne que des affections relatives à une cause inconnue. (Voyez l'Essai III, p. 205, et surtout M. Royer-Collard, Reid, T. III, p. 428.) Je sais que la prérogative des qualités tactiles a été contestée, et que l'on a voulu mettre sur le même pied toutes les sortes de qualités accusées par toutes les sortes de sensations. C'est la négation de la distinction des qualités secondes et des qualités premières. Mais ceux qui la rejettent ne contestent pas que l'étendue ou la *force impénétrable* ne soit une qualité première, au sens de nécessaire et d'absolue ; ils nient seulement qu'elle soit connue comme telle à titre de qualité tactile, et ne veulent pas qu'elle doive à la sensation sa certitude et sa réalité. L'étendue pure est, suivant eux, conçue indépendamment de la tangibilité. C'est une question de psychologie, plus que d'ontologie. M. Garnier a attaqué d'une manière très-forte la distinction que nous conservons ici sans la défendre, soit dans son Précis de psychologie (liv. I, ch. I, sect. II, §. 3), soit dans son édition de Descartes (T. I, p. cxliii, et T. III, p. iii, et p. 432.)

vue ne remplace absolument le toucher; elle le suppose toujours, et elle est en elle-même, comme les autres sens, une nouvelle forme de toucher.

Ainsi la matière ou l'étendue résistante n'est pas seulement tangible, elle est visible. Est-ce là une nouvelle qualité de la matière? non; c'est plutôt une nouvelle qualité, une nouvelle faculté de la nature humaine. Dire que la matière est visible, c'est, à proprement parler, dire que nous sommes constitués de façon à percevoir par un certain organe les qualités ci-dessus énumérées, avec une autre affection que l'affection occasionnée par le toucher. Sont-ce d'autres qualités? ce sont les mêmes; mais c'est une autre manière de les percevoir. Nous voyons de l'étendue, de la division, de la figure, du mouvement. Toutes ces choses diffèrent-elles de ce qu'elles étaient pour le toucher? Elles ne diffèrent nullement en elles-mêmes. Elles diffèrent en un seul point, en ce qu'elles sont vues et non touchées; c'est nous qui différons et non pas elles. Être vu, en quoi cela consiste-t-il? Pour nous-mêmes, dans la différence de la modification qui nous est propre et que nous appelons vision. Pour les choses ou extérieurement, cela consiste en ce que, bien que ce soit la même étendue, la même figure, etc., il y a un élément nouveau, un seul, la coloration. Elle est le moyen et la condition de la manifestation pour la vue des qualités tangibles.

Or, maintenant la couleur ou coloration est-elle une nouvelle qualité première, la *coloréité* une nouvelle propriété première? Représentons-nous la matière telle qu'elle est, et même munie de tous ses attributs secondaires : nous pouvons la concevoir ainsi avec tous, hors un seul, dans la nuit profonde. En effet, pour que la coloration existe, il faut deux choses, sa cause extérieure et la vue. Si la vue n'existait pas, s'il n'y avait pas d'yeux au monde, la cause extérieure subsisterait seule, c'est-à-dire qu'il existerait une certaine disposition de molécules, ou pour n'emprunter que des expressions de métaphysique, une certaine figure de parties, qui se combinerait avec la lumière d'une certaine façon. Telle est en gros la cause de la couleur ; mais ce n'est point là la couleur ; c'est de la figure et du mouvement, rien de plus. Eh bien, cette cause même de la couleur n'est pas une qualité première, en tant que cause de la couleur ; car elle suppose une condition accidentelle, une donnée contingente, l'existence de la lumière. Or, on peut concevoir le monde sans la lumière ; que le soleil s'éteigne, la matière subsistera complète dans les ténèbres. Quant à cette disposition de parties qui, en admettant le soleil, plus la lumière, plus l'œil, plus la vue, est la visibilité ou la couleur, elle n'est, à proprement parler, que de la figure et de la division. Bien analysée, elle se réduit donc à des qualités premières qui nous sont déjà connues. Pour que le phénomène de la vision s'accomplisse, il faut encore du mouvement. Division, figure, mouvement, impliquent l'étendue solide. Nous n'avons donc point fait un pas hors du cercle que nous avions précédemment tracé.

Ce que nous venons de dire de la visibilité ou de la couleur, on prévoit que nous le dirons à bien plus forte raison du son, de la saveur et de l'odeur. Ce sont là des qualités secondes de la matière, qualités relatives à nous, et dont les causes extérieures prises absolument, se réduiront à de l'étendue, de la division, du mouvement, et n'en différent qu'à raison de nos organes. Les qualités secondes ne sont que certains effets des qualités premières sur certains de nos sens.

Mais avant de développer davantage cette idée, rappelons-nous que nous suivons un ordre plus rationnel que psychologique, et que les révélations expérimentales de nos sens ne doivent venir qu'après les idées nécessaires et leurs inductions logiques. Oublions donc que la matière est sapide et colorée, même qu'elle est palpable, et revenons pour les contempler plus attentivement aux qualités premières que nous lui avons assignées.

L'étendue est cette qualité qui distingue la matière soit de l'être divisible ou l'espace, soit de l'être indivisible ou l'esprit; le mot manque pour la bien désigner, mais quelle que soit l'imperfection du langage, l'étendue est un fait; elle a une existence absolue; elle est même la condition d'existence de la matière. Je n'hésite pas à dire, après Descartes, que pour la perception du moins, elle est l'essence de la matière; car la matière sans l'étendue, c'est la substance, et la substance n'est pas plus spirituelle que matérielle. Au contraire la substance étendue est déjà la matière.

§. III. *Observations et conséquences.*

De la contemplation de ces qualités naissent deux conséquences : l'une importe aux mathématiques, l'autre à la métaphysique.

I. Combinez la matière avec la division, vous avez des corps ou parties de matière. Les corps se divisent à leur tour, et donnent des parties ou de moindres corps. Sans opérer cette division, prenez-la comme possible, concevez-la seulement ; vous vous représenterez la matière comme un tout divisible; un tout divisible est une quantité ou grandeur. Les divisions de l'étendue sont avec elle dans la relation des parties au tout, c'est-à-dire du moindre au plus grand et de la pluralité à l'unité. Chaque division, à son tour, peut être conçue comme un tout divisible en parties, et ainsi de suite à l'infini, de même que dans la réalité tous les corps possèdent toutes les propriétés de la matière. Ils la divisent et se divisent comme elle.

Or, maintenant dire que l'étendue divisée vous donne l'idée du tout divisible, et l'idée de tout divisible le rapport du plus grand au moindre, de l'unité à la pluralité, c'est dire que l'étendue est une quantité ou grandeur; grâce à la divisibilité, elle se compte et se mesure. Et ce que nous disons de l'étendue prise abstraitement, au moyen de la division prise comme possible, nous le disons de la matière qui est l'étendue concrète avec ses divisions réelles. Et ce que nous disons de la matière, nous le disons des corps, ils sont également numérables et mesurables. Ils sont les parties d'un tout, et peuvent à leur tour être considérés comme des touts qui ont chacun des parties, et ainsi le nombre et la mesure s'y appliquent également.

Des parties ou quantités, des portions ou grandeurs, des corps ou divisions sont figurés. L'étendue ne peut être divisible sans être figurable; la division de la matière donne la figure. Ses divisions ne sont pas seulement des parties, mais des figures. Or, les figures sont composées de lignes qui sont les parties de ce tout, et qui ont entre elles des rapports nécessaires, des rapports de quantité ou de grandeur; et comme composées de lignes numérables et mesurables, ce sont des touts qui ont entre eux, comme leurs parties entre elles, des rapports de quantité ou de grandeur. Ces rapports, qui sont constants, sont des propriétés. Ces propriétés sont absolues, mais absolues au sens rigoureux du mot, car elles sont certaines indépendamment de l'existence substantielle des choses figurées. Les corps n'existeraient pas, la matière n'existerait pas, que l'étendue considérée comme possible serait nécessairement supposée divisible et figurable, et présenterait nécessairement toutes les propriétés qu'on pourrait appeler avec les Anglais *quantitatives*.

Mais si nous rentrons dans le monde réel, nous trouvons que la matière effective est une grandeur, et que les matières divisées et figurées sont numérables et mesurables. Le plus et le moins s'appliquent ainsi à la matière, mais la quantité, c'est-à-dire la susceptibilité de plus ou de moins, n'est pas un attribut particulier de la matière, ni de la notion de matière. C'est une idée plus générale que cela, c'est une condition universellement applicable, ou comme on dit, une catégorie. Ce qui est la propriété de la matière, c'est la forme que prend en elle la catégorie de quantité. Cette forme consiste dans les propriétés mathématiques de l'étendue. Qu'ont-elles de particulier? Ce n'est pas qu'on puisse dire que telle étendue est moindre ou plus grande; le plus, le moins en général s'appliquent à tout. Ce n'est pas qu'on puisse compter ses parties; tout se compte, les anges, les esprits, les pensées ; le nombre aussi est général. Mais voici ce qui n'appartient qu'à l'étendue ou à la matière, c'est qu'elle soit plus ou moins grande à raison du nombre de ses parties. Elle se mesure en elle-même par la numération. C'est ce qu'on exprime en disant qu'elle est une quantité extensive.

Remarquons encore que les propriétés de la quantité extensive peuvent être considérées dans l'étendue abstraite, ou dans l'étendue existante ou corporelle. Elles ne se manifestent pas dans le second cas avec la même exactitude avec laquelle elles sont conçues dans le premier ; mais elles n'en sont pas moins absolues en elles-mêmes ; et l'arithmétique a des résultats qui ne sont pas moins rigoureux et moins exacts pour les quantités concrètes que pour les quantités abstraites.

En disant que les propriétés mathématiques que présente la matière, sont absolues, on n'entend point qu'elles soient l'objet d'une intuition directe et immédiate. Le moyen par lequel le calcul s'applique à l'étendue n'est pas quelque chose d'absolu. Quoique les vérités mathématiques soient absolues, la science des mathématiques est relative à la constitution de l'esprit humain. Lorsqu'elle applique aux objets même abstraits de son étude ses moyens d'observation, elle est expérimentale à sa manière. Dans ce qu'on appelle en géométrie les constructions, on doit voir des expériences pensées ; et avant la science proprement dite, l'observation des propriétés mathématiques des corps réels n'est à beaucoup d'égards qu'un acte d'empirisme. Si les corps sont actuellement numérables et mesurables, ce n'est point là une qualité première, mais une relation de leur nature avec nos facultés, comme la sapidité ou la sonoréité est quelque chose de relatif à nos sens. Mais par quelque procédé que nous les connaissions, il est certain qu'à côté des qualités premières, après elles dans l'ordre de la découverte, même de la déduction, à leur rang pour le moins dans l'ordre de la nécessité, nous sommes obligés de placer les propriétés mathématiques. Ce qui est certain, c'est que la matière ne pouvait pas être créée sans les avoir. Elles étaient les lois de la matière possible. Mais comme propriétés constatées, elles ne sont pas indépendantes de l'expérience, et prennent dans l'expérience un caractère mixte, une apparence physico-mathématique, mieux en rapport avec la complexité obscure de la réalité, avec l'imperfection et l'approximation qui sont les conditions de la connaissance pratique.

II. Une seconde conséquence sort de l'examen des qualités premières.

Si l'étendue, plus la division, donne les grandeurs qui sont diverses, chacune est elle-même et non pas l'autre. L'unité et l'identité de chacune rendent seules le mouvement possible. L'unité ou l'identité du corps dans la diversité de l'espace et du temps vous donne le mouvement.

Identité ou diversité sont des noms relatifs, j'en conviens, de faits absolus. Comme pour les propriétés mathématiques, c'est nous, j'en conviens encore, qui concevons les idées d'identité, de diversité; mais ce ne sont pas seulement des abstractions, de pures idées qui n'ont de réalité qu'autant qu'elles nous sont nécessaires. Nul doute qu'indépendamment de nous, les portions divisées ne soient pas les mêmes les unes que les autres, et ne soient hors les unes des autres. Ce fait, qui est celui de la division même, est une conséquence immédiate des qualités premières de la matière. Il existe hors de nous, il n'est ni un produit ni un artifice de l'intelligence. Nous trouvons ici la base de ces propriétés de la matière, que nous pourrions appeler métaphysiques, parce qu'elles ont donné naissance à beaucoup de problèmes métaphysiques. Il est évident qu'on ne peut raisonner sur l'infinité de la matière, sur sa durée limitée ou illimitée, sur la coexistence de ses parties dans un même temps et un même espace, sur l'être et le néant, le vide et le plein, sans avoir bien approfondi comment s'appliquent à la matière les diverses conditions possibles de la catégorie de l'être, et par suite celles qui se rapportent à la relation. Toute relation suppose la pluralité, et la liaison de cause et d'effet est une relation. Toute relation suppose la diversité, et la diversité est impliquée dans le changement. Dans l'expérience, on arrive à ces notions par l'observation du mouvement. Les propriétés métaphysiques, si l'on nous permet de continuer à employer ce terme, se rattachent donc en un certain sens au mouvement, comme les propriétés mathématiques à l'étendue. Seulement ici encore l'ordre de la connaissance n'est pas celui de la nature des choses; car dans la raison, seul miroir à nous donné de la nature des choses, les propriétés métaphysiques, les idées d'identité, d'unité, de diversité, de relation, etc., sont antérieures au mouvement. Mais ce n'est pas la première fois que ce qui est absolu, universel, objectif dans son fondement, est relatif et subjectif dans les recherches de l'analyse, et que la science remonte où la raison pure descendrait. Nous pourrons traiter ailleurs des propriétés métaphysiques.

Au point où nous en sommes, voici le tableau résumé des idées qui entrent dans la notion philosophique de la matière.

La matérialité comprend l'étendue et la solidité, qualités premières nécessaires que donne la perception directe. La divisibilité est une propriété contingente ou expérimentale dont l'idée est dérivée de la division. La division et le mouvement sont des qualités premières contingentes qui constituent la possibilité du corps; et la corporéité comprend l'étendue, la solidité, la figure, qualités premières nécessaires du corps, comme le mouvement en est la qualité première contingente ou expérimentale.

Des qualités premières, il se déduit certains attributs qui sont premiers aussi, en ce sens qu'ils sont inséparables des qualités premières.

1°. Ainsi de l'étendue se déduit cette propriété qu'on pourrait appeler la dimension ou la valeur extensive.

2°. De la divisibilité, soit conçue, soit réelle, en parties, se déduit la propriété que nous appellerons numérique, celle qui fait que le nombre est applicable à la matière.

3°. De la figure, celle qu'on pourrait appeler la propriété géométrique et qui comprend les propriétés absolues des figures.

4°. Du mouvement, la propriété mécanique, celle de laquelle résultent tous les phénomènes mécaniques.

5°. Ces phénomènes supposent des relations entre les parties de la matière, et même une action des unes sur les autres. Diversité, relation, action des corps, tout cela donne une propriété générale qui engendre, qui comprend tous les phénomènes physiques, et qui sera appelée en ce sens propriété *physique*.

6°. A ces propriétés générales il faut en ajouter une spéciale.

Dans la variété singulière des corps, il en est qui jouissent de propriétés physiques que n'expliquent pas, au moins jusqu'ici, les propriétés générales de la matière; ils sont organisés. La matière n'a que la propriété d'être organisable. Encore ne l'est-elle que dans certaines conditions, et ne paraît-elle pas l'être en vertu seulement de ses propriétés générales. L'organisation jusqu'ici n'a pu être rapportée aux propriétés mathématiques ou physiques. Elle le serait même que la vie ne le serait pas. Il y a donc une propriété spéciale qu'on pourrait appeler organique, ou avec M. de Blainville, *biologique;* et la science n'est point parvenue à la déduire des propriétés connues de la matière. Elle paraît supposer la relation de la matière avec un inconnu quelconque. Quoi qu'il en soit, posons que la matière est susceptible de devenir vivante par l'organisation.

Voilà ce que donnent les corps considérés en eux-mêmes ou entre eux. Mais il faut aussi les considérer par rapport à l'homme. De là naîtra un ordre de propriétés que l'on pourrait nommer sensibles ou psychologiques. Ces propriétés ne sont pas absolument nouvelles, ce sont plutôt celles que nous avons déjà vues, mais présentées sous un nouvel aspect, et dans leurs effets sur notre nature; c'est à ce titre surtout qu'on les nomme qualités de la matière.

Parmi les relations que soutiennent les corps, il en est qui les mettent en communication avec les êtres animés et sensibles. Les corps produisent sur certains corps appelés organes, de certains mouvements, et les êtres organisés en sont diversement affectés. On a vu plus haut comment l'étendue se fait connaître par le toucher. Mais bien que percevable par le toucher, et relative à nous par la sensation qu'elle nous cause, l'étendue est quelque chose de soi; en ce sens, elle est absolue; elle est une qualité première. Accessible à la vue, indispensable à la vision, la couleur n'est point cependant une qualité première. Elle est une qualité seconde, mais la première des qualités secondes, comme la vue est après le tact le premier des sens. Il est d'autres qualités qui se rapportent à nos sens; et les corps, mis en présence de nos facultés, vont nous suggérer de nouvelles connaissances.

Ces facultés sont de différentes sortes. Mais la grande et vulgaire division qui les partage est celle des facultés pensantes ou internes et des facultés sensibles ou externes. Nous les appellerons seulement ici, sans prétendre leur donner un nom définitif, l'intelligence et les sens.

La matière existe telle que nous venons de la décrire, indépendamment de l'intelligence et des sens. Mais il est vrai que nous n'arrivons à la connaître ainsi qu'au moyen de l'intelligence agissant elle-même au moyen des sens, et particulièrement du toucher. C'est là une grande vérité psychologique.

Le toucher, suivant les psychologistes, introduit

dans l'intelligence ou plutôt fait apparaître dans l'intelligence les notions fondamentales de la matière, telles que nous venons de les exposer. Entre les objets et nous le toucher jette un pont sur l'abîme. En tant qu'ils sont touchés, les corps prennent le nom d'objets : les objets, témoignés à nous par leurs qualités, sont perçus : l'intelligence, en les sentant étendus au moyen du tact, les tient pour existants : l'étendue est leur mode d'existence. Ce qui existe ainsi, ce qui est étendu, est un être dont l'étendue est la qualité éminente, et qui en tant qu'il supporte des qualités s'appelle substance. Ces notions sont triviales en psychologie.

Mais tandis que la tangibilité est une si riche source de connaissance, la visibilité n'est qu'un supplément qui complète et ne crée pas. Les corps visibles et palpables sont odorants, sapides, sonores; c'est-à-dire qu'à leur occasion et par certains organes, nous éprouvons les sensations de l'ouïe, du goût et de l'odorat : mais le son, la saveur, l'odeur, n'existent ni absolument, ni nécessairement. Les corps n'offriraient pas l'arrangement de parties qui produit en nous les sensations de son, de saveur et d'odeur, qu'ils n'en seraient pas moins des corps; et même avec cet arrangement de parties, l'odeur, le son, la saveur sont liés à l'existence des organes sensitifs, et sans ces organes il y aurait seulement des arrangements de parties, c'est-à-dire essentiellement de l'étendue figurée. Sans doute si vous supprimez l'organe du tact, la tangibilité disparaît, mais l'étendue solide demeure; l'étendue solide est quelque chose, tandis qu'aucun mot n'exprime, aucune notion ne représente ce que c'est que la sapidité sans la saveur, la sonoréité moins le son, l'odorance moins l'odeur : tous ces mots, comme celui de tangibilité, n'ont un sens qu'à condition que l'homme existe. Il n'en est pas de même de l'étendue; elle existerait en l'absence de l'homme. Si vous faites abstraction de l'être animé et sensible, comment concevez-vous le son, l'odeur, la saveur, la couleur même? Les corps inanimés entre eux n'en ont que faire; au lieu qu'ils sont étendus les uns par rapport aux autres; l'un déplace l'autre, le dur perce le mou, le solide traverse le liquide. On ne saurait concevoir que, hors de notre présence, l'étendue et le mouvement ne sortissent pas leur plein et entier effet. Pour les corps inorganiques au contraire, la couleur et l'odeur ne sont rien. Qu'on n'objecte pas que la lumière décompose la couleur; car ce n'est là qu'un phénomène relatif au mouvement et à l'étendue. De même le son agite l'air; cela veut dire que le son résulte pour nos sens de l'agitation de l'air ; en d'autres termes, la commotion des corps sonores, combinaison de mouvement et d'étendue, produit dans l'atmosphère des phénomènes de mouvement et d'étendue. Il est évident que nos sens ne sont que des moyens d'aborder différemment les qualités premières de la matière et d'en être différemment affectés pour notre instruction, notre conservation ou notre bonheur. Mais le toucher seul passe pour nous donner des connaissances absolues, et pour nous révéler directement ces qualités premières. Tous les autres sens supposent bien l'étendue et le mouvement : la vue y ajoute la couleur; l'ouïe, le son; le goût, la saveur; l'odorat, l'odeur; mais le toucher reste le fondement de tous les sens.

Ainsi mise en contact avec les sens, la matière manifeste d'abord ses qualités premières, qualités absolues et indépendantes des sens, puis ses qualités secondes, qualités relatives à nos sens, simples causes de sensation. Celles-ci, bien que très-importantes dans l'ordre physiologique, n'ont qu'une place secondaire dans la classification rationnelle des qualités de la matière.

Par la vue et le toucher, l'intelligence constate toutes les conséquences des qualités premières que nous avons établies *a priori*. Telles sont la divisibilité et la figure.

Et l'une et l'autre lui donnent tous ces points de vue sous lesquels apparaissent les objets. Par la division et la figure, ils sont uns et divers, et c'est ainsi qu'ils sont comparables; c'est ainsi qu'ils se comptent et se mesurent : de là les sciences mathématiques. Par la division, la figure et le mouvement, ils sont les uns à l'égard des autres dans de certains rapports, et dans de certains rapports d'action les uns sur les autres : de là les sciences physiques.

L'énumération des propriétés que ce double mode d'observation, l'observation physique et l'observation mathématique, découvre, nous mènerait trop loin; il suffit d'en avoir montré la source.

Mais sans suivre toutes les découvertes que constate l'observation externe, sans rechercher les phénomènes dans l'ordre de la perception, pour en faire l'énumération suivant la méthode psychologique, nous devons poser encore quelques conséquences qui naissent des qualités fondamentales que nous avons attribuées à la matière.

Les qualités, autres que les qualités premières, peuvent se diviser en deux classes : l'une comprend les qualités secondes proprement dites, les qualités secondes des auteurs ; l'autre se compose de ces propriétés expérimentales, qui sont les conséquences des qualités premières et les différentes formes sous lesquelles elles se produisent.

C'est au moyen des sens que l'intelligence les découvre : mais elle ne pourrait les systématiser, pas même les concevoir et les constater, si elle ne les combinait à l'aide d'autres notions qui lui sont propres, et dont l'observation externe lui suggère l'application.

Les deux principales de ces notions se concluent des deux principales des qualités premières.

Lorsque vous percevez l'étendue réelle, vous concluez invinciblement que quelque chose existe qui est étendu. C'est un jugement naturel par lequel vous attribuez l'étendue à une substance. Là est le gage de la réalité extérieure. Le monde visible n'est point un spectre ; il n'y a point de spectre ; ce qui paraît est.

Lorsque vous percevez le mouvement, vous lui supposez une cause. C'est encore là une conclusion involontaire, un jugement naturel. L'ordre du monde extérieur le veut ainsi. Le monde ne serait pour nous qu'une sensation stérile, sans la notion de cause et d'effet. La cause du mouvement nous l'appelons force. La force est le nom de la cause de tous les phénomènes d'action du monde physique.

Substantialité et causalité sont deux notions fondamentales qui vous donnent la substance de l'étendue et la cause du mouvement ; la substance de l'étendue ou la matière, la cause du mouvement ou la force.

Mais nous devons remarquer que malgré des noms spéciaux, la substance et la force n'appartiennent pas spécialement à la matière. Ce sont, pour ainsi parler, des attributs de l'être. Elles sont donc au-dessus des qualités premières; elles sont au rang des catégories des anciens.

La substance de la matière est la matière en tant qu'existante. Elle est une, sous des qualités différentes. De là l'unité [1]. Elle est une en des temps divers; elle dure. L'unité qui dure, c'est l'identité. L'identité en des temps et en des lieux divers se manifeste par le mouvement. La division donne la pluralité et la diversité.

Dans la matière, la cause prend le nom de force. Ses effets sont des changements, des mouvements. La relation est de deux sortes : la relation d'un objet à un autre, sans action de l'un sur l'autre, est une catégorie qui ne suppose que l'être; comme la qualité une catégorie qui suppose la substance. La relation avec action d'un objet à l'autre est une catégorie qui relève de la cause, et elle ne se manifeste, ne se réalise dans l'ordre matériel que sous la forme du mouvement.

Unité et pluralité, identité et diversité, tout et partie, relation d'action et de passion, sont des notions voisines de la substance et de la cause. On peut dire que ces notions en sont les conséquences prochaines. Dans leur application à la matière, elles la rendent en quelque sorte intelligible, et nous

[1] L'unité de nature ou d'essence, et non pas l'unité absolue ou simple qui ne peut appartenir qu'à ce qui est sans parties.

mettent à même d'en porter tous les jugements qui forment le tissu des sciences physiques.

On conçoit au reste que nous ne donnons pas cette étude pour complète; car elle appartient plutôt à la science de l'être qu'à celle de la matière, et nous ne tentons pas l'entreprise périlleuse de dresser la table des catégories. Celles-ci, sous le nom d'attributs ou conditions de l'être, précèderaient le tableau que doit offrir cet Essai.

Ce tableau, tel que nous venons d'en présenter les éléments, contiendrait donc, ainsi qu'on vient de le voir, dans l'ordre scientifique ou déductif :

1°. Qualités premières de la matière tant nécessaires que contingentes.

2°. Propriétés générales (en elles-mêmes), savoir : mathématiques, mécaniques, physiques.

3°. Propriété spéciale (organique).

4°. Propriétés générales (par rapport à l'homme), qualités sensibles.

5°. Propriétés rationnelles ou catégoriques. Celles-ci, quoique nous les placions les dernières, parce que la raison ne les découvre que par la réflexion, sont telles qu'elle les reconnaît pour des conditions supérieures, pour des lois essentielles de tout ce qu'elle a précédemment observé ou déduit; et fermant le cercle de la connaissance, elles nous font retourner aux catégories qui sont censées, ainsi que nous l'avons vu, précéder même le premier article du présent tableau.

Telle est dans son ensemble la notion de la matière; mais c'est la notion des philosophes qui cherchent dans l'intelligence humaine ce que sont les objets extérieurs par rapport à l'intelligence humaine. Les philosophes, qui prétendent établir jusqu'à un certain point ce que sont les choses absolument, c'est-à-dire ceux qui font de la métaphysique proprement dite, ne se contenteraient pas de cette notion ; ils la trouveraient encore trop idéologique ou trop psychologique. C'est ce qui nous reste à examiner.

IV.

DE LA NOTION DE LA MATIÈRE,

SUIVANT LA PHYSIQUE RATIONNELLE.

§. I. Réalité de la matière.

Nous avons souvent remarqué que, chez les modernes, toute métaphysique est psychologique, c'est-à-dire que toute science des choses procède par la recherche et l'exposition de la manière dont nous apprenons et concevons les choses, et bien souvent ne va pas plus loin. Il y a, en effet, une difficulté très-grande, et qui semble insurmontable, à conclure de ce que nous pensons à ce qui est. Par l'étude de ce qui pense, on arrive bien à connaître ce qui est pensé, mais comment connaître ce à quoi l'on pense? Il semble que la science ainsi faite soit enfermée entre les quatre murs de l'intelligence humaine, et que le moi lui serve de prison. Toujours fixée, toujours concentrée sur nos opérations intérieures, il semble qu'elle ne puisse en sortir et ne doive jamais atteindre qu'elles, en poursuivant les réalités. Ainsi, l'homme, en croyant observer le monde, ne découvrirait que lui-même.

Cette limitation de nos connaissances, cette réduction de la science à la personnalité, cette impuissance de passer du dedans au dehors, a été, chose étrange! présentée comme le triomphe de la philosophie. Depuis qu'il l'a clairement établie, l'esprit humain a été si charmé de sa découverte, qu'il s'en est vanté. Il a proclamé avec complaisance que c'était une loi nécessaire, et il a taxé de préjugé grossier ou de rêverie fantastique toute tentative de rien affirmer au delà de nos impressions, de nos sensations, de nos idées, ou pour parler plus rigoureusement, de nos phénomènes intérieurs et personnels. Pendant un temps, les philosophes ont semblé n'avoir d'autre ambition que de restreindre de plus en plus la portée de nos connaissances, que d'amincir davantage la feuille impalpable et fragile à laquelle ils en avaient ainsi réduit toute la réalité. Nous nous sommes proposé de montrer toutes les conséquences de cette tendance déplorable à constituer le scepticisme universel, sous prétexte de consolider la seule véritable science; et nous avons combattu sous leurs diverses apparences les doctrines qui reviennent à ce résultat presque entièrement négatif; mais, par malheur, il faut convenir que toute la philosophie moderne conduit là au moins par sa forme et par son langage. Quelque opinion qu'elle professe sur le fond de la question, elle est condamnée à des méthodes, à des expressions qui transforment ses connaissances en études sur les opérations de la pensée; et quand nous-même nous n'avons pas répudié pour elle le titre de science de l'esprit humain, n'aurions-nous pas implicitement accordé qu'elle était comme étrangère à la connaissance de la réalité des choses? Il est très-difficile d'éviter cet écueil, et la préférence légitime, la nécessité inévitable qui nous attache à la méthode psychologique, entraîne aujourd'hui les plus dogmatiques à prêter des armes aux objections du doute et aux soupçons de l'idéalisme.

La matière est de toutes les choses du monde celle dont il semblerait qu'il fût le plus difficile de parler sans lui attribuer une réalité substantielle, et cependant, qu'on y regarde bien, depuis que nous en traitons, avons-nous fait autre chose qu'en analyser l'idée, que rechercher comment cette idée s'acquiert et se compose? Or, le travail sur une idée n'est qu'un travail sur un phénomène de l'intelligence, et il serait aisé de montrer dans les propositions ordinaires auxquelles la matière donne naissance, de simples affirmations idéologiques qui, sévèrement discutées, n'enseigneraient que ce que nous faisons et non ce qu'elle est. Les faits que la réflexion démêle dans la conscience sont-ils autre chose que les images fugitives de la caverne fameuse de Platon?

Il est à propos de faire voir, à l'occasion de la matière, comment procède en général l'esprit philosophique, et en exposant l'insuffisance des vérités auxquelles il conduit par ses procédés ordinaires d'analyse, d'établir la nécessité d'entreprendre davantage et peut-être les moyens d'y réussir. C'est à ces conditions seulement qu'est possible ce qu'on peut appeler, soit la métaphysique de la physique, soit la physique rationnelle ou théorétique.

Recherchons à peu près toutes les propositions auxquelles ces procédés peuvent conduire au sujet de la matière. Ils vous apprendront, par exemple, que la matière est une impression — une sensation — un phénomène — un objet — une induction —

une idée. Au fait, qu'est-ce que tout cela nous apprend de la matière elle-même?

Le mouvement volontaire éprouve une résistance. Le toucher montre également quelque chose qu'on appelle aussi une résistance, ou plutôt, c'est cela même, c'est cette affection qu'on nomme le toucher. La vue est une autre affection qui se résout dans une sensation de l'étendue, sensation dont nous identifions naturellement la cause avec celle du toucher. La sensation d'étendue résistante et visible, voilà au vrai toute la matière. Nous n'en savons que cela de certain, parce que nous ne savons rien de certain que ce que nous sentons. La matière est donc une impression ou une sensation. Un sensualiste ou un idéologue conséquent n'en peut dire davantage.

Cependant les psychologistes ajoutent quelque chose. L'objet de la sensation, la cause de l'impression nous apparaît comme du dehors. Une apparition en grec est un phénomène. La matière est un phénomène.

Des sensations qui nous sont données nous induisons un objet extérieur et correspondant, ou si l'on veut, dans ces sensations, nous entrevoyons un objet, nous percevons un quelque chose, étendu, coloré, visible, palpable, dont nous induisons l'existence. Ainsi l'on peut dire que la matière est une perception ou une induction.

Cette perception, cette induction, ce phénomène, on vient de l'appeler objet de la sensation. Objet est-il un mot qui signifie phénomène ou réalité? Il signifie l'un et l'autre, suivant les doctrines. Si l'objet des sensations est considéré comme le support des qualités, comme la cause des impressions, il arrive peu à peu à l'existence. Il est quelque chose. Or, à la suite de la perception, de l'induction, nous concevons l'objet comme quelque chose d'existant au dehors; nous nous en faisons l'idée. Ainsi, la matière est une conception; la matière est une idée.

Jusqu'ici, rien de certain cependant, rien de positif sur la nature, même sur l'existence de la matière. Nous ne venons encore que d'exposer ce que nous sentons, ce que nous percevons, ce que nous concevons; qu'est-ce que tout cela? des opérations qui nous sont propres, des phénomènes personnels, rien que du moi; nos expressions n'ont guère été au delà.

Remarquez-le cependant, c'est à mesure que nous nous sommes élevé au-dessus de la simple sensation que nous nous sommes approché davantage de quelque chose qui ressemble à de la réalité. La matière prise comme idée est plus près d'exister que la matière prise comme sensation. C'est une observation à laquelle nous demandons qu'on mette quelque prix: la raison conduit plus directement à la réalité que la sensibilité. Ce n'est pas tout à fait de même dans la vie commune et pratique. Nous croyons à tout ce que nous sentons, nous nous fions à nos organes; sentir et concevoir, percevoir et croire, tout cela s'accomplit simultanément, confusément, en nous; l'homme n'entre pas aisément en doute sur le témoignage de ses facultés, et un dogmatisme involontaire est le guide et l'appui de l'existence humaine. Mais aussitôt que l'on décompose nos phénomènes internes, dès qu'on analyse nos opérations, on affaiblit forcément la foi qu'elles obtiennent prises en masse, on les infirme en les isolant, et dans l'analyse radicale des éléments de l'être intellectuel et sensible, il s'évapore toujours quelque chose, il y a toujours une perte, jamais l'homme décomposé ne pèse autant que l'homme à l'état natif. Du moins la psychologie, qui est l'analyse de cette chimie, paraît-elle incapable de retrouver dans le creuset, après l'opération, tout ce qu'elle y a mis avant de la commencer. A mieux connaître comment nous savons, nous parvenons à savoir moins, et la connaissance perd quelquefois en valeur et en quantité ce qu'elle gagne en ordre et en méthode; c'est là l'inconvénient notoire des analyses psychologiques. Mais je pense, et ces Essais ont souvent eu pour but de prouver que c'est encore plus la faute des savants que de la science. Une analyse plus exacte, plus profonde, plus complète, peut réparer le mal en partie, et restaurer ce qu'aurait détruit une analyse subtile et superficielle à la fois. La psychologie, lorsqu'elle ne se borne pas à étudier des sensations, à en dériver des idées, trouve dans son propre sein des données assez fécondes pour ne pas réduire la science à la contemplation stérile d'une décoration vaine qu'on appellerait le monde, et qui n'en serait que le simulacre; et la connaissance revient ainsi scientifiquement à une foi presque aussi solide, presque aussi large, que celle qui naît de l'usage instinctif et pratique de nos facultés. Ainsi donc, trois degrés dans la connaissance. Croyance du sens commun, et réalité de tout ce qui s'aperçoit et se conclut; c'est le premier degré. Examen méthodique, analyse réfléchie et concentration de la connaissance dans le moi et ses phénomènes; c'est le second degré. Enfin, connaissance approfondie de la raison humaine et foi dans ses éléments comme dans les choses mêmes qu'elle représente ; c'est le troisième degré.

Pour revenir à la matière, si nous l'avons vue plus haut se réduire à une impression ou à un jugement, tomber à l'état d'un besoin subjectif de la pensée, il résultait des principes établis d'avance dans cet ouvrage que cette impression, ce jugement, cette idée, comme on voudra l'appeler, suppose nécessairement l'existence d'une cause ou d'un objet, et lorsque la simple nécessité du langage a forcé de la nommer *un je ne sais quoi*, *un quelque chose*, qui soutient toutes les qualités, la matière a été par là même posée comme existant substantiellement. La perception de l'objet est une relation qui atteste et implique un absolu. Cause ou substance, la matière existe ; elle existe autrement qu'à titre d'opération subjective ; et si quelqu'un attaque cette existence sur ce fondement que nous seuls en déposons, il oublie que l'esprit humain étant un moyen de connaissance, doit par sa nature trouver en soi ce qui n'est pas lui. S'il y a au monde telle chose qu'une intelligence, ce doit être sa condition que d'atteindre par elle-même ce qui lui est étranger. Qu'est-ce, je le demande, qu'une intelligence, raison, ou connaissance, si ce n'est une puissance d'être en quelque manière où l'on n'est pas, de sortir de soi, de s'initier aux choses, et de se servir à soi-même de garant ? Pour le philosophe qui a bien conçu cette idée, il est évident qu'à moins de se jeter dans le pyrrhonisme absolu, c'est-à-dire dans l'idiotisme, il faut croire aux réalités, et que la matière est en effet ce quelque chose que manifestent les qualités sensibles, que supposent nos sensations naturelles. La matière est l'être accessible aux sens.

Nous voulons aller plus loin. Ce qui vient d'être dit serait déjà un embarras pour le scepticisme. Mais nous prétendons donner une autorité plus grande encore à l'existence de la matière. Établie déjà comme une conséquence nécessaire de la perception, elle peut recevoir pour ainsi dire l'institution rationnelle, et s'élever d'une existence de fait à une existence de droit.

En effet qu'avons-nous dit jusqu'ici? Pour que nous ayons des sensations, il faut bien qu'il y ait un objet extérieur; pour supporter des qualités percevables, il faut bien une substance; pour que nous apercevions quelque chose hors de nous, il faut bien quelque chose. A mon avis, la preuve est bonne; elle suffit pour la certitude; mais enfin elle paraît toute psychologique; c'est une induction du moi. Elle est enveloppée dans toute notre connaissance du monde extérieur; elle la fonde en fait; elle est l'origine expérimentale et le garant légitime de tout ce que nous savons et croyons de la nature sensible. Mais on peut aller au delà, et en dehors de toute expérience, trouver par la raison une conception plus absolue de l'existence, et même de la constitution de la matière; et je vais essayer de la développer, pour qu'elle serve d'abord à la physique rationnelle, et plus tard à la métaphysique.

Admettons avec les Écossais qu'un jugement nécessaire attaché à la sensation nous donne la foi dans une substance étendue; admettons que dans la pratique, la perception engendre ainsi la croyance à la matière. N'est-il pas vrai aussi que ce jugement, cette perception trouve la raison disposée de façon à concevoir l'existence de la matière comme absolue, comme indépendante de toute opération ou de toute affection humaine, de telle sorte que pour la raison ce ne soit plus la sensation qui révèle la matière, mais la matière qui motive la sensation? Très-certainement l'idée de quelque chose d'existant domine promptement en nous la perception des phénomènes, et le monde extérieur est pensé plus souvent et plus naturellement comme la cause que comme la conséquence de la sensation. La raison est prompte à rétablir l'ordre ontologique et à le faire prévaloir sur l'ordre psychologique.

L'espace est certainement nécessaire. En effet, qu'y aurait-il s'il n'y avait de l'espace? qu'y aurait-il à la place de l'espace? rien; et qu'est-ce que rien? l'espace vide, c'est-à-dire l'espace seul. Cherchez, pensez, anéantissez le ciel et la terre, l'homme et Dieu même, l'espace subsiste encore. Si tout était né une fois, il aurait précédé la naissance de tout; il est le contenant de la création; il rend seul la création possible, si d'ailleurs elle est possible : il lui est aussi nécessaire que le créateur. Ce n'est pourtant aucune sensation, aucune perception qui nous apprend cela. Maintenant, l'espace est-il, peut-il être absolument vide? Si l'espace existe, ne contient-il rien, c'est-à-dire est-il tout à la fois quelque chose et rien? est-il une contradiction qui allie l'existence et le néant? En fait, point d'espace sans quelque chose dedans. Du moment qu'il y a quelque chose, l'espace n'a jamais pu être absolument vide. Si toutes les choses qui le remplissent étaient anéanties, où iraient-elles? L'anéantissement est impossible. Si elles ont commencé d'exister, où étaient-elles auparavant en substance? La création absolue, j'entends par là le passage du néant universel à la substance, est impossible. L'espace est éternel et quelque chose existe; donc quelque chose est éternel en lui ou avec lui. L'espace contient forcément ou le monde ou les éléments du monde. Le genre humain ne s'est pas trompé, il ne peut y avoir qu'une de ces deux choses, un univers ou un chaos. Univers ou chaos, éléments confus ou éléments ordonnés, le contenu de l'espace, enfin, se réduit à des choses qui remplissent, qui parcourent, qui habitent l'espace. La substance dans l'espace, quel nom lui donner?

L'espace existe, l'espace est nécessaire, il y a quelque chose dans l'espace; l'espace sans quelque chose serait comme rien. Maintenant, ce quelque chose est-il l'esprit pur? non, c'est quelque chose d'étendu. La raison n'admet pas l'espace vide de toute chose propre à en occuper diverses parties : or, occuper diverses parties de l'espace, c'est être étendu; et quelque chose, monde ou chaos, d'étendu dans l'espace, c'est la matière. L'espace rigoureusement immatériel n'est donc qu'une abstraction de l'esprit. De par la raison, la perception une fois donnée, l'espace contenant quelque chose est une pensée nécessaire. Il ne s'est pas dans le temps rencontré un moment où il n'y eût l'espace, et quelque chose dans l'espace. L'intelligence et la sensibilité n'existeraient pas, que nous pensons que cela serait ainsi. Point de néant; les éléments de la matière pour le moins, sont nécessaires.

J'insiste. N'est-ce pas que le néant devenant substance, l'espace devenant matière, répugne? Pensez-y, la raison veut la réalité absolue des données constituantes du monde. Je n'examine pas si la raison a autorité pour statuer sur ce point ; je dis que la raison prononce que le néant dans l'espace est une conception impossible à réaliser. Ou il n'y a pas d'espace, ce qui est impossible, ou s'il y a de l'espace, il doit y avoir quelque chose dedans : or, quelque chose qui occupe l'espace, c'est quelque chose d'étendu ; une étendue réelle ou une réalité étendue, c'est la matière. Le monde peut n'être pas nécessaire, mais la matière du monde est nécessaire. Quiconque croit sur la foi des sens à l'existence des choses extérieures, quiconque oppose l'autorité des facultés aux arguties de l'idéalisme, est obligé de croire cela. Une fois en possession des notions fondamentales de l'existence de la nature sensible, nous connaissons, nous affirmons *a priori*, pour ainsi dire, que la réalité étendue, que la matière existe absolument : ce n'est plus la perception qui dit cela, c'est la raison. Ce n'est plus là une connaissance expérimentale, purement psychologique, c'est une conséquence rationnelle, une affirmation métaphysique, un axiome ontologique. C'est un des principes supérieurs de la philosophie de la physique, et il n'est pas plus permis de douter de l'existence de la matière que de l'impression qu'elle produit sur nos sens. Non-seulement nous croyons forcément à son existence, mais nous ne concevons pas qu'elle puisse naître, ni qu'elle puisse périr. Je prie qu'on fasse attention à cette distinction. Je ne dis pas que sans nos facultés l'existence du monde serait certaine pour nous ; je ne raisonne pas avec ceux qui récusent nos facultés. Je dis seulement, qu'une fois la sensation accomplie, une fois, si l'on veut, le jugement de la perception porté, si l'on réfléchit sur l'espace, sur l'étendue, sur la matière, sur le monde, ce n'est plus la sensibilité organique ou spirituelle, c'est la raison qui nous confirme et nous atteste leur existence. Ce n'est plus à nos facultés de relation, à nos facultés perceptives, objet ordinaire des recherches idéologiques et même psychologiques, que nous empruntons la certitude de ces choses, c'est à nos facultés absolues, c'est à la raison pure qui est en nous, qui communique avec la réalité par la sensibilité organique et inorganique, mais qui lui est supérieure, et qui n'a d'humain que le fait d'être enfermée dans le moi, et par cela même imparfaite et limitée. Voilà tout ce que je dis. Ma prétention n'est pas que l'homme sache rien autrement que par lui-même ; mais qu'il sait quelque chose de plus que les inductions immédiates de la sensibilité, et qu'il s'élève à des connaissances rationnelles, connaissances que le scepticisme peut attaquer en elles-mêmes, s'il veut, mais qu'il a tort de réduire à de simples perceptions. La raison peut être comparée à un flambeau qui communique avec le dehors par une chaîne électrique. C'est la chaîne qui allume, mais c'est le flambeau qui éclaire.

§. II. Constitution de la matière.

La matière existe donc, mais suivant qu'on l'envisage comme supportant de certaines qualités ou engendrant de certains effets, on l'appelle substance ou cause. Le phénomène le plus apparent de la matière, c'est l'étendue ; la substance étendue a toujours passé pour une bonne définition de la matière.

Il faut cependant se rendre un certain compte de ces expressions. Substance, c'est l'être en soi; étendue, c'est ce mode de l'être qui le rend accessible aux sens. Mais la nature de la substance, la nature de l'étendue, voilà des mystères impénétrables. Si cependant nous ne voyons dans la matière que cette propriété éminente d'être accessible aux sens, on peut la considérer comme agissant à la manière d'une force. La résistance du solide peut être représentée comme une force qui agit au contact. Même en physique, la solidité, la consistance des corps n'est concevable qu'à la condition d'une force de cohésion. La matière, en tant qu'accessible aux sens, pourrait donc être ramenée à une force qui agirait au contact sur la matière organisée, et l'affecterait diversement. Cette force serait une force de résistance. Or une force de résistance est une force qui agit du dedans au dehors, du centre à la circonférence. Une force qui agit ainsi est une force répulsive, une force d'extension ou d'expansion. L'impénétrabilité de la matière peut-elle être conçue autrement que comme l'effet d'une force extensive? C'est en vertu de l'impénétrabilité que la matière remplit l'espace; or, remplir l'espace, c'est s'étendre dans l'espace. L'étendue n'est que le résultat de l'extension dans l'espace. Or, même en concevant, ainsi qu'il le faut faire, l'espace comme infiniment pénétrable, comme absolument dénué de résistance, l'extension de la matière suppose une force extensive. Ce qui le prouve, c'est que tout corps résiste à toute force impulsive qui tend à le déplacer. Il y résiste plus ou moins, suivant sa constitution; il est plus ou moins compressible. Cette résistance, cette réaction contre un mouvement impulsif suppose un mouvement contraire et une force opposée. Qu'on y pense bien, cette force est nécessaire à l'existence de la matière, celle-ci ne peut remplir l'espace par sa seule existence. Remplir l'espace, encore une fois, c'est résister à tout mobile qui tendrait à entrer dans le même espace. Remplir l'espace, c'est donc réagir. Le repos exige donc l'existence d'une force, et le mouvement expansif est nécessaire à l'immobilité même. Ainsi de la résistance sensible, c'est-à-dire de la solidité percevable, nous pouvons conclure l'existence d'une force, et cette force, la présence actuelle de la matière, sa solidité en soi la suppose également. Elle ne serait pas impénétrable, c'est-à-dire qu'elle ne serait pas la matière, si elle n'était pourvue d'une force qui l'établit dans l'espace. On voit donc qu'à parler rationnellement, la matière n'est pas inerte; si elle l'était dans toute la rigueur du terme, elle pourrait être comprimée au point de n'occuper aucun espace, c'est-à-dire au point de s'anéantir matériellement. Or, puisqu'elle ne peut jamais en être réduite là, puisqu'elle résiste jusqu'à un certain point à toute force si grande qu'on la suppose, puisqu'en lui résistant elle l'absorbe, et que nous ne concevons la force absorbée que par une autre force, le mouvement détruit que par un autre mouvement, il suit que la force répulsive est inhérente à la constitution de la matière; et qu'en tant que percevable et impénétrable, la matière pourrait même être conçue réduite à cette seule force.

On répugnera sans doute à admettre cette force en exercice dans la matière immobile, dans la matière inerte. Il suffit cependant d'un changement très-simple dans l'état des corps, pour en faire reconnaître aisément une conséquence ou une analogie. Un corps à l'état gazeux est matière inerte, tout aussi bien qu'un corps à l'état solide. Et pourtant quand l'eau vaporisée remplit la capacité d'un récipient quelconque, on conçoit facilement que la tension de la vapeur, que la pression qu'elle exerce sur les parois du vase est l'effet d'une force expansive. C'est en vertu de cette force qu'elle occupe la capacité où elle est contenue. Son extension, sa présence dans cet espace circonscrit est, tout le monde en convient, un effort de cette vertu constitutive de la vapeur ou du gaz. Pourquoi ne pas concevoir le même phénomène et une cause analogue dans l'eau congelée qui occupe un certain espace au sein d'un milieu quelconque, dans le solide qui par ses surfaces résiste à l'air, le déplace, ou lutte contre la pression d'un corps poussé contre elles? Évidemment ce sont des phénomènes jusqu'à certain point comparables, ils peuvent être conçus de la même manière. Gaz ou métal, fluide ou solide, ne s'étendent dans l'espace que par leur force interne, et la chaleur elle-même qui les dilate n'est probablement qu'une cause qui accroît l'intensité de cet effort de la force expansive, ou qui accroît cette force même. Les physiciens l'ont reconnue, lorsqu'ils ont parlé de la force répulsive du calorique. Il est même possible, quoique je ne l'affirme pas, que la chaleur latente, la force expansive, l'extension des corps dans l'espace, appartiennent au même ordre de phénomènes, et ne soient que des manifestations diverses d'une même cause. Mais quoi qu'il en soit, la dilatation des corps peut nous servir à supposer comment se passent les choses dans l'extension de la matière. La dilatation ne diffère de l'extension constante que du plus au moins. L'extension dans l'espace, ce qu'on appelle l'impénétrabilité, peut n'être qu'une dilatation, un *minimum* ou une moyenne de dilatation, si l'on veut ; en lui-même, l'un des phénomènes ne diffère pas de l'autre, et l'un pas plus que l'autre ne peut se concevoir hors de l'hypothèse d'une force, qui manifeste la matière en étendue, ou dans une quantité variable d'espace.

Mais le même raisonnement prouve l'existence d'une autre force qui circonscrive la première. Si aucune force motrice ne réagissait contre la force répulsive, celle-ci, purement expansive, s'étendrait sans limite. La matière se raréfierait infiniment, elle s'éparpillerait sans terme dans l'espace, elle n'occuperait plus aucun espace déterminé. Toute matière a donc besoin d'une force contraire à la force expansive, d'une force comprimante. Cette force, qui agit en sens inverse de la force répulsive, est une force qui tend de la circonférence au centre, d'un seul mot, une force attractive. Cette force, qui diminue la force d'extension, fait seule que la matière occupe des parties déterminées de l'espace. Elle retient dans le même corps l'action de la force expansive ; elle résiste à la dissémination des éléments matériels. Toutes les parties de la matière semblent donc douées à la fois de deux forces contraires qui s'opposent l'une à l'autre jusqu'au point où elles se font équilibre. Toutes deux sont nécessaires, toutes deux sont des éléments essentiels de la matière et en constituent la possibilité. L'une, la force de répulsion, se manifeste plus directement aux sens, mais l'autre ne se conclut pas moins invinciblement par voie de raisonnement. Sans l'une et l'autre, l'espace serait tout à fait vide ; car sans la force répulsive, la matière irait toujours se condensant, toujours diminuant, jusqu'à disparition absolue, puisque nous ne concevons l'exertion d'une force arrêtée que par une autre. Par la même raison, sans la force attractive, la matière irait toujours se divisant, s'atténuant à l'infini, jusqu'à évaporation absolue, jusqu'à total anéantissement.

On remarquera que nous arrivons ainsi par voie de réflexion à des forces primitives qui semblent l'origine de la cohésion et de l'attraction des physiciens ; et si en général ils ont vu moins clairement l'existence de la force d'extension, cependant l'élasticité de la matière, son expansibilité qui résulte de l'agrégation de ses parties, son incompressibilité au delà de certaines limites, tous ces phénomènes observés, décrits, mesurés par eux, supposent formellement la force dont ils n'ont pas toujours prononcé le nom. Le système du monde newtonien admet lui-même deux forces, la force de projection et la force centrale, qui ne semblent également que de nouveaux aspects, que de nouvelles manifestations des deux forces indispensables à la constitution élémentaire de la matière. Ainsi les corps distincts, pris comme des touts, seraient eux-mêmes pourvus en masse de ces deux forces constitutives. Ils seraient comme les molécules du corps universel, comme les parties d'un grand tout, lancées par une force extensive, retenues par une force attractive, de la même manière que les particules élémentaires de la matière, que les atomes physiques du moindre solide ; et les mêmes propriétés seraient les données fondamentales de l'existence de la matière en général et de son ordonnance cosmologique. L'identité de ces lois expérimentales et scientifiques du monde avec les conditions rationnelles de la matière ne serait sans doute pas l'effet du hasard, et je soupçonne qu'on trouverait dans les vérités fondamentales de la physique plus de lois nécessaires qu'on ne croit.

Qui sait si l'on ne pourrait conclure de là que rien n'oblige d'admettre, pour produire l'étendue, autre chose que la force, et qu'une substance douée de cette double force que nous venons d'expliquer, produirait les phénomènes principaux de la matière, à savoir la présence actuelle dans l'espace, l'impénétrabilité fondamentale, l'opposition sensible aux organes ? Ainsi les idées de substance et de force suffiraient à la constitution de la matière ; l'étendue pourrait n'être que le nom de l'effet de la force, qu'un mode d'apparition de la matière relatif aux sens. La cause de l'étendue, sa nature, du moins autant que nous pouvons la pénétrer, serait la force ; et ceci conduirait à identifier la substance et la cause. L'être réel ne serait alors essentiellement pour la physique que la force, et la force matérielle ne serait que la force rendue accessible aux sens. Il n'y a rien dans les phénomènes rappelés jusqu'ici, soit de l'esprit, soit du corps, qui paraisse incompatible avec cette théorie de la matière. Qu'on y réfléchisse, pourquoi la réalité substantielle ne se produirait-elle point par les forces motrices, aussi bien que par les qualités inertes de l'étendue et de l'impénétrabilité ?

Une conséquence plus certaine, c'est que la matière est essentiellement mobile, et que c'est par abstraction seulement qu'on suppose que le mouvement ne lui appartient pas nécessairement. Sans le mouvement, ou plutôt sans la force, cause du mouvement, il n'est pas évident que l'existence actuelle de la matière fût possible, et peut-être qu'au lieu de dire : la matière est quelque chose d'étendu, on ferait mieux de dire : la matière est quelque chose de mobile qui occupe l'espace, mais qui l'occupe en parties déterminées, c'est-à-dire s'y étend et s'y limite, et par conséquent résiste plus ou moins à tout autre mobile, aussi bien qu'aux organes, et affecte ainsi les sens. Or la cause de pareils phénomènes peut n'être autre chose qu'une force ; et comme la force se manifeste, comme elle existe, elle peut n'être pas séparable de la substance ; elle peut même n'en pas différer et se confondre avec elle. En d'autres termes, dans la physique rationnelle, étendue et mouvement pourraient être des faces diverses de la même chose, des modes divers de notre sensibilité, des vues diverses de notre esprit ; et de même impénétrabilité et force, et de même substance et cause. La matérialité ne serait que la force aux effets sensibles.

L'habitude inspirera la crainte que cette hypothèse n'ôte à la matière de sa réalité et ne tende à l'idéalisme. Mais d'abord la force, la cause est aussi réelle que quoi que ce soit au monde ; ses phénomènes sont aussi appréciables que les qualités ordinaires de la substance. La sensation de l'étendue, si elle était produite par l'exertion d'une force, ne perdrait rien de sa valeur. L'extérieur n'en subsisterait pas moins, et la solidité ne s'évanouirait pas. L'être serait à la fois substance et cause, ou, mieux, toute substance serait cause, toute cause substance ; l'esprit seul les distinguerait, par défaut de pénétration plus que par besoin d'exactitude. La matière ne cesserait pas d'être étendue, solide, impénétrable ; ce quelque chose, étendu, solide, impénétrable, resterait en possession d'une réalité absolue ; mais seulement il serait convenu que la distinction de l'étendue et de la force, de la substance et de la cause, nécessaire à notre esprit, légitime comme moyen de connaissance, ne va pas au fond des choses, ne se réalise pas ontologiquement, et n'a qu'une vérité approchée et secondaire.

Une comparaison assez imparfaite donnera quelque idée de la manière dont la force dans ce système produirait le phénomène de l'étendue. Quand vous éprouvez une commotion électrique, vous êtes frappé. La percussion, c'est la sensation d'un contact, en d'autres termes, de l'impulsion de quelque chose d'étendu. Or, dans cet exemple, la cause de la percussion, l'électricité, si elle est étendue, n'a qu'une étendue inappréciable ; elle est impondérable et invisible ; elle n'est pas cependant rigoureusement intangible. Donc ou l'électricité n'est rien par elle-même, ou elle est une force qui nous affecte d'une façon comparable à l'étendue. Que ce soit illusion ou vérité, peu importe ici ; ce que je veux conclure, c'est que nous admettons aisément, dans une expérience de physique, qu'une force dénuée des apparences ordinaires de l'étendue, ou de la matérialité, produise sur nous les effets ordinaires d'un solide en mouvement. Pourquoi donc n'admettrions-nous pas la même chose pour tous les phénomènes analogues ? Pourquoi ne pas attribuer à l'action d'une force les sensations de l'étendue qu'on est d'ailleurs si naturellement porté à nommer des sensations de résistance, c'est-à-dire encore des phénomènes de force ?

Lorsqu'un rayon de lumière solaire tombe sur un corps, une partie des rayons élémentaires qui le composent est absorbée, l'autre est réfléchie. La force absorbante est attractive ; la force réfléchissante est répulsive. Les phénomènes de l'électromagnétisme ne sont pas autre chose que des attractions et des répulsions successives. Toutes les sortes de polarisation se réduisent également à cela ; et les effets du calorique en plus ou en moins sont des dilatations ou des condensations, mouvements opposés qui supposent les deux forces que nous retrouvons partout. Enfin dans le choc, la transmission du mouvement n'est-elle pas accompagnée d'un repoussement qui est dû à l'élasticité, et n'apercevons-nous pas encore là quelque chose qui rappelle ces deux grandes manifestations de la force, attirer, repousser ? Les vibrations du son n'offrent-elles pas la même alternative de mouvement ? Et la matière organisée elle-même, avec sa faculté d'extension et de contraction successive, ne présente-t-elle pas un phénomène analogue ?

Sans abuser de ces rapprochements, sans confondre des choses qui doivent être distinguées, on peut donc considérer le mouvement attractif et le mouvement répulsif comme des données générales de l'ordre actuel du monde. Et pour revenir à l'élément de la matière lui-même, si l'on veut bien se reporter aux inductions admises dans la seconde et la troisième partie de cet Essai concernant l'étendue et la force, on verra qu'elles nous conduisaient toujours à la notion de l'atome, c'est-à-dire d'un élément physiquement intangible, dans lequel réside une ou plusieurs forces, et qui attire ou est attiré, repousse ou est repoussé, en vertu de ces énergies inconcevables, dont il faut cependant le croire animé. Il y a sans doute des difficultés à comprendre ces différentes forces élémentaires, et des difficultés insolubles; mais n'y en a-t-il pas également dans la conception de particules étendues et inertes à la fois, et mues en outre par des forces extrinsèques qui se croisent et se combattent? N'est-ce pas même doubler la difficulté, et n'est-il pas plus simple de réduire l'atome à la force, ainsi que l'a fait au reste plus d'un physicien?

Nous nous sommes laissé aller à déduire d'une manière générale cette théorie de la matière, sans indiquer à quel moment nous passions du rationnel au spéculatif. L'idée principale de cette théorie, vaguement et stérilement énoncée par quelques physiciens, a été développée par Kant qui a tenté par elle de constituer la métaphysique de la physique[1]; mais toujours fidèle à sa défiance philosophique, il ne lui attribue aucune valeur objective, aucune certitude absolue. Sans l'épouser comme un système démontré, nous l'avons présentée affirmativement. Nous allons reprendre cette idée encore une fois, et sous la forme hypothétique et rigou-

---

[1] *Metaphysische Anfangsgrundsœtze der Naturwissenschaft*; ou *Elementa metaphysica physices*, T. II de la traduction latine de Born.

reuse en même temps que préfère le philosophe de Koenigsberg. Nous ne ferons qu'analyser sa pensée; peut-être la saisira-t-on mieux, ou du moins en jugera-t-on mieux la valeur dans cette nouvelle rédaction.

Mais d'abord qu'on ne nous dise pas que ces principes ne sont pas vraiment rationnels, parce que sans les données de l'observation externe, nous ne les eussions jamais imaginés ni conçus. Il est trop clair que l'homme n'invente rien entièrement, et l'on a vu que, soit pour construire les mathématiques, soit pour découvrir les lois essentielles de la pensée, c'est-à-dire pour atteindre à des vérités *a priori*, une donnée d'expérience était un préalable nécessaire; rien donc ne serait *a priori*, rien ne serait purement rationnel, si une telle circonstance devait entacher d'empirisme toutes nos connaissances, au point de les infirmer pour la logique pure. Il n'est pas étrange après tout que la physique, que la science de la nature, même dans sa partie transcendante, présuppose une intuition expérimentale de la nature, et ne soit possible en fait qu'à la condition de l'expérience.

C'est l'expérience en effet qui nous suggère l'espace et nous donne la matière. L'expérience ne nous présente rigoureusement que l'espace déterminé; l'espace déterminé ou l'étendue emporte l'idée d'une réalité sensible, qui est la matière. Mais la matière, l'étendue, l'espace déterminé, tout cela n'est possible qu'à la condition d'un espace pur, absolu, infini, immobile. Cet espace fondamental ne peut être perçu, mais il est nécessairement conçu; par soi, il n'est rien, et son universalité logique ne saurait être transformée en universalité physique : dès que je le réalise par la pensée, je le conçois matériel : il ne peut arriver à l'existence sans se matérialiser. L'espace de la nature, différent de l'espace de la sensibilité transcendantale, est donc relatif et implique la matière.

Mais qu'entendrons-nous par cette expression, espace matériel? Quand l'espace cesse d'être absolu et immobile, il devient l'espace déterminé; la détermination de l'espace suppose la mobilité. Qu'on y pense bien, l'espace rigoureusement immobile, c'est-à-dire vide de mouvement, exclut toute division, toute position; la forme, le lieu, l'étendue, rien de tout cela n'est concevable dans l'espace sans la conception du mouvement.

Si vous considérez la détermination de l'espace seulement comme possible, si à l'aide d'une mobilité supposée vous admettez imaginairement le lieu, la forme, l'étendue, d'un seul mot la relation dans l'espace, vous construisez par supposition un monde qui n'apparaît qu'à la conception, non à la sensibilité. La science de ce monde-là, cette physique de la figure idéale, c'est la science mathématique; elle plane sur l'expérience, elle la domine sans la maîtriser, elle la règle sans la contenir tout entière; mais elle la précède, et c'est pour cela qu'elle est une science *a priori;* elle mesure, et la mesure suppose le relatif; mais elle mesure ce qui n'est que possible, l'abstrait non le concret, l'idéal non le réel, et c'est pour cela qu'elle est une science d'une vérité absolue. Tel est le sens de la dénomination de science exacte.

De l'idéal passons au réel. Si la conception de

mouvement est nécessaire aux mathématiques, comment ne le serait-elle pas à la contemplation de l'espace réellement relatif et déterminé, de l'espace matériel? Il n'y a point, même pour le géomètre, dans l'espace indéfini, de positions relatives sans l'idée antécédente de mouvement, et la géométrie ne considère que des positions relatives. Deux points même mathématiques, que dis-je, le point mathématique tout seul suppose la mobilité. Pour concevoir ce qui est ici et non point là, pour déterminer l'espace en un mot, il faut renoncer à l'idée de l'immobilité rigoureuse de l'espace, et la géométrie ne définit d'ordinaire le point qu'à l'aide du mouvement. Faisons plus, rendons l'espace accessible aux sens, créons l'étendue réelle : aussitôt naît la matière, c'est-à-dire la chose accessible aux sens. Comment la définirons-nous? par l'étendue? mais l'étendue, ou ce qui fait que la substance occupe un lieu, suppose le point, et le point suppose le mouvement. La matière est en métaphysique la chose accessible aux sens; mais en physique, que sera-t-elle? le mobile dans l'espace. Dès que l'espace se remplit, c'est-à-dire dès qu'il cesse d'être pur et absolu, il est mobile; l'espace mobile lui-même est l'espace matériel; le premier caractère de la matière est donc la mobilité. Encore une fois, toute détermination dans l'espace a pour antécédent nécessaire la possibilité du mouvement. Qu'est donc la matière? le mobile.

Le mouvement est percevable; il ne l'est que dans l'espace sensible. L'expérience donne le mouvement. Le mouvement perçu, le mouvement pour l'expérience est le changement des relations d'une chose par rapport à un espace donné. Le mouvement en physique est donc tout relatif. Il n'y a que deux mouvements possibles, le mouvement en ligne droite, ou le mouvement en ligne courbe. Dans le mouvement, deux choses seulement à considérer, la direction et la vitesse. Le passage d'un point à un autre par le mouvement rectiligne ou le retour au même point par le circulaire, ce qui fait la direction; la durée de ce changement, ce qui fait la vitesse; tout cela est relatif. La matière étant considérée seulement comme un point mobile, le mouvement n'est que la description d'un espace. Les lois générales du mouvement, telles qu'on les pose au début de la mécanique, seraient donc les premières règles de ce premier degré de la physique abstraite. Une de ces lois est que le mouvement n'est diminué ou détruit que par un autre mouvement.

Mais de l'idée de mouvement à l'idée de force il n'y a qu'un pas; et si la matière est le mobile dans l'espace, elle n'est matière qu'en tant que remplissant l'espace. Remplir l'espace, c'est être étendu, ou plutôt impénétrable, suivant le langage ordinaire aux philosophes. Cela veut dire que la matière est le mobile qui résiste à tout mobile tendant à remplir un même espace donné. Résister par son mouvement à un mouvement, c'est déjà un fait dynamique. La matière même ne saurait remplir l'espace par sa seule existence; être impénétrable, c'est occuper un espace déterminé, c'est occuper une place et déplacer tout ce qui l'occuperait, c'est s'étendre. L'impénétrabilité, la solidité suppose donc un mouvement. La réaction, opposée par la matière en tant qu'impénétrable à la pénétration de toute matière autre qui tend à la remplacer, ne se conçoit que par un mouvement qui en détruise un autre. Or, point de mouvement sans cause; la cause du mouvement, la cause motrice s'appelle force. La matérialité implique donc la force.

Or, la force ne peut être conçue qu'en tant qu'elle pousse ou qu'elle attire. L'impulsion ou l'attraction, tel est nécessairement le mode d'action de la force. La force par laquelle la matière s'étend dans l'espace, est impulsive; et comme résistant à une autre force impulsive qui tend à déplacer la matière, elle est répulsive. Force d'extension, d'expansion, de répulsion, tel est donc le nom qui désigne dans son mode d'action la première force constitutive de la matière. C'est l'élasticité originelle ou primitive, principe ou type de cette élasticité observable et mesurable dont les physiciens font une propriété des corps.

La force répulsive ou d'extension n'a point une intensité réellement et effectivement infinie. Mais la matière remplit l'espace par une force de toutes ses parties, dont l'énergie expansive a un certain degré au delà duquel on en peut concevoir d'autres à l'infini. Or le degré d'intensité réelle de cette force n'est ni un *maximum* ni un *minimum*. On peut donc toujours concevoir une force plus grande, qui lui est opposée, et qui, par conséquent, fera occuper à la matière un moindre espace. La matière peut par compression perdre de son extension; elle peut être indéfiniment comprimée, mais non pénétrée. En effet, la force expansive croît à mesure qu'elle est resserrée dans un moindre espace. Comprimée dans un espace infiniment petit, elle serait infinie. Mais comme il en serait de la force comprimante ainsi que de l'expansive, comme on pourrait toujours la concevoir plus grande qu'un degré donné, elle ne serait jamais actuellement infinie, et la matière ne peut être réduite à un espace infiniment petit. L'impénétrabilité de la matière est donc absolue.

La pénétrabilité relative ou dynamique, ou plutôt la compressibilité, suppose la matière contenue dans un espace vide. Et, en effet, au delà de la substance matérielle, rien ne peut être conçu que l'espace même. L'epace est mathématiquement, non physiquement divisible à l'infini; étant incapable de mouvement, il ne peut être divisé, mais seulement distingué. Le mouvement par lequel une partie d'une matière cesse d'en être une partie, s'appelle division; mais la partie divisée ne cesse ni d'être matière, ni d'être substance. Or, comment la division est-elle possible?

La division est à la fois une conception et un fait. Comme conception, rien de plus simple. Tout espace rempli de matière est mobile par lui-même, et par conséquent divisible, c'est-à-dire conçu divisible. L'espace pur n'est que mathématiquement divisible; l'espace relatif, c'est-à-dire matériel, est supposé l'être réellement. Donnez le mouvement et l'étendue, la division est possible; en fait, comment s'accomplit-elle? Dans l'espace pur infiniment divisible, s'étend la matière en vertu des forces répulsives de chacune de ses parties, c'est-à-dire de chacun des points matériels dans l'espace. Chaque point dans l'espace contenant une force répulsive, étant par conséquent mobile par lui-même, peut être séparé par division physique. Si un point ne pouvait être séparé, il cesserait d'être mobile ; or, c'est ce qui est contraire à la supposition. La divisibilité physique de la matière semble donc s'étendre aussi loin que la divisibilité mathématique de l'espace.

La difficulté est celle-ci : la divisibilité de la matière à l'infini conduit à la multitude infinie de ses parties. Or, une multitude infinie ne peut être une chose absolue. Comment concevoir un tout avec une infinité de parties, soit le grand tout matériel, soit le tout d'un corps, soit le tout d'une partie ? Il faut donc renoncer à la divisibilité infinie de l'espace des mathématiciens, ou conclure que ni l'espace ni la matière n'a la propriété d'une chose en soi, et leur enlever, comme Kant hésite peu à le faire, l'existence substantielle pour les réduire à l'existence phénoménale.

S'il est vrai qu'aucun mouvement ne puisse être détruit que par un autre mouvement, aucune force arrêtée que par une autre force, la force extensive n'étant point illimitée dans ses effets, est combattue nécessairement par une force opposée, force compressive, force de cohésion, force qui retient ou attire les parties de la matière repoussées par la première force. L'existence de la force répulsive entraîne celle d'une force attractive, car la première ne saurait être circonscrite par elle-même. Toute matière a donc besoin pour exister d'une force contraire à la force expansive, et qui ne peut résider dans une autre matière. Car la matière prise dans son ensemble, remplit tout le vide, et doit avoir en elle-même ses conditions d'existence. La force attractive, agissant comme une force comprimante, est donc constitutive ainsi que la force répulsive; et si elle est plus difficilement admise, c'est qu'elle ne se témoigne point aux sens, notamment au toucher, qui n'est sensible qu'à la pulsation, à la dureté, à la pression.

La force répulsive et la force attractive sont donc essentielles également à l'existence de la matière. Elles en constituent la possibilité; et si la possibilité même de ces forces est inexplicable, c'est par cela même qu'elles sont constitutives. Elles sont nécessaires, ne recherchons pas comment elles sont possibles.

Si la matière n'était douée que de la force expansive, ses parties se fuiraient à l'infini. Elle se dilaterait, se disséminerait sans limite; elle s'évaporerait absolument. Comme aussi, dans le cas où la force attractive agirait seule, la cohésion n'aurait pas de bornes, le resserrement de la matière serait infini; en un mot, elle se réduirait au point mathématique. Ainsi, sans l'une ou l'autre de ces deux forces primitives, la matière s'anéantirait; l'espace serait vide.

Géométriquement, les divisions de la matière ou plutôt de l'espace sont des figures. Elles se terminent par des lignes. Le contact de ces lignes est la communauté de limites de deux espaces. Au sens physique, le contact est l'action et la réaction immédiate de l'impénétrabilité. Lorsque les divisions de la matière se touchent, elles se résistent ou s'attirent; c'est l'action au contact. Quand une matière agit sur une autre sans contact, il y a action à distance, laquelle peut n'être pas moins immédiate, en ce sens qu'elle n'exige l'interposition d'aucun milieu matériel et s'opère à travers le vide. L'action de la force attractive est une action à distance; étant nécessaire au contact physique, il faut bien qu'elle en soit indépendante. En vain dit-on que la matière ne peut agir là où elle n'est pas. Si une chose ne pouvait agir qu'au lieu où elle est, il faudrait que la chose sur laquelle elle agit fût en elle. A vrai dire, il n'y aurait plus d'action au contact, il n'y aurait pas à proprement parler d'action. Le point de contact entre deux corps qui se touchent, est, en effet, un point où n'est ni l'un ni l'autre. Donc l'action à distance est possible, ou l'attraction n'existe pas. Le contact ne résulte que du jeu des forces répulsives, c'est-à-dire de l'action réciproque de l'impénétrabilité, laquelle exclut toute action, si ce n'est l'opposition ou résistance mutuelle, ce qui ne donne lieu qu'à l'immobilité relative. Si donc l'attraction existe, et son existence est nécessaire, elle agit à distance, et elle ne peut être confondue avec une impulsion qui pourrait produire les mêmes phénomènes que l'attraction de Newton. Il a eu tort, ce grand observateur, de ne pas affirmer l'attraction, de la supposer seulement. Ce qui l'a fait hésiter, c'est qu'il a considéré les choses mathématiquement. Le monde, considéré comme un système mathématique, pourrait, à la rigueur, s'expliquer par l'impulsion : il n'en est pas de même du monde physique. Si l'attraction n'est pas réelle, comment Newton peut-il dire qu'elle est proportionnelle à la quantité de la matière ? Évidemment, l'attraction n'est pas une hypothèse, et elle agit à distance.

Newton n'a-t-il pas admis ce mode d'action, lorsqu'il a constaté la porosité des corps les plus denses, et affirmé le vide au sein de la cohésion?

La force motrice par laquelle une matière agit sur une autre à la surface commune du contact, sera dite superficielle; celle par laquelle une matière peut agir sur les parties d'une autre ou au delà de cette même surface, sera dite pénétrante. La répulsion est une force superficielle, et l'attraction une force pénétrante; car la répulsion ne s'opère qu'entre les surfaces qui se touchent, ou entre les parties distantes, à l'aide des matières interposées. Mais la force attractive, traversant soit le vide, soit les matières intermédiaires, s'étend dans l'espace indéfiniment, et puisqu'elle diminue avec la distance, elle ne peut jamais être nulle. L'attraction est donc rigoureusement universelle.

De la combinaison de ces deux forces, qui se limitent, résulte la possibilité de l'espace rempli à un certain degré; ce degré est fixé par le rapport de la force attractive à la force répulsive. Ainsi se construit la conception dynamique de la matière comme d'un mobile qui remplit l'espace. Elle ne le remplit que dans une certaine mesure. Il n'est pas vide, il n'est pas plein, dans le sens absolu. Il est rempli dans une proportion dont les éléments sont l'intensité des forces, leur direction et la quantité de l'espace. C'est une question du ressort des mathématiques.

Il résulte de tout cela que la propriété générale de la matière prise abstraitement, est la mobilité; que le mobile réel dans l'espace, est ce qu'on appelle le solide (l'étendu, l'impénétrable);

Qu'en se réalisant dans l'espace, en le rendant matériel et empirique, en le remplissant, il le remplit par la force répulsive ou d'extension;

Que cette force s'étendrait sans limite et ferait évanouir tout contour matériel, si elle n'était contre-balancée;

Que ce qui est négatif par rapport à cette force, que sa limitation ou la cause en vertu de laquelle elle est contenue, est la force attractive;

Que celle-ci, dominant tout l'espace, anéantirait toute solidité, si elle n'était contenue;

Que l'une est circonscrite par l'autre;

Et qu'ainsi l'espace est rempli jusqu'à un certain point.

Ainsi la dynamique de la nature matérielle vous donne ce principe que le tout réel accessible aux sens doit être considéré comme une force. Telle est la notion effective et physique qui, dans la science naturelle, doit être substituée à la conception stérile de l'impénétrabilité absolue; et cette notion engendre aussitôt celle d'une force attractive, comme l'autre condition de la possibilité de la matière.

L'espace est ainsi rempli; il peut donc être conçu comme plein, mais seulement à un certain degré. La force répulsive se mesurant par degrés, la force attractive par la quantité de la matière, l'une agissant au contact superficiel, l'autre de toutes les parties à toutes les parties, la réplétion de l'espace n'est pas absolue; elle est continue, perpétuelle, mais variable, inégale, c'est-à-dire susceptible de plus ou de moins; c'est une grandeur intensive. Prenez une certaine quantité d'air sous un même volume, ayant selon son poids plus ou moins grand, plus ou moins d'élasticité. Le plus ou moins de poids indique la quantité de la matière qui manifeste et règle la force de l'attraction. Le plus ou moins d'élasticité exprime le plus ou moins de force répulsive, proportionnellement à la compression, c'est-à-dire au degré auquel l'espace est rempli. Or, comme c'est la force répulsive qui remplit l'espace, elle est susceptible de degré. Sous un volume plus grand, la même quantité de matière aurait le même poids, et partant la même attraction. Mais elle aurait moins d'élasticité et remplirait moins d'espace.

§. III. Conséquences.

Il resterait à déduire des conditions constitutives de la matière, la possibilité de ses différences spécifiques. Voici comme on pourrait, selon Kant, essayer de rendre raison de la diversité des matières.

La matière engendre les corps. Le corps n'est que la matière entre des limites déterminées, ou la matière figurée. L'espace conçu ainsi est la figure de la géométrie. Considéré dans la réalité physique, mais considéré par abstraction et dans sa quantité, il est le volume du corps; et le degré auquel est rempli cet espace déterminé, est la solidité ou densité. La solidité est plus ou moins grande, c'est-à-dire que l'espace peut être rempli à des degrés inégaux; mais il y a solidité partout où il y a espace rempli, en admettant toutefois que la matière spécifiquement similaire dans sa totalité, ne diffère que par l'intensité des forces.

L'attraction, agissant au contact ou à une distance très-petite, s'appelle cohésion, force qui se manifeste sans cesse, et qui est acceptée comme une propriété universelle de la matière. Mais il faut observer qu'elle n'est pas universelle au même sens que l'attraction primitive ; car elle ne l'est pas en ce sens qu'elle agisse universellement, mais en ce sens que toute matière en est pourvue. Elle n'est pas non plus comme l'attraction une force pénétrante. Elle n'est donc pas primitive, mais dérivée ; et elle se combine avec les différents degrés de consistance entre la rigidité et la fluidité. Il semble que le caractère de cette sorte d'attraction soit d'être une force agissant entre les surfaces, et dont l'intensité plus ou moins grande donne les divers degrés de consistance.

Il est également une élasticité dérivée, comparable, mais non semblable aux forces constitutives. C'est la faculté que possède une matière de reprendre son volume et sa figure, quand cesse d'agir la force motrice qui avait changé l'un et l'autre. Cette élasticité est expansive ou attractive. Attractive, lorsqu'elle fait reprendre au corps la figure antérieure, sans accroissement de volume, après une expansion accidentelle ; et dans ce cas, elle est toujours dérivée. Expansive, lorsqu'elle rend au corps tout le volume que la compression lui avait fait perdre, et alors elle est originelle ou dérivée, originelle dans les fluides élastiques, dérivée dans les corps dilatés par la chaleur.

Les corps ont une action les uns sur les autres. Lorsqu'ils sont en mouvement, elle est mécanique ; lorsqu'ils sont en repos, elle est chimique, mais l'action et la réaction chimique des corps en repos donnent lieu à des mouvements. Il y a pénétration dans cette sorte de combinaison. Elle occasionne des variations de volume en plus ou en moins, suivant le rapport des forces attractives aux répulsives.

Mais tout cela n'est encore que l'expression des faits, et cependant Kant y croit entrevoir une explication de la différence spécifique des matières. Deux explications sont possibles : l'une mécanique, l'autre purement dynamique. La première est celle qui suppose comme éléments de la matière des corpuscules indivisibles, qui agissent à travers des espaces vides, en raison de la figure et de la force dont ils sont pourvus. Ces machines primitives sont les atomes, et la théorie atomistique rend ainsi raison des faits, à condition qu'on lui accorde le principe de l'impénétrabilité absolue, l'absolue similarité de la matière première, la cohésion insécable des corpuscules primaires, la détermination immutable de leur figure, une force imprimée du dehors, enfin, la dissémination des espaces vides que laissent entre eux les atomes et dont la quantité fait la consistance des matières. La théorie dynamique réclame un moins grand nombre d'hypothèses. Suivant elle, les différents degrés de la force répulsive constituent toutes les différences spécifiques des matières. Cette force, en effet, bien différente en cela de la force attractive, est indépendante de la quantité de la matière, et par conséquent son rapport avec la force attractive toujours proportionnelle à la quantité matérielle, varie incessamment. Et de là toutes les différences de consistance, de constitution sensible de la matière, depuis l'éther, s'il existe, où la force répulsive serait beaucoup plus grande par rapport à la force attractive que dans aucune matière à nous connue, jusqu'au métal le plus dur qui présente, grâce à des proportions inverses, des apparences tout opposées. C'est ainsi que la métaphysique naturelle, par la théorie dynamique, construit la conception de la matière, c'est-à-dire la prépare pour les mathématiques, seules capables après elle d'évaluer les propriétés par lesquelles telle ou telle matière remplit l'espace d'une manière déterminée.

Dans la physique expérimentale, deux faits principaux nous sont attestés relativement à la constitution intime de la matière et à la nature spécifique des corps; c'est en chimie la loi des proportions définies, en minéralogie, la cristallisation. L'un et l'autre fait nous mettent sur la voie de la conception des particules élémentaires de la matière, comme de grandeurs constantes et de figures invariables. C'est à peu près là expérimentalement tout ce qu'on sait de l'atome. Or, l'affinité ou force chimique paraît se rapporter à l'attraction capillaire qui elle-même paraît se dériver de l'attraction générale; et c'est aussi à une sorte d'attraction sous le nom de cohésion que se rattachent les phénomènes de la cristallographie. Il est donc permis d'expliquer ou du moins de présumer qu'on peut expliquer par le jeu des forces primitives et leur rapport mutuel les diversités spécifiques et les lois constantes de la constitution des corps. La théorie atomistique peut être ainsi réduite, et l'on a vu d'ailleurs dans le cours de cet Essai que la combinaison de forces attractives et répulsives était une notion nécessaire à celle de l'atome. Nous nous bornerons à ces vues générales qui pourraient conduire aux recherches les plus intéressantes.

Nous devons, d'ailleurs, faire observer que la théorie dynamique dont nous exposons ici les probabilités, n'exclut pas absolument le vide. Elle admet l'éther, s'il le faut, mais elle ne l'exige pas. Elle fait agir la force attractive à travers le vide ; mais ce vide, elle ne le perçoit, elle ne le constate nulle part. L'expérience ne lui donne que des espaces comparativement vides, qui peuvent être remplis à un degré inégal par la force expansive. Le vide n'est nécessaire à la philosophie dynamique que comme donnée *a priori*.

La dynamique, bien qu'elle nous donnât les forces constitutives de la matière, pouvait la considérer en repos. Toute l'exertion de ces deux forces aboutissait à l'espace rempli. Mais le mouvement n'est pas seulement distribué dans le tout matériel ; il est communiqué d'une matière à une autre. Le monde du mouvement communiqué n'est plus un système simplement dynamique, c'est un système mécanique. La matière n'est plus alors seulement le mobile dans l'espace, mais le mobile, en tant qu'il a la force motrice.

Ici la grandeur du mouvement ne peut plus comme précédemment être évaluée par sa seule vitesse. Il faut apprécier ensemble et la vitesse du mouvement et la quantité du mobile. L'ensemble de toutes les parties d'un mobile agissant en commun dans un espace déterminé, c'est la masse ; une masse d'une figure déterminée est un corps, au sens mécanique. La mécanique considère la vitesse et la masse ; toutefois elle ne peut, à raison de l'extrême divisibilité de la matière, mesurer sa masse par le nombre de ses parties, mais par la quantité de mouvement à vitesse égale et donnée. Une même force projette dans le même temps deux masses à des distances inégales; la masse est en raison inverse de la distance.

La mécanique a, selon Kant, des lois fondamentales, dont trois sont à peu près les mêmes que les lois générales du mouvement données par Newton [1].

1°. Dans tous les changements du monde physique, la quantité de la matière est invariable.

Cela résulte, en métaphysique, de la notion seule de la substance. Dans la physique, aucune expérience, aucune observation ne dénote la naissance ou l'extinction de la substance matérielle. Tout change, rien ne périt, c'est un vieil axiome de la physique. Il n'y a que les objets du sens interne auxquels cet axiome ne s'applique point impérieusement.

2°. Tout changement de la matière a une cause extérieure. Par conséquent, tout corps persiste dans son état de repos ou de mouvement, avec même direction et même vitesse, s'il n'est forcé à changer d'état par l'action d'une cause extérieure (Newton).

Cette loi se rapporte à la notion de causalité, comme la première à la notion de substance; elle est évidente au même titre. Elle est la vraie loi d'inertie. Elle présente la matière comme non agissante par elle-même, c'est-à-dire comme dépourvue de la vie. La vie n'est, en effet, que la faculté de se déterminer par un principe interne pour une substance à l'action, pour une substance déterminée au changement, pour une substance matérielle au repos ou au mouvement. Or, rien de tout cela n'ap-

---

[1] *Philos. nat. princip. mathem.* — *Axiomata sive leges motus.*

paraît dans les représentations du sens externe ; la matière, en tant que matière, n'est conçue avec aucune de ces déterminations. La cause externe est donc la vie du monde physique en général. L'inertie de la matière ne doit pas être autrement entendue.

3°. Dans toute communication de mouvement, l'action et la réaction sont constamment égales et contraires (Newton).

C'est un principe de mécanique proprement dite, dont la démonstration facile n'est pas nécessaire ici. Cette loi, qu'on pourrait appeler loi d'antagonisme, efface la force d'inertie des auteurs, et ne se concilie qu'avec la théorie qui définit la matière par le mouvement, et restitue à la force l'empire du monde physique.

Après avoir ainsi développé toutes les conditions premières, toutes les propriétés générales de la matière, il resterait à la mettre en rapport avec la sensibilité, et à la convertir en objet d'expérience. Alors naîtraient les lois du monde phénoménal. Or, le monde, comme phénomène, peut être observé sous deux rapports. On peut se demander comment le phénomène est conciliable avec la constitution de l'esprit humain ; en d'autres termes, comment les données de l'un et les conditions de l'autre peuvent être ramenées à un ensemble cohérent et régulier, et c'est là un problème de métaphysique ou de logique pure, dont la solution hasardeuse est plus propre à nous éclairer sur la constitution de notre esprit que sur celle de la nature ; ou bien la raison, sans entrer en défiance de ses principes, sans s'inquiéter des lacunes forcées qui résultent de la différence du connaissant au connu, peut ramener, par le concours de l'expérience et de la réflexion, le système cosmologique à un système rationnel, soit qu'elle le décrive dans le langage naturel avec les couleurs et les reliefs de la réalité, soit qu'elle l'expose comme un plan abstrait, avec les traits de la géométrie et les signes de l'algèbre.

Disons quelques mots de ces deux vues du système du monde.

Kant appelle la première la *phénoménologie;* ce nom désigne la science des conditions auxquelles la matière devient observable, ou le mobile, sujet à l'expérience. Il ne s'agit plus des conditions psychologiques, mais des conditions phénoménales. Ce n'est pas non plus la question de savoir si, quand la matière se témoigne aux sens, c'est-à-dire quand le phénomène est changé en expérience, le pensé est changé en réel. Cette question regarde la nature humaine plus que la nature inanimée, et bien qu'il y aille de la réalité de celle-ci, elle importe encore plus à celle-là; car en la tranchant, on décide de l'autorité de ses facultés, et les questions de droit passent avant les questions de fait. Mais la phénoménologie s'enquiert des conditions du mouvement perçu par les sens. Elle étudie ces questions difficiles, si chères aux anciens, non moins qu'aux physiciens du siècle de Descartes. Le mouvement est-il chose apparente ou réelle, absolue ou relative? Est-il possible, et comment l'est-il? Est-il commun à l'espace et à la matière qui le remplit? Nous laisserons de côté ces questions qu'éclaircit à peine la subtilité la plus pénétrante. Il suffira de dire qu'il résulte de tout ce qui a été exposé qu'il n'existe que le mouvement relatif, le mouvement absolu ne pouvant être que celui de l'universalité des choses, qui ne laisserait rien en dehors des mobiles qu'il entraînerait avec lui. Or, c'est là une conception qui répugne. En effet, un tel mouvement supposerait toujours un espace pur, un vide absolu. Or, ou cet espace est réel, et le mouvement alors lui est relatif, ou cet espace n'est qu'une conception nécessaire, et une idée pure ne peut être le contenant, le champ, le corrélatif d'un phénomène empirique. Donc point de mouvement absolu. Ainsi par une triste conséquence, la science de la nature aboutirait à un vide incompréhensible, et s'il fallait en croire la philosophie transcendantale, toutes les fois que la raison veut dépasser les données dans lesquelles lui est présentée la nature des choses, elle irait se heurter contre ses propres conditions, et au delà des phénomènes ne rencontrerait qu'elle-même.

Mais hors de ces doutes de la critique idéaliste, il est une science des phénomènes qui suppose la réalité, et qui décrit et explique la nature comme si elle existait. Les Anglais, d'après Newton, l'appellent la philosophie naturelle. C'est la vraie physique générale. Ce serait un travail intéressant que de la rattacher aux principes que nous venons d'exposer. Ce ne serait plus, il est vrai, traiter de la matière, mais du monde. Les notions primitives qui servent de fondement au système du monde, sont la substance et la cause; d'où la stabilité et l'ordre. A ces données de la raison, la sensibilité ou la perception en général joint l'espace, l'étendue, le mouvement et la figure, ou la matière. A l'aide de ces deux ordres de données, l'observation et l'induction recherchent et constatent les lois du sys-

tème et les propriétés des corps. Au point où les sciences sont parvenues, ce serait un bel ouvrage que l'exposition vraiment philosophique du système du monde. Ce serait avec plus de sagesse, avec une plus légitime confiance, accomplir l'œuvre de laquelle Descartes a dit : « Après avoir rejeté ce que
« nous avions autrefois reçu en notre créance, avant
« que de l'avoir suffisamment examiné, puisque la
« raison toute pure nous a fourni assez de lumière
« pour nous faire découvrir quelques principes des
« choses matérielles, et qu'elle nous les a présentés
« avec tant d'évidence, que nous ne saurions plus
« douter de leur vérité, il faut maintenant essayer
« si nous pourrons déduire de ces seuls principes
« l'explication de tous les phénomènes, c'est-à-dire
« des effets qui sont en la nature, et que nous aper-
« cevons par l'entremise de nos sens. Nous com-
« mencerons par ceux qui sont les plus généraux et
« dont tous les autres dépendent, à savoir par l'ad-
« mirable structure de ce monde visible[1]. »

V.

DE LA NOTION DE LA MATIÈRE,

SUIVANT LA MÉTAPHYSIQUE.

On trouvera sans doute que nos recherches se prolongent, et nous ne nous flattons pas d'avoir évité un grand péril, la lassitude du lecteur. Et cependant nous n'avons point réussi encore à faire une réponse positive à cette question : Qu'est-ce que la matière ? La réponse risque d'être impossible.

---

[1] *OEuv. compl.*, T. III. *Princ. de la phil.*, part. III, §. I.

Plus heureuse ou plus hardie, l'antiquité l'a cherchée sans cesse, et bien des fois elle a cru l'avoir trouvée. Elle s'est trompée sans doute bien des fois; mais du moins elle a voulu satisfaire à cette curiosité qui s'empare de nous dès que nous nous apercevons de notre ignorance. Mettez en effet de côté la psychologie, l'idéologie, la physique, essayez de penser à ce que c'est que la matière, non pas ses apparences, ses phénomènes, ses propriétés sensibles ou concevables, mais son essence; demandez-vous comment elle est possible, sans oublier les difficultés relatives à l'espace, au vide, au néant, à l'infini, au mouvement même; et vous vous sentirez bientôt saisi comme d'un vertige intellectuel qui n'est inconnu à personne. C'est un mal pour lequel la science n'a point de remède, nous le croyons du moins; mais elle peut offrir à la raison quelque soulagement, et d'ailleurs, il n'est pas sans intérêt de connaître quels spécifiques l'art téméraire des anciens crut avoir découverts pour cette incurable maladie de l'homme, la nature de l'esprit humain.

N'écrivant pas une histoire de la philosophie, nous n'avons à nous enquérir des systèmes qu'autant qu'ils nous éclairent sur la question; et ne cherchant ce qu'on a pensé que pour nous aider à penser nous-même, nous réduirons à quatre les opinions antiques sur la matière qu'il nous convient de reproduire. Ce sera celle des Éléates, celle des Atomistes, celle de Platon, celle d'Aristote.

Les Éléates eux-mêmes ne nous intéressent ici que parce que leur doctrine a été le point de départ des doctrines postérieures, notamment de l'atomisme [1].

[1] Platon, *Parménide*, T. XII, de la traduction de M. Cousin.—

Dialecticiens sceptiques, ils entamèrent ce grand procès qui dure encore contre la crédibilité de nos facultés, et surtout de nos sens. Élevant d'argutieuses objections contre le mouvement, le changement, la pluralité, ils ramenèrent les choses à une immobile unité. La divisibilité de la matière attestée par les sens, est, disaient-ils, impossible; car si elle existe, elle est infinie; et si elle est infinie, elle anéantit la solidité, la matière, l'être, et ne réalise que le vide. Le vide est impossible, car il suppose que le néant existe, ce qui implique contradiction dans les termes. Sans le vide, le mouvement attesté par les sens est impossible; et sans le mouvement, le changement; et sans le changement, la pluralité. Comment, en effet, le changement serait-il possible, c'est-à-dire comment ce qui n'est pas viendrait-il à être? Il ne viendrait pas de ce qui est, puisque le changement est l'annulation de ce qui est. Il viendrait donc de ce qui n'est pas; l'être viendrait du non-être, ce qui est absurde. Ainsi point de vide, de mouvement, de changement; point de divisibilité, de diversité, de pluralité. Toutes ces choses attestées par les sens, sont déclarées impossibles par la raison. Les sens mentent, et le rationalisme sceptique de Zénon et de son école n'admet qu'un principe, l'un et l'être. Or, rien n'est que l'être; donc l'être est l'un. L'être identique à l'un est un continu, immobile, immuable, immutable; en d'autres termes, il n'y a que le plein ou l'unité ab-

---

Arist., *Métaph.*, liv. I, chap. V, liv. III, chap. IV, liv. XIV, chap. II. — Cousin, *Frag. philos.*, T. II: Xénophane, Zénon d'Élée. — *Essai sur Parménide*, par M. Riaux. — *Dissertation sur la philosophie atomistique*, par M. Lafaist.

solue. Hors de là, tout est vaine apparence. Ce superbe dédain de toutes les perceptions et de toutes les croyances de l'humanité simplifie merveilleusement, il faut en convenir, le problème de la matière. L'identification du tout dans un quelque chose qui ne se définit et ne s'exprime que par ce nom abstrait, l'être, sans parties, sans diversité, sans mouvement, sans espace, sans rien qui ne soit lui-même, supprime toute difficulté gênante, à la condition, il est vrai, de faire violence au bon sens et de substituer l'inintelligible à l'inexplicable.

Leucippe et Démocrite, les maîtres d'Épicure, en attaquant ces conclusions, établirent des principes dont le fond subsiste, et qui sauf les détails, constituent encore la théorie de la physique moderne. Sans beaucoup insister sur les objections dialectiques dont le témoignage des sens était l'objet, ils montrèrent, à l'aide de quelques expériences pour la plupart mal décrites ou mal comprises, que l'existence du vide était indispensable au mouvement, qu'autrement il fallait admettre le plein comme infiniment pénétrable, ce qui est contraire à la notion même du plein. Il y a donc du vide comme il y a du plein ou du non-être aussi bien que de l'être. Le vide pénètre dans tous les sens la réalité ou la matière; elle est poreuse dans toutes ses parties appréciables; mais il y a un terme à la pénétration du plein par le vide; autrement il n'y aurait que des pores, que des interstices, c'est-à-dire que le plein serait vide, ou l'être néant. Ce terme est dans le corps, ou plutôt dans les parties composantes du corps, lesquelles sont de petits solides impénétrables. C'est là le plein; il n'est pas un, mais multiple; l'être n'est pas l'un; il est divisé en corpuscules invisibles, mais indestructibles, dont le nombre est infini comme la grandeur de l'espace dans lequel ils nagent. Ils ont, par la définition même, la solidité, la forme, le mouvement. Leur forme est inconnue, mais elle est variée; et cette variété est la cause et de mouvements divers, les corps étant plus ou moins mobiles à raison de leur figure, et de toutes les autres diversités matérielles que l'homme observe ou suppose. La diversité des mouvements et celle du mode d'agrégation des éléments des corps sont la double cause de la variété de l'univers; mais la condition de ces mouvements, de tout changement, de toute diversité, de toute pluralité, c'est l'existence du vide. En errant dans l'infini, les éléments s'unissent ou se séparent; de là la génération et la dissolution, la naissance et la mort. Il n'y a donc que deux choses, du plein et du vide, de l'être et du non-être, des atomes et de l'espace. Tout cela est éternel, et constitue et épuise la réalité. La philosophie corpusculaire ou l'atomisme s'appuie, comme on voit, sur le témoignage des sens ou l'observation; mais, ce qui est plus grave, exposé comme il vient de l'être, l'atomisme conduit nécessairement à l'empirisme, au matérialisme, à l'athéisme; de là sa mauvaise réputation. Il ne l'a point perdue pour avoir été renouvelé par Épicure et chanté par Lucrèce. Et quoiqu'il ne paraisse nullement impossible de le délivrer de ces tristes conséquences, on doit reconnaître que chez les modernes même il a gardé quelque chose de ses premières alliances, et ce n'est point par hasard qu'il est devenu la doctrine favorite de ceux qui réduisent tout à la physique. Malgré l'autorité de Descartes, la matière infinie et éternelle, le plein absolu sont difficiles à concilier avec l'existence de Dieu.

Quoi qu'il en soit, voici deux idées fondamentales et contraires : — Tout est plein et tout est l'être, ou l'être est tout. — Le plein et le vide existent, le plein divisé en atomes ou parties insécables, le vide distribué entre les atomes. — Dans le premier système, rien ne vient que de l'être, et par conséquent l'être est éternellement et infiniment le même. Dans le second, rien ne naît ou ne devient sans le non-être, c'est-à-dire sans le vide, condition du mouvement et du changement; en d'autres termes, tout (excepté les atomes) vient du non-être[1].

Dans les deux systèmes, l'être est réductible à la matière; seulement dans le premier, tout étant confondu ou identifié, le matérialisme peut être un idéalisme (Zénon, Parménide), et réciproquement (Xénophane, Mélissus). Dans le second, la matière n'est que la collection des corpuscules éternels, solides, figurés, mus, errant en nombre infini dans l'espace infini. Il ne résulte ni de l'un, ni de l'autre la nécessité, même la possibilité d'une autre existence que celle du monde matériel. Ni Dieu, ni l'esprit pur ne sont des conséquences, des postulats, ou des appendices de l'unité absolue de Zénon, de l'atomisme de Leucippe. L'éternité de la matière, et sous le nom de matière l'être, le plein, la substance, l'essence, l'existence réunies et confondues, pour le premier, à titre de tout continu; pour le second,

---

[1] *Dissert. sur la philos. atomist.*, par Lafaist. — Bayle, articles LEUCIPPE, DÉMOCRITE, ÉPICURE, LUCRÈCE.

sous forme d'agrégats divers ; telle est l'idée fondamentale que parut adopter à leur voix l'antiquité, et dont jamais ne se dégagea complétement l'esprit d'aucun de ses philosophes.

Platon et Aristote eux-mêmes ne s'en préservèrent pas en se séparant de leurs devanciers. Tous deux réfutèrent le scepticisme éléatique ; tous deux affranchirent de l'unité forcée de Zénon la variété et la vie de l'univers. Tous deux rejetèrent hautement le matérialisme corpusculaire. Platon méprisait Démocrite ; il ne le nomme jamais, et voulait, dit-on, brûler ses livres. Aristote dit avec dédain que ce n'était qu'un physicien [1] ; et sans doute l'anecdote d'Hippocrate visitant Démocrite, nous donne, avec l'admirable précision de l'antiquité, une fidèle image et comme le type du génie observateur du naturalisme.

Longtemps avant Démocrite, avant Zénon, Pythagore avait exposé sur la constitution du monde, sur les questions primitives, un système qu'il serait difficile d'exposer avec certitude, bien qu'on puisse avec certitude avancer qu'il contenait les principes du théisme et du spiritualisme. Pythagore est le père fabuleux de la philosophie socratique. Avant Socrate, Anaxagore avait dit une parole qu'un ancien trouve douce et sublime : « Tout était mêlé : une intelligence survint et ordonna tout [2]. » Mais il ne semble pas qu'il eût tiré de cette parole religieuse qui le fit accuser d'athéisme, les conséquences qu'on en pouvait

---

[1] *Métaph.* liv. XIII, ch. IV.

[2] C'est Diogène de Laerce qui loue ainsi cette proposition dont il nous a conservé le texte (*In Anaxag.*, I, 6, et Plutarque, *De placit. philos.*, lib. I. cap. III et VII). Aristote revient sans cesse dans

attendre. Socrate le lui reprocha et l'accusa d'être retombé dans la physique [1]. Pour lui, acceptant sans la développer cette idée d'une cause efficiente et d'une cause intelligente, il fixa l'esprit des philosophes sur ces deux points, l'universel et l'essence, et proposa en conséquence une méthode de recherche fondée sur l'induction et la définition [2].

Platon ne manqua pas de croire la matière éternelle; mais il la vit antérieure aux éléments, puisque les éléments sont faits de matière. Donc avant les éléments, avant les corps, il admit une substance vague, sans essence spéciale ou individuelle, qui n'eut d'autre propriété que l'aptitude à recevoir les formes et à subir les changements, en un mot, à devenir le monde; car le monde est né; le suprême ordonnateur « prit la masse des choses visibles qui « s'agitait d'un mouvement sans frein et sans règle, « et du désordre il fit sortir l'ordre. » Le monde ayant commencé, doit être corporel, visible et tangible; car tout ce qui naît périt et périt pour renaître, ce qui suppose des qualité sensibles. Tout ce qui naît doit venir d'une cause. Or cette cause, c'est l'être toujours le même qui fit le monde conformément à un modèle éternel. Quelle est donc la matière? « Ce « qui a le pouvoir d'être le réceptacle et comme la

---

sa Métaphysique sur cette proposition *tout était ensemble* (liv. I, ch. VII, liv. IV, ch. IV, liv. XII, ch. II, liv. XIV, ch. IV).

[1] C'est Platon qui lui fait ce reproche par la bouche de Socrate (*Phédon*, T. I). Aristote accuse également Anaxagore de n'avoir fait aucun usage raisonnable de la cause intelligente et d'avoir au contraire recouru à des causes secondes très-multipliées (*Métaph.*, liv. I, ch. IV, et ailleurs).

[2] *Métaph.*, liv. XIII, ch. IV. — *Essai sur la Métaph. d'Aristote*, par M. Ravaisson (T. I, part. III, liv. II, ch. I).

« nourrice de tout ce qui est. » C'est un principe indéterminé, invisible, dénué de toutes formes, qui n'est ni terre, ni feu, ni aucun des éléments, véritable élément lui-même, « recevant d'une manière « très-obscure pour nous la participation de l'être in- « telligible, *un être, en un mot, très-difficile à com- « prendre*, lieu éternel, ne périssant jamais et servant « de théâtre à tout ce qui commence d'être, ne tom- « bant pas sous les sens, mais perceptible pourtant « par une sorte de raisonnement bâtard, et que nous « ne faisons qu'entrevoir à travers un songe. » Humide, enflammée, recevant les formes de la terre et de l'air, subissant toutes les modifications qui se rapportent à celles-là, apparaissant sous mille aspects divers, soumise à des forces inégales, sans équilibre elle-même, poussée en tous sens et irrégulièrement, telle était, avant la formation de l'univers, la matière première. Tout alors était sans raison et sans mesure; tout se trouvait dans l'état où doit se trouver tout être d'où Dieu est absent. C'est Dieu qui introduisit entre toutes choses des rapports harmonieux, et constitua tous les corps, dont il composa cet univers; et lui donnant une âme, il en fit un animal qui comprend tous les autres. Ce monde que Dieu fit se suffisant à lui-même, est et sera éternellement unique. Mais il n'est pas la matière, car il en est fait. La matière est l'être qui contient tous les corps en lui-même, l'être qu'il faut toujours désigner par le même nom, car il ne change jamais de nature. Cet être reçoit perpétuellement toutes choses dans son sein, sans revêtir jamais une forme particulière, semblable à quelqu'une de celles qu'il renferme. « Il « est le fond commun où vient s'empreindre tout ce

« qui existe, et il n'a d'autre mouvement et d'autre
« forme que les mouvements et les formes qu'il con-
« tient ; ce sont eux qui le font paraître divers. Ces
« êtres qui sortent de son sein et qui y rentrent sont
« des copies des êtres éternels, façonnées sur leurs
« modèles et d'une manière merveilleuse [1]. »

Platon a raison de dire que c'est là un être *difficile
à comprendre* et sur lequel c'est une *tâche pénible*
que de s'expliquer. On voit qu'il entre dans sa notion
de la matière quelque chose de l'espace, quelque
chose de la substance, et quelque chose du chaos.
L'incertitude de langage du philosophe est visible,
et elle a été remarquée par un habile critique [2]. Ce
qu'il nous semble comme à lui, c'est que la matière
de Platon est quelque chose de général, substance
indéfinie et invisible de tout le défini et de tout le
visible, pouvant devenir le monde, mais non par
elle-même, susceptible de changements sans terme,
ce qui n'est ni ceci, ni cela, mais ce qui peut être
toutes choses, un infini en étendue et en durée, qui
n'est point un corps et qui contient la possibilité de
tous les corps, source du multiple, du divers, du
périssable, de l'imparfait, du mal. Dieu a disposé et
façonné la matière diversement en vertu de ces exem-
plaires éternels qui sont les idées et que les choses
reproduisent passagèrement. L'idée est la réalité véritable, la chose n'en est que la représentation. L'idée
est l'essence, la chose n'est que le contenant et la
forme de l'essence. Les essences sont éternelles, les

---

[1] Platon, *Timée*, traduction de M. Cousin, T. XII, p. 116, 118, 121, 150 et suivantes.
[2] M. Jules Simon, *Études sur la théodicée de Platon et d'Aris-
tote*, V.

individus périssables ; il reste que la théorie de la matière aboutit à l'indéterminé pur.

Cette théorie, qui n'est pas peut-être suffisamment scientifique, a une grande importance en ce qui touche la théodicée. Mais elle est loin d'avoir joué dans la science de la matière un aussi grand rôle que celle d'Aristote. C'est lui qui appela par son nom la philosophie première ou la métaphysique ; elle est la science de l'être en tant qu'être [1]. Elle comprend donc dans ses recherches ce que c'est que la matière des corps. Connaître les êtres en tant qu'êtres, c'est connaître les essences. L'essence est à la fois la première chose dans l'univers et la première des catégories, ou plutôt elle n'est la première des catégories que parce qu'elle est la première chose de l'univers. Tous les objets qui ne sont pas des essences ne sont pas des êtres réels, mais des qualités et des mouvements. L'essence a seule une existence réelle et séparée. La philosophie première d'Aristote est la recherche des principes et des causes des essences ; tandis que celle de Platon est la recherche des genres ou d'universaux qui, sous le nom d'idées, sont à la fois et des principes et des essences.

Les corps matériels sont des essences sensibles, mobiles, périssables. Il existe en outre une essence sensible, mobile, éternelle, et une essence éternelle,

[1] Nous avons consulté surtout la Métaphysique d'Aristote et l'introduction excellente des traducteurs (Pierron et Zévort, 2 vol. 1840) ; l'*Essai sur la Métaph. d'Aristote*, par Félix Ravaisson (T. I, 1837) ; l'*Essai sur la théodicée de Platon et d'Aristote*, par Jules Simon (1 vol., 1840). Si l'on voulait acquérir une connaissance plus complète, il faudrait lire la Physique d'Aristote et les publications récentes de MM. Michelet, Vachérot, etc.

immobile : c'est là toute la réalité. Toute substance mobile est susceptible de changement; toute substance sensible passe du contraire au contraire. Ce n'est pas le contraire qui change, mais elle; il y a donc un sujet qui persiste sous les contraires. Toute essence mobile, c'est-à-dire changeante, suppose donc trois termes, deux contraires et un sujet qui dure. Ce qui dure, c'est la matière. La matière a donc les deux contraires en puissance ou la susceptibilité des contraires; le changement est le passage du contraire en puissance au contraire en acte. La différence de l'être en puissance à l'être en acte explique toute la variété du monde. Ainsi, tout vient de l'être et du non-être, c'est-à-dire de l'être en puissance et du non-être en acte.

Tout ce qui existe corporellement nous présentera trois principes : 1° la matière de l'être, ce dont les choses sont faites, la matière qui n'existe qu'en apparence comme être déterminé, les modernes diraient qui n'est qu'une abstraction; comme sans la forme elle est purement indéterminée, elle ne se réalise que dans les êtres déterminés. 2° La nature de l'être, c'est-à-dire cette forme spéciale, cet état déterminé auquel aboutit la production de l'être réel. 3°. La réunion de la substance ou matière, et de la nature ou forme; c'est l'essence individuelle ou l'être réel. C'est ce qui donne lieu à la vieille formule que tout être est composé de matière, de forme et de privation, c'est-à-dire que la notion de tout être comprend ce dont il est, ce qu'il est et ce qu'il n'est pas. Comme indéterminée, la matière n'a point été produite; elle préexiste à la production; elle n'a ni forme, ni quantité, ni aucun attribut; elle est la matière intégrante de l'essence. L'essence ne se réalise que par la forme. C'est la forme qui constitue la différence et donne la notion essentielle de l'objet. Aussi l'appelle-t-on la forme essentielle (et aussi substantielle ou encore l'essence formelle). Ainsi la matière est proprement l'être en puissance, puisqu'elle est ce qui peut devenir tel ou tel être, recevoir telle ou telle forme. La matière est donc ce qui change, ce qui devient, ce qui a *la susceptibilité des contraires*. La forme est l'être en acte, ou ce qui fait que la matière passe de l'être en puissance à l'être en acte.

Le mouvement est éternel; il est comme le temps, comme lui continu, et dont il est un mode s'il ne lui est identique. D'où vient-il cependant? Il lui faut un principe réel, qui ne peut être ni la matière ni la forme; et ce principe, si l'on ne veut remonter à l'infini, doit être immobile. La cause motrice ou le moteur éternel est immobile. Entre lui et les mobiles périssables, se place une substance sensible, éternelle, qui leur transmet le mouvement : c'est le premier ciel ou le moteur immédiat. Le premier moteur est un, unique, nécessaire, indivisible, inaltérable, intelligent, heureux; il est Dieu. Dieu ne meut le monde que comme l'intelligible et le désirable meuvent l'esprit de l'homme. Il n'est donc pas la cause efficiente, mais la cause finale du monde qu'il ne connaît pas; il ne connaît que lui-même, il agit en soi et pour soi. La pensée par excellence est la pensée de ce qui est le bien par excellence. Dieu donc se pense lui-même et ne pense que lui; car il est le premier intelligible, comme le premier intelligent; il est la pensée de la pensée. Il est l'actualité pure, comme la matière serait la puissance pure, si elle pouvait exister autrement que déterminée, autrement qu'en forme et en acte. Dieu est donc immatériel.

Telle est l'ontologie d'Aristote. Le sens de cette doctrine, c'est que la substance de l'être n'est ni dans la matière qui n'est que l'être abstrait et indéterminé, une simple puissance de devenir; ni dans le genre ou l'universel qui ne peut se retrouver dans l'individu qu'à titre d'attribut universel et qui ne saurait le constituer réellement; ni dans la forme qui n'est qu'une forme pure tant qu'elle est sans la matière, mais qui cependant est le premier principe de la détermination de l'être, et par conséquent de son existence réelle. La substance n'existe donc que dans les êtres individuels, là où la forme et la matière sont unies. La matière ne se réalise qu'avec la forme; la forme ne se réalise qu'avec la matière; mais cependant elle ne périt pas avec elle, et se reproduit indéfiniment en appelant sans cesse la matière à l'essence ou la puissance à l'actualité. Ainsi elle naît et meurt, et renaît incessamment, le changement et le mouvement étant sans terme comme le temps.

Au premier aspect des systèmes de l'antiquité, une observation se présente : la matière y est nommée sans cesse, mais n'y est pas définie par rapport à ce qui n'est pas matière. Il y est bien question de principes immatériels; les idées de Platon ou essences éternelles, l'intelligence pure dans Platon et dans Aristote, le Dieu moteur d'Aristote et le Dieu cause de Platon, la forme substantielle elle-même, sont dits sans matière. Mais l'existence substantielle semble n'y être en général affirmée que des êtres sensibles; la forme substantielle ne s'y montre qu'unie à une matière; l'âme, forme substantielle, n'est que le principe qui anime le corps, et le fait passer du genre corps dans l'epèce animal; et dans l'âme, l'intelligence qui en fait partie, semble seule pouvoir exister à part [1]. Enfin on conçoit difficilement dans les anciens le mode d'existence de l'immatériel réel, et plus difficilement encore que chez les modernes, on s'y rend compte de la notion de l'esprit pur, si toutefois les anciens ont eu cette notion.

Dans Aristote, le mot matière n'est point mis comme l'opposé d'esprit, mais de forme; il désigne ce dont les êtres sont faits, l'étoffe dans laquelle ils sont taillés, les matériaux plutôt que la matière, la substance ou peu s'en faut, et c'est même comme équivalant chez les anciens à la substance, que la matière est présentée par quelques-uns de leurs meilleurs interprètes [2]. La matière est en ce sens le fond de l'être. J'oserai dire que les anciens n'ont jamais approfondi et distingué toutes ces idées avec la dernière exactitude, et c'est ce qui les fait paraître tantôt plus matérialistes, tantôt plus spiritualistes que les modernes, soit lorsqu'ils ont l'air de confondre la matérialité avec l'existence, soit lorsqu'ils ne désignent l'être et la matière même que par des propriétés purement intelligibles qui la réduisent à une abstraction. L'homme est un composé de forme et de matière, c'est une proposition qui semble le dogme du matérialisme. La matière est la puissance

---

[1] Aristote, *Métaph.*, liv. XII, ch. III.
[2] M. Jules Simon. Voyez aussi Turgot, articles *Étymologie* et *Existence*, dans l'Encyclopédie, et T. III de ses *Œuvres*.

de devenir ou l'indéterminé pur; c'est une définition qui semble la profession de l'idéalisme.

Je ne sais au reste si cette confusion n'est le propre que de l'antiquité. Elle nous frappe davantage parce que la langue philosophique des Grecs n'est pas la nôtre; mais les modernes ne méritent-ils jamais le même reproche? Facile à maintenir dans la sphère de la psychologie, la distinction verbale des deux natures s'efface quelquefois dans l'ontologie générale, et les définitions de l'être, à mesure qu'elles deviennent plus abstraites, la font peu à peu disparaître. Les croyances religieuses elles-mêmes ne réussissent pas toujours à conserver le spiritualisme rigoureux du langage; et pour peu qu'on ait de familiarité avec les scholastiques, on sait que ces théologiens, si préoccupés du combat de l'esprit et de la chair, n'ont pu s'empêcher de garder la terminologie d'Aristote, et ont souvent outré les expressions au point de paraître infidèles au dogme fondamental de l'orthodoxie, à la croyance de l'âme. Mais il est temps de voir ce que les modernes ont fait de la théorie aristotélique.

Elle n'est peut-être pas aussi différente de celle de Platon que l'espérait le philosophe de Stagyre. Souvent, en effet, ce dernier semble n'avoir d'autre but que de se distinguer de son maître, comme, vingt siècles plus tard, Descartes parut se faire un point d'honneur de se séparer d'Aristote. Dans la notion de la Divinité, une différence éclatante se manifeste entre le fondateur du Lycée et celui de l'Académie; c'est celle qui existe entre un moteur fatal et une cause volontaire. Mais quant à la théorie de la matière, elle ne diffère pas aussi essentiellement entre les deux philosophes que d'abord il le semble : l'un et l'autre voient en elle un principe nécessaire à tout être, mais n'ayant aucune des formes de l'être et devenant indéfiniment ce qu'essentiellement et par lui-même il n'est pas. C'est à cette théorie que pendant tout le moyen âge s'est principalement rattachée la physique comme la métaphysique. Seulement, la question se présentait alors sous forme de recherche logique ; c'était le genre de l'époque. De notre temps, pour savoir ce qu'est la matière, on recherche comment l'esprit acquiert et forme l'idée de matière. Au moyen âge, on étudiait la nature des êtres en étudiant les règles de la définition, qui servait communément de principe à la démonstration par syllogisme. Mais, sous cette forme ou sous une autre, comme sous celle de la psychologie, l'homme, quoi qu'il en ait, s'occupe toujours du fond des choses, et il est dans le vrai plus qu'il ne croit.

Les scholastiques furent conduits à la question qui nous occupe comme à toutes les autres, par la fameuse controverse des genres et des espèces. Suivant Aristote, les genres et les espèces n'existent pas d'une existence réelle. L'universel n'a point d'essence, mais il semble en prendre pour ainsi dire à mesure qu'il devient moins général, et se réaliser en se particularisant. Ainsi *être*, *animal*, *homme*, sont des abstractions. Mais *animal* est plus près qu'*être* de l'existence réelle, *homme* plus qu'*animal*. L'*individu*, Socrate ou Platon, est seul une essence, ou seul en possession de l'existence réelle. Ainsi la matière première est un indéterminé pur, qui se détermine de plus en plus de genre en espèce, jusqu'à ce qu'il se concentre dans l'individu, et arrive ainsi à la substance proprement dite sous l'apparence et par la vertu de la forme. Entre ces deux extrêmes, le principe indéterminé et l'essence individuelle, il y a des intermédiaires qui présentent chacun les deux conditions de l'être, à savoir, une matière et une forme; ainsi la matière indéterminée, qui est comme le fond de l'être, semble prendre une forme en devenant le genre *animal*, elle passe à l'essence *animal*; celle-ci, déterminée par rapport à l'être, indéterminée par rapport à l'espèce *homme*, reçoit à son tour une forme en devenant l'espèce *homme*. Cette nouvelle essence semble la matière dont telle ou telle individualité sera la forme. Ainsi dans cette échelle de l'être, chaque degré serait, pour ainsi dire, essence ou matière et forme par rapport au degré supérieur, matière seulement par rapport au degré inférieur. Ce n'est qu'au premier de tous les degrés, au plus élevé, qu'on trouverait la matière première, distincte de la forme pure. Il suit qu'au moins dans la pensée et le langage, on peut admettre des essences génériques, puis des essences spéciales, puis des essences individuelles; il est même impossible de raisonner sans entrer au moins dans cette supposition. Mais n'est-ce qu'une supposition? Aristote lui-même, bien que disposé à ne reconnaître en général d'existence substantielle qu'à l'individu, ne paraît pas constamment refuser d'une manière absolue toute existence au genre [1]. Il accorde

---

[1] On lit dans la même page de la Métaphysique d'Aristote : « Le « genre est plutôt substance que les espèces et l'universel que le par- « ticulier. »—« Nous avons vu que ni l'universel ni le genre n'étaient « des substances. » — « Il est donc évident que la matière est une

probablement une certaine existence à la matière;
or la matière n'a rien d'individuel; et en présence
de Platon, qui semblait réserver la réalité par excellence aux essences universelles, il était difficile
que la philosophie n'hésitât point. Elle hésita en
effet, et suivant qu'elle attribua ou retira l'être aux
universaux, elle fut réaliste ou nominaliste. Une
controverse s'émut sur ce point au onzième siècle,
laquelle remplit toute l'histoire de la scholastique.

Cette controverse, ontologique de sa nature puisqu'elle intéressait les existences, fut introduite par
la logique, et conserva presque constamment les
apparences d'une discussion de pure dialectique. Il
ne faut pas s'en étonner. On montre en logique
qu'aucun syllogisme ne rend raison de sa majeure.
La majeure ou première proposition d'un syllogisme
est posée *a priori* par rapport au raisonnement dont
elle est la base. Si elle n'a été déduite à titre de
conclusion d'un autre syllogisme, il faut donc qu'elle
soit un axiome *a priori* (supposé qu'il y en ait
de tels dans l'esprit humain), ou une induction
immédiate de l'expérience, un jugement particulier.
Quoi qu'il en soit et sans égard à son origine, cette
première proposition suppose nécessairement une
connaissance du sujet; et cette connaissance, si elle
n'est une perception immédiate et simple, suppose

« substance (liv. III, ch. I). » Ces idées ne sont jamais amenées,
par Aristote, à une concordance parfaitement claire; et il reste
constant qu'en général il n'admet comme substantiellement réel
que les essences individuelles, et que cependant il admet une certaine réalité de la matière, puisqu'à son indétermination même il
attribue de certains effets. « La cause de l'accidentel, c'est la matière. » — « L'être accidentel...... c'est l'indéterminé (liv. VI, ch. II
et III, liv. XI, ch. VIII). »

une définition. Or toute définition suffisante d'un objet, ou, comme parle l'École, toute définition substantielle d'un objet, comprend sa matière et sa forme; sa matière, ce qui est indéterminé ou général; sa forme, ce qui est déterminé ou particulier; en d'autres termes, le genre et la différence; car c'est là, comme on l'a vu, l'essence de l'objet. La science des définitions tient donc à la science des essences, et comme toute recherche sur le syllogisme est nécessairement une vérification de la définition, la logique, ne fût-elle que l'art du syllogisme, ramène à la question des essences, partant au problème des existences, partant à l'ontologie. Il n'y a rien d'isolé dans la philosophie, et la pensée ne peut être étudiée sans que la réalité le soit avec elle.

Peut-être serait-il mieux de montrer avec détail comment la scholastique, tout en remontant l'échelle idéologique des genres et des espèces, était amenée à s'occuper des questions réelles, et à statuer sur le fond des choses. Mais pour rendre la scholastique un peu claire, il faut un développement infini, et le temps nous presse. Bornons-nous à donner en peu de mots une idée de la manière dont procédait en présence de ces grands problèmes le plus célèbre des maîtres de l'École, Abélard [1].

On sait ce que sont les genres et les espèces. *Socrate* est l'individu; l'*homme* est l'espèce; l'*animal* est le genre. La doctrine aristotélique veut que tout être, toute essence soit composée de matière et de forme. Ainsi dans l'individu, l'espèce est la matière

---

[1] Voyez *Petri Abælardi fragmentum de generibus et speciebus*, Ouvrages inédits d'Abélard, publiés par M. Cousin dans la collection des documents relatifs à l'histoire de France, 2ᵉ série.

dont l'individualité est la forme. L'espèce qui s'individualise est la matière qui se formalise. Dans Socrate, l'*humanité* est la matière, la forme est la *socratité*. De même dans l'essence *homme*, l'*animal* est la matière et l'*humanité* la forme. En remontant toujours, on arrive au genre corps, dont la matière est la *substance* et la forme la *corporéité*. Et la substance elle-même, le plus général des genres, est une matière qui peut indifféremment prendre la forme de la *corporéité* comme de l'*incorporéité*. Elle peut donc elle-même encore se diviser en *pure essence*, ce sera sa matière, et en *susceptibilité des contraires*, ce sera sa forme. On remarquera que cette distinction est la définition même de la matière première. Puisque la définition doit, en bonne logique, contenir le genre et la différence, l'un qui correspond à la matière, l'autre à la forme, et puisque la matière première est une notion, c'est-à-dire un défini, il faut bien que l'on puisse distinguer idéalement sa matière de sa forme, et la considérer au moins fictivement comme un genre dont la différence consiste uniquement dans la propriété d'engendrer des espèces. La *susceptibilité des contraires*, propriété de la pure matière, n'est pas en effet une forme réalisée, c'est la simple possibilité de la forme, c'est l'acte en puissance. L'indéterminé ne se réalise qu'en se déterminant. La définition ci-dessus ne donne à l'indéterminé d'autre détermination que d'être déterminable. Ici la forme qui de sa nature est actuelle, n'est que la possibilité de l'acte ; l'acte indéterminé, mais possible, est en effet la seule différence qu'il y ait entre l'indéterminé pur et le néant. La matière ou l'essence qui ne serait pas déterminable, ne contiendrait plus rien de l'être et ne serait que le néant sous un faux nom.

On remarquera que cette expression *matière de la substance* ne doit pas être comprise dans le sens de l'être matériel ou étendu, opposé à l'être immatériel ou inétendu. Le mot de *matière* est ici le nom du fond de l'être, et dans le langage d'Abélard, conforme en cela à celui d'Aristote, on pourrait dire que la substance est indifféremment la *matière* de l'esprit et la *matière* du corps. Cette manière de s'exprimer n'a de gravité que s'il s'agit d'un dénombrement de réalités, non d'une analyse d'idées. Veut-on que nous ayons non défini des mots, mais décomposé les choses, le genre substance est un seul et même être réel, susceptible de formes contradictoires, accessible également à deux différences opposées, la corporéité et l'incorporéité. De là bien des difficultés, qui disparaissent si l'on rejette la réalité des genres et des espèces, tout se réduisant alors à une ontologie fictive et verbale. On voit par ce seul exemple le sens et la portée de la controverse du réalisme et du nominalisme.

Il faudrait se jeter dans les profondeurs de cette controverse pour résoudre toutes les difficultés qu'on doit pressentir; relevons seulement une distinction que pose Abélard et qui le soustrait aux conséquences de toute opinion extrême. Il pense que, dans cette échelle de la catégorie de l'être, qui commence à l'individu et finit à la substance, le corps marque une limite au-dessus ou au-dessous de laquelle les principes ne sont plus les mêmes. Au-dessus du corps, la science ne considère plus que des idées qui peuvent être vraies sans correspondre à aucune réalité distincte. Au dessous du corps, les genres et les espèces peuvent être encore des abstractions, mais correspondent à des collections de réalités. Dans la partie supérieure de cette série, les mots de matière et de forme sont encore employés, mais par induction, par symétrie, et comme pour ordre. C'est une des marques les plus frappantes de ce besoin et de ce pouvoir d'unité qui signale la raison.

Il reste cependant qu'en idéologie scholastique, la matière du premier degré de l'être ou la pure essence pourrait, en acquérant la susceptibilité des contraires, devenir également la matière de deux formes qui s'excluent, et que le support de l'incorporel pourrait être le même que celui du corporel. Cela est resté vrai dans l'abstraction et dans le langage. L'idée de substance s'accorde avec celle de corps aussi bien qu'avec celle d'esprit. Descartes parle de la substance étendue et de la substance inétendue. Mais est-ce la même substance? Non, assurément, même pour les scholastiques; car du moment qu'elle prend une forme, elle contracte une différence, et comme toute essence suppose une matière et une forme, en donnant pour différence à la pure essence la susceptibilité des *contraires*, Abélard a bien entendu que la substance corporelle et la substance incorporelle constitueraient deux essences *contraires*. Maintenant en quoi consiste la *contrariété?* Qu'est-ce que la corporéité? C'est ici que la scholastique est faible, et qu'elle répond des mots à qui demande des choses. La corporéité, c'est la différence du genre substance, c'est la forme qui, en s'adjoignant à la matière substance, constitue l'essence corps. Au fait, tout cela ne nous apprend rien de la nature du corps.

C'est pour savoir quelque chose de plus, que de grands esprits ont renversé la scholastique. Voyons si nous serons avec eux plus avancés. Les notions sur lesquelles ont roulé tous les systèmes de l'antiquité sont le vide, le plein, les atomes, l'être, la substance, l'essence, la matière, la forme, le mouvement. Retraçons brièvement ce qu'ont pensé de toutes ces choses depuis la philosophie du moyen âge, Descartes, Newton, Leibnitz et Kant. Cela nous suffira pour arrêter enfin nos idées : nous ne dirons rien de Locke ni de Reid ; l'un se bornant en général à nous enseigner comment nous acquérons toutes ces idées, l'autre quelles croyances se forme naturellement l'esprit humain à l'occasion de toutes ces choses : nous cherchons une science plus ontologique et plus rationnelle à la fois.

Tout est plein, dit Descartes, l'espace n'est pas distinct de l'étendue, et l'étendue est l'essence de la matière. Le plein, l'espace, l'étendue, la matière, l'infini sont une seule et même chose. Dieu a créé la matière dans les espaces imaginaires sous forme de parcelles égales, également dures, et de figures diverses. Ce sont là les atomes cartésiens. Dieu appliqua les particules matérielles les unes contre les autres sans interstices; il ne laissa point de vide, car le vide eût été impossible. Puis il imprima à toutes ces parcelles un double mouvement : d'abord un mouvement autour de leur propre centre, puis un mouvement en ligne droite. Voilà les tourbillons. En se rencontrant, en se communiquant leurs mouvements, ces masses changent de vitesse; en se brisant, elles changent de forme, et ainsi se produisent tous les phénomènes de l'univers. De ces parcelles primordiales inégalement mues qui sont la matière commune de tout et qui ont une parfaite indifférence à devenir une chose ou une autre, sortent trois éléments : le premier, le plus fin, ou la matière subtile, qui forme le soleil et les astres lumineux; le second, qui se compose des corps usés et arrondis par le frottement, ou la matière des cieux; le troisième, formé des parties les moins usées et les plus massives, ou la matière terrestre et planétaire. De là un système dans lequel le monde se serait ordonné de lui-même avec les données divines de la matière et du mouvement. De là le mot célèbre.

Ainsi, la matière est quelque chose dont l'étendue est l'essence, et l'étendue est l'état d'une substance dans laquelle on peut distinguer diverses parties et diverses grandeurs. Le plein est l'être, et l'être seul existe; le monde est unique, et la matière est infinie. Les particules qui la constituent, bien qu'inaccessibles à nos sens, sont étendues et ne sont pas, à proprement parler, des atomes, n'étant pas de leur nature infrangibles, et n'étant séparées par aucun vide,

Elles sont créées, et le mouvement leur est donné primordialement par un acte de la volonté de Dieu, seule cause du mouvement.

La substance de la matière a pour essence l'étendue, comme la substance de l'esprit a pour essence la pensée.

L'essence (la forme substantielle d'Aristote) est la base de la distinction réelle entre les substances, l'attribut principal qui constitue la nature de la chose, et sans lequel elle ne peut être pensée.

Les qualités de la matière sont les accidents produits dans ses formes et ses apparences par sa constitution et son mouvement.

La forme, en tant qu'équivalente à la figure, n'est elle-même qu'un résultat du mouvement; au sens d'Aristote, elle se confond avec l'essence.

Newton reconnaît l'existence de l'espace pur et de l'éternelle durée. Puisque Dieu, l'être infini, existe, et puisque l'être infini est en tout lieu et dure éternellement, l'espace et le temps sont nécessaires comme lui : aussi l'un et l'autre sont-ils conçus par Newton de telle sorte, que Clarke les a présentés d'après lui comme des attributs de Dieu même. Mais la matière qui n'existe que par la libre volonté du Créateur, n'étant pas nécessaire, ne saurait être infinie. En essence, elle est indifférente à tout, uniforme et capable de toutes les formes; telle est la matière première, être étendu et impénétrable, que Dieu peut diviser comme il peut l'anéantir, et dont les parties qu'il maintient insécables, servent de base à toutes les productions de l'univers. Le mouvement ne lui est pas essentiel. Dieu est la cause du mouvement, du mouvement en ligne droite, qui emporte les astres, comme du mouvement central qui les détourne, en un mot de l'impulsion et de l'attraction. Tout autre mouvement est l'effet de la force active qui a été placée dans les êtres organisés.

Ainsi, la matière créée est finie; elle est divisible, composée d'atomes actuellement insécables. Ses parties solides sont plongées peut-être dans une matière plus subtile, dans un fluide qui en pénètre tous les intervalles et tous les pores : mais néanmoins le vide existe, il est la condition du mouvement; il est ce qu'il reste d'espace pur en dehors de la matière. Peut-être dans les corps les plus durs y a-t-il plus de vide que de plein. Aux conséquences près, qui intéressent la religion, la constitution atomique du monde matériel, comme l'a décrite Gassendi à l'école de Démocrite et d'Épicure, ne répugne point à Newton.

D'où viennent les formes de la matière? quelle est son essence? quelles sont ses qualités? Newton en dit peu de chose; il n'a étudié, il n'a découvert que la mécanique du monde. Les formes que le mouvement seul imprime à la matière, comme celles de la terre ou des astres, ont pu seules l'intéresser, et il les détermine et les explique; mais les figures diverses, les variétés innombrables de la nature visible, ne touchent point sa science, et nous ne lui demanderons pas ce qu'il dédaigne de nous apprendre.

Leibnitz fut constamment l'adversaire de Newton, même quand il ne fut pas son rival. La réalité de l'espace ne le convainquit pas: il lui parut que l'espace n'était qu'une relation entre les corps, et que les corps seuls étaient des phénomènes réels, non qu'ils fussent véritablement étendus et impénétrables comme ils le paraissent, mais parce qu'ils représentent de véritables substances. C'est dans la nature même de ces substances, abîme où jusqu'à lui nul regard n'avait plongé, qu'il chercha l'explication des choses. Ainsi, tandis que Newton rapportait beaucoup à la volonté de Dieu et voyait dans la spontanéité divine la cause et la source des phénomènes les plus généraux; tandis que Descartes réunissait dans la main de Dieu toutes les forces de la nature, celle même qui meut le corps humain, Leibnitz osa limiter et constituer à la fois la Toute-Puissance par un axiome célèbre : rien n'existe qui n'ait une raison suffisante d'exister. Dieu étant la raison même, la raison absolue et suprême, ce n'était pas au fond attenter aux droits du Créateur que de lui donner pour loi sa propre essence, et il faut convenir que le principe de Leibnitz, plus philosophique et plus hardi, ouvre un plus vaste champ aux investigations de la science. Sous le contrôle de ce principe, l'étendue n'est plus une définition suffisante de la matière. Tous les corps sont divisibles, et la division, poussée à l'infini, ne rendrait jamais que l'étendue. C'est donc la raison, la cause de l'étendue qu'il faut trouver. Elle est en des êtres qui ne sont pas étendus, mais intangibles, infrangibles; sujets au changement, mais qui ont en eux-mêmes le principe de leurs changements, c'est-à-dire la force ou l'action. Des êtres simples et actifs, tels sont les éléments ou les atomes de Leibnitz; il les a rendus fameux sous le nom de monades. Tout être au fond est monade ou assemblage de monades, depuis la monade suprême ou Dieu, jusqu'aux monades actives, mais sans idées, qui sont les principes de la matière. Les substances ou monades sont donc toutes simples et diverses, et l'étendue ne résulte que des rapports de plusieurs monades entre elles. Elle n'est qu'une continuité de points résistants, ou le phénomène pour nos sens d'une série d'unités réelles et actives. Comme ces unités diffèrent sans cesser d'être analogues, comme elles sont, à différents degrés, douées d'action et de perception, elles forment entre elles une chaîne continue, dont les divers anneaux sont les diverses substances, depuis la plus matérielle jusqu'à la plus spirituelle. La loi de continuité ne souffre pas d'interruption.

L'idée fondamentale de ce système est que tout phénomène suppose une force, ou pour donner à la pensée une forme plus générale, c'est la prédominance de l'idée de cause sur celle de substance. L'étendue et la solidité ne s'expliquent donc plus par la seule inertie. L'impénétrabilité n'existe pas, ou du moins elle n'est que l'effet sensible de l'effort interne de toute substance. Être, pour Leibnitz, c'est agir. Les corps ne sont que des groupes de forces, et la matière, la collection de tous les groupes. On devine quelles sont les conséquences d'une telle théorie. Elle donne à l'apparence phénoménale une telle part en ce monde, que le monde de la perception est un symptôme trompeur en tout, sauf en ce point qu'il accuse quelque chose. Ainsi, la perception et ses conséquences naturelles ne donneraient qu'un vain idéalisme, si l'intelligence, prenant en elle-même la notion de la cause, ne rendait par elle à l'univers une réalité nouvelle et ne reconstituait par le raisonnement ce que la sensation a laissé crouler. Leibnitz fait le monde diaphane mais animé, et à la place de la matière, il vous donne la vie. On doit entrevoir dans le monadisme l'origine de l'esthétique transcendantale.

Tout cela est hypothèse, et la théorie des monades ne supprime ni un problème ni un mystère. Elle traduit les faits dans un langage arbitraire, et elle serait la vérité que nous n'en saurions pas davantage. Mais l'hypothèse n'est-elle pas le caractère de toute science humaine, et l'homme, obligé toujours de prendre sa raison pour mesure des choses, n'est-il pas constamment réduit dans son savoir à une supposition qui ne lui prouve que lui-même? C'est l'idée de la subjectivité universelle, élevée presque au rang d'un dogme pour la philosophie critique. Kant n'affirme rien de la matière et du monde. La physique transcendante est impossible; mais il consent à étudier celle que se forge presque nécessairement l'esprit humain, et dans l'espace et le temps, formes nécessaires et lois perspectives du théâtre de la sensibilité, il aperçoit des phénomènes qu'il rapporte à un je ne sais quoi intelligible qui les soutient ou les produit. Ce noumène de la substance et de la cause est une conception nécessaire qui ne tombe point sous l'œil de la connaissance. Mais la matière, ou l'étoffe des corps dont la sensibilité donne l'intuition dans l'espace, se ramène à l'idée d'une force, dès qu'elle est conçue comme essentiellement impénétrable. Le phénomène de l'étendue solide est contradictoire avec l'inertie absolue.

Rassemblons maintenant nos idées sur toutes ces choses, l'être, la substance, l'essence, la matière, la forme, le mouvement, le plein, le vide, l'espace et les atomes. Nous nous comprendrons mieux après avoir compris nos maîtres.

Rien n'existe que l'être (Parménide). — Le néant n'existe pas. — Chacune de ces deux propositions est en elle-même une proposition identique, et toutes deux sont l'expression d'une même vérité, l'une affirmant ce dont le contraire est nié par l'autre. Car exister, c'est être l'être, et être le néant, c'est ne pas exister.

L'être, c'est ce qui existe. L'existence est la première forme de l'être, son premier attribut, sa première qualité, son premier mode, sa première différence, sa première condition ; elle est tout cela à peu près comme l'unité est l'exposant de toute première puissance, facteur qui ne modifie pas, à proprement parler, la quantité qu'il affecte, mais qui la réalise actuellement ; seulement, si on les sépare, la quantité devient nulle, et l'unité n'est plus qu'une puissance possible, une forme pure. Si vous considérez a comme une puissance a^1, c'est-à-dire comme un produit, et que vous retranchiez l'exposant, a disparaît, a est nul dans a^0. De même l'être sans l'existence est le non-être ou le néant ; il n'est pas, et l'existence devient un attribut possible, une forme pure. L'existence est donc comme l'exposant de l'être ; elle n'en est distincte que pour l'esprit ; dans la réalité, elle n'en est pas séparable. Elle est sa définition et son essence. Elle le réalise en acte.

Tout être est substance, car la substance est le sujet existant, le support, le soutien, le *soustrat* de l'existence. Elle n'est également séparable de l'être que par la pensée ; car elle est ce qu'Aristote eût appelé la *matière* dont l'existence eût été la *forme*. Mais si l'esprit peut distinguer ces trois choses, être, substance, existence, elles ne se séparent point dans la réalité, elles sont unies par un lien nécessaire. Refusez l'une des trois à l'une des trois, celle-ci s'anéantit. Elles se posent à la fois, elles sont la même chose, la chose même.

Toute idée implique un jugement. C'est ainsi que dans l'idée d'être on peut trouver les éléments de cette proposition : l'être est la substance existante.

C'est une définition, définition apparente, car elle ne fait que déplier des idées enveloppées les unes dans les autres, et exprimer la connaissance du sujet. C'est une définition à peu près semblable à celle-ci : $a = a$ [1].

C'est un privilége et un besoin de la nature humaine que de pouvoir décomposer toute idée, ou plutôt tout nom en un sujet et un attribut. Ainsi, substance est sujet, existence est attribut; et c'est même pour cela que nous avons parlé de l'existence avant la substance, d'après cette loi de l'esprit humain qui veut qu'il connaisse toujours l'attribut avant le sujet, et le sujet par l'attribut. Mais encore une fois, tout cela c'est de la pensée, de l'analyse, et non du fait, de la réalité. La réalité est synthétique.

Tout être qui est est, c'est-à-dire toute substance déterminée a une existence déterminée. Être ou exister est indéfinissable; mais ce n'est pas quelque chose d'absolu; l'existence suppose l'espace et le temps. Être, c'est durer; être, c'est être quelque part.

L'espace et le temps paraissent donc des conditions de l'existence. Mais si l'espace peut être une réalité, le temps n'est qu'une conception. La durée n'est qu'une vue de l'existence. Dire que le temps existe, c'est dire que les existences durent. Lorsqu'on dit : s'il n'y avait rien, il y aurait encore du temps, on raisonne comme s'il y avait quelque chose, et l'on dit : s'il n'y avait rien, le rien durerait. On pense ainsi le néant existant; car penser, c'est supposer l'être; mais au fond, ce qu'on dit alors revient à ceci : s'il n'y avait pas d'existence, il y aurait de l'existence. Que signifient ces hypothèses, ces inductions, ces raisonnements? Elles attestent la puissance de la raison, comme les quantités imaginaires la puissance de l'algèbre. L'homme raisonne du non-existant comme de l'existant, du possible comme de l'actuel, de l'impossible comme du possible : tel est l'absolutisme de la pensée. Mais la raison doit distinguer ce qu'elle suppose de ce qu'elle affirme, ce qu'elle conçoit de ce qu'elle croit, et la logique de l'ontologie. Le temps n'est pas une substance; il n'a pas une existence déterminée; il est un élément, une forme nécessaire, non de la sensibilité, comme le dit Kant, mais de l'existence. Le temps abstrait n'est que la condition des existences possibles. S'il n'y avait rien, il y aurait du temps, mais ce temps ne serait rien comme tout le reste; s'il n'y avait rien, il y aurait rien. Le temps est donc inséparable des existences.

L'espace est le lieu des existences. Mais se confond-il avec l'existence? Entre les existants corporels qu'y a-t-il? de l'espace. L'espace est rempli par les corps; sans les corps, l'espace est vide; il n'est pas anéanti. L'espace pourrait donc être le vide, il n'est pas le néant. L'erreur des anciens était de confondre le plein avec l'être, le vide avec le non-être. Mais le vide n'est qu'une idée négative; le vide n'est que l'absence de corps. L'espace n'est donc le vide que si le vide est ce qui ne contient aucun corps, et non ce qui n'est pas. Le vide n'est qu'un état relatif, et non une existence.

Mais l'espace est-il une existence? Sans l'espace, il n'y aurait ni mouvement, ni étendue, ni lieu. Moins le mouvement et l'étendue, l'être pourrait encore être dans l'espace : car l'esprit pur n'est par hors de l'espace. Mais il y réside, sans y produire le phénomène d'étendue, c'est-à-dire sans faire cesser le vide, c'est-à-dire encore sans substituer l'impénétrabilité solide à la pénétrabilité absolue. L'espace, je le répète, est donc le lieu de tous les êtres, une condition de toutes les existences. Il n'y a rien, s'il n'y a de l'espace, car où serait ce qui serait? Mais s'il n'y avait rien, y aurait-il encore de l'espace? Moins le monde, moins l'esprit pur, moins Dieu, l'espace demeure; il est nécessaire. S'ensuit-il qu'il ait existé, qu'il puisse réellement exister, qu'il soit même concevable, ne contenant rien? Nullement. L'espace n'est pas le contenant du néant; il contient quelque chose, et il est quelque chose. Quoi? je ne sais. Mais comment ne serait-il rien? Il est divisible, pénétrable, homogène, infini, incréé, éternel, nécessaire; tant de modes sont-ils possibles sans la substance? Quelle est son essence ou sa qualité essentielle? D'être actuellement infiniment divisible. Newton et Clarke ont prétendu l'identifier avec Dieu; Leibnitz le réduire à une conséquence des existences, partant à une abstraction. Peut-il être ramené au même principe d'existence que la matière? N'est-il que le phénomène d'une force expansive, ou bien une manifestation infinie de l'être infini, seul effet de Dieu sous ce rapport qui serait infini comme lui-même, et qui rendrait ainsi l'univers, ou ce qu'on appelle la création, moins inégale au créateur? Questions profondes qui ne peuvent être résolues que par et pour la science spéculative, et qui dépassent même la portée commune de la métaphysique. Encore une fois, prenons l'espace comme existant.

La matière est la substance étendue, c'est-à-dire qui se limite dans l'espace par l'impénétrabilité. Elle est divisible pour la pensée, elle est divisée pour la sensation en parties qu'on appelle corps. L'ensemble des corps est un et divers. Ce qu'il y a de divers, c'est la pluralité des corps; ce qu'il y a d'un, c'est leur essence commune. Cette essence porte le nom abstrait de matière. La matière sans les corps n'est donc qu'un abstrait; elle n'existe pas réellement en cet état, car il faudrait qu'elle fût illimitée comme l'espace. Elle serait alors infinie et nécessaire. Ce serait le plein absolu, l'unité matérielle et immobile des Éléates matérialistes [1] Mais comme essence, elle existe dans tous les corps. Prise isolément, c'est-à-dire par abstraction, c'est-à-dire par hypothèse, elle serait le principe des corps, c'est-à-dire une substance étendue à l'infini, divisible à l'infini, figurable dans une infinie diversité, sujette au mouvement, au changement, à l'infini, déterminable à l'infini, diverse ou diversifiable à l'infini; et cependant elle ne serait pas l'un ni le divers. Elle ne serait pas l'un, car elle serait multiple et susceptible de divisions et de changements sans terme; elle ne serait pas le divers, car elle serait ce qui est commun à tous les corps ou leur essence universelle. Mais la matière n'est pas le nom d'un être réel, existant en soi; elle n'existe nulle part pour son propre compte, et elle est le nom abstrait de l'essence commune des corps.

Tous les corps sont de substance divisible et im-

---

[1] « L'unité de Parménide semble être l'unité rationnelle, celle « de Mélissus, au contraire, l'unité matérielle. » Aristote, *Métaph.* liv. I, ch. V.

pénétrable. C'est ainsi qu'ils sont matériels ; c'est ainsi qu'il faut concevoir l'étendue réelle ou l'essence de la matière prenant la forme de corps. Le corps est mobile, composé, figuré. Ce ne sont pas là de simples qualités accessoires ou variables. D'abord elles sont inséparables des corps ; puis elles sont nécessairement liées ensemble. Si le corps n'était mobile, il ne serait pas composé ; car des parties immobiles n'adhéreraient pas ; il serait divisé infiniment, il serait impossible. La force qui unit les parties constitue le corps ; l'impénétrabilité elle-même la suppose. S'il n'était composé et mobile, il ne serait pas limité, il serait sans figure ; et s'il était sans figure et sans limite, il serait la pure matière, et il retomberait dans l'abstraction de l'immobile indivisible ou du plein absolu. Ces attributs qui dérivent de la mobilité, sont donc de l'essence du corps, et en ce sens il y a du vrai dans la maxime que la matière et le mouvement constituent le monde (Descartes).

Telle est donc l'essence du corps. Mais les corps étant limités sont plusieurs, ou numériquement divers. Étant mobiles et figurés, ils sont sujets à la diversité des mouvements et des figures ; et de là sans doute toutes leurs autres diversités. La diversité numérique donne l'individualité. La diversité de mouvement et de figure donne les genres, les espèces, les différences individuelles. De là des essences nouvelles. Il y a autant d'essences génériques ou spéciales que d'attributs ou de groupes d'attributs communs et persistant en plusieurs individus, autant d'essences individuelles que d'identités numériques persistant sous des attributs divers. Mais tout ceci ne s'applique qu'aux corps apparents, sensibles, tels qu'ils sont connus. Sous ce point de vue, ils sont des composés délimités ou des touts : à ce dernier titre, ils ont des parties. Ces parties nécessairement mobiles et figurées sont nécessairement de petits corps, mais non sensibles et seulement concevables.

Le corps total est divisible. Par la pensée, la divisibilité est infinie; en puissance, elle est infinie. En fait ou actuellement, elle est finie ou elle s'arrête nécessairement. Les petits corps auxquels elle s'arrête seraient les éléments ou les atomes.

Existent-ils ? Il n'y en a qu'une preuve, c'est qu'il faut un terme à la divisibilité. Car du reste les sciences physiques qui les admettent ne les démontrent pas. La chimie, en découvrant la loi des proportions multiples et des équivalents a pensé un moment avoir découvert les atomes ou du moins la preuve des atomes. Mais la théorie n'exige pas, pour être exacte, l'existence d'atomes proprement dits, c'est-à-dire de particules absolument insécables; il suffit qu'il y ait des atomes chimiques, savoir, des molécules qu'aucune force chimique ne puisse diviser, sans préjudice de l'action plus puissante d'autres forces d'une autre nature. On avait espéré démontrer l'existence des atomes par une série très-ingénieuse d'inductions qui aurait eu pour base le fait d'une réfraction atmosphérique autour du soleil ou de la planète de Jupiter; mais cette réfraction ne s'est pas trouvée, et bien qu'il n'en résulte rien de décisif contre la théorie atomique, celle-ci est restée sans preuve et à l'état d'une conjecture non démentie, mais fondée sur une seule idée, la nécessité d'un terme physique à la divisibilité métaphysique de la matière. L'existence de l'atome physique, c'est-à-dire de la particule excessivement petite, mais étendue, physiquement infrangible, mais divisible pour la pensée, peut satisfaire aux exigences des sciences naturelles; elle laisse subsister toutes les difficultés métaphysiques de la constitution de la matière. Si l'on va plus loin et que l'on pousse l'atome physique jusqu'à l'atome métaphysique, c'est-à-dire jusqu'à l'indivisible absolu, un grand problème s'élève : comment des indivisibles constituent-ils le divisible ? comment des points inétendus donnent-ils l'étendu ?

Mais les atomes physiques ne peuvent eux-mêmes constituer le continu matériel qu'à la condition d'être réunis par des forces qui sont entre eux et dans lesquelles ils sont mus, ou qui sont en eux et par lesquelles ils se meuvent. Les atomes métaphysiques, parfaitement purgés de toute étendue solide, laisseraient subsister la force et ne donneraient plus lieu à l'alternative d'une force ambiante ou d'une force interne. Il est clair que des points inétendus et mobiles ne peuvent être que des principes de mouvement ou des forces, et, dans un certain sens, la monade de Leibnitz réalisée.

Les atomes d'Épicure se rencontraient par hasard, et en se joignant créaient le monde. Ainsi l'atomisme niait la providence. Les atomes des physiciens modernes s'unissent en vertu de leur nature suivant de certaines lois. Ainsi l'atomisme ne donne que la cause instrumentale de l'univers; la première cause reste intacte. Quant aux atomes actifs ou forces substantielles, ils n'agissent que par impulsion ou attraction, et se modifient réciproquement. Cette action réciproque s'élève jusqu'à la sensation et à la vie dans les êtres sensibles, jusqu'à la perception et à la volition dans les êtres intelligents. Mais la relation universelle des atomes constitue l'harmonie universelle, et soit qu'ils se divisent en classes de natures différentes, soit qu'en se combinant d'une manière diverse et régulière ils constituent les diverses natures, l'existence et l'immutabilité relative des essences ne permettent pas de tout ramener aux causes immédiates constituées dans l'atomisme. Ainsi l'atomisme en lui-même n'est pas nécessairement lié à l'athéisme et au matérialisme. Il n'est jamais tout au plus que l'explication seconde de la nature des choses.

Voilà où conduirait l'atomisme considéré *a priori*; *a posteriori*, c'est-à-dire du point de vue de l'expérience scientifique, l'induction mène à quelques conséquences dans le même sens. La cosmologie newtonienne, en effet, s'accommode des atomes; la chimie et la physique les demandent; il est facile de leur enlever toute conséquence fâcheuse pour la philosophie; rien donc ne les interdit. Seulement on remarquera que pour qu'ils soient les éléments utiles du solide, il faut qu'ils soient les moyens de l'agrégation; il faut, en d'autres termes, qu'ils soient sujets à des forces, c'est ce que nous avons entendu par mobiles. La diversité des mouvements qui correspond à la diversité des forces, est une expression générale des phénomènes de cohésion, d'attraction, d'expansion, d'affinité, dont s'occupent les sciences naturelles. Aucune des propriétés sensibles des corps, considérés soit dans leurs masses, soit dans leurs atomes, fût-ce même l'impénétrabilité ou l'étendue, n'est concevable sans la conception de la force. L'existence dans l'espace, c'est-à-dire le remplacement du vide par le corps, réclame autant la supposition de la force ou toute supposition équivalente, que la vibration la plus rapide ou la projection la plus énergique. Sous ce rapport, Leibnitz a eu raison. Le mouvement est dans l'origine de tous les phénomènes matériels. L'existence matérielle est l'exertion d'une force; j'entends par là une seule chose, c'est que, actuellement et physiquement, l'inertie et l'existence sont incompatibles. Toute existence est en acte; les mots même le disent, l'être actuel ne va jamais sans l'agir; dans la réalité la substance est toujours cause en un certain degré. Si cela est vrai de la situation dans l'espace du simple corps solide, ce doit l'être *a fortiori* de tout mode de l'existence. Je sais que ce point ne passera pas sans contestation; mais je prie de remarquer qu'en ce moment du moins je ne parle que de l'état actuel des choses, et je dis que dans le monde, dans le tout ordonné que nous appelons ainsi, aucun phénomène absolument n'est possible dans la supposition de l'immobilité[1] absolue actuelle de toutes les parties de la nature. Les différences que présentent tous les corps, soit entre eux, soit dans le cours de leur durée, pouvant être ramenées à des phénomènes de mouvement, il suit que ce n'est que par abstraction, c'est-à-dire par supposition, que nous isolons le mouvement de l'étendue; et une certaine action est comprise et enveloppée dans toutes les manifestations de l'être.

Ces considérations ne se rapporteraient qu'aux qualités les plus générales de l'être matériel; mais il

---

[1] Immobilité, impossibilité d'être mû.

en est une dont elles ne donnent aucune idée : c'est la propriété que possède la matière d'être diversifiée en essences. A la rigueur, on pourrait réduire, pour la simple matière, cette propriété à la susceptibilité des contraires; mais resterait à savoir d'où procèdent les essences. Elles ne peuvent en effet provenir des qualités générales des corps, car elles seraient toutes les mêmes, ou plutôt il n'y aurait qu'une essence, l'essence de corps. Or, il y a certainement des essences diverses. Que les phénomènes qui les caractérisent se réduisent essentiellement à des phénomènes de figure et de mouvement, que la mobilité en soit conséquemment la cause immédiate, c'est, on l'a vu, ce que nous sommes fort disposé à admettre; mais cela n'explique nullement d'où viennent la différence et la permanence des essences. L'essence, la forme, ainsi que l'appelle Aristote, peut s'établir par le moyen physique de l'agrégation et du mouvement des atomes; mais le fait général de l'immutabilité des essences ne s'explique pas uniquement par là. Il faut ou admettre un plus ou moins grand nombre d'espèces d'atomes substantiellement hétérogènes, diversement combinés, comme sont les molécules chimiques, groupes secondaires ou tertiaires d'atomes; ou n'attribuer encore une fois qu'à la diversité des figures, accompagnée de la diversité des mouvements, ou même provenant de cette diversité, la différence des genres et des espèces. Mais dans le premier cas, il est radicalement impossible de se figurer une diversité substantielle matérielle quelconque qui soit essentiellement autre chose que de la figure et du mouvement, et nous n'avons hors de là aucune pensée quand nous prononçons ces mots d'hétérogénéité des éléments primitifs et constitutifs des corps; et dans le second, il reste toujours à expliquer, ou du moins à rapporter à une cause la constance des différences de genre et d'espèce. Dans les deux cas, il faudrait toujours recourir à une cause spéciale de l'existence des formes essentielles. Cette cause, moule ou type de toutes les constitutions des êtres, cette nature générale, origine ou principe de toutes les natures, cette force qui façonne, spécifie, caractérise toutes les sortes d'êtres, ne peut se concevoir comme une propriété constante de l'être, puisque c'est de leur diversité qu'elle doit rendre compte; ou elle n'est, au plus mauvais sens du mot, qu'une qualité occulte. Là est à mon avis la plus grande preuve de la présence d'une volonté et d'une intelligence exerçant leur pouvoir dans toute la nature. Tout indique là un rapport entre le choix des moyens et une conception primitive, entre une exécution et un plan, la réalisation d'une pensée en un mot. Quel que soit l'intermédiaire ou l'instrument de cette réalisation, il est impossible ici de ne pas recourir à une cause efficiente, et de ne pas attribuer à cette cause l'intelligence (Anaxagore). Des forces aveugles, mais simples, l'expansion, la cohésion suffiraient, en supposant qu'elles existassent de toute éternité, pour expliquer la simple mécanique de l'univers, c'est-à-dire le mouvement et l'équilibre d'un système de corps; mais comment expliquer par là seulement, comment croire ou paraître expliquer la variété immuable des êtres? Tout exemple d'unité dans la variété ramène nécessairement à ce type si connu de l'unité dans la variété, l'intelligence que nous sommes, et toute force relève plus ou moins d'une volonté intelligente. Il est impossible de concevoir la force primitive autrement qu'intelligente ou subordonnée immédiatement à une intelligence. Ainsi la contemplation de la matière dépose que tout n'est pas matière. Le monde physique décèle une intelligence.

ESSAI X.

DE L'ESPRIT.

I.

DE LA MÉTHODE EN GÉNÉRAL.

ANALYSE ET SYNTHÈSE.

Depuis que Descartes a intitulé *Discours de la méthode* un de ses plus beaux ouvrages, la méthode joue un des premiers rôles dans la philosophie. On trouve son nom à chaque page de nos écrits. Toutes les écoles ont célébré la méthode. Malebranche après Descartes en a fait l'objet du VIᵉ livre de la *Recherche de la vérité*. Wolf après Leibnitz a soutenu qu'il n'y avait qu'une méthode commune à toutes les sciences. Condillac après Locke a réduit toute la métaphysique à une langue bien faite, après avoir posé le principe que toute langue est une méthode analytique et que toute méthode analytique est une langue. Les Écossais se sont vantés d'avoir observé les lois de la méthode plus fidèlement que leurs devanciers. La méthodologie est pour les Allemands une partie considérable de la science, et elle occupe la dernière partie de la Critique de la raison pure. M. Cousin lui-même a dit : « La philosophie n'est qu'une méthode[1]. »

Tandis que les systèmes varient, les méthodes

---

[1] *Introduction à l'histoire de la philosophie morale*, Cours de 1820, Iʳᵉ leçon; et *Cours d'histoire de la philosophie*, 1828, Iʳᵉ leçon.

semblent peu différer entre elles. Depuis la chute de la scholastique, depuis l'époque qui fut pour la philosophie une renaissance, en ce sens que la philosophie du moyen âge fit place à la philosophie moderne, les mêmes préceptes méthodiques remplissent les livres, que ne remplissent pas les mêmes principes philosophiques. L'influence de la méthode serait-elle donc plus bornée qu'on ne le dit? Si, quand elle est la même, elle ne conduit pas à des résultats identiques, elle est nécessairement moins importante et moins efficace, elle est un guide moins sûr que ne l'avouaient ceux qui nous vantent ses mérites et sa puissance; ou bien il faut croire qu'il est rare et difficile de la suivre exactement, une fois même qu'on l'a connue; et alors elle perdrait beaucoup de sa valeur. Que doit être en effet la méthode? un procédé, une recette pour rencontrer le vrai. Si elle-même fait difficulté, si elle est un problème de plus, elle ne vient qu'ajouter aux chances d'erreur. C'est ce qu'on serait tenté de penser, lorsqu'on entend si souvent réduire à des erreurs de méthode les erreurs philosophiques. Il est sans doute peu de systèmes défectueux, de conclusions fautives, qu'on ne pût ramener à quelque vice dans la conduite des recherches et des raisonnements qui y ont entraîné l'auteur que l'on critique. « Un système, dit avec raison M. Cousin[1], n'est guère que le développement d'une méthode appliquée à certains objets. » En général, pour qu'une proposition ait été soutenue, il faut qu'elle ait offert quelque apparence de raison, disons mieux, qu'elle

---

[1] *Fragments philosophiques*, T. I, préface de la première édition.

ait été raisonnable par quelque côté; or, s'enquérir de ce côté raisonnable, chercher comment il se fait qu'on l'ait considéré à l'exclusion de tout autre, c'est une investigation qui se réduit à celle de la méthode observée. On peut toujours supposer que celui qui s'est trompé ou n'a pas tout vu, ou n'a pas compris ce qu'il a vu, ou n'a pas su tirer de ce qu'il a compris tout ce qui y était renfermé, en d'autres termes, qu'il a manqué aux prescriptions de la méthode. Mais, dans le fait, telle n'est pas toujours la cause déterminante de l'erreur philosophique. Celle-ci tient souvent à des faiblesses de l'esprit, contre lesquelles il n'existe pas de règles écrites, de préservatifs certains. On peut avoir suivi les procédés de la science et s'être trompé; on a tenu compte de tous les faits, mais on a mal distribué entre eux la valeur et l'importance. On a pesé toutes les raisons, mais le jugement est à la fois la balance, le poids, l'étalon, le peseur et le vérificateur des poids et mesures. Une partialité involontaire, que déterminent les habitudes de l'esprit, les passions, les goûts, égare notre attention, et nous fait pencher à notre insu vers tel ou tel côté des questions. Les causes de l'erreur sont profondément enfoncées dans les mystères de cette union du libre arbitre et de la raison, union singulière qui fait tout ensemble la grandeur et l'infirmité de l'homme. Presque toujours il y a préméditation dans la conclusion à laquelle un auteur semble conduit par la fatalité logique de son système. Il n'est pas très-fréquent qu'un philosophe pense ce qu'il pense par des circonstances indépendantes de sa volonté, telle que le serait la dictée impérieuse de sa méthode. On recherche, non ce qui est vrai, mais ce qui doit être vrai, souvent même ce qu'on désire trouver vrai. Cela n'est pas philosophique, mais cela est souvent inévitable. Et l'on ne doit pas toujours regarder comme un mauvais guide cette anticipation d'une conclusion future. Lorsque ni l'entraînement de la routine, ni le parti pris de l'amour-propre, ni la séduction d'une passion, mais la divination de la raison libre choisit *a priori* son idée dernière, les chances sont pour la vérité; et nul ne sait combien de grands principes ou de découvertes précieuses les sciences positives elles-mêmes, rivales en cela des arts d'imagination, ont dus à cette inspiration du génie.

Il faut cependant résister à la tentation d'être inspiré. Il faut se défendre des opinions préconçues et des prédilections spontanées pour certaines idées. Il faut tout soumettre au contrôle de la méthode, et se laisser gouverner, autant que possible, par l'évidence, l'expérience, le raisonnement. L'erreur n'a que trop de sources cachées qui nous échappent; et les moyens scientifiques de l'éviter, les procédés techniques qui assurent notre marche dans la recherche du vrai, pour n'être pas infaillibles, ne laissent pas d'être utiles. Le plus sage est de s'y appuyer. La méthode qu'enseignent les philosophes est une des plus précieuses parties de leur enseignement, et l'accord à peu près constant qui se montre entre eux, lorsqu'ils en exposent les règles et les avantages, est un préjugé puissant, une recommandation en faveur de l'objet de cette unanimité inattendue.

Mais lorsque déposant ses opinions antérieures et même ses inclinations excusables, l'esprit fait vœu de s'abandonner en esclave à la méthode philosophique, il rencontre tout d'abord une difficulté grave. La méthode ne lui paraît plus ni aussi invariable, ni aussi reconnaissable, qu'on la lui avait faite. Toute cause d'indécision n'a pas cessé; une seule route ne semble pas s'ouvrir devant lui, et il peut hésiter, dès les premiers pas. On doit se rappeler en effet que, dans la critique de quelques philosophes, nous avons remarqué que l'un avait trop négligé l'observation, que l'autre avait trop accordé à la dialectique, qu'un troisième avait confondu les procédés d'une science avec ceux d'une autre; enfin nous avons signalé des erreurs de méthode qui ont conduit aux erreurs de système. Comment donc choisir entre les voies diverses qui s'offrent à l'inventeur, et faire la juste part des divers moyens de connaître et des divers ordres de faits à connaître? Il est des vérités auxquelles on peut parvenir par plusieurs routes; il en est qui sont au terme d'un seul chemin. Le procédé qui vous a bien dirigé dans un cas, vous égarera dans un autre. Les géomètres, les naturalistes, les métaphysiciens, prétendent en général, depuis Bacon, qu'il n'y a qu'une méthode, et qu'elle est commune à toutes les sciences; cependant elle ne les a pas amenés tous au même point, et ils ne s'entendent pas dans leurs conclusions. Ne serait-il donc pas vrai que la méthode des modernes fût unique, et y aurait-il en effet plusieurs méthodes différentes? Ou plutôt ne serait-ce pas que dans la même méthode, il y a, suivant les faits et les questions, des procédés divers à employer, et dont l'emploi successif ou simultané doit être dirigé par une raison supérieure aux méthodes mêmes? Dans l'un ou l'autre cas, comment se déterminer d'avance entre les méthodes ou les procédés? Comment ne pas tâtonner péniblement et ne pas souvent s'égarer? Il faudrait une méthode pour trouver la bonne méthode, un procédé certain pour s'assurer du bon procédé. Est-il un caractère auquel, une question étant donnée, on puisse juger d'avance dans quelle forme elle doit être traitée, et quel procédé expérimental ou intuitif, inductif ou déductif, en donnera le plus sûrement la bonne solution? « Il faut que nous apprenions avant tout, « dit Aristote, quelle sorte de démonstration con— « vient à chaque objet particulier; car il serait « absurde de mêler ensemble et la recherche de la « science et celle de sa méthode; deux choses dont « l'acquisition présente de grandes difficultés.[1] »

Nous revenons ainsi à l'opinion commune des philosophes, et bien que la cause primitive de l'erreur philosophique ne soit pas nécessairement dans un défaut de méthode, on doit admettre que dans la discussion critique, toute philosophie erronée peut être ramenée par abstraction à une erreur, soit dans le choix de la méthode, soit dans l'emploi du procédé méthodique.

Nous croyons que cette double erreur se retrouve dans tout système philosophique qui nie l'existence de l'esprit; et cela vient, selon nous, d'une erreur générale sur la méthode considérée en elle-même. On en jugera si l'on veut bien lire cet Essai, consacré à la recherche de quelques principes sur la méthode, et à l'application de ces principes à la question de l'existence de l'esprit.

[1] *Métaph.*, II, 3

« Le lord Bacon, dit Leibnitz, a commencé à mettre l'art d'expérimenter en préceptes [1]. » L'opinion générale est, depuis Bacon, qu'il n'y a dans les sciences qu'une méthode, la méthode expérimentale. Ainsi, du moins, l'appellent les savants français; Bacon ne lui donne pas précisément ce nom. Ce n'est pas ici le lieu d'exposer sa méthode en détail; D'Alembert, parmi nous, l'a esquissée à grands traits; et depuis D'Alembert, dans la patrie même de Bacon, des écrivains éminents, Playfair, Stewart, sir John Herschel, M. Hallam ont d'un commun accord, et avec autant de clarté que d'élégance, analysé l'esprit de sa philosophie et décrit le mouvement scientifique qu'elle a produit [2].

Vers la fin du règne de la philosophie du moyen âge, « dans cette obscurité de la nature et de l'âme, l'illustre Bacon, dit Herschel, resplendit au milieu des ténèbres comme une étoile matinale qui annonce l'aurore. » Le jour que précédait cette aurore est la lumière vive et diffuse de la philosophie naturelle, ou, comme nous dirions, de la science de la nature physique. Cependant, bien que cette science tienne la grande place dans les pensées de Bacon, ses leçons et ses prévisions vont au delà. L'observation et

---

[1] *Nouveaux essais sur l'entend. humain*, liv. IV, ch. XII.

[2] D'Alembert, Discours préliminaire de l'*Encyclopédie*, et dans l'*Encyclopédie*, l'article *Philosophie expérimentale*. — Playfair, Dissertation préliminaire à l'*Encyclopœdia Britannica*. — Herschel, *Discours sur l'étude de la philosophie naturelle*, part. II, ch. II et III. — D. Stewart, *Histoire des sciences métaphysiques et morales*, Ire part., sect. I, ch. II. — H. Hallam, *Histoire de la littérature de l'Europe pendant les* XVe, XVIe et XVIIe *siècles*, T. III, ch. III. Voyez aussi les introductions exactes et intéressantes que M. Bouillet a mises en tête de son édition des Œuvres philosophiques de Bacon, 3 vol. in-8, Paris, 1835; c'est un travail complet.

l'expérience sont bien les principales sources de la connaissance des faits. C'est par elles que les faits ou phénomènes sont distingués, constatés, décrits, analysés; puis, sur cette base des faits particuliers, s'élève une série de généralisations inductives, transformées peu à peu en lois universelles, qui par une série de raisonnements inverses redescendent des faits généraux aux faits particuliers. La méthode inductive, tel est le vrai nom de la méthode de Bacon; aussi les Anglais ont-ils souvent donné aux sciences naturelles la dénomination de sciences inductives. Mais ce n'est pas à elles seules que Bacon promettait une *grande restauration* et de vastes *accroissements*. Il dit en termes exprès qu'il entend soumettre également à ses vues les autres sciences, *les sciences logiques, éthiques, politiques*. L'œuvre de Bacon est une réaction; comme tous les génies critiques et novateurs, le sien est polémique. Il se jette du côté des sciences naturelles, parce que ce sont celles qui ont le plus besoin de l'expérience et celles que le moyen âge en a le plus étrangement destituées. La scholastique s'est consumée dans l'étude des choses abstraites, et elle a traité la physique même par des principes *a priori*. La logique est devenue avec Aristote, ou plutôt avec ses modernes commentateurs, la clef de toutes les sciences, l'*organon*. Avec Bacon, la nouvelle clef, le *nouvel organe* sera naturellement l'induction, peut-être parce qu'Aristote appelle de ce nom la contre-partie du syllogisme, et cette nouvelle logique deviendra comme le prospectus de toutes les découvertes dont s'enrichira l'esprit humain. En effet, toutes les écoles philosophiques qui se piquent d'être expérimentales, ont consenti à rattacher au trône de Bacon la chaîne d'or de leurs idées. La philosophie française du xviiie siècle lui rend plus qu'à Descartes ; Reid et surtout Stewart n'ont pas hésité à témoigner au père des méthodes naturelles la reconnaissance de la philosophie. Kant lui-même a écrit ce qui suit : « La philosophie doit « une partie de son amélioration dans les temps mo- « dernes, d'une part à une plus grande étude de la « nature, d'autre part à l'application des mathéma- « tiques à la physique. La méthode que l'étude de « ces sciences fait contracter dans la conduite des « pensées, s'étendit aussi aux différentes parties de « la philosophie proprement dite. Le premier et le « plus grand physicien des temps modernes fut Bacon « de Verulam. Il suivit dans ses recherches la voie de « l'expérience, et fixa l'attention des savants sur l'im- « portance et la nécessité des observations et de « l'expérience pour découvrir la vérité [1]. » Et M. Cousin, rendant *hommage à l'esprit du temps qui lui-même est l'œuvre de l'esprit général du monde*, dit en termes formels : « La méthode d'ob- « servation est bonne en elle-même.... nous n'avons « foi qu'à elle, nous ne pouvons rien que par elle.... « La méthode est irréprochable, et elle suffit tou- « jours ; mais il faut l'appliquer selon son esprit. Il « ne faut qu'observer, mais il faut observer tout.... « Il faut emprunter à Bacon la méthode expérimen- « tale, mais ne pas corrompre d'abord l'observation « en lui imposant un système. Il faut n'employer que « la méthode d'observation, mais l'appliquer à tous « les faits, quels qu'ils soient, pourvu qu'ils existent; « son exactitude est dans son impartialité, et l'im-

[1] *Logique*, introduction, IV, traduction de M. Tissot.

« partialité ne se trouve que dans l'étendue. Ainsi
« peut-être se ferait l'alliance tant recherchée des
« sciences métaphysiques et physiques, non par le
« sacrifice systématique des unes aux autres, mais
« par l'unité de leur méthode appliquée à des phéno-
« mènes divers [1].... Ici comme ailleurs, comme par-
« tout, je me prononce pour cette méthode qui place
« le point de départ de toute saine philosophie dans
« l'observation [2].... »

Mais M. Cousin a dit aussi : « La première aberra-
« tion de la vraie méthode philosophique vient de
« Bacon. » Nous le pensons comme lui, et ce n'est
pas seulement, comme il le dit, parce qu'en recom-
mandant l'observation, Bacon n'a ni tout observé,
ni connu tout ce qu'il devait observer; c'est aussi
parce qu'il a cru ou fait croire que la méthode d'observation était toute la méthode.

Si l'on veut voir dans Bacon le *réformateur de
la philosophie* (Herschel), c'est donc seulement la
philosophie naturelle qu'il faut regarder. Encore
d'autres accomplissaient-ils, sans l'avoir entendu, la
réforme dont il était comme le missionnaire. Celui
que Voltaire appelle *le maître à penser de l'Italie*,
Galilée, observait et expérimentait, il pesait et me-
surait, puis il traduisait les faits constatés en lois
générales, pendant que Bacon prescrivait et cé-
lébrait la méthode des découvertes. L'un marchait,
pendant que l'autre vantait le mouvement; et nous
concevons l'opinion de Hume, qui déclare Galilée
supérieur à Bacon. L'un a donné des leçons, l'autre
des exemples; l'un a été la théorie, l'autre la pra-

---

[1] *Fragm.*, préf. de la première édition.
[2] *Ibid.*, préf. de la seconde édition.

tique; mais tous deux sans se concerter, sans se rien devoir l'un à l'autre, ont à jamais attaché leur nom à la glorieuse époque du renouvellement des sciences.

Galilée, ainsi que Bacon, ainsi que, plus tard, Descartes, fut l'adversaire d'Aristote. Il osa, au milieu des huées de l'école, attaquer *le maître*, et l'on dit que ses premières expériences sur la chute des graves furent sifflées par les spectateurs, impatients vengeurs de l'honneur aristotélique. C'est un fait remarquable qu'aucun des créateurs de la science moderne n'ait cru pouvoir inaugurer le règne de la vérité que par des imprécations contre un des plus grands philosophes de l'antiquité. Tous, chacun à sa manière, ont entendu rappeler la science à la réalité, et substituer l'étude patiente des questions à la passion aventureuse des solutions spéculatives; tous se sont conjurés contre Aristote. Si cependant on le juge par son Traité des Animaux, il est comme naturaliste le père de l'observation. Si l'on se rappelle sa polémique contre Platon au sujet des idées, et quelques passages célèbres concernant l'origine de nos connaissances, on peut voir en lui un des fondateurs du sensualisme, c'est-à-dire de la philosophie qui se donne pour éminemment expérimentale. Enfin si l'on considère sa Logique, il est l'auteur de l'analyse la plus exacte, la plus réelle, la plus évidente, d'une classe importante d'opérations intellectuelles; et depuis deux mille ans, le doute n'a pu entamer cette mécanique de la pensée. Et pourtant, ce philosophe observateur, empirique, démonstratif, a été attaqué par les plus grands esprits comme le promoteur et le représentant de la science *a priori*, de la synthèse hypothétique, de la philosophie toute spéculative qui invente la vérité au lieu de la découvrir. C'est du moment où son empire a pris fin que l'on date en général l'avancement de la méthode, et la scholastique, nom vulgaire du péripatétisme des modernes, est devenue synonyme de l'illusion systématique. Aristote a été traité comme l'ennemi commun par tous ceux qui ont prétendu observer ou la nature ou la pensée.

C'est qu'Aristote n'est pas seulement l'auteur de sa Zoologie, de sa Logique, de sa Politique, cet esprit des lois de l'antiquité; il n'est pas seulement le grand observateur qui décrit les animaux, la raison, les gouvernements; il est aussi l'auteur de la Physique, de la Métaphysique, du Traité de l'âme; et dans ces ouvrages il est souvent, s'il n'est toujours, le spéculatif hardi qui prononce par le raisonnement sur ce qu'il ne peut décider par l'expérience. Certes, tout n'est pas chimère dans sa Métaphysique; l'exposition et la critique des divers systèmes sur les premiers principes, sont pleines de logique et de sens, et parmi ses idées théoriques, combien n'y en a-t-il pas de vraies et de positives, bien que présentées plutôt comme des vues de la raison que comme des inductions de l'expérience! Mais enfin c'est de la métaphysique; de cet ouvrage même, la science a tiré son nom; presque tout d'ailleurs y est énoncé *a priori*. Pris comme point de départ de la science, ce livre, qui en est plutôt le terme, ne pouvait qu'égarer la science. La philosophie première n'est pas le vestibule de la philosophie. Quant à la physique d'Aristote, c'est encore de la physique dogmatique, où il est plus facile de trouver un système sur la nature que la connaissance de la nature. Bacon et Galilée eurent donc raison de penser qu'il n'y aurait pas de science véritable tant qu'on placerait l'autorité d'Aristote au-dessus de l'observation. L'autorité, c'est là, et non pas Aristote ou nul autre, l'ennemi commun contre lequel ont conspiré tous les philosophes modernes. L'autorité, c'est-à-dire le dogmatisme immobile, voilà ce qu'ont attaqué toute leur vie Bacon et Galilée, Newton et Descartes, Leibnitz et Locke, Reid et Kant. C'est un malheur pour Aristote que d'avoir été tout-puissant, et, comme le dit Bacon, *dictateur*. Il resterait plus de choses de son empire, s'il eût été moins absolu.

Si la liberté d'examen est le caractère permanent de la science moderne, il suit nécessairement que la méthode qu'elle pratique et qu'elle affectionne doit être fondée sur l'observation des faits. Du moment qu'aucune autorité magistrale n'est acceptée, la spéculation doit devenir suspecte et timide. Elle obtiendrait peu de crédit, et se ferait difficilement écouter. Aussi l'esprit défiant des modernes oblige-t-il les philosophes à se tenir le plus près possible de la réalité, à en appeler sans cesse à l'expérience de tous et de chacun, à ne féconder cette expérience que par les inductions les plus immédiates, les plus vérifiables, à ne marcher jamais qu'à pas lents, par des voies accessibles, et par un chemin qu'on puisse incessamment refaire d'un sens dans un autre, soit pour retourner au point de départ, soit pour revenir au point d'arrivée. C'est en effet ainsi que procède en général depuis environ trois siècles la méthode scientifique. Le monde à bon droit retentit de ses louanges ; car il est rempli de ses succès.

Le dernier siècle a fait, il est vrai, des distinctions

dans la méthode expérimentale. Il a insisté sur la différence entre l'analyse et la synthèse, et il a vanté la première comme le moyen de la vérité. Suivant les disciples de Locke, c'est à l'analyse que sont dues toutes les découvertes; c'est par elle que les connaissances acquièrent de l'ordre et de la clarté; elle est le véritable *organon*. Le génie n'est que la patience, la patience est l'analyse, et celle-ci, qui a pour base la sensation, a pour guide l'analogie. C'était dire en d'autres termes que la méthode s'appuyait sur l'observation et s'avançait par l'induction. Les méthodes synthétiques furent donc flétries et proscrites. Tout le moyen âge, toute la scholastique fut accusée et convaincue du crime de synthèse; et l'accusation remonta jusqu'à l'antiquité. Je ne sais si l'on daigna même remarquer qu'Aristote du moins avait montré quelque talent pour l'analyse. Quant à Platon, il fut convenu qu'il ne s'en doutait point. Sa dialectique si subtile et qui dissémine la pensée et le raisonnement en éléments si ténus, fut traitée comme la synthèse grossière d'une imagination poétique.

Quand on lit avec attention les ouvrages de Condillac, si lucides d'ailleurs, et d'une si précise élégance, ceux de ses dignes élèves, Garat, Tracy, même La Romiguière, on est sans cesse arrêté par une singulière contradiction; leur philosophie qui recommande l'analyse, pratique habituellement la synthèse. Comment procéde-t-elle en effet? Une notion étant donnée, pour l'éclaircir et la vérifier, elle se reporte immédiatement à la sensation, et de là marchant, comme elle dit, du connu à l'inconnu, du simple au composé, elle descend de la sensation à l'idée, de l'idée la moins complexe à celle qui l'est davantage, et ainsi de suite, toujours étendant, développant, compliquant l'idée d'abord voisine de la sensation, pour l'amener à l'état où la question le requiert, et montrer ainsi comment cette idée s'est formée. Or, c'est évidemment là un procédé synthétique. Il n'est sûr, souvent même il n'est possible qu'à la condition d'une analyse préalable, et l'on ne peut suivre de la racine aux branches la généalogie d'une idée, aussi bien que d'une famille, si elle n'a été antérieurement retrouvée en remontant des rameaux à la souche. La philosophie des sensations a établi une fois pour toutes que tout vient de la sensation, et sur ce principe, qui lui paraît équivaloir à une analyse, elle part *a priori* de la sensation pour en dériver toutes les connaissances. Engagée ainsi par son principe à tout expliquer, ou plutôt à tout reproduire par cette synthèse, elle est souvent conduite à d'étranges omissions, et plus souvent ce n'est qu'à force d'adresse qu'elle rattache au même fil toutes ses idées. Si, adoptant une marche inverse, si, observant avec attention les idées toutes faites, elle en avait recherché les éléments, grâce à la sagacité de ses habiles interprètes, elle n'en aurait laissé échapper aucun, et faisant, comme dit Descartes, *des dénombrements plus complets, des revues plus générales*, elle aurait démêlé des notions et des principes, qu'ensuite peut-être elle n'aurait su par aucun artifice réduire à la sensation. Mais elle n'a pas assez décomposé, elle a négligé l'analyse.

Qu'on se rappelle bien ce que c'est que l'analyse :

c'est un procédé de la chimie ; c'est un procédé des mathématiques.

Offrez à la chimie un mixte quelconque, dont la nature lui soit inconnue. Pour la connaître, elle l'analysera ; c'est le décomposer. Comment s'y prendra-t-elle? Ira-t-elle choisir en dehors un élément, et tenter en le mettant successivement en contact avec d'autres corps, de le faire passer successivement par divers états, pour l'amener, de combinaison en combinaison, à la forme du composé donné? Ce procédé serait long, douteux, il livrerait beaucoup au hasard, et ne pourrait se justifier que par un système préconçu qui, dans tous les mixtes, ne verrait qu'un même élément primitif diversement modifié. Le système serait faux, et le succès accidentel et rare. Mais quel serait le caractère de ce procédé? celui d'un procédé de composition ; il tendrait à retrouver la composition d'un corps, en essayant de le reproduire, procédé excellent pour la démontrer, mais mauvais assurément pour la découvrir. C'est le contraire de l'analyse. L'analyse prend le corps tel qu'il est, elle le traite par le feu, par l'eau, par les réactifs, et ne prétend pas le refaire avant de l'avoir connu. L'analyse des sensualistes agit précisément en sens opposé; elle est l'inverse de l'analyse chimique. Elle prend la sensation comme l'élément primitif universel, et se fie à elle pour reproduire par des combinaisons successives l'idée dont elle veut se rendre compte.

Dans les mathématiques, l'analyse, comme partout, remonte du composé au simple, et tout le monde sait que lorsqu'un problème est posé, il faut d'abord le diviser dans tous ses éléments. Sans doute il peut arriver que, dans le cours du calcul, les quantités subissent des transformations qui les compliquent, mais toujours le dernier terme de l'opération est en définitive une expression, sinon simple, au moins formée d'éléments connus. Dans le fait, ce qu'on a appelé le plus communément analyse, c'est la résolution des problèmes mathématiques opérée en les réduisant à des équations et en les traitant par la voie du calcul des grandeurs en général. En ce sens, analyse est presque synonyme d'algèbre, et c'est parce que les modernes ont perfectionné l'algèbre, et en ont fait des applications très-étendues, qu'on a dit si souvent que la méthode analytique était la méthode des géomètres modernes. Les anciens ont en effet exposé synthétiquement la géométrie; les Éléments d'Euclide sont le monument le plus renommé de cette méthode qui part des définitions et des axiomes pour parvenir à la preuve des propositions, et de ces propositions prouvées à la preuve des suivantes. Le problème étant posé, ou le théorème à démontrer étant donné, elle fait une construction, et puis démontre que par cette construction le problème est résolu ou le théorème prouvé. Cette méthode exige évidemment une recherche et une vérification préalables; elle est propre à enseigner, non à découvrir; elle suppose la science et ne la crée pas. L'analyse, au contraire, ou plutôt l'exposition analytique procède ordinairement par une hypothèse; elle admet le problème résolu, et par les conséquences qu'aurait cette solution, la vérifie ou plutôt la démontre. Au fond, c'est ainsi qu'agit l'algèbre, et toute équation est déjà une solution hypothétique, avant d'être résolue elle-même, c'est-à-dire traduite en quantités connues ou immédiatement connaissables.

Il suit que ni l'analyse chimique, ni l'analyse mathématique ne peut servir de type à celle des philosophes du XVIII° siècle. Comment expliquerons-nous la méprise que nous leur avons reprochée ?

Il faut distinguer l'analyse faite et l'analyse à faire, la synthèse faite et la synthèse à faire. A proprement parler, la méthode analytique est celle qui procède par l'analyse à faire. Mais celle-là est nécessairement condamnée à tâtonner en marchant; c'est pour cela qu'elle a été appelée méthode des découvertes; et quand des philosophes l'emploient dans l'exposition, c'est pour se reporter par hypothèse au point où ils étaient avant d'avoir trouvé leur système, et pour associer, en quelque sorte, par un récit historique, le disciple ou le lecteur à l'intérêt et au mérite de la découverte. Ils refont avec lui le chemin, comme s'ils n'étaient pas déjà arrivés au terme. Mais d'ordinaire, une fois qu'ils ont opéré réellement et pour leur propre compte les recherches de cette analyse, ils y renoncent, et reprenant les idées dans l'ordre inverse, ils se servent des résultats de l'analyse pour recomposer avec certitude. C'est cette méthode, analytique dans ses antécédents, mais synthétique dans son procédé actuel, que nos philosophes ont appelée analyse, parce qu'elle s'appuie sur l'analyse, et la suppose nécessairement quoiqu'elle opère par la synthèse; seulement son point de départ est ou devait être un résultat analytique. De là l'équivoque et la confusion dans l'idée qu'on en donne, dans le nom qu'on lui prête. Par suite on a appelé synthétique toute méthode qui partait sans examen de notions non éclaircies, ou de définitions *a priori*, lors même qu'elle cherchait à les simplifier progressivement et à y retrouver la vérité, non en les développant, mais en les creusant. Ainsi dans la langue des écrivains du xviiie siècle, la méthode analytique est celle qui a analysé, la synthétique celle qui n'a pas analysé. Peu importe ensuite que l'une ou l'autre procède par voie de composition ou de décomposition. En général l'une comme l'autre procède plutôt par la composition; mais l'une est guidée par une décomposition antérieure, l'autre, partant souvent d'un principe arbitraire, risque de marcher au hasard. Synthétique, dans la langue que nous interprétons en ce moment, désigne donc le caractère d'une méthode qui prend sans examen les produits de la synthèse du sens commun.

Dans ces termes, il est clair que, bien ou mal nommée, la méthode analytique est la meilleure des deux; mais d'ailleurs, nous sommes loin de croire que ce soit une règle absolue que de procéder analytiquement, c'est-à-dire par voie de décomposition. En général, comme dans les mathématiques, les deux procédés ont leurs avantages; il est bon de les employer successivement, de les vérifier l'un par l'autre; il est quelquefois inévitable et sans danger de les mêler et de montrer tour à tour en quoi se résout une idée, puis comment se forme une autre idée; et de même que dans une expérience de chimie un peu compliquée les phénomènes de combinaison et les phénomènes de séparation se suivent, se répondent, concourent même pour arriver à la décomposition finale, il est difficile de remonter toujours ou de toujours redescendre. La progression, la régression, la digression, sont quelquefois toutes nécessaires pour atteindre la vérité.

Ce qu'il y a de particulier dans la philosophie de l'analyse française, ce qui lui donne son caractère, comme aussi ce qui l'a souvent égarée, c'est l'application qu'elle a faite de l'analyse. Armée d'un principe *à priori*, la sensation, elle a considéré celle-ci encore moins comme fait que comme idée, et de l'idée de sensation elle a prétendu dériver, toujours sous le nom d'idées, toutes les connaissances réelles ou spéculatives. Elle ne s'est pas posé ce problème : quelles sont les choses, et qu'y a-t-il de vrai ? mais celui-ci : comment telle idée peut-elle être tirée de la sensation ? Elle a substitué à la recherche de la vérité de nos connaissances celle de l'origine et de la génération des idées. Elle a donc fait de la philosophie, dans un sens nouveau, une science idéale, et c'est pour cela qu'on a fini tout franchement par la nommer idéologie. Or, c'est spécialement cette recherche de la formation des idées qui était l'analyse du XVIIIe siècle ; cette analyse est le procédé idéologique. « L'analyse, suivant la défi-
« nition très-exacte de l'Encyclopédie, consiste à re-
« monter à l'origine de nos idées, à en développer
« la génération et à en faire différentes compositions
« ou décompositions pour les comparer par tous les
« côtés qui peuvent en montrer les rapports. » Il est clair qu'une telle recherche peut être fort ingénieuse, parfois même très-utile ; mais elle tend à dénaturer la philosophie en la changeant de science des choses en science des idées, et bientôt de science des idées en science des mots, puisque le catalogue de nos

idées est dans le vocabulaire, et que la formation des langues est l'histoire écrite de la formation des idées. De la sorte, toute méthode devient une langue, toute langue est une méthode, et la philosophie peut se résoudre dans la grammaire générale. Mais ceci nous conduirait trop loin; nous en avons dit assez pour que l'on comprenne comment, sans repousser l'analyse, en l'employant au contraire de notre mieux, nous ne professons pas l'analyse à la façon des disciples de Locke, et pourquoi nous ne pouvons regarder comme une question de premier ordre, comme la question fondamentale, celle du choix à faire entre la méthode analytique et la méthode synthétique. L'une et l'autre sont bonnes, puisque, dans les sciences, il faut tantôt combiner, tantôt diviser, tantôt composer, tantôt décomposer, tantôt ajouter, tantôt soustraire, tantôt différentier, tantôt intégrer, et la méthode expérimentale en particulier doit distinguer les faits pour les connaître, et les remettre ensemble pour les comprendre [1].

C'est donc à celle-ci qu'il faut en revenir pour étudier dans son principe même la méthode des sciences modernes. Après tout, l'analyse elle-même du dernier siècle empruntait à l'observation son principe, quand elle rattachait toute la science à la sensation, et le sensualisme s'intitulait philosophie de l'expérience. Toute l'analyse des sensations et des idées n'était qu'une induction de la sensation. Nous retrouvons donc encore ici ces mots sacramentels, observation, expérience, induction; et nous sommes

---

[1] Voyez sur la distinction de l'analyse et de la synthèse, Descartes, T. I. Réponse aux deuxièmes objections; Newton, *Method. in philos. natural.*; *Optic.* lib. III; Kant, *Logiq.*, introd. VIII.

assuré de ne rien omettre d'important pour notre objet, en continuant de nous attacher à l'examen de la méthode qui se recommande par ces trois mots.

II.

DE LA MÉTHODE EXPÉRIMENTALE OU D'OBSERVATION.

La philosophie peut donc sans impropriété appeler la méthode moderne du nom de méthode expérimentale. L'expérience ici doit être entendue dans un sens large et général. Il ne s'agit plus seulement de l'art de dérober par des épreuves habilement combinées les secrets de la nature et de la forcer industrieusement à se trahir; il s'agit de l'art d'instruire la raison par l'inspection des phénomènes. Le premier procédé est l'*expérience savante* de Bacon, le second, l'*interprétation de la nature* ou *la nouvelle logique*; il se résout dans l'induction [1].

L'homme, en effet, est dans un certain commerce avec les choses. A mesure qu'elles se manifestent à lui, il les prend à la fois comme des êtres et comme des événements. Pour lui elles arrivent, et puisqu'elles arrivent, elles sont. Elles sont, non pas seulement pour lui, mais pour elles-mêmes. La manière dont elles arrivent et la manière dont elles apparaissent, voilà ce que l'expérience, à son degré

---

[1] La méthode que Bacon appelle *ars indicii* se divise en deux parties qu'il nomme, l'une *experientia litterata*, l'autre *interpretatio naturæ* ou *novum organum*; c'est proprement l'induction ou la recherche des conséquences de la comparaison des faits. — *De augm. scient.*, lib. I, cap. II. — *Nov. organ.*, lib. I, aphor. XIX-XXII, lib. II, aphor. I-XV.

le plus faible, l'expérience élémentaire et commune, c'est-à-dire le commerce de l'esprit humain avec les choses, lui révèle. Ce qui se communique à nous dans ce qui arrive ou apparaît, ce sont des modes, des qualités, des accidents, à parler exactement des phénomènes. Mais dans les choses en tant que phénomènes, l'esprit perçoit des existences, en tant qu'événements, des effets; et dans la diversité des phénomènes et des événements, il reconnaît des êtres divers et des causes diverses. Les êtres d'après leurs qualités, les causes d'après leurs effets, voilà donc ce que l'observation, c'est-à-dire la perception et le jugement voient et étudient dans la nature. Tel est le fond, telle est la matière et la forme du monde en général. Des jugements inséparables de la perception, on induit nécessairement de certaines connaissances générales. L'induction s'opère *a posteriori ;* mais les connaissances générales qu'elle fournit deviennent des règles, des principes pour l'expérience même qui les a suggérées, des axiomes secondaires, que l'expérience suit et emploie dans ses observations ultérieures. Pour en donner un exemple des plus simples que nous empruntons à Herschel, si vous observez une liqueur noire, telle que de l'encre, ce n'est ni une sérieuse connaissance, ni une induction scientifique, que de juger que l'encre est fluide et qu'elle est noire. Mais de ce double jugement, si vous concluez que la couleur noire n'est pas un obstacle à la fluidité, que l'une et l'autre sont compatibles, voilà une induction bien modeste, il est vrai, mais enfin une induction qui constitue une connaissance générale. Et vous pouvez remarquer dès à présent que la vérité conclue est d'une certitude supérieure à la vérité observée. Il peut y avoir erreur dans l'expérience ; mais l'expérience donnée, la conséquence est indubitable. C'est ainsi que sur les vérités empiriques de l'observation, le raisonnement fonde des vérités nécessaires [1].

Voilà comme du petit au grand, du simple au compliqué, procèdent les sciences. On voit cependant qu'il est permis de comprendre toutes ces opérations, tous ces procédés, toutes ces connaissances sous le nom d'expérience, et l'art de les diriger et de les employer systématiquement sous celui de méthode expérimentale ; car tout se réduit ici à l'observation et à ses conséquences immédiates.

Telle est l'idée générale qu'on peut au premier examen se former de la méthode, universellement pratiquée et préconisée par les savants de tous les ordres et de tous les pays.

Nous avons dit qu'elle s'appliquait à la philosophie. Et en effet il est peu de philosophes qui n'aient fait gloire d'affilier leur science à la méthode de

---

[1] J'ai appelé avec sir John Herschel *induction* le raisonnement qu'il cite pour exemple : ce n'est pourtant pas une induction comme l'entendent les logiciens, ainsi qu'on le verra plus bas ; c'est un raisonnement qui, tel que l'induction, fonde un jugement général sur une perception particulière. Mais ce raisonnement est rigoureux parce que d'un fait il déduit une possibilité ; et l'induction n'est jamais rigoureuse, ou si elle l'est, elle ne l'est que dans ce cas. L'induction proprement dite consisterait à conclure de la perception de l'encre que les matières fluides sont toujours ou ordinairement noires, ou les matières noires souvent fluides. En bonne règle, il ne faudrait donc pas appeler induction l'exemple cité dans le texte, ou bien il faudrait distinguer, comme une induction particulière, l'induction *ab actu ad posse*, celle-ci a les formes de la déduction ou du syllogisme. Nous reviendrons sur la différence qui peut exister entre l'induction des logiciens et l'induction de Bacon et en général des écrivains anglais et écossais.

toutes les sciences. Nous avons souvent remarqué que la philosophie moderne était éminemment psychologique. Or, la psychologie peut sans inexactitude être appelée l'observation de l'esprit humain. De même qu'il y a des phénomènes externes, il y en a d'internes. L'observation interne ou l'observation par la conscience est aussi expérimentale que l'autre ; elle conduit comme l'autre à percevoir l'existence et la cause ; comme l'autre, elle donne naissance à des inductions qui deviennent les éléments composants de la science philosophique. On conçoit donc que les philosophes en général, et ceux qui se piquent d'être les plus observateurs de tous, les Écossais, n'aient pas fait difficulté d'assimiler à la philosophie naturelle la philosophie de l'esprit humain.

Nous ne contredirons positivement rien de tout cela ; nous soutenons, toutefois, que si l'on se bornait à cette idée encore vague de la méthode générale des sciences, on s'exposerait à de grandes erreurs, et surtout à de grandes omissions. C'est pour s'être contentés de cette idée non pas fausse, mais, on peut le dire, incomplète et superficielle, que les naturalistes ont souvent méconnu la philosophie, et que des philosophes l'ont souvent affaiblie ou mutilée. L'idée que nous venons de donner de la méthode générale des sciences, d'abord ne rend pas compte de tout ce que cette méthode opère et contient, même réduite aux parties des sciences auxquelles elle suffit ; en second lieu, elle exclut, ou du moins elle omet plusieurs parties importantes des sciences tant physiques que philosophiques, notamment les mathématiques et la logique [1].

[1] « Il y a des exemples assez considérables des démonstrations hors

Rendons-nous raison par une analyse plus sévère du contenu et de la portée de la méthode expérimentale.

Supposons-la pour plus de simplicité appliquée aux phénomènes externes, c'est-à-dire employée à l'avancement des sciences physiques. Il va sans dire que la sensation et la perception sont les moyens indispensables, les données primitives de l'observation. On sait qu'en bonne métaphysique la sensation et la perception, dans leur mouvement le plus simple, donnent nécessairement naissance à de certains jugements d'abord particuliers, puis de plus en plus généraux, qui impliquent eux-mêmes d'autres jugements plus généraux encore dont l'esprit n'a pas toujours la connaissance abstraite, ni même la conscience explicite, mais qui sont les axiomes virtuels de l'intelligence en action. Les jugements fondés sur ces lois de la pensée sont dans la pratique à l'état de croyances irrésistibles. C'est le début de la raison ; c'est, en fait de raison, le nécessaire de l'esprit humain. Quiconque ne forme pas ces jugements, quiconque les forme mal ou trop incomplétement, est insuffisamment raisonnable ; il est idiot, ou tout au moins il est encore enfant. Tout cela est vrai de la méthode instinctive, de la science involontaire et naturelle que nous devons à la pratique de la vie. Combien cela sera-t-il plus vrai encore de

« des mathématiques, et on peut dire qu'Aristote en a donné déjà
« dans ses Premiers analytiques. En effet la logique est aussi sus-
« ceptible de démonstration que la géométrie, et l'on peut dire que
« la logique des géomètres, ou les manières d'argumenter qu'Eu-
« clide a expliquées et établies en parlant des propositions, sont une
« extension ou promotion particulière de la logique générale. »
Leibnitz, *Nouv. essais*, liv. IV, ch. II.

la sensation et de la perception attentives, dirigées par la réflexion, telles qu'il les faut pour l'observation proprement dite, pour l'observation scientifiquement expérimentale!

Si l'on veut appeler généralement induction la faculté ou l'opération par laquelle la perception est développée en jugements généraux d'expérience, soit naturels et élémentaires, soit réfléchis et déjà scientifiques, que suppose déjà la simple induction? 1°. Les jugements ou notions primitives et implicites dont nous avons parlé, les notions d'existence et de cause, inséparables des notions de qualités et d'effets qui les suggèrent seules dans la pratique; 2°. les notions de temps et d'espace, et les axiomes qui en dérivent comme ceux-ci : — Deux ne peuvent être en même temps au même lieu. — Un ne peut être en même temps en lieux divers; 3°. les lois générales du raisonnement; c'est-à-dire toutes celles qui lient la conséquence au principe dans tout esprit raisonnable; 4°. le principe de contradiction, savoir que la même chose ne peut pas être et n'être pas; et le principe de la raison suffisante, savoir que rien n'arrive sans raison; deux principes qui se rapportent l'un à l'idée de substance, l'autre à l'idée de cause; 5°. l'autorité de l'expérience, c'est-à-dire la croyance naturelle que la chose arrivée dans des circonstances données se reproduira dans les mêmes circonstances, ou la conviction de la stabilité des phénomènes de la nature, qui n'est au fond que la notion de l'immutabilité des essences, notion qui ressort elle-même forcément de l'application à l'univers réel des notions impératives de substance et de cause.

Est-il besoin de démontrer de nouveau que tout cela n'est ni la sensation transformée, ni la perception simple, ni une induction purement expérimentale? La sensation ne peut se transformer qu'en une autre sensation. Un son succédant à une odeur, la mer qui de verte devient bleue, voilà les seules choses qu'on puisse à la rigueur appeler sensations transformées, ou plutôt substituées. La perception simple, conséquent immédiat et pour ainsi dire fatal de la sensation, est un état que nous ne pouvons distinguer et fixer que par abstraction; c'est une sorte de moment mathématique par lequel l'esprit passe, quand il est touché de la sensation, et auquel il s'arrête probablement chez les enfants, mais qui aboutit aussitôt aux divers jugements dont la sensation est la source. La perception dans sa plus grande simplicité n'est que la distinction mentale de l'objet de la sensation. Car la sensation des phénomènes ne renferme pas la notion d'existence; la sensation des faits successifs ne contient pas la notion de cause; le temps et l'espace sont conçus et non sentis, conçus à propos de la perception et non perçus; le raisonnement s'ajoute à la perception, et l'organisme logique de l'esprit joue sur les matériaux qu'elle lui fournit et ne provient pas d'elle. Quant à la croyance enfin que nous prêtons à ces notions nécessaires, à la stabilité de leur application, enfin à ce qui constitue l'expérience, on ne peut dire qu'elle vienne tout entière de l'expérience; car pour naître elle n'a pas besoin d'une expérience fréquemment répétée; et l'expérience ne pourrait jamais l'être assez pour répondre de tous les cas. Ce n'est pas d'ailleurs l'expérience elle-même, mais la constitution de la raison qui veut qu'une expérience, en se répétant, devienne de plus en plus probante ; et cette conviction émane de l'idée de stabilité au lieu de la produire. Enfin l'expérience la plus fréquente et la plus durable, n'engendrerait pas l'idée de quelque chose de nécessaire, comme par exemple qu'il n'y a pas de qualités sans sujet, puisque nous ne voyons pas plus le sujet à la dix-millionième fois où nous voyons des qualités, qu'à la première. La stabilité des lois des choses n'est pas une déduction de l'expérience, car en pratique même nous ne renouvelons l'expérience que pour nous assurer qu'un fait a été bien observé, et non pour nous convaincre qu'un fait bien observé se reproduise indéfiniment dans des circonstances identiques. Si nous pouvions, la première fois qu'un fait nous frappe, avoir la certitude qu'il est comme nous le voyons, nous n'attendrions aucune expérience nouvelle pour conclure sa permanence dans tous les points de la durée et de l'espace, les circonstances demeurant les mêmes. L'expérience a pour but de garantir et de rectifier nos sensations et nos perceptions, et nullement les convictions qui, nos sensations et nos perceptions une fois données, en sont les conséquences inséparables.

Il est donc évident déjà que l'observation, même purement externe, contient beaucoup plus que des intuitions sensibles ; et que si elle trouve dans celles-ci l'occasion actuelle et la matière indispensable de nos connaissances, ces mêmes connaissances n'existent qu'à la condition d'un complément qui vient de la constitution même de l'esprit humain. La raison, ou si on l'aime mieux, l'intelligence en acte, excitée ou remplie par les intuitions sensibles, les conçoit dans une certaine forme, les dispose dans un certain ordre, les combine et les développe suivant certaines lois, qu'elle puise dans sa nature même, et qui sont successivement pour elle 1°. les conditions objectives des choses; 2°. les lois subjectives de son action implicitement exercée; 3°. des notions abstraites, dérivées *a posteriori* de l'expérience; 4°. des vérités primitives retrouvées dans ces abstractions mêmes.

Il est donc vrai que l'observation est quelque chose de plus que la sensibilité, et suppose dans l'homme un moi plus compliqué, plus riche que le moi du sensualisme; et que par conséquent la méthode expérimentale ou d'observation, quoique originairement fondée sur l'intuition sensible, comme toute l'éducation du genre humain, comme la vie même, contient, emploie, nécessite dans ses procédés plus de moyens intellectuels et rationnels que ne le supposent les naturalistes.

On les voit l'exalter et la rabaisser tour à tour. S'agit-il de montrer sa puissance, elle n'a point de bornes; cette méthode ouvre les cieux, elle pénètre l'infini; elle seule donne au génie et les ailes et le flambeau; elle est la gloire de l'esprit humain; tout ce qui ne relève pas d'elle semble illusion et misère. Mais dès qu'ils veulent la caractériser, par opposition à ce qu'ils appellent la métaphysique, ils la réduisent au terre-à-terre de l'expérience sensible; ils ne lui décernent d'autre certitude que celle qui résulte des impressions de la réalité sur les sens, et la ravalent à une simple théorie de l'empirisme, par crainte de donner trop d'avantages aux prétentions de la raison spéculative. Raisonneurs eux-mêmes quand ils étudient pour leur compte, pleins de confiance dans ces notions qu'ils ne doivent pas certainement à l'observation sensitive, hardis à les imposer à la nature pour en retrouver les lois, ils s'imaginent sentir et observer encore, lorsque depuis longtemps ils spéculent, et refont le monde à l'image de leur raison. Semblables aux héros des poëmes antiques, ils se croient guidés par une mortelle, quand déjà depuis longtemps ils suivent les pas d'une déesse, et marchent entourés du jour divin qu'elle répand autour d'elle.

Ambrosiæque comæ divinum vertice odorem
Spiravere...

Mais les libertés que les savants prennent, quelquefois il est vrai sans s'en douter, ils nous les refusent. Incapables de se renfermer eux-mêmes dans l'observation sensitive, ils voudraient nous y emprisonner, et récusent leur propre exemple quand on le leur oppose. Dans la controverse avec les sciences rivales, ils s'efforcent de leur interdire les ressources mêmes dont leur science a besoin, et jettent du poison dans les fontaines. Ils réduisent alors pour tout le monde l'induction, l'idée, le jugement, le raisonnement, la science à la sensation; ils défigurent ainsi la méthode après s'en être servis, apparemment pour qu'on ne la tourne pas contre eux.

On a vu que nous ne pouvons leur accorder qu'un point, c'est que la méthode, telle qu'ils la conçoivent et la pratiquent, est une méthode d'observation, en ce sens qu'elle revient sans cesse à l'inspection des phénomènes, et qu'au rebours du sage d'Horace, elle cherche à se conformer aux choses, non à se soumettre les choses, qu'elle puise par conséquent dans l'expérience phénoménale sa certitude originaire, et qu'ayant pour objet de comprendre le monde, et non de le feindre, elle doit sans cesse contrôler les idées par les intuitions, et relire constamment les mots de la nature, cette langue dont la science doit retrouver le sens. Mais il ne s'ensuit nullement que les succès, les caractères ou les procédés de la méthode expérimentale donnent à l'expérience purement sensible tout avantage sur la réflexion rationnelle et le monopole de la vérité à l'empirisme de la sensation, encore moins la victoire complète et définitive à la philosophie matérialiste. Car dans la sphère même des sciences physiques, l'esprit ne se contente pas de ce qui paraît suffire à cette philosophie, et la physique même dépasse le sensualisme.

Allons plus avant, montrons que la méthode expérimentale, ainsi agrandie, et telle qu'elle suffise aux sciences naturelles, proprement dites, ne suffit pas à toute science, et qu'il y a dans le savoir humain quelque chose de plus que l'observation et l'induction même largement entendues.

III.

DE LA MÉTHODE EXPÉRIMENTALE DANS LES SCIENCES RATIONNELLES.

Aux perceptions inséparables des sensations se rattachent des jugements, soit particuliers, soit généraux, d'abord à l'état de simples croyances. Tel est le début et de la science et de la raison. La réflexion survient. Elle analyse les phénomènes, énumère, délimite, ordonne les notions et les inductions qui se rattachent à chacun d'eux en particulier, puis à chaque combinaison de plusieurs d'entre eux. Du plus au moins, ainsi agit la réflexion dans tout esprit un peu élevé au-dessus de l'empirisme forcé d'une vie toute matérielle. Le paysan lui-même a sa physique, qui ne devient science qu'à proportion qu'elle se systématise. Cependant la science méritera-t-elle tout à fait son nom, si elle se borne à employer les procédés et à obtenir les notions que nous avons indiquées en analysant la méthode expérimentale? j'en doute.

Prenons pour exemple un phénomène très-simple, fameux pour avoir, dit-on, suggéré à Newton le système du monde, la chute d'une pomme.

Une pomme a changé de lieu de haut en bas. Voilà le fait, objet de l'intuition sensible, ou la matière de la sensation.

Dans la perception qui suit, j'omets comme y étant nécessairement comprises toutes les connaissances sensibles relatives à la pomme, à l'arbre qui la porte, à la terre qui la reçoit, à l'air que le fruit traverse pour tomber; toutes ces connaissances sont supposées antérieurement acquises. J'omets également les notions de substance et de qualité, de cause et d'effet, d'espace, de temps, de mouvement, que nous tiendrons également pour obtenues précédemment par d'autres perceptions; je réduis tout au phénomène spécial et actuel.

L'air est léger au point d'être habituellement insensible; la pomme est pesante, c'est-à-dire qu'elle est l'occasion d'une sensation dite de pesanteur pour la main qui la soutient. Elle tient en l'air, si elle est attachée ; détachée, elle tombe, c'est-à-dire qu'elle va toucher la terre et y reste. Il ne faut ni beaucoup d'expériences du même fait, ni beaucoup de réflexion pour induire que toutes les fois que la pomme sera séparée de l'arbre, elle tombera. C'est cependant déjà une induction générale, que l'homme le plus simple généralisera davantage, en l'appliquant à tout fruit, à toute pierre, à tout corps pesant, plus pesant que l'air. Tout corps pesant, s'il n'est retenu ou soutenu, tombe à terre, voilà une vérité physique. La grande masse du genre humain n'en sait pas davantage. Ces mots même, *plus pesant que l'air*, expriment plutôt ce que les hommes sentent que ce qu'ils savent. Combien qui n'ont pensé de leur vie à la pesanteur de l'air !

Est-ce là de la science ? on peut l'appeler ainsi, puisque c'est du savoir humain. Cependant ce savoir ne devient science à proprement parler qu'au moment où par une curiosité actuellement désintéressée, un homme se demande non pas encore d'où vient le phénomène, mais seulement comment il se passe. C'est ce qu'Herschel appelle l'analyse du phénomène[*]. On a pu remarquer que dans la connaissance grossière que nous en avons donnée tout à l'heure, l'idée de *causation* est déjà comprise. Analyser le phénomène, c'est chercher à reconnaître de plus près les effets et les causes. Ainsi la pesanteur du corps qui tombe, celle du milieu qu'il traverse, celle de la surface solide qui résiste à son mouvement et soutient le corps après sa chute, peuvent être comparées et appréciées d'une manière géné-

---

[*] Discours sur l'étude de la philosophie naturelle, part. II, ch. II.

rale. On remarquera, par exemple, que la cause de la chute, c'est la masse et non la forme; que la fluidité de l'air, plutôt que sa légèreté, est la cause pour laquelle il est traversé. La masse et la solidité de la terre sont ensemble la cause de la résistance. En généralisant ces notions par la voie de l'induction, les anciens n'arrivaient guère sur un pareil phénomène à des connaissances réelles plus étendues que celles-là.

Mais un observateur plus attentif et plus curieux se demandera, par exemple, quelle est la vitesse de la chute; il ne doutera pas d'abord qu'à hauteur égale, à poids égal, le mouvement ne dure autant de temps, ou que la vitesse de la chute dans toute sa durée ne soit la même. Il fera alors des expériences; il changera les circonstances, les poids, les hauteurs, puis les matières, puis les formes, puis les lieux; il rectifiera ses idées, et il sera peu à peu conduit, par des observations bien faites et bien méditées, à toutes les découvertes de Galilée sur l'accélération de la chute des graves.

Dès lors, que de lois constantes seront connues sur la pesanteur, sur le mouvement, sur la résistance de l'air! La science proprement dite aura commencé. Je pourrais déjà tirer de là une série d'inductions sur le mouvement, qui dépasseraient les données de l'expérience, bien que suggérées par elle.

Mais j'aime mieux me représenter un nouvel observateur, en possession de toutes les notions scientifiques déjà acquises, et qui se demande comment il se fait que la pomme tombe, c'est-à-dire que toutes les causes connues du phénomène en produisent les effets connus suivant les lois connues. D'où vient la chute des graves? voilà un problème que ne pose pas la simple observation, une inconnue que la simple observation ne dégagera pas. La matière est inerte; c'est-à-dire qu'elle n'apparaît pas comme pouvant déterminer par elle-même son changement de lieu. D'où vient donc le mouvement? il a une cause, et cette cause n'est point phénoménale; aucune sensation ne la donne. Mais elle existe; la force existe. La pomme est inerte, l'air aussi, la terre l'est également. Et cependant, à travers l'air agité, la pomme, tout corps grave court vers la terre avec une rapidité qui peut, dans certaine circonstance, échapper à la vue la plus perçante. D'où vient cela? aucun phénomène n'inspire l'idée qu'une impulsion soit donnée à tous les graves, au moment où vous les pesez, et cependant ils pèsent ou tendent à tous les moments vers la terre; à tous les moments ils sont graves. Seraient-ils constamment attirés par elle? Mais toute matière connue est pesante, toute matière serait donc attirée; la terre elle-même serait pesante et attirée. Si elle est attirée, et que cependant tous les corps tombent à sa surface, elle attire plus qu'elle n'est attirée. Or, elle a plus de masse qu'aucun corps terrestre. L'attraction serait-elle donc en raison de la masse? S'il en était ainsi, la terre serait attirée par le soleil..... avec cette hypothèse et les lois de Kepler, Newton construira le système du monde, fidèle à cette *méthode analytique* dont il a donné les préceptes en ces termes : « Saisir les expériences, observer les phénomènes, et de là tirer des conclusions générales [1] ».

[1] *Optic.*, lib. III, quæst. XXXI.

C'est d'induction en induction qu'on s'élèvera à cette hauteur de la science. Mais pour y atteindre, l'induction aura-t-elle suffi? je ne le pense pas. « L'induction, dit un illustre disciple de Newton, « en faisant découvrir les principes généraux des « sciences, ne suffit pas pour les établir en rigueur. « Il faut toujours les confirmer par des démonstra-« tions ou par des expériences décisives ¹ ». Cela veut dire dans la langue philosophique, que la certitude n'est donnée que par l'intuition sensible et par la raison déductive. Et, en effet, l'induction que nous venons de citer en exemple n'est devenue concluante que dès qu'elle a eu pour auxiliaires des calculs d'une délicatesse et d'une immensité telles que ni la numération ni la mesure, seuls moyens de calcul que connaissent l'observation et l'expérience, n'y pourraient atteindre. Il y faut une haute géométrie traduite dans une algèbre sublime. Ici, bien évidemment, expirent les forces de l'expérience et de l'observation.

Ainsi d'abord les sciences physiques non-seulement admettent, mais réclament le secours des mathématiques. Est-ce la méthode expérimentale qui donne les mathématiques? Si l'expérience est la source de toute certitude, de toute vérité, de toute science, il faut ou que les mathématiques soient dénuées de vérité et de certitude, et n'aient point de droit au titre de science, ou qu'elles soient dérivées de l'expérience. La première hypothèse est insoutenable; voyons la seconde.

Locke est le seul philosophe, à notre connaissance, qui ait paru croire que les mathématiques étaient

---

[1] *Essai philosophique sur les probabilités*, par M. Laplace.

fondées sur l'expérience¹. Hume, bien qu'accusé de la même hérésie, ne l'a jamais exprimée. Ce n'est cependant pas une hérésie, si la métaphysique de Hume, celle de Locke, celle de Condillac est vraie; or, bien des géomètres ont adopté cette métaphysique, et je ne crains pourtant pas qu'un seul voulût se rendre caution du paradoxe de Locke. C'est une inconséquence; mais ils penseraient commettre envers les mathématiques le crime de lèse-majesté. On les accuse souvent de tendance au scepticisme, et de là au matérialisme; si l'on disait, et de là à l'idéalisme, je le concevrais, le scepticisme idéaliste n'est pas incompatible avec les considérations géométriques; mais le matérialisme, appuyé sur cette idée absolue que l'observation sensitive, que l'expérience externe est l'unique source de la certitude, est contradictoire par là même avec les mathématiques, et le besoin d'unité de la philosophie moderne n'est pas encore allé jusqu'à les confondre avec les sciences physiques ou naturelles.

C'est l'erreur commune du sensualisme que d'abuser des mots. Parce que toute connaissance commence par des sensations, c'est-à-dire parce que la vie intellectuelle est profondément engagée dans la vie organique, et que l'homme sur la terre a besoin avant tout d'être un animal ou de vivre pour penser, le sensualisme ramène toutes les connaissances à la sensation, et en dérivant de l'expérience, en fondant sur l'expérience toutes les pensées et tout le savoir du monde, semble exclure toutes les autres sources d'instruction et de croyance qui sont en

¹ *De l'Entendement humain*, liv. IV, ch. IV, §. 6.

nous, et tout confondre, tout identifier dans une seule opération. C'est grâce à ce langage équivoque, tantôt hasardé sans explication, tantôt rigoureusement entendu, que l'on a pu spécieusement accréditer les formules chéries du sensualisme, et ce que Locke a dit des mathématiques n'est que ce qu'il avait dit des idées en général. Cependant cela choque davantage à propos des mathématiques, et la raison se révolte plus promptement à cette pensée qu'une démonstration soit une pure expérience. Mais au fond la chose n'est pas plus fausse, elle n'est pas plus vraie, qu'il s'agisse de géométrie ou de toute autre connaissance rationnelle, et, dans un cas comme dans l'autre, voici d'où vient la méprise.

Si l'on veut dire que les mathématiques n'existeraient pas pour l'esprit de l'homme, dans le cas où l'homme n'aurait jamais vu de choses numérables et mesurables, en un mot, l'espace divisé et figuré, et si c'est là le sens restreint de la proposition, que les mathématiques sont dérivées de l'expérience, elle est incontestable. Si jamais aucune figure ne s'était montrée à nos sens, si nous n'avions connu, par l'expérience commune, des cercles et des triangles, si l'observation intuitive ne nous avait antérieurement familiarisés avec les contours des solides, nous n'aurions jamais inventé ni compris les mathématiques. Mais cela veut-il dire que les mathématiques n'existeraient pas ? Oui, sans doute, comme science humaine ; mais les vérités mathématiques existeraient : c'est là une conviction absolue de l'humanité. Les mathématiques sont donc fondées sur l'expérience, dérivées de l'expérience, si l'on entend par là que l'expérience est l'origine historique de leur présence, de leur possibilité actuelle dans l'esprit humain. Mais que l'expérience soit leur fondement logique, qu'elles en soient dérivées comme la conséquence est dérivée du principe, c'est la chose insoutenable, et ceux qui l'auraient dit ne se seraient pas compris eux-mêmes. Quand Montesquieu traitait avec tant de dédain quiconque aurait pu *dire qu'avant qu'on eût tracé de cercle tous les rayons n'étaient pas égaux*, il refoulait l'expérience dans son domaine légitime, et il proclamait une vérité qui n'intéressait pas les mathématiques seules, et qui servait de titre (il le savait bien, il le disait lui-même) aux croyances les plus précieuses de l'humanité[1].

Il serait doux de citer aux géomètres, aujourd'hui que si rarement ils philosophent sur leur science, les autorités les plus hautes de la philosophie et de la géométrie, Aristote et Platon, Descartes et Leibnitz[2]. On aimerait à leur étaler comme leurs titres de noblesse dans l'esprit humain, les témoignages de ces grands hommes qui font des mathématiques une science exacte et pure, supérieure à l'expérience

---

[1] *Esprit des lois*, liv. I, ch. I. C'est dans le même sens et en parlant des propriétés du cercle que Leibnitz dit : A. *Hoccine verum esse putas, etiamsi a te non cogitetur ?* B. *Imo, antequam vel geometræ id demonstrassent, vel homines observassent* (*Dialog. de connex. int. verba et res*).

[2] Platon, *République*, liv. VI *in fin.*, et liv. VII. — Aristote, *Métaph.*, VI, 1, II, 3, XIII, 3. — Plutarque, *In Sympos.*, lib. VIII, cap. II. — Descartes, T. I. *Méditat.* V. — Quatrièmes objections (par Arnauld). Réponse aux cinquièmes objections (celles de Gassendi), T. II. — Règles pour la direction de l'esprit, règle XIV, T. XI. — Leibnitz, *Nouv. essais*, avant-propos, liv. I, ch. I, liv. IV, ch. I, II, XI et XII. — Malebranche, *Rech. de la vérité*, liv. VI, part. I, ch. III, IV, V.

comme la raison l'est aux sens. Mais les citations les plus imposantes ne nous dispenseraient pas d'une démonstration qui nous fût propre. Essayons de la donner en exposant modestement aux ignorants comme nous, sur les rapports de la méthode d'observation avec les mathématiques, quelques idées que nous croyons scientifiquement irréprochables. Ces idées s'appliqueront d'elles-mêmes aux rapports de la même méthode avec toute science rationnelle.

Rappelons d'abord que raisonner par expérience c'est raisonner en matière contingente, et que les mathématiques raisonnent en matière nécessaire. Cette distinction est essentielle, et elle a paru péremptoire à d'excellents esprits. Kant s'y appuie sans autre examen, pour admettre les mathématiques au titre de science *a priori*; et un métaphysicien exact et rigoureux, M. Hamilton, a cru cette distinction suffisante pour les affranchir de toute ressemblance avec les sciences d'observation [1].

Par ses nombreuses applications, par son objet même, par l'emploi qu'elle fait du tracé des figures, la géométrie proprement dite semble la partie la plus expérimentale des mathématiques, et, nous en sommes déjà convenu, s'il n'y avait ni grandeurs figurées, ni côtés, ni plans sensibles, la géométrie spéculative ne serait pas de ce monde. L'expérience, c'est-à-dire l'intuition directe, nous suggère la connaissance élémentaire des figures, et même quelques notions inductives de leurs propriétés, quelques jugements implicites dont il serait aisé, en les rendant explicites, de faire des axiomes. Telle est la géométrie

---

[1] Fragments de philosophie par W. Hamilton, *de l'Étude des mathématiques.*

naturelle et familière de ceux-là qui ne savent pas même le nom de géométrie. Mais ce ne sont pas là les mathématiques. Ne sont-elles que le développement ultérieur et continu de ces notions d'origine expérimentale? Nullement. On conçoit que par hasard, même par observation et induction, un esprit attentif pût arriver à reconnaître en fait les rapports de certaines lignes dans de certaines figures, à les traduire en règles générales et pratiques qui lui servissent soit à les tracer, soit à les mesurer; et qu'il se formât ainsi une géométrie pratique. Toutefois, il ne la saurait pas seulement de routine, il la comprendrait, il l'appliquerait avec intelligence, qu'il ne saurait pas encore la géométrie; la géométrie ne commence que lorsqu'elle se démontre. La géométrie expérimentale n'est pas la géométrie.

Condillac n'a pas méconnu cette vérité. Voulant enseigner l'art de raisonner, ou discuter les *différents moyens de s'assurer de la vérité*, il distingue trois sortes d'évidence, l'évidence de fait, l'évidence de sentiment, l'évidence de raison[1]. C'est à cette dernière qu'il rattache à juste titre les mathématiques. Seulement on pourrait lui demander en passant comment dans la philosophie des sensations il peut y avoir une autre évidence que l'évidence de sentiment. Celle-ci est un fait immédiat de conscience; c'est ainsi qu'il est évident pour l'homme qu'il est capable de sensations. L'évidence de fait existe pour lui, toutes les fois qu'il s'assure d'un fait par sa propre observation; elle n'est donc que

[1] *De l'art de raisonner*, introduction et liv. I, ch. I, IV, VII, et VIII.

l'évidence de sentiment non immédiate. Mais l'évidence de raison *vient au secours de l'évidence de fait et nous conduit dans nos observations;* c'est du concours de l'évidence de fait et de celle de raison, que résulte la science qu'on nomme physique. Ainsi parle Condillac. Soit, mais voilà une évidence de raison qui, fondée sur les lois mêmes de l'esprit, est un élément hétérogène à la sensation.

Quoi qu'il en soit, pour montrer par un exemple ce que c'est que l'évidence de raison, Condillac la cherche dans la démonstration de ce théorème de géométrie élémentaire, souvent pris pour exemple par les philosophes : « Les trois angles de tout triangle sont égaux à deux droits. » Cet exemple pourrait devenir l'occasion d'un travail qui aurait son intérêt. En recherchant les diverses manières de faire admettre, puis d'exposer, puis de démontrer cette proposition, on arriverait à déterminer clairement en quoi l'expérience peut servir à la géométrie, comment cependant la méthode expérimentale n'est pas géométrique, comment cependant non pas l'expérience, mais l'intuition de l'intelligence peut, sans l'appareil des démonstrations, arriver à la certitude en géométrie, en quoi plusieurs démonstrations, admises comme telles par bien des géomètres, sont les unes inexactes [1], les autres plus intuitives que déductives, enfin comment la démonstration proprement dite est à part et constitue une

[1] Condillac lui-même s'y est trompé. A la manière dont il démontre son théorème, il prouve bien que les trois angles du triangle rectangle, sur lequel il opère, sont égaux à deux droits; il ne le prouve pas d'un triangle quelconque, ce qui était cependant son intention.

certitude spéciale et formelle, complétement pure de toute preuve expérimentale. Nous avons fait ce travail, mais il nous entraînerait à une digression apparente qui rebuterait le lecteur, et nous en extrairons seulement quelques idées suffisantes pour notre objet.

On nous dit que toute vérité repose sur l'expérience, ou, ce qui est la même chose, que toute science se fonde sur l'observation des faits. La géométrie est une science; ses propositions sont des vérités, des faits. L'observation, l'expérience peuvent donc, doivent donc nous les enseigner. Cette méthode, la meilleure, peut-être la seule bonne, pourquoi ne l'emploierions-nous pas ici? Il s'agit de savoir si les trois angles du triangle sont égaux à deux droits : pourquoi ne constaterions-nous pas cette vérité par le même procédé que toute vérité chimique, minéralogique, zoologique? Les vérités géométriques ne sont-elles pas aussi des vérités naturelles? Assurément, car sans cela, que seraient-elles? Est-ce que la méthode expérimentale ne serait pas applicable? Si vraiment; prenez autant de triangles que vous voudrez, appliquez un rapporteur bien gradué, mesurez, comptez, vous trouverez toujours que si, par exemple, deux angles d'un triangle comprennent ensemble 90, ou 115, ou 62 degrés de la demi-circonférence, le troisième angle en comprendra 90, ou 65, ou 118, c'est-à-dire que les trois angles réunis seront de 180 degrés, mesure, comme on sait, de deux angles droits. Tracez autant de triangles que vous voudrez, de toute grandeur, de toute espèce, le nombre des degrés compris entre leurs trois angles sera constamment de 180.

Vous ne trouverez point d'exception, et vous ne vous croirez pas obligé de répéter indéfiniment l'expérience, pour induire que les trois angles d'un triangle sont égaux à deux droits. Voilà une vérité générale entée sur une vérité expérimentale, et je suis autant en droit pour le moins de tenir vraie cette proposition « les trois angles d'un triangle sont égaux à deux droits » que ces autres propositions : « L'alun cristallise en octaèdres. — Le tapir a vingt-sept dents molaires. — Les crucifères ont quatre pétales et six étamines. » La certitude qui résulte d'une intuition sensible, généralisée après quelque expérience, en vertu d'une induction fondée sur un principe de foi dans la constance des lois constitutives des êtres, serait suffisante pour toute espèce d'emploi pratique du théorème en question. La certitude expérimentale n'est-elle pas, au dire des habiles, la première de toutes ?

Cependant est-ce là de la géométrie ? est-ce de la vérité mathématique ? L'Académie des Sciences est remplie des expérimentateurs les plus habiles et les plus croyants. Il n'y manque pas probablement, parmi les naturalistes, d'esprits distingués qui n'ajoutent foi qu'aux méthodes expérimentales. Pourquoi donc personne n'y proposerait-il de démontrer ainsi le théorème ? Pourquoi la section des sciences physiques ne conseille-t-elle pas à la section des sciences mathématiques de traduire ainsi la géométrie en une science naturelle ? Rien de faux pourtant, rien d'obscur, rien de hasardé, dans cette manière d'enseigner. Elle suffirait pour instruire et convaincre tous ceux qui, dans la pratique des arts utiles, ont besoin des notions vulgaires de la géométrie, elle suffirait et réussirait dans une école primaire. Si cependant personne ne songe à la considérer comme scientifique, c'est que tout le monde comprend, les naturalistes aussi bien que les géomètres, que l'intuition sensible développée par une induction généralisatrice, ne donne pas aux notions concernant les rapports de l'étendue le caractère de notions mathématiques; il est donc admis qu'il y a une autre vérité que la vérité d'observation, une autre méthode de certitude que l'expérience.

Et en effet, s'il m'était permis d'entrer dans des détails fastidieux, je montrerais que si l'on veut se représenter ou plutôt concevoir le triangle, on reconnaîtra tout d'abord qu'il ne peut être composé que de trois combinaisons d'angles; savoir, d'un angle droit et de deux angles aigus; de trois angles aigus; de deux aigus et d'un obtus. La même réflexion, l'intuition mentale atteste en second lieu que ces trois combinaisons d'angles sont les seules qui puissent remplir toute la surface du demi-cercle, ou pour mieux dire, que si l'on demande trois angles ayant leur sommet au centre, et mesurés par trois arcs, dont la somme soit égale à la demi-circonférence, c'est-à-dire trois angles égaux à deux angles droits, ces trois angles seront nécessairement ou un angle droit et deux aigus, ou trois aigus, ou deux aigus et un obtus. On voit ainsi que des différentes combinaisons triples qui sont possibles et qui sont au nombre de dix, les trois seules qui puissent composer chacune un triangle, et les trois seules qui puissent équivaloir chacune à deux angles droits, sont les mêmes. Sur ce fondement, je dis qu'il est facile d'établir pour l'intelligence, que ce que ces trois combinaisons d'angles peuvent seules être, elles le sont toujours, c'est-à-dire équivalant à deux angles droits, ou que telle est la mesure de tout triangle. Je dis (et il faut ici qu'on m'en croie sur parole, car je dois me borner) qu'il est aisé de faire naître, par une suite d'intuitions, la conviction absolue de cette vérité, et cela par un procédé un peu lent que je n'ai vu employé dans aucun livre de géométrie, mais qui conduit à l'évidence sans démonstration proprement dite.

Ce procédé est intuitif; mais ce n'est pas l'intuition sensible, ce n'est pas l'expérience. Voici la différence. Pour constater, par exemple, que les trois angles du triangle sont mesurés par la demi-circonférence, ou égaux à deux droits, il faut mesurer avec le rapporteur un triangle réel, un triangle graphique, et répéter l'expérience sur plusieurs triangles. Alors seulement vous arrivez à une conviction, et c'est une conviction expérimentale fondée sur une intuition sensible. Mais quand il s'agit de savoir si un triangle peut avoir plus d'un angle droit, vous pouvez sans doute vous convaincre qu'il ne le peut, en regardant la figure visible, mais ce n'est pas nécessaire, et la conception du triangle suffit. C'est du triangle conçu, du triangle idéal, c'est-à-dire de tout triangle quelconque en lui-même que vous affirmez que s'il a un angle droit, ses deux autres angles sont aigus. Et vous n'avez pas besoin d'y revenir à plusieurs fois, de renouveler cette expérience intellectuelle. C'est assez d'une seule conception pour que la certitude soit complète. Il y a là une sorte d'intuition de l'esprit très-différente de l'intuition sensible. Le résultat de l'une diffère également de celui de l'autre; tandis que la seconde ne vous a donné qu'un fait qui, si vous n'y ajoutez rien par la réflexion, est comme un phénomène naturel, contingent quoique général, une qualité du triangle pris comme objet de la perception; la première vous donne une condition du triangle, objet de la conception; vous concevez que le triangle ne peut être autrement. C'est une vérité nécessaire. Elle résulte d'une série de conceptions directes du même genre, qui toutes appartiennent non à la perception inductive, mais à la raison intuitive.

Il resterait à exposer les démonstrations de notre théorème. Les géomètres en donnent plusieurs. Elles ne sont pas toutes d'une valeur égale. Quelques-unes n'ont pas l'universalité requise, et paraissent ne s'appliquer qu'à un triangle donné; d'autres ne sont pas assez purgées de méthode intuitive ni de méthode expérimentale. Deux surtout nous paraissent devoir être distinguées.

L'une consiste à démontrer séparément d'abord que la somme des trois angles d'un triangle ne peut être plus grande que la somme de deux droits, puis qu'elle ne peut être plus petite, d'où il suit qu'elle est égale. Cette démonstration n'est peut-être pas la meilleure; elle force la conviction, mais elle ne satisfait pas. Elle n'est pas directe. Elle donne la conviction et non l'évidence. En effet, la réduction à l'absurde revient le plus souvent en géométrie et notamment dans la question donnée à ce syllogisme : Si l'hypothèse opposée au théorème était vraie, il s'ensuivrait telle conséquence; or, cette conséquence est contraire à tel autre théorème démontré; donc l'hypothèse est impossible. Ce raisonnement est valable, mais il transforme la démonstration en un corollaire de démonstrations antécédentes; il laisse dans une obscurité profonde la génération de la propriété cherchée; il l'inculque par force plutôt qu'il ne la démontre; et tout géomètre sévère sait que ce genre de preuve ne doit être employé que lorsqu'il n'y en pas d'autre; bien qu'avoué par la logique, il n'est après tout qu'une preuve *a posteriori*, seulement cette preuve est tirée de propositions antérieures, au lieu d'être induite de l'expérience ou d'une intuition sensible. On a, je crois, prouvé que les méthodes dites *inductionnelles*, telles que la méthode d'exhaustion si chère aux anciens, et à laquelle on pourrait rattacher la démonstration dont il s'agit, sont, malgré la recommandation du grand nom d'Archimède, plus pratiques que théoriques, et suffisantes pour l'art, ne donnent pas à la vérité, ce caractère purement rationnel qui est le signe distinctif de la science.

L'autre genre de démonstration est plus scientifique. Telle est la démonstration analytique et *a priori* que donne Legendre dans les notes de sa Géométrie. Telle est encore celle qui repose sur le triangle inscrit et qui est sans contredit la plus élégante. Mais nous renvoyons aux traités de géométrie.

Les mathématiques ont le privilége d'employer en tout la déduction; en d'autres termes, elles sont éminemment démonstratives. Ce qui caractérise la démonstration géométrique, c'est que la forme dialectique y remplace tout procédé expérimental, tout procédé d'intuition : c'est qu'étant donné les principes, c'est-à-dire un petit nombre de connaissances intuitives, comme il en faut à la tête de toute science exacte, la démonstration en est déduite par la logique pure, ou s'y peut rattacher par un fil logique continu. C'est donc une science *a priori*, si on la considère en elle-même, non dans l'histoire de sa formation; car alors la part de l'expérience reparaîtrait. Les sciences autres que les sciences exactes ne relèvent pas aussi exclusivement des axiomes, ne procèdent pas aussi exclusivement par la démonstration, et font plus souvent appel soit à l'intuition intellectuelle, soit à l'induction expérimentale, présentant par là même une variété qui les rend plus difficiles et plus attrayantes. Il y a entre les sciences mathématiques et les sciences ontologiques quelque chose de la différence qui sépare la statuaire de la peinture.

Ainsi, des trois genres de procédé employés pour évaluer les trois angles d'un triangle, nous pouvons appeler, pour nous entendre, le premier, méthode expérimentale, le second, méthode intuitive, le troisième, méthode déductive.

Le premier n'est pas une démonstration, bien que pratique et persuasif; il ne donne qu'une vérité générale, induction de l'expérience, une proposition empirique et *a posteriori* qui n'est point nécessaire, qui a tout au plus l'autorité résultant du principe de la foi dans la permanence des lois de la nature. Mais il est évident en principe qu'une preuve expérimentale ne peut être *adéquate* en géométrie, les êtres géométriques eux-mêmes n'étant pas et ne pouvant pas être objets de l'expérience. Nous ne percevons en effet que des triangles, jamais le triangle. Et l'on ne confondra pas cette circonstance avec ce qui se passe en histoire naturelle, où nous ne rencontrons que des animaux, jamais l'animal, des végétaux, jamais le végétal. Quoi qu'on pense de la vieille question de l'existence des genres et des espèces, quelque parti qu'on prenne dans la querelle des réalistes et des nominaux, on est forcé de convenir que la notion que nous nous formons du type d'un genre ou d'une espèce, est pour nous une abstraction idéologique, dont nous ne savons rien que par expérience et que nous ne composons qu'avec les souvenirs des qualités contingentes des êtres réels. Il n'en est pas de même du type des figures géométriques, de la conception pure du triangle et du cercle; nous sommes assurés, non-seulement que ce type n'existe pas, mais même qu'il ne peut exister réellement; et en même temps, nous le connaissons comme existant certainement et nécessairement dans l'idéalité, et nous en avons à ce titre une connaissance intrinsèque, comme nous ne l'avons d'aucun objet doué d'un autre mode d'existence. Rien ne nous est connu en soi au même point que les figures géométriques. Il serait assez curieux de rechercher s'il est vrai qu'il n'en soit ainsi que dans les mathématiques, comment il se peut qu'il en soit ainsi, et quelle est la raison de cette coïncidence unique entre l'objet perçu dans l'expérience et son type conçu dans la raison, le second restant connu d'une connaissance plus entière et plus certaine que le premier. Rien, plus que les figures géométriques, ne paraît favoriser la théorie des idées de Platon.

Mais si la méthode expérimentale est impropre à la géométrie, il n'en est pas de même des deux autres méthodes, l'intuitive et la déductive; elles donnent seules l'évidence de raison, l'universalité absolue, la vérité nécessaire. La méthode déductive ou la démonstration géométrique rigoureuse est la plus scientifique, non qu'elle conduise à une certitude plus grande, mais parce qu'elle remplit au plus haut degré les conditions de la logique, et résulte plus explicitement de l'application des lois formelles de la raison. Les vérités intuitives attestent la nature de la raison, les vérités déductives sa puissance. L'évidence des premières semble résulter de la conformité de la raison avec elles; celle des secondes semble plutôt être son ouvrage. Mais les unes et les autres sont évidemment autre chose que les vérités d'observation ou d'expérience; elles leur sont, sous de certains rapports, bien supérieures, et la méthode des naturalistes n'est par conséquent ni la seule ni la première de toutes comme fil conducteur de la vérité.

Ce que nous venons de voir à propos d'une question de géométrie élémentaire, plus visible dans les mathématiques transcendantes, est vrai encore dans les mathématiques appliquées. Sans nous lancer dans l'appareil pédantesque des exemples, qui ne sait que la mécanique rationnelle se déduit à la manière d'une science *a priori*, une première donnée étant fournie par l'expérience, comme les notions générales sur l'étendue figurée dans la géométrie? Citons pour toute preuve quelques mots de D'Alembert sur la statique :
« L'observation et l'expérience nous éclairent sur le
« fait, en nous montrant que dans l'univers, tel qu'il
« est, la loi de l'équilibre est unique..... Cette obser-
« vation commune, ce phénomène populaire, si on
« peut parler ainsi, suffit pour servir de base à une
« théorie simple et lumineuse des lois du mouvement:

« la physique expérimentale n'est donc plus néces-
« saire pour constater ces lois qui ne sont nullement
« de son objet. Si elle s'en occupe, ce doit être comme
« d'une recherche de simple curiosité.... Un physi-
« cien proprement dit n'a pas plus besoin du secours
« de l'expérience pour démontrer les lois du mou-
« vement et de la statique qu'un bon géomètre n'a
« besoin de règle et de compas pour s'assurer qu'il a
« bien résolu un problème difficile. » Et ce qui est
dit ici de la statique s'appliquerait à la dynamique;
et le tout est tellement vrai que les géomètres ont
été conduits à se poser la question si les lois du
mouvement et de l'équilibre étaient telles qu'il ne
pût pas y en avoir d'autres. C'était demander si
la mécanique donnait des vérités nécessaires; la
question a été résolue par l'affirmative, et le philosophe sceptique que nous venons de citer a écrit
que « les lois du mouvement et de la dynamique sont
« non-seulement les plus simples et les meilleures,
« mais encore les seules que le Créateur ait pu établir
« d'après les propriétés qu'il a données à la matière[1]. »

En définitive, les mathématiques sont bien certainement une science théorétique, pour parler comme
Aristote et Kant, ou une science exacte, abstraite, nécessaire. Cette science procède par la déduction; mais
la déduction y porte sur deux fondements, ou s'appuie sur deux sortes de principes, les uns généraux ou
les axiomes, et les autres spéciaux, purement mathématiques, ou les définitions. Ce n'est pas des premiers, mais des seconds, que se déduit la démons-

---

[1] D'Alembert, *Encyclopédie*, art. *Expérimental, Équilibre, Dynamique*. Voyez aussi ses *Éléments de philosophie*, XVI.

tration; mais cette déduction s'opère par l'application constante des premiers. Locke et d'autres ont eu raison de remarquer qu'on ne pouvait rien déduire directement des axiomes; mais sans les axiomes, c'est-à-dire s'ils n'étaient ni vrais ni conçus, on ne tirerait rien des définitions. En d'autres termes, l'esprit ne construirait aucune science, s'il n'avait les lois générales de toute science. Aussi Dugald Stewart propose-t-il d'appeler les axiomes éléments de raisonnement, et il réserve le nom de principes de raisonnement pour les définitions, principes spéciaux des mathématiques [1]. Ces définitions elles-mêmes sont à la fois évidentes et hypothétiques. Elles n'affirment rien, elles ne prouvent rien, quant à l'existence de leur objet. Mais elles le font connaître essentiellement ou dans son essence mathématique, et elles contiennent et engendrent une science à la fois nécessaire et conditionnelle (Leibnitz). La notion et les propriétés du triangle sont nécessaires, quand même le triangle n'existerait pas. En cela est l'hypothèse et l'abstraction; car toute abstraction prise en elle-même est hypothèse.

La démonstration, appuyée sur les principes et opérant par les axiomes, est la même d'ailleurs en mathématiques qu'en toute autre science; elle consiste dans une série d'intuitions liées et dépendantes les unes des autres. Toute connaissance est intuitive; mais la connaissance déductive résulte de l'enchaînement logique des connaissances intuitives. C'est là ce qui permet de distinguer nettement l'intuition

---

[1] *Philosophie de l'esprit humain*, T. III, ch. I, sect. Ire et ch. II, sect. IV.

de la déduction, quoique celle-ci n'aille pas sans celle-là ; mais la réciproque n'est pas vraie.

Enfin, la clarté de la connaissance mathématique est garantie et complétée par la possibilité d'un appel fréquent soit à une conception en imagination, soit à une représensation externe des notions mathématiques à l'aide d'une construction sensible en géométrie, symbolique en arithmétique et en algèbre. C'est comme cela que, dans ces sciences, le particulier se mêle au général, et l'expérimental au rationnel. C'est ce qui a donné lieu aux paradoxes de quelques philosophes empiriques comme Hobbes, comme Locke, sur les mathématiques.

Ainsi, quatre points à remarquer dans les mathématiques.

1°. Les axiomes qui appartiennent à l'esprit humain dans son universalité, et qui relèveraient comme tels de la science philosophique.

2°. Les principes mathématiques qui sont la source féconde de toutes les démonstrations et qui sont les hypothèses dont parle Platon, quand il dit que « ces hypothèses une fois établies, les géomètres « et les arithméticiens les regardent comme autant « de vérités que tout le monde peut reconnaître, et « n'en rendent compte ni à eux-mêmes ni aux au- « tres ; enfin, partant de ces hypothèses, ils descen- « dent par une chaîne non interrompue, de pro- « position en proposition, à la conclusion qu'ils « avaient dessein d'établir [1]. »

3°. La déduction ou l'application de la logique ordinaire ou syllogistique à ces principes ; c'est la

---

[1] *De la Républ.*, liv. VI. — Traduction de M. Cousin.

démonstration proprement dite, qui ne diffère ici de toute autre que parce qu'on la voit, pour ainsi dire, circuler dans une langue transparente.

4°. Enfin, la possibilité d'une vérification ou plutôt d'une élucidation continuelle des notions et des raisonnements, par le moyen des constructions, c'est-à-dire par une expérience fictive.

C'est par le second et le quatrième points que les sciences mathématiques diffèrent des autres sciences. De là leur rigueur et leur évidence. Elles suffisent pleinement à leur objet, elles lui sont, comme on dit, adéquates, parce que cet objet est lui-même idéal. « Il y a, dit Kant, des définitions réelles en « mathématiques; car la définition d'un concept ar- « bitraire est toujours réelle [1]. »

Sous les autres rapports, les sciences mathématiques ne diffèrent pas des autres sciences rationnelles; et à tous égards, elles sont une preuve que la méthode expérimentale n'est pas la méthode unique. Puis donc que les mathématiques sont nécessaires à la physique même, et que Newton n'eût pas découvert le système du monde s'il n'eût été géomètre, les idées de l'école de Bacon sur la méthode des sciences sont étroites et incomplètes. Mais nous voulons aller plus loin.

Les conséquences qui sortent de ces recherches sont évidentes, elles minent l'absolutisme des méthodes expérimentales. Mais les sciences mathématiques pures et appliquées ne seraient pas les seules qui nous pourraient fournir des arguments. La lo-

---

[1] Logique; méthodologie générale, §. 1013. Voyez aussi l'introduction, III, et la dissertation déjà citée de M. Hamilton.

gique, considérée elle-même comme science des lois du raisonnement abstrait, non comme analyse psychologique du raisonnement en acte, est pourvue d'une évidence qui ne doit rien à l'observation. C'est une science exacte, qui n'a besoin d'aucune application réelle pour être vraie. Les règles formelles du raisonnement subsistent, lors même que l'on compose le raisonnement de propositions sans vérité objective. L'objectif de la logique, c'est la forme du raisonnement, non sa matière; elle est la science du raisonner et non du raisonnable. Elle est vraie du raisonnement abstrait et possible, comme la géométrie est vraie de l'étendue figurée, abstraite et possible, et ni l'une ni l'autre science n'a besoin pour être légitime, qu'il y ait au monde des raisonnements actuels ou des figures effectives. Ici encore se place la remarque importante que dans l'existence positive de l'homme, c'est à propos de ses sensations qu'il est provoqué à raisonner, c'est sur le souvenir des objets de ses perceptions qu'il commence à le faire. Si donc il n'était capable d'observation, il ne raisonnerait pas; mais cela ne veut pas dire que la faculté de sentir soit identique à celle de raisonner, encore moins que la vérité des sensations soit le fondement et la pierre de touche de la régularité du raisonnement en lui-même. La réalité bien observée est une chose, la vérité logique en est une autre, quoique la réunion de l'une et de l'autre soit en général nécessaire pour produire la connaissance utile et complète.

S'il en est ainsi de la logique, il en est de même de la morale. Supposé qu'il n'y eût ni volontés ni actions au monde, nous ne concevrions pas la morale, nous ne saurions ce que c'est. Le bien et le mal ne nous viennent à l'esprit qu'à l'occasion des manifestations du libre arbitre : mais le bien et le mal n'en sont pas moins des notions nécessaires, des vérités absolues, qui s'appliqueraient à des actes possibles comme à des actes réels, et que l'expérience n'établit pas dans l'esprit, comme elle y établit par exemple que l'aconit est vénéneux ou l'oranger salutaire. Aucune combinaison des possibles ne ferait que le mal fût bien et que le bien fût mal, et la morale aussi est une science en matière nécessaire. L'observation nous sert à en appliquer le principe, et non à le démontrer : elle ne peut que nous apprendre que le mal et le bien ont toujours telles ou telles conséquences, sont toujours appréciées de telle ou telle manière, comme le rapporteur nous montre que les trois angles d'un triangle sont toujours mesurés par un arc de 180 degrés. La morale a, comme la logique, des lois *a priori*, autrement elle ne serait pas obligatoire.

Pour revenir au premier de nos exemples, nous croyons pouvoir affirmer que les mathématiques, surtout la géométrie, prouvent une certaine diversité et une certaine hiérarchie dans nos moyens de savoir, que méconnaît la philosophie exclusivement expérimentale. Elles présentent plus visiblement qu'aucune science ce caractère qu'ayant besoin, pour être intelligibles, de premières intuitions sensibles, et par conséquent de l'observation externe, à ce point qu'une figure est presque toujours nécessaire pour éclaircir la démonstration et surtout pour faire comprendre la proposition à démontrer, elles conduisent, par des intuitions rationnelles, puis par des procédés déductifs, distincts, les unes et les autres des perceptions externes et de l'induction empirique, à des vérités certaines, évidentes, nécessaires, qu'on n'a jamais réduites à des vérités d'observation, et dont un certain nombre ne sont même pas susceptibles d'être confirmées par l'expérience. Cependant le scepticisme n'ose guère attaquer ces vérités, ni ces méthodes, que n'ose revendiquer l'empirisme. A notre avis, ce qu'on a clairement aperçu dans les mathématiques se passe dans d'autres sciences; c'est de même façon qu'après avoir débuté par des perceptions, l'esprit arrive par lui-même à la conception nécessaire de substance, à la conception nécessaire de cause, et doit, soit à l'intuition intellectuelle, soit à la démonstration, des vérités métaphysiques qui ne le cèdent en rien aux vérités mathématiques.

Il y a donc une science rationnelle qui ne se passe pas de la science expérimentale, mais qui ne lui est ni identique ni homogène, qui ne s'absorbe ni ne se résout en elle, qui ne dépend d'elle que pour ses matériaux ou ses données, comme le constructeur dépend du carrier, et qui reconnaît le caractère de la vérité dans la conformité des notions avec les lois de la raison. Cette science pure, tour à tour intuitive ou démonstrative, change de nom suivant les objets auxquels elle s'applique. La science pure du mécanisme de la raison, la mécanique analytique de la raison, est la logique. La science pure de l'étendue figurée, est la géométrie, comme les mathématiques en général sont la science pure de la quantité. On appellera ontologie la science pure de l'être, ou dérivée du principe de substantialité, et si l'on veut, étiologie, la science pure de l'action, ou dérivée du principe de la causalité.

IV.

DE LA MÉTHODE INDUCTIVE.

Les mathématiques ne doivent pas leur certitude à la méthode expérimentale, et les mathématiques sont nécessaires à la physique. La logique ne doit pas sa certitude à la méthode expérimentale, et la logique est nécessaire à la physique, aux mathématiques, à toutes les sciences. Les mathématiques et la logique même ont des premiers principes qui ne sont point de pures vérités d'expérience; ces premiers principes appartiennent à la métaphysique ou à la philosophie proprement dite; la méthode expérimentale n'est donc pas exclusivement dominante en philosophie. Ce sont là, nous le croyons du moins, des vérités solidement établies.

Cependant, il doit rester quelque doute, ou plutôt quelque embarras dans l'esprit de ceux qui se rappelleront ce que les Écossais, ce que M. Cousin ont dit, ce que nous avons dit nous-même de l'observation et de l'induction. Proscrivons-nous, dédaignons-nous l'observation? non certainement; d'abord toute connaissance débute en fait par des perceptions; et de plus, pour savoir et pour comprendre, il faut faire attention aux perceptions, c'est-à-dire observer; car enfin, il faut bien savoir de quoi il s'agit. Rejetons-nous l'induction après l'avoir conseillée, et la dégradons-nous du titre de procédé scientifique? nullement; et nous devons ici pénétrer plus avant dans l'intimité logique de la méthode inductive.

Ce n'est pas en effet la méthode expérimentale seulement, si l'on entend par celle-ci l'empirisme, c'est la logique inductive que les interprètes éclairés des doctrines de Bacon appliquées à la philosophie ont prétendu substituer aux méthodes de la scholastique. Suivant eux, les philosophes les plus épris des droits de l'intelligence pure, Descartes par exemple, n'ont avancé la science que par d'heureuses inductions, et le génie de Bacon plane sur la métaphysique comme sur tout le reste. Il importe ici de se bien expliquer et d'éviter toute méprise.

Nous pourrions nous contenter de remarquer que l'induction étant de sa nature une conclusion du particulier au général, se rapproche beaucoup de l'analogie, se confond presque avec elle; et comme de l'aveu des plus habiles promoteurs de la philosophie inductive, il n'existe entre l'analogie et l'expérience qu'une différence de degré et non de nature [1], tout ce que nous avons dit de l'expérience s'appliquerait légitimement à l'induction; celle-ci ne serait donc pas l'unique flambeau de la science. Mais nous ne pouvons nous en tenir à ces généralités; nous risquerions de paraître jeter sur la philosophie inductive un discrédit dont pourrait profiter le scepticisme. Il faut donc qu'on nous permette d'établir avec la dernière précision la théorie de la démonstration, celle de l'induction, et de déterminer ainsi la juste part de l'expérience; mais pour cela, il faut braver la défaveur et peut-être le

---

[1] D. Stewart. *Philos. de l'esp. hum.*, T. III, ch. IV, sect. IV.

ridicule de citer la logique d'Aristote. Demandons cette grâce et essayons [1].

Qu'un jugement général ou particulier, provenant de l'expérience ou d'une autre source, nous soit donné sous forme de proposition; si l'on en conclut quelque chose, cette conclusion, qui sera elle-même un jugement ou proposition, ne se rattachera à la première qu'à l'aide d'une autre proposition exprimée ou sous-entendue, qui sera comme le lien de la première à la seconde. *Le cheval est mortel, donc les animaux sont mortels* [2]. — Ou bien: *Les animaux sont mortels, donc le cheval est mortel*. Dans chacun de ces raisonnements, les deux propositions sont unies par une troisième non exprimée: *Or le cheval est un animal*. Celle-ci sert de lien, pour rattacher dans le premier cas, à une proposition particulière une conclusion plus générale; dans le second, à une proposition générale, une conclusion particulière. Il est évident que dans les deux cas, sans la proposition intermédiaire, la conclusion ne serait pas légitime, elle ne serait pas vraie, elle ne serait pas même possible. Trois propositions ainsi enchaînées constituent un raisonnement énoncé, disons le mot, un syllogisme.

Deux propositions quelconques étant données, chercher si l'une est ou peut être la conclusion de l'autre, c'est donc chercher si une proposition in-

---

[1] La théorie de la démonstration et de l'induction se trouve dans la logique d'Aristote, *Analyt. prim.*, lib. II, cap. XXIII. *Analyt. post.*, lib. I, cap. XVIII, lib. II, cap. V. *Topic.*, lib. I, cap. XII. Elle a été exposée de nouveau par M. Ravaisson, dans son *Essai sur la métaph. d'Arist.*, lib. III, ch. II.

[2] C'est-à-dire *il n'y a pas incompatibilité entre l'animalité et la mortalité*, et non pas *tout animal est mortel*.

termédiaire est possible, dans laquelle un des termes de l'une soit uni à un des termes de l'autre; or, c'est ce que l'examen des termes fait aisément découvrir.

Un syllogisme est une démonstration. La proposition démontrée, c'est la conclusion; la conclusion, c'est l'expression d'un rapport entre deux termes donnés. Ainsi, pour ne nous attacher qu'au second exemple, ce que je veux savoir, c'est si *le cheval est mortel*; ce qu'il faut démontrer, c'est que *le cheval est mortel*. Nous supposons donnée cette première proposition : *Tout animal est mortel;* comment nous fournira-t-elle la conclusion? Par la proposition que *le cheval est un animal*, c'est-à-dire par une proposition où *animal*, un des termes de la première proposition ou de la majeure, est uni à *cheval*, un des termes de la conclusion. *Animal*, terme qui ne se trouve point dans la conclusion, mais qui est commun aux deux premières propositions, est donc le terme moyen entre les deux autres termes qui se rencontrent séparément dans les deux premières propositions, et qui ne se trouvent réunis que grâce à lui dans la conclusion. De là, en logique, l'importance de l'invention du moyen terme. A est B; or B est C; donc A est C. Ce qui fait le lien de A et de C, c'est B [1]. B est donc d'une grande valeur pour le raisonnement, il en fait tout le nerf; mais ce qui importe finalement à la connaissance, c'est A et C. La logique tient grand

---

[1] Je suis l'ordre des lettres dans Aristote. L'expression aristotélique serait, en effet : « La mortalité (A) est dans animal (B); l'animalité (B) dans cheval (C); la mortalité (A) dans cheval (C). AB. BC. AC. »

compte du moyen, et la science, du produit ou de la conclusion.

En thèse générale, la conclusion suppose la connaissance des deux prémisses; si elles sont connues, rien de plus simple que d'en tirer la conclusion. Si celle-ci et la majeure sont seules connues, on vient de voir qu'on trouve aisément la mineure, puisqu'à l'inspection des termes, la définition de ces termes, s'ils sont préalablement définis, ou l'expérience, si l'on examine les objets définis et non les définitions, fait connaître dans le sujet de la conclusion un attribut de plus exprimé par le moyen terme. Dans l'exemple, il n'y a qu'à voir si *le cheval est un animal*, si B est dans C.

Voilà pour la mineure et la conclusion; mais la majeure, il est évident qu'il faut qu'elle soit donnée, elle est le principe de la démonstration; elle ne peut se déduire de la conclusion, ni de la mineure; elle ne ressort pas de la démonstration, précisément parce qu'elle en est le principe. Ainsi, dans la démonstration la plus simple, le principe n'est ni démontré ni démontrable par la démonstration même. Il faut donc, je le répète, que la majeure soit donnée: elle peut être donnée en étant dérivée d'une autre démonstration, c'est-à-dire en étant la conclusion d'un autre syllogisme; c'est le cas le plus commun. Mais après avoir extrait une démonstration d'une démonstration, un syllogisme d'un syllogisme, si vous ne voulez tomber dans une recherche à l'infini, vous serez obligé de vous arrêter une fois à une majeure qui ne supposera ni démonstration, ni syllogisme antérieur, qui sera vraiment un principe. Comment sera-t-elle donnée? évidemment, elle ne peut l'être que de deux façons : ou par l'expérience immédiate, ou *a priori* par la raison. Dans le premier cas, c'est un jugement particulier et empirique. Ceux qui n'admettent point de jugement *a priori*, sont ainsi obligés d'assigner pour tous principes de science à l'esprit humain, des perceptions particulières. Ce n'est pas le lieu de revenir sur cette question, plus d'une fois traitée. Notons seulement ce point, que dans toute démonstration donnée, la majeure est indémontrée, et que toute série de démonstrations remonte nécessairement à un principe indémontrable.

Nous venons d'analyser le procédé déductif (apodictique des Grecs). Recherchons maintenant ce que c'est que le procédé inductif (épagogique).

Si d'une conclusion et d'une mineure connues il est impossible de faire sortir, par une déduction syllogistique, la majeure ou le principe général de la démonstration, il suit qu'au cas où l'on arriverait cependant à la poser, à l'aide seulement de ces deux données, ce serait par une méthode nouvelle, qui ne naîtrait pas du syllogisme proprement dit. Nous avons : *Le cheval est un animal ; donc le cheval est mortel.* Évidemment, pour que cela soit vrai, il faut que *tout animal soit mortel*. Connaissant les lois du syllogisme, je puis bien me dire qu'il en doit être ainsi, et que si la conclusion est vraie, c'est qu'elle a une telle majeure et que cette majeure est légitime. Mais la conclusion ne me garantit pas la légitimité de cette majeure, comme cette majeure garantirait cette conclusion : elle ne la démontre pas. En un mot, de ce que le *cheval est mortel,* et de ce que le *cheval est un animal,* je ne peux conclure que *tout animal soit mortel*. Je ne peux le conclure, je peux l'induire. L'induction est proprement cette méthode nouvelle qui, renversant le syllogisme, tire la majeure de la comparaison de la mineure et de la conclusion. Telle est l'induction proprement dite, l'induction des logiciens. Il est clair que c'est un procédé hasardeux, un procédé imparfait [1]. Pour qu'une majeure, principe général de démonstration, soit conclue d'une conclusion et d'une mineure, il faut que le sujet de la conclusion soit l'équivalent du moyen terme; il faut qu'on puisse substituer à ce sujet tous les cas particuliers compris dans l'extension du moyen terme; il faut enfin que l'on puisse indifféremment dire *animal* ou *cheval*, et que tout ce qui est vrai de *cheval* soit vrai d'*animal*. Or, comment des deux données tirer légitimement une proposition générale ? comment, sans aucune addition, convertir la mineure *le cheval est un animal* en cette proposition : *Cheval équivaut à animal dans tous les cas particuliers du genre animal* ? Il est évident que c'est là une conversion qui n'est pas légitime, une opération qui n'est pas rigoureuse ; et de là le caractère général de l'induction, caractère qui persiste sous toutes les formes qu'elle peut prendre. Des deux propositions données, il ne résulte qu'une analogie ; c'est par analogie qu'on peut conclure de la mortalité du cheval à celle des animaux. La conclusion par analogie ne diffère pas sensiblement de l'induction [2]. Il suit que la démonstration et l'in-

---

[1] *Logiq. de Port-Royal*, III, ch. XIX, 9, ch. XX, 4.

[2] Kant a cependant distingué l'induction et l'analogie. L'une est pour lui la conclusion de plusieurs choses d'une espèce à toutes les

duction s'opposent, l'une allant du principe à la conséquence, l'autre de la conséquence au principe.

On remarquera que nous ne disons pas que des deux propositions données, l'une comme conclusion, l'autre comme mineure, on ne pourra rien conclure; mais qu'on ne pourra pas conclure une majeure. Ainsi, de cette conclusion, *le cheval est mortel*, de cette mineure, *le cheval est animal*, on pourra bien tirer cette proposition, *donc quelque animal est mortel*. Mais ce n'est pas la majeure du syllogisme en question, c'est la conclusion d'un nouveau syllogisme, où la conclusion du premier devient majeure, la mineure restant la même. Mais pour adjoindre valablement à nos données, sous forme de conclusion, ce principe, *tout animal est mortel*, il faut l'intervention d'une expérience illimitée, il faut une énumération complète de tous les cas particuliers du genre *animal*, aboutissant à prouver que tous les *animaux* sont comme le *cheval*. Or, cette énumération complète est généralement impossible; on est obligé de se contenter d'observer le plus grand nombre ou un grand nombre de cas, ou mieux, de s'assurer qu'il n'y a pas d'exception connue. Telle est la base de l'induction, et l'on voit démonstrativement qu'elle n'est pas un procédé rigoureux : elle sert cependant de support à toutes les sciences naturelles. Sous quelque forme que se produise un raisonnement fondé

choses de cette espèce; l'autre, la conclusion de plusieurs propriétés communes à des choses de même espèce, aux autres propriétés en tant qu'appartenant au même principe (*Logiq.*, ch. II, sect. III, §. 84). Mais ce n'est pas là une différence radicale.

sur l'induction, il peut, en dernière analyse, être ramené à la forme d'un syllogisme en règle, dont la majeure serait générale, et la conclusion particulière, et que l'induction intervertit en inférant la majeure des deux autres propositions au moyen d'une généralisation plus ou moins fondée, mais qui n'est jamais rigoureusement légitime en logique, étant appuyée sur l'analogie ou sur une énumération peut-être incomplète de cas particuliers. Dans la réalité, la nature nous présente les faits dans cet ordre inverse de l'ordre logique, dans un ordre où une vérité particulière doit donner en déduction des généralités. S'il n'y avait, on doit le comprendre, d'autres moyens de prouver et de connaître que la perception, l'analogie, la généralisation et le raisonnement inductif, les connaissances humaines perdraient en étendue, en solidité, en autorité; plus de science proprement dite; la démonstration pècherait par la base; elle serait une pure forme, un moyen d'enchaîner symétriquement des conjectures, et de leur donner une apparence scientifique. Toute la connaissance humaine ressemblerait à ces systèmes hypothétiques, hasardés, mais bien déduits, qui surgissent si souvent dans l'histoire des sciences pour briller et disparaître en quelques jours. Mais il n'en est pas ainsi.

On vient de voir que la déduction descend du principe à la conséquence, et que l'induction remonte de la conséquence au principe; l'une va du genre à l'individu, l'autre de l'individu au genre. En d'autres termes, l'induction généralise, en prenant pour point de départ une conclusion élémentaire ou une première et immédiate induction tirée d'un jugement particulier, comme cette proposition *tout cheval est mortel* conclue de la perception de *la mort d'un cheval*. Les logiciens ont raison de dire qu'à la rigueur une telle conclusion n'est qu'une présomption logique, ou un raisonnement empirique[1].

Il faut user des notions ainsi obtenues avec beaucoup de circonspection, et les vérifier sans cesse. On devrait même pousser à cet égard le scepticisme plus loin, s'il n'y avait pas, hors de la logique, des principes qui interviennent dans la connaissance humaine pour l'affermir, et qui, étant du même ordre que ceux qui fondent la logique même, communiquent plus de consistance et de certitude aux inductions régulières de l'expérience. Nous avons déjà vu en effet que la démonstration supposait, c'est-à-dire démontrait en quelque manière l'existence de principes indémontrables. Il est d'ailleurs évident que l'induction, entendue comme elle vient de l'être, ne pourrait jamais donner que des propositions générales et non universelles. Or la science veut de l'universel, et il y a en effet de l'universel; telles entre autres les vérités logiques. La logique par son existence et par sa nature prouve donc des principes de science dont elle ne rend pas raison, et dont elle est dérivée, ne pouvant être une généralisation de l'expérience.

Les accusations tant répétées contre la méthode syllogistique d'Aristote ne seraient entièrement justes

---

[1] Kant. *Logiq.*, loc. cit. Il n'y avait de rigoureux que cette conclusion, *le cheval est mort, donc il était mortel;* et cette autre, *donc un cheval peut être mortel. Ab actu ad posse.*

que s'il avait réduit au syllogisme tous nos moyens méthodiques de connaissance. Or, il n'en est rien. Aristote met en opposition avec le syllogisme, mais sur la même ligne, l'induction. Quoiqu'il l'appelle syllogisme inductif ou épagogique, il la distingue cependant du syllogisme proprement dit; il voit là nos deux uniques moyens de certitude. Or, comme, selon lui, le syllogisme ne donne pas les principes, il faut bien que ce soit l'induction. Ils sont en effet pour lui des inductions de l'expérience. Ici, Aristote pose avec une précision qu'on n'a point surpassée, les bases du système de la philosophie des sensations. « L'âme, dit-il, a bien la sensation du particulier, mais la sensation s'élève à l'universel.[1] »

Sans examiner comment cette dernière opinion s'accorde avec d'autres parties de la philosophie d'Aristote, notamment avec l'existence des notions universelles et nécessaires dont il fait lui-même tant d'estime et d'emploi, nous dirons que si l'on n'admet comme lui que ces deux méthodes, la déduction et l'induction, la première ne pouvant donner, en fait de vérités nécessaires, que des vérités subordonnées à des principes non déduits, ceux-ci doivent alors être induits, et il suit que l'induction a deux caractères ou se présente sous deux formes : elle donne tantôt des généralisations de l'expérience, tantôt des principes universels. Mais dans ce dernier cas, elle déroge évidemment aux règles de la logi-

---

[1] Voy. le ch. XXIII du liv. III des Prem. analyt., dans la traduction de M. Barthélemy St.-Hilaire ; *Logiq.*, t. II, et le ch. XIX du liv. II des Analyt. sec., dans l'analyse du même auteur. *De la logiq. d'Aristote*, t. I, partie II, sect. I.

que, et sort pour ainsi dire de sa nature. D'où il résulte qu'il faut ou trouver un nom pour une autre source de connaissance que la déduction et l'induction, ou distinguer deux inductions. Ainsi indépendamment des conclusions ordinaires du particulier au général fondées sur l'expérience et l'analogie, il y a des principes qui ne proviennent pas de la démonstration, et qui cependant se concluent ou s'induisent, comme on voudra, avec une immanquable exactitude, dès que l'expérience provoque l'application d'un jugement universel. C'est alors une induction d'un nouveau genre, si l'on tient à ce mot, et qu'on pourrait appeler transcendantale pour la distinguer de l'induction expérimentale.

Mais ce n'est pas là l'induction Baconienne, ce n'est pas celle de la philosophie inductive. Je crois qu'on peut ramener à cinq les divers sens donnés à ce mot d'induction dans les recherches de la philosophie moderne.

1°. L'induction en général, celle dont les anciens nous ont exposé la théorie, est proprement, ainsi qu'on l'a vu, le raisonnement par analogie. Nous en avons décomposé le mécanisme. Toute l'école aristotélique, toute la scholastique en a donné la même idée. Je ne citerai qu'une définition dont l'auteur est célèbre : « L'induction, dit Abélard, est cette argumentation dans laquelle on tire des particularités la preuve d'une autre particularité semblable (*comparticulare*), ou d'une généralité qui leur est commune [1]. »

2°. L'induction de Bacon n'est pas celle des logi-

---

[1] *Dialectica*, pars III, *Topic*. OEuvres inédites d'Abélard, publiées par M. Cousin.

ciens. Celle-ci, il la méprise et la répudie. Elle est puérile, précaire, vicieuse; ses conclusions sont en péril à la première exception qui la contredit. Il ne s'étonne pas que les dialecticiens n'en parlent qu'en passant; ce qui le surprend, c'est que des esprits aussi subtils aient prétendu imposer au monde un procédé aussi grossier. Loin de reproduire la nature, cette induction la torture et la travestit. Mais il met tout son espoir dans l'induction corrigée, dans une induction véritable, qui n'a pas encore été essayée, qui sera la clef et comme la formule de la nature. De même que la logique ancienne atteignait tout par le syllogisme, la logique nouvelle embrassera tout par l'induction. — Cette induction, qu'est-elle cependant?

C'est ce qu'il n'est pas aisé de savoir, même en lisant attentivement Bacon dont nous ne faisons guère que rapporter les expressions.

Suivant lui, l'ancienne induction, l'induction vulgaire procède par la simple énumération des cas particuliers, puis elle conclut. Elle n'est donc tout au plus qu'une conjecture probable. Comment se fier à l'expérience et à la mémoire d'un seul homme, et s'assurer qu'un fait contradictoire ne lui soit pas resté inconnu? Cette méthode vient d'un empressement passionné d'arriver à des théories dogmatiques, d'une précipitation à généraliser qui dédaigne l'examen patient et prolongé des faits. Par un seul et même acte de l'esprit, l'induction vulgaire trouve et juge, constate et prononce. Comme la sensibilité qui en même temps saisit l'objet et l'affirme, elle passe sans intermédiaire aux jugements les plus généraux, elle saute des cas particuliers aux axiomes;

et puis, sur des principes obtenus aussi témérairement, pris comme vérité immuable, la science scholastique forme les principes secondaires, les jugements moyens, auxquels elle arrive par le pur syllogisme, et que la logique lui donne indépendamment des faits. Elle a donc erré, quant à la nature et quant à l'usage de l'induction; car d'une part elle en a fait l'instrument immédiat des principes universels seulement; de l'autre elle a tout réduit à une opération frivole qui se compose de l'énumération et de la conclusion.

L'induction véritable, qui n'a de commun avec l'autre que le nom, et qu'il faut imaginer enfin, (*excogitanda*), celle dont Platon seul s'est quelque peu servi en traitant des idées et de la définition, observe les sens, serre de près la nature, s'identifie en quelque sorte avec elle. Elle la décompose, en analysant l'expérience, en opérant *les conclusions et les rejections convenables*, c'est-à-dire en faisant la part du positif et celle du négatif. De l'expérience seule, même de l'expérience savante, on ne doit attendre que de minces résultats; mais les plus grands et les plus précieux doivent être espérés d'une méthode nouvelle qui, s'attachant aux faits, s'y arrêtant avec une attention patiente, en extrait sûrement et régulièrement des jugements qui ne les excèdent pas. Lentement et comme d'échelons en échelons, cette méthode monte des cas particuliers aux principes ou lois les moins générales, puis aux moyennes, puis aux supérieures, puis enfin aux universelles[1].

---

[1] *Instaurat. magn. Distrib. oper.*, I. *De augm. scient.*, lib. V.

Ainsi des deux inductions, « l'une des sensations
« et des faits particuliers vole aux axiomes les plus
« généraux, et les prend ensuite comme règles
« pour trouver les principes moyens; l'autre des
« sensations et des faits particuliers dérive les
« axiomes, en montant lentement et par degrés aux
« axiomes les plus généraux.... L'une et l'autre
« débutent donc par le sensible et le particulier, et
« ne se reposent que dans l'universel. Mais l'une ne
« fait qu'effleurer l'expérience en courant, et l'autre
« s'y attache et procède avec ordre. Dès le principe,
« l'une établit des généralités abstraites et inutiles ;
« l'autre s'élève graduellement à ce qu'il y a de plus
« réellement connu dans les choses de la nature....
« Or il est impossible que des règles trouvées en ar-
« gumentant, déduites logiquement d'axiomes ab-
« straits, servent à la découverte de nouveaux pro-
« cédés de l'art. Car la subtilité de la nature surpasse
« à beaucoup d'égards toute la subtilité de l'esprit
« d'argumentation. Mais des lois extraites convena-
« blement et régulièrement des faits particuliers,
« en indiquent à leur tour de nouveaux, et sont
« comme des signaux de la nature. Ainsi les sciences
« deviennent vraiment actives[1]. »

Quelqu'un demandera, ajoute Bacon, si nous
ne parlons que de la philosophie naturelle, ou si
nous considérons aussi les autres sciences, logiques,
éthiques, politiques, comme devant être vraiment
constituées par notre méthode : oui, nous entendons

---

cap. II. *Nov. organ.*, lib. I, aphor. CIII-CVI, lib. II,
aphor. XI-XXI. *Cogitat. et vis. de interpret. nat.* XIV. *Partis
instaurationis secundæ delineat. et argum.*

[1] *Nov. organ.*, lib. I. aphor., XIX, XXII, XXIV.

parler de toutes ces sciences. L'induction embrasse tout[1].

Telle est, en revenant maintes fois et sur les mêmes pensées et sur les mêmes expressions, l'idée que donne Bacon de sa célèbre méthode. Ses disciples, ses interprètes ont pensé comme lui qu'elle était essentiellement neuve, et comme lui admis une différence totale entre l'induction de ses prédécesseurs et celle qu'il préconise. L'une et l'autre ne se ressemblent guère que de nom, dit un habile éditeur français[2]. Sur ce point, presque tous les écrivains anglais sont d'accord; car il fallait bien que Bacon eût fait une découverte.

3°. L'induction, selon les Écossais, n'est pas l'expérience même. Elle est l'action de la raison sur l'expérience, la logique de l'expérience, le principe qui donne à l'expérience un sens et une valeur. Ce n'est pas la simple énumération de tous les cas de l'expérience, et la simple reconnaissance d'une circonstance ou d'un fait commun à tous les cas expérimentés. Ce ne serait là qu'une opération pour ainsi dire statistique; d'ailleurs, elle donnerait le passé, elle ne donnerait pas l'avenir. L'induction est quelque chose de plus. Toutes les fois que nous avons vu deux faits se suivre constamment dans le cours de la nature, l'apparition de l'un nous inspire immédiatement la conception et la croyance de l'autre; le premier devient le signe naturel du second; nous croyons naturellement que ce qui s'est toujours fait se fera toujours, et cette croyance

---

[1] *Ibid. Aphor.*, CXXVII.
[2] M. Bouillet, dans l'introduction du tom. II de son édition de Bacon, 1834.

n'étant fondée ni sur la connaissance, ni sur la probabilité, est un principe de l'esprit humain. La science de l'expérience n'est autre chose que l'interprétation des signes naturels, et elle n'est possible et valable qu'en vertu de cette foi que nous portons à la continuité des connexions que l'expérience nous révèle entre certains faits. C'est ce principe que Reid a appelé, *faute d'un meilleur nom*, dit-il, principe d'induction. Il domine la raison humaine dans toutes ses recherches sur la nature. L'emploi régulier de ce principe est la méthode d'induction, la logique inductive, celle dont Bacon a développé l'esprit, indiqué les principes, célébré la puissance; celle dont Newton a posé les règles et réalisé par le fait les plus merveilleuses promesses. Ce principe repose sur ce double jugement: l'univers est gouverné par des lois stables, et par des lois générales. Qui nous a appris ce fait? notre nature elle-même, il est indémontrable. « L'induction, dit le plus exact et le plus puissant « des interprètes de la philosophie écossaise [1], nous « donne à la fois l'avenir et l'analogie. Son carac- « tère propre est de conclure du particulier au gé- « néral, et par là elle est diamétralement opposée à « la déduction ou au raisonnement pur qui conclut « toujours du général au particulier. Elle fait qu'il « y a en quelque sorte deux raisons humaines qui « ont chacune leurs principes, leurs règles et leur

---

[1] M. Royer-Collard, *Fragments théoriques*, VI, à la fin du tom. IV des OEuvres de Reid, publiées par M. Jouffroy. Voyez aussi Reid lui-même, *Recherches sur l'entendement humain*, ch. VI, sect. XXIV, et D. Stewart, *Philosoph. de l'esp. humain*, t. III, ch. II, sect. V et ch. IV.

« logique. La logique du raisonnement pur est celle
« d'Aristote et de la géométrie, selon laquelle toute
« proposition certaine remonte par une chaîne non
« interrompue à un principe évident en soi. La lo-
« gique du raisonnement inductif a été créée par
« Bacon dans le *Novum organum* ; les quatre règles
« de Newton, *Regulæ philosophandi*, en sont les
« principes les plus généraux. Elle est bien plus dif-
« cile et bien plus utile que l'autre ; car la philoso-
« phie naturelle et la philosophie de l'esprit humain
« étant des sciences de pure induction, la logique de
« l'induction est l'instrument de toutes les décou-
« vertes qu'on y peut faire ».

4°. Mais le même philosophe qui nous a si bien exposé l'induction des Écossais, et qui ne la distingue pas en principe de celle de Bacon, en a lui-même introduit une autre que nous avons aussi invoquée souvent, et qui appartient à la psychologie [1]. L'induction de M. Royer-Collard est le procédé par lequel nous transférons hors de nous dans la perception ce que nous n'avons pu observer qu'en nous-mêmes. Ainsi lorsque l'étendue se manifeste à nos sens, nous concevons nécessairement et avec une certitude absolue, dans les choses étendues, l'existence, la durée, la causalité, que les sens ne nous donnent point, mais qui ne sont données que par la conscience et la mémoire, qui ne les observent qu'en nous et comme *nôtres*. Comment ? De quel droit ? on l'ignore. C'est une loi de la nature humaine que cette induction qui, indépendante de l'expérience et du raisonnement, et libre du joug

---

[1] *Fragments* déjà cités, XI, *Conclusion*.

des hypothèses, ne permet à la pensée aucune incertitude. Elle n'est point celle sur laquelle reposent les sciences naturelles et dont Bacon a tracé les règles; ses jugements universels et absolus ont la force de la nécessité.

5°. Enfin, on pourrait appeler induction, et nous avons souvent nous-même appelé de ce nom l'acte par lequel on obtient une conscience distincte de ces mêmes notions qui seraient ensuite transportées du moi au non-moi. On sait qu'elles sont impliquées dans tous nos jugements. Logiquement, elles les précèdent et les dominent. Historiquement, elles leur sont postérieures, et ne peuvent être extraites que par la réflexion, des jugements particuliers ou médiocrement généraux dans lesquels elles sont enveloppées. Par un procédé inverse de la démonstration régulière, elles peuvent être dérivées des jugements mêmes dont elles sont les principes, et qui seraient faux si elles n'étaient vraies. C'est cette déduction renversée à laquelle on peut étendre le nom d'induction.

Voilà donc cinq inductions distinctes. Faut-il y voir cinq opérations différentes, cinq procédés qui n'ont de commun que le nom? Alors cette communauté de nom serait un inconvénient et une faute. Ou bien n'y a-t-il là que des définitions et des emplois divers d'une seule et même opération intellectuelle? C'est cette dernière opinion que favoriserait le principe de l'unité de méthode soutenu par ceux-là mêmes qui ont tenu à distinguer dans l'induction, et qui ne veulent pas assimiler celle de Bacon à celle d'Aristote.

Celle-ci, le premier des cinq procédés, a été plus

haut analysée logiquement. Quel est son caractère propre? Le même que M. Royer-Collard attribue à l'induction des Écossais, elle est une conclusion du particulier au général. Si, la considérant en elle-même, on veut la ramener aux formes d'un raisonnement, c'est un syllogisme renversé et par là même imparfait, la conclusion d'un syllogisme ne devant pas être plus générale que ses prémisses. Les propositions générales véritablement induites, sont conclues de l'expérience, c'est-à-dire de la revue et de la comparaison des faits. Logiquement, elles ne sont donc légitimes et certaines que si la revue a été complète; or, c'est ce dont il est presque toujours impossible de s'assurer, à moins qu'il ne s'agisse d'une collection d'individus numérable dans un moment déterminé, c'est-à-dire d'une collection de pure convention. Ainsi l'on peut former une induction générale, porter un jugement commun sur tous les membres d'un tribunal, sur toutes les plantes d'un herbier, parce que ce sont là des collections conventionnelles et arbitraires, des espèces artificielles et données, non des espèces ou des genres formés nécessairement par voie de généralisation indéfinie. Mais toute conclusion générale déduite d'une comparaison entre les hommes ou entre les plantes en général, n'est pas rigoureuse en logique ou démonstrative, et pour cette raison doit être induite et non déduite. Prenons un exemple dans la chimie, et transportons-nous à une époque moins avancée de la science. Cette proposition : « Tous les oxydes métalliques sont susceptibles de former des sels en se combinant avec les acides », était, il y a soixante ans, une induction conjecturale, certaine seulement des oxydes métalliques connus. Observez toujours que je ne parle que de certitude formelle ou logique.

Ce qu'il suit de là, c'est qu'en dialectique il faut distinguer, parmi les propositions générales, celles qui sont des conclusions et celles qui sont des majeures.

Les premières n'ont jamais qu'une généralité limitée aux objets actuellement connus. Le syllogisme ne donne pas légitimement de conclusions plus générales que ses prémisses, si ce n'est en ce qui touche la pure possibilité. *De actu ad posse.*

Les secondes, c'est-à-dire les propositions générales qui servent dans le syllogisme à produire la conclusion, sont des inductions. Lorsqu'elles résultent d'une énumération, elles sont régulières et légitimes en ce qui concerne tous les faits ou individus énumérés; mais alors elles peuvent être ramenées aux conclusions d'un syllogisme en forme; l'induction devient rigoureuse en devenant déduction. Ou bien si elles s'appliquent à plus de cas que l'énumération n'en contient, elles ne sont plus syllogistiquement régulières; elles ne sont plus vraiment syllogismes, elles sont alors inductions; et elles empruntent leur valeur et leur possibilité même, non plus du syllogisme, ni en général de la dialectique proprement dite, mais de quelque autre principe.

Or, maintenant l'induction de Bacon diffère-t-elle essentiellement de cette sorte d'induction? il ne nous le semble pas. Elle est aussi une conclusion du particulier au général; elle s'appuie aussi sur l'expérience, ou sur l'inspection et le dénombrement des cas particuliers. Quels reproches adresse-t-il à l'induction de ses prédécesseurs ? Deux principaux. Le premier, c'est que l'énumération ne peut jamais porter que sur un nombre donné de cas, et ne vaut point pour les cas inconnus, pour les contradictions éventuelles. Le second, c'est que de cette énumération incomplète ou incertaine, la science s'élevait de son temps sans intermédiaire aux principes les plus généraux, aux axiomes les plus abstraits. De sorte que les jugements intermédiaires, les principes moyens qui sont les plus utiles et les plus sûrs, étaient négligés et demandés ultérieurement au syllogisme. Or, le premier reproche s'adresse à toute expérience. L'expérience ne porte jamais en elle-même sa garantie logique. Elle ne peut jamais être universelle; il faudrait qu'elle fût infinie, et elle se borne toujours à un nombre de faits déterminé. Bacon, lorsqu'il donne les règles de la nouvelle logique, ne fait que prescrire une investigation plus exacte et plus étendue des faits, que recommander une comparaison plus attentive, un examen plus prolongé, une analyse plus sévère des différences. Le conseil est excellent; il était très-nécessaire, et il a porté de précieux fruits; mais il ne change pas la nature logique de l'opération, il ne fait que la rendre plus sûre, plus complète et plus utile. Quant au second reproche, il s'applique également à la pratique du temps. Il n'est pas en effet de la nature de l'induction de franchir d'un saut tous les degrés qui séparent les cas particuliers des axiomes. La scholastique ne connaissait guère d'autre procédé que la dialectique, et cette prédilection aveugle, unie à une non moins aveugle déférence pour l'autorité, entraînait les esprits à négliger les faits pour les abstractions, et à s'élever presque sans examen aux généralités, aux principes spéculatifs qui dominaient dans les livres, et dont les déductions remplissaient et composaient alors presque toutes les sciences. Les faits ne servaient que d'exemples, rarement même daignait-on les citer ; on les choisissait en vue du principe, au lieu de modeler le principe sur les faits. Il est donc vrai que l'induction était méprisée, qu'on s'y arrêtait à peine, qu'on en méconnaissait et les règles, et l'esprit, et l'utilité ; en ce sens, Bacon a bien renouvelé la méthode des sciences, mais il n'a pas renouvelé l'induction. Il y a rappelé les esprits, en montrant comment il fallait raisonner sur l'expérience. Il a donc remis en honneur la science inductive ; il ne l'a pas inventée. Son induction ne diffère pas de celle de ses prédécesseurs ; seulement il prescrit de l'employer, et on ne l'employait pas. Il enseigne comment il en faut user, et on ne le savait pas. Il change tout autour de lui, il ne crée rien. Il m'est impossible de trouver dans le chapitre consacré par Dugald Stewart à opposer l'induction d'Aristote à celle de Bacon, d'autre distinction réelle qu'une différence dans la conduite[1]. Bacon n'a pas découvert l'induction ; il a découvert qu'elle était utile, et il a montré à quelles conditions. Mais après tout, lorsqu'il donne lui-même un *specimen* d'induction, en faisant la recherche de la nature de la chaleur, *inquisitio de forma calidi*, il indique d'abord tous les phénomènes de chaleur à étudier, puis tous ceux de privation de chaleur, ou les faits positifs et les faits négatifs ; ensuite il dresse une

---

[1] *Philosophie de l'esprit humain*, t. III, ch. IV, sect. II.

table des degrés ou des diverses formes de la chaleur dans les corps; puis, il montre tout ce qu'il faut distinguer et rejeter de la nature du chaud, et enfin il présente de premières inductions, ce qu'il appelle une *première vendange*. C'est dire qu'il procède par l'énumération; seulement cette énumération est mieux ordonnée, plus analytique, aussi complète que possible. C'est de la méthode d'induction bien conduite [1].

Ainsi, l'induction de Bacon n'est que l'induction d'Aristote, peu employée par Aristote, négligée par toutes ses écoles, oubliée par le moyen âge. Maintenant, l'induction des Écossais est-elle bien celle de Bacon? Ils le disent, ils appellent Bacon le père des sciences inductives; la philosophie, ou suivant eux, la science de l'esprit humain, n'est qu'une science inductive; et du point de vue de la pure logique, il est bien vrai que l'induction ne paraît pas dans leurs mains autre chose que ce que leurs devanciers ont ainsi nommé. Mais les Écossais ne sont pas seulement logiciens; nous avons vu que la logique toute seule ne validait pas l'induction, et que les propositions inductives ne se laissaient pas mettre régulièrement en argument. Nous en avons conclu que l'induction pourrait bien avoir un autre principe. Ce principe, s'il n'est pas logique, il doit être psychologique. La logique elle-même l'est bien en un sens; la raison étant ainsi faite que toute liaison logique entre une proposition et une autre lui semble constituer une certitude nécessaire. La nécessité est le caractère des vérités logiques; ce caractère paraît

---

[1] *Nov. organ.* liv. II, *aphor.* XI-XXI.

manquer en général aux vérités inductives. D'où vient donc la croyance qu'elles obtiennent, et même leur puissante certitude? L'expérience, aidée de la mémoire, n'engage que le passé. D'où vient que l'induction préjuge l'avenir? Quelle est cette foi naturelle, absolue, dans le retour des mêmes effets après les mêmes causes, dans la continuité des mêmes phénomènes, au milieu des mêmes circonstances? Tel est le principe psychologique de l'induction. Nous sommes ainsi constitués que nous croyons fermement et que nous croyons raisonnablement croire à l'identité de ce qui est identique. De ce principe viennent toutes les inductions, et voilà pourquoi, tandis que la déduction semble le principe des vérités nécessaires, on dit que l'induction est celui des vérités contingentes. Ainsi, une expérience étant donnée, nous concluons sans preuve, sans raisonnement, sans incertitude, qu'elle se reproduira dans les mêmes circonstances. Telle est l'induction la plus pure et la plus certaine. Par suite et comme à l'imitation de celle-là, nous tirons la même conclusion, lors même qu'il ne s'agit pas de l'objet identique, mais de l'objet pareil en des circonstances semblables; ce que nous avons pensé des objets pareils, nous le pensons ensuite des objets analogues; puis nous concluons des connus aux inconnus, et de l'expérience faite à l'expérience à faire.

L'expérience indique, je suppose, que tous les oxydes métalliques, en se combinant avec les acides, forment des sels. J'ai donné cet exemple pour faire connaître l'induction commune. C'est ce qu'on peut appeler un jugement collectif, un *axiome moyen*, comme parle Bacon. Cependant, ce jugement, quelque restreinte qu'en soit la généralité, suppose des inductions plus simples encore et moins générales. D'abord, celle qui s'applique aux divers oxydes du même métal; celle-ci est de tout point semblable à la première, quoique moins générale et par conséquent antérieure. L'incertitude, l'imperfection de ce raisonnement, vient de l'impossibilité absolue de démontrer qu'on ait expérimenté toutes les espèces d'oxydes métalliques, ou même toutes les espèces d'oxydes d'un même métal. L'induction n'est donc rigoureusement valable qu'autant qu'il est sous-entendu qu'elle ne s'applique qu'aux oxydes connus; alors elle vaut le syllogisme et se confond avec lui. Mais cette induction même en suppose deux autres. L'une, c'est que l'échantillon d'un oxyde étant donné, on a dû conclure d'une de ses propriétés constatées qu'elle se retrouverait dans tous les autres individus de même espèce; l'autre, plus radicale encore, c'est que de l'expérience actuelle qui révèle une propriété dans un individu d'un oxyde donné, il est légitime de conclure que cette propriété est permanente, ou qu'on l'eût constatée antérieurement, et qu'on la retrouverait plus tard, quelle que fût l'époque de l'observation. Cette dernière induction est l'induction primitive qui sert de base à toutes les autres, et que les Écossais ont mise en lumière, du moins comme fait psychologique, comme principe de foi naturelle dans la permanence et dans l'identité de la nature de tout être donné. Tel morceau d'oxyde de fer a formé un sel avec l'acide sulfurique; il se comportera toujours ainsi dans les mêmes circonstances : on pourrait appeler cette induction l'induction d'identité. Celle qui conclut d'un individu à un autre individu identique de nature, comme de tel échantillon d'oxyde de fer à tel autre échantillon, serait l'induction d'homogénéité, et non pas seulement, comme le veut Stewart, l'expérience proprement dite; car l'expérience est la condition et la base commune de tous ces raisonnements [1].

Ces deux inductions diffèrent sans doute, et surtout la première, en certitude, en spontanéité, en autorité, de celle de Bacon, c'est-à-dire des inductions de la science proprement dite; mais le procédé logique est le même. Seulement, elles sont plus élémentaires; elles tiennent immédiatement, par des racines psychologiques, au fond même de l'esprit humain, et quoiqu'elles aient besoin d'une expérience quelconque pour s'opérer dans l'esprit, elles n'empruntent pas leur preuve à l'expérience. Ce n'est pas pour avoir retrouvé à diverses époques les êtres avec la même nature, que nous croyons à la durée de cette nature identique. L'expérience nous sert à constater quelle est cette nature, et non que cette nature est invariable dans les mêmes circonstances. Nous n'expérimentons que pour voir si le corps est bien connu, et non, si une fois bien connu, il changera d'essence. *A priori*, nous jugeons l'essence immutable, et c'est au contraire l'expérience qui nous apprend à ne pas prodiguer cette immutabilité en supposant partout l'identité des essences, et à connaître leurs différences. Un enfant croit d'autant plus à la *mêmeté* des choses qu'il a moins d'expérience, et il s'attend naturellement au retour de ce qu'il a vu.

[1] *Philosophie de l'esprit humain*, t. III, ch. IV, sect. IV.

Et pourtant, ces deux inductions que nous étudions, posées dans la balance de la dialectique, seraient trouvées également défectueuses, comme n'étant pas susceptibles de preuve démonstrative.

Après avoir conclu de l'individu à un autre individu homogène, l'induction conclut d'une espèce à une espèce, de telle classe d'oxyde de fer à telle autre classe, du protoxyde au deutoxyde, ou de l'oxyde de fer à l'oxyde de cuivre. Cette induction exige, pour se légitimer, une répétition des inductions précédentes. Celle-là a réellement besoin de l'énumération des espèces, et s'il s'agit d'espèces dont la collection ne soit pas essentiellement définie, comme celle des oxydes, desquels il est impossible d'affirmer qu'ils soient tous connus, elle offre une cause nouvelle d'incertitude. Cependant plus sera grand le nombre des oxydes métalliques auxquels on aura expérimentalement reconnu la propriété cherchée, plus l'induction paraîtra légitimement applicable aux oxydes métalliques à découvrir, et nous aurons un de ces principes induits, un de ces jugements intermédiaires dont Bacon a enseigné le vrai mode de formation. Ce ne sont ni des jugements démonstratifs, ni des jugements nécessaires, mais des jugements d'une haute probabilité, qui équivaut dans la pratique à la certitude. C'est pour cette induction que Stewart voudrait qu'on réservât le nom d'analogie; on pourrait l'appeler, suivant les cas, l'induction de genre ou d'espèce. Si l'on en recherche le principe, on le trouvera, je pense, dans le principe des inductions élémentaires d'identité et d'homogénéité. Elle en est comme le développement, comme l'extension expérimentale;

mais ici encore, c'est la psychologie qui constate ce penchant intellectuel à conclure sans preuve formelle de l'expérience des connus à l'expérience des inconnus sur la foi de l'analogie. L'expérience le justifie souvent et lui sert de preuve; mais elle n'est pas l'origine de ce penchant; il est certainement un des instincts de l'intelligence; je le regarde, non pas comme une loi de la raison pure, mais comme une des conditions et un des moyens de la raison pratique.

Ce n'est pas tout; ce pouvoir de l'induction par analogie, nous l'étendons au delà de ces limites mêmes. On a vu que Bacon se plaignait qu'on déduisît syllogistiquement les principes secondaires d'une induction hasardée, érigée en vérité universelle. Il proposait avec beaucoup de raison de conclure par analogie certains résultats probables de résultats analogues déjà obtenus. Alors l'induction devient de plus en plus conjecturale. C'est ainsi qu'après avoir constaté que tous les oxydes métalliques forment des sels avec les acides, il a été naturel et plausible de conclure que les terres et les alcalis, ayant la même propriété, étaient des oxydes métalliques. Cette sorte d'induction logiquement conjecturale est un effet encore plus éloigné du pouvoir primitif d'induction de l'esprit humain. Mais elle est souvent, comme dans l'exemple, confirmée par l'expérience, et elle diffère des premières en ce que, bien que conforme aux penchants naturels de l'intelligence, elle suppose toujours un acte original, une initiative propre de l'esprit qui la conçoit, et signale spécialement la sagacité inductive des esprits faits pour les découvertes. On pourrait, afin de la distinguer de la précédente, appeler celle-là induction d'analogie expérimentale, celle-ci, induction d'analogie conjecturale.

Il n'y a, du reste, qu'une différence de degré entre l'un et l'autre procédé logique. La divination dans les sciences n'est jamais au fond qu'une anticipation fondée sur l'analogie; point de prédictions, il n'y a que des inductions.

Maintenant la quatrième induction, due à M. Royer-Collard, est celle qui conclut du dedans au dehors, du subjectif à l'objectif, et qui prend dans les données mêmes du moi le type des lois essentielles des choses. Cette théorie n'est que le développement de cette pensée de Leibnitz, que l'âme « ne connaît les « êtres qui sont hors d'elle qu'au moyen des choses « qui sont en elle-même [1]. » Sans attaquer cette théorie qui est elle-même une ingénieuse induction, remarquons qu'elle ne serait après tout que la description d'un fait psychologique, et l'exposition de l'origine historique des inductions fondamentales qui soutiennent toutes nos connaissances empiriques. Elle n'introduirait pas un nouveau principe logique dans l'entendement, elle ne changerait pas le caractère logique de l'induction. Celle-ci resterait toujours une conclusion du particulier au général, que la dialectique taxerait d'hypothétique et de gratuite, toutes les fois qu'elle serait disposée à méconnaître les lois absolues de la raison, qui servent de titre à la dialectique même. D'ailleurs, en admettant que l'homme, pour transporter au monde les notions de substance, de durée, de causalité, eût besoin de

---

[1] *Externa non cognoscit nisi per ea quæ sunt in semet ipsa.* Voyez Biran, t. II, p. 15 et t. IV, p. 251.

les avoir trouvées dans la conscience de lui-même, il resterait que ces notions pourraient, en tant qu'observées dans le moi, être qualifiées d'inductions, et qu'ainsi nous n'aurions fait que reculer le principe de l'induction et remonter du primitif au plus primitif encore. Ce qu'il y a de vrai, c'est que, par la conscience de nos propres actes, nous concevons nécessairement notre existence, notre durée, notre causalité, et non-seulement nous les concevons nécessairement, mais nous les concevons comme nécessaires. Ce qui est contingent, c'est que le moi existe ; mais le moi donné, les notions naissent d'elles-mêmes, et si l'on veut les appeler des inductions, ce sont en effet des inductions nécessaires. L'alliance de ces deux mots troublera peut-être un moment l'esprit. Mais déjà, quand nous avons parlé de l'induction d'identité, nous avons été bien près de définir une induction nécessaire. Cependant, M. Royer-Collard, au risque de quelque inconséquence, n'a pas craint de réduire à de simples présomptions toutes les inductions antérieures à la sienne. Au fond, celle-ci est plutôt un principe nécessaire de l'activité de l'esprit humain qu'elle n'est en elle-même un axiome nécessaire. C'est une opération, ce n'est pas une vérité. Mais cette opération suppose ou donne de certaines vérités absolues, les lois de la substance, de la cause, etc. C'est de celles-ci qu'il faut examiner si elles sont inductives ; c'est ce que nous déciderons en traitant de la cinquième espèce d'induction.

Celle-ci est supérieure à toutes les autres. La plupart des philosophes que nous avons nommés conviennent que la conscience nous suggère la notion de l'existence et de la durée d'un principe qu'ils appellent moi. Cette suggestion peut, sans grand abus de mots, être appelée induction. Quelque naturelle, quelque irrésistible qu'elle soit, elle naît à l'occasion de phénomènes contingents et particuliers. Les faits dont nous avons conscience ne sont pas nécessaires ; nous pourrions ne pas être. S'il est vrai que par une loi de la pensée, ou plutôt par la constitution de notre nature, nous y puisions la notion universelle d'existence, de substance, de causalité, c'est toujours, à considérer logiquement l'opération, une conclusion du particulier au général. *Je pense, donc je suis,* suppose une majeure générale, *tout ce qui pense est,* et même un principe plus général encore, *tout acte suppose un agent.* C'est donc là une induction, soit qu'on la considère comme une dérivation naturelle de l'expérience consciencieuse, soit qu'on y voie un syllogisme renversé, car on a vu que ces deux formes peuvent être données à l'induction. Mais celle-ci est la véritable induction primitive. Elle naît de la conscience, et elle naît, je crois, aussi de la perception. Bien que je sois prêt à concéder à M. Royer-Collard que le sentiment des inductions du moi contribue à faciliter la conception des mêmes principes dans le non-moi, j'avoue que la conception de la substance ou de la cause me paraît également nécessaire, soit que je l'applique au monde objectif, soit que je l'applique au monde subjectif. Quoi qu'il en soit, la nécessité est le caractère commun de ces notions primitives ; et comme par leur universalité même elles ne peuvent être une pure induction de l'expérience, comme elles ne peuvent pas davantage être une déduction du syllogisme, il faut qu'elles viennent d'une induction primitive, transcendantale, ainsi que nous l'avons appelée, d'une induction *a priori*, si l'on peut ainsi parler. C'est que l'homme est encore autre chose qu'un phénomène psychologique, autre chose qu'un mécanisme logique. Au-dessus de la psychologie et de la logique, il y a la raison pure qui contient et connaît les principes de tout. Ces principes sont engagés dans les conceptions les plus simples du moi et du non-moi; ils dominent la conscience et la perception, et c'est par là et en ce sens qu'ils ont pu être appelés innés. Si l'on décomposait lesdites conceptions sous la forme de raisonnements abstraits, il faudrait leur donner ces principes pour majeures. Les conceptions dont il s'agit sont donc une application ou dérivation de ces principes; c'est ce que l'École appelle une *subsomption* des premiers principes.

Or, encore une fois, ces principes ne pouvant être obtenus distinctement qu'en remontant du particulier au général, peuvent être assimilés sous ce rapport à des inductions, et l'on trouvera souvent cette expression ainsi employée. Si de la perception ou de la conscience nous concluons la substance, psychologiquement et en fait, c'est une induction; logiquement et en droit, ce devrait être un syllogisme. Induire, c'est conclure un principe; ce qui, en bonne dialectique, n'est pas une opération régulière. Mais quand le principe est universel et nécessaire, c'est une opération obligée; puisque la raison individuelle n'existe qu'*a posteriori*, il faut bien qu'elle remonte la logique pour atteindre ce qui est *a priori*. Non-seulement l'homme est fait ainsi, mais on peut démontrer qu'il ne saurait être autrement.

L'induction des vérités nécessaires et primitives est donc une opération à part, supérieure à toutes les autres, et qui sert de type et de base même aux inductions d'un autre ordre. Ainsi notamment, celle que nous avons nommée l'induction d'identité se rattache à l'induction de la substance. Si c'est une loi de la pensée que de *substraire* aux phénomènes un principe permanent, c'est une notion inséparable de cette notion de substance que celle de la nature permanente de cette même substance. En général ce qui est contient substance et accidents; mais l'être proprement dit, c'est la substance. Toute substance persiste, elle a une nature; c'est l'essence. Ainsi être, substance, essence, sont des notions qui se touchent de fort près; et s'il est possible de les séparer par l'abstraction, il est impossible d'en concevoir l'objet divisé. Tout être est une substance, et une substance ne serait pas une substance si elle n'avait une essence; c'est de l'essence que résulte la possibilité des qualités, ou plutôt c'est cette possibilité même. Ce n'est donc pas sans raison que la scholastique confondait souvent l'être, la substance et l'essence, et traduisait indifféremment la première catégorie d'Aristote par *esse, existentia, usia* (du grec *ousia*), *substantia, essentia, natura*. Il suit que ce que nous avons nommé l'induction d'identité, se rapportant à la notion de l'essence, laquelle se confond avec la loi de la substance, a pour principe cette dernière loi qui a souvent été assimilée elle-même à une induction.

C'est une induction; car voir dans un phénomène

particulier de la conscience, le moi, c'est-à-dire l'existence, c'est-à-dire la substance, c'est, si l'on veut par hypothèse considérer cela comme une simple opération logique, conclure du particulier au général.

C'est une induction; car puiser dans la perception d'un phénomène externe cette même notion, ou la transporter du subjectif à l'objectif, c'est encore conclure du particulier au général.

C'est une induction; car dans tous les cas c'est ériger une suggestion naturelle en notion universelle et nécessaire, ce qui est toujours conclure du particulier au général.

Mais il ne faut pas pour cela confondre les diverses sortes d'inductions que nous avons distinguées d'après les auteurs. Seulement il faut motiver ces distinctions et en réduire le nombre.

D'abord le caractère logique de l'induction est commun à toutes; c'est ce qui justifie, ou du moins excuse la communauté de nom.

Toutefois l'induction proprement dite est la première, celle d'Aristote. Elle ne diffère pas essentiellement de celle de Bacon, quoique Bacon en ait mieux connu, mieux expliqué, on pourrait dire découvert l'emploi, les règles et la portée.

Celle des Écossais serait celle de Bacon, s'ils n'avaient fait qu'appliquer celle-ci sciemment et méthodiquement à l'étude de l'esprit humain; mais par cette application même ils l'ont rendue de logique psychologique; et non-seulement ils ont créé par elle à leur manière la psychologie, mais ils ont découvert en elle un fait psychologique du premier ordre, en tant qu'elle est la forme logique de certaines opérations primitives et nécessaires de l'esprit humain. Sous ce rapport, leur induction diffère de celle de Bacon avec laquelle ils la confondent; et celle-ci diffère bien moins qu'ils ne l'ont pensé de celle d'Aristote, de laquelle ils la distinguent.

Les deux sortes d'inductions que nous avons distinguées après ces deux-là, ne sont dues qu'à une investigation plus reculée, plus profonde, des opérations de l'esprit humain; elles nous font remonter peu à peu à l'induction primitive.

Ainsi, en tenant compte de la persistance du caractère logique de l'induction, on pourrait se borner à distinguer : 1°. l'induction logique proprement dite, appliquée ou non appliquée soit aux abstractions, soit aux faits; méthode générale des sciences; 2°. l'induction psychologique qui se découvre par l'application de la première à l'esprit humain, et qui est elle-même une opération nécessaire et fondamentale de l'esprit humain.

A celle-ci, le caractère logique de l'induction n'appartient en général que par supposition; c'est la réflexion qui le lui attribue; car dans le fait, elle ne s'opère pas sous forme dialectique, et elle se réalise primitivement sous forme d'intuition.

C'est ce qui est vrai, surtout de l'induction primitive ou transcendantale, source et type de toute induction psychologique, et qui dans la réalité n'a rien des formes du raisonnement : c'est l'acte implicite de la raison dans la conscience et la perception.

Si maintenant nous voulons revenir à la question de méthode qui nous a conduit à toutes ces recher-

ches sur l'induction, nous trouverons que dès la création de la logique, le vrai avait été vu et dit. « Il y a, dit Aristote, deux sortes de méthodes dia-
« lectiques, l'induction et le syllogisme. On a dit...
« ce qu'est le syllogisme; l'induction est un passage
« du particulier au général.... L'induction se fait
« mieux croire du vulgaire; elle est plus claire et
« plus facilement comprise par la sensation; le syl-
« logisme au contraire est plus impérieux et plus
« énergique dans la discussion [1]. »

Et peut-être trouvera-t-on que le créateur de la logique n'a pas tout à fait ignoré ce qu'il y a de supérieur à la logique même dans cette question, si l'on veut bien faire attention aux paroles suivantes : « C'est évidemment une nécessité pour nous
« d'arriver par induction à la connaissance des pre-
« miers principes; car c'est ainsi que la sensation
« elle-même arrive à nous donner le général. Mais
« comme parmi les facultés de l'âme, les unes sont
« toujours vraies et que les autres peuvent être
« fausses, la conjecture par exemple et le raison-
« nement; comme la science et l'intelligence sont
« éternellement vraies, et qu'il n'y a rien de supé-
« rieur à la science que l'entendement lui-même;
« comme en outre les principes sont plus évidents
« que les démonstrations, et que toute science re-
« pose sur la raison, il s'ensuit qu'il n'y a pas
« de science pour les principes, parce qu'il ne peut
« y avoir que l'entendement qui soit plus vrai que
« la science. L'entendement s'applique donc aux
« principes, et cela même nous prouve que le prin-

[1] *Topic.*, liv. I, ch. XII. — Traduction de M. Barthélemy Saint-Hilaire. *De la logique d'Aristote*, 2ᵉ part., ch. VI.

« cipe de la démonstration n'est pas une démon-
« stration, et qu'en un mot il n'y a pas de science
« de la science. S'il n'y a donc au delà de la science
« aucun genre de vérité, c'est l'entendement qui est
« le principe de la science : ainsi, il est le principe
« du principe, et tout principe est dans un rapport
« analogue relativement à tous les objets qui le con-
« cernent [1]. »

Si maintenant on nous demande ce qu'il faut penser de la méthode inductive considérée comme l'organe universel des sciences, nous répondrons en distinguant profondément les inductions que nous avons nommées primitives des inductions expérimentales, très-légitimes et très-utiles d'ailleurs, source des sciences naturelles; et nous n'admettrons pas, à l'aide d'une équivoque dans les termes, qu'il n'y ait que des sciences inductives. D'abord, dans les sciences même les plus expérimentales, la logique déductive est à chaque instant nécessaire; si elle ne donne ni les faits ni les principales lois naturelles, elle est indispensable pour exploiter et ces faits et ces lois. L'observation procède sans cesse par le syllogisme; et l'empirisme est dialectique. La méthode n'est donc pas exclusivement inductive ou déductive. En second lieu, indépendamment de la déduction et de l'induction, il y a un élément supérieur de connaissance, il y a la raison pure dont les procédés peuvent, dans la forme, être comparés indifféremment à l'induction et à la déduction, mais qui cependant est à part, fournit aux sciences leurs principes et domine la déduction, l'induction et

---

[1]. *Analyt. sec.* liv. II, ch. XIX. — Même traduction, 2ᵉ partie, ch. V.

l'expérience. Je n'imagine aucune science où il n'y ait un peu de tout cela, parce qu'il n'y a aucune science où ne se retrouve l'homme; *humani nihil... alienum*. Mais la part plus ou moins grande que ces principes de connaissance prennent à une science, en détermine le caractère. Ainsi, bien que les souvenirs de l'expérience soient nécessaires aux mathématiques, elles ne peuvent s'appeler une science expérimentale; de même, bien que la déduction et les vérités universelles ne soient pas étrangères à la zoologie, elle ne saurait être nommée une science rationnelle.

La démonstration qui peut s'appliquer aux vérités empiriques et qui en fait même sortir des vérités nécessaires du second ordre, n'est cependant élevée à toute sa hauteur que lorsque, employée à des vérités nécessaires du premier ordre, elle a pour premiers principes, non des propositions expérimentales, mais des axiomes; alors elle est l'instrument et le signe d'une science exacte. Mais une science rigoureusement exacte est une science rigoureusement abstraite ou idéale, c'est-à-dire qui ne s'applique qu'à de pures possibilités, qu'à des êtres de définition : telles les mathématiques et la logique. Il y a des sciences mixtes, des sciences moins pures, mais moins étroites, moins symétriques, mais moins vides, qui ont tout à la fois une forme et une matière, sciences de réalité, plus difficiles et aussi certaines, qui ne sont pas purement expérimentales, ni de simples généralisations de l'induction; elles sont à mes yeux les plus véritablement philosophiques. Elles combinent la psychologie avec la logique, pour arriver à l'ontologie, puis l'ontologie ainsi composée avec les mathématiques et l'histoire naturelle, et elles arrivent à la physique théorétique, à la cosmologie et à l'anthropologie rationnelles. Ce sont ces sciences qu'on dénaturerait, qu'on annullerait presque, en les condamnant à l'emploi d'une méthode exclusive. Selon nous, il y a dans la raison l'élément intuitif, l'élément déductif, l'élément inductif qui, réunis et combinés, font la possibilité et la valeur de toutes les sciences humaines.

Au fond, tout se résout en intuition; seulement, l'intuition, toujours directe en elle-même, s'obtient directement ou indirectement. Quand elle s'obtient indirectement, elle s'obtient par l'induction ou par la déduction; par l'induction, quand d'une intuition particulière ou relative se conclut une intuition générale ou absolue; par la déduction, quand d'une intuition générale se conclut une intuition particulière; mais l'induction elle-même aspirant toujours à devenir déduction, ceux-là n'ont pas tant erré qui, tels que Descartes et Locke, ont dit que les deux voies pour arriver à la science étaient l'intuition et la déduction. Il est évident que dans l'intuition, tous deux comprenaient l'intuition inductive; l'un, quand il voyait sans déduction l'existence dans la pensée; l'autre, quand il rattachait toute la connaissance à la sensation. Les Écossais n'ont fait qu'une chose, c'est de remarquer que l'intuition par l'observation procédait dans la métaphysique comme dans la physique, et que la dénomination de philosophie inductive (ils auraient pu dire en un sens philosophie naturelle) pouvait s'appliquer aux recherches sur l'esprit humain comme à toutes les recherches de l'esprit humain, en tant qu'elles portaient sur des faits; et de là l'intuition, l'induction, la déduction [1].

V.

APPLICATION DES RÈGLES DE LA MÉTHODE
A LA QUESTION DE L'EXISTENCE DE L'ESPRIT.

Rien n'a été plus souvent nié dans la théorie et reconnu dans la pratique que les idées qui viennent d'être exposées. Les philosophes, trompés par le scepticisme, le sensualisme ou l'idéalisme, ont de la peine à les bien saisir. Les savants de tout ordre, entraînés par la nécessité de spéculer en dehors de l'empirisme, auraient encore bien plus de peine à ne pas user, dans leur science, de la liberté qu'ils refusent à l'esprit humain.

Ainsi les philosophes nient ces vérités, lorsqu'ils disent, comme Locke ou Condillac, Darwin ou Cabanis, que tout vient des sens; lorsqu'ils insinuent ou laissent croire, comme les psychologistes d'Édimbourg, que toute connaissance est croyance expérimentale, et que la vérité résulte de notre foi naturelle dans nos facultés; lorsqu'avec Hume ou avec Kant, ils supposent illégitimes toutes nos connaissances absolues, comme étant purement subjectives, les unes par rapport à la sensibilité, les autres à la raison.

---

[1] Descartes, t. XI. *Règles pour la direction de l'esprit*, Reg. III. — Locke. *De l'entendement humain*, liv. IV, ch. II, §. 7. — Cousin. *Cours de l'histoire de la philosophie*. 1829, t. II, 23ᵉ leçon, et la préface de la traduction de Reid par M. Jouffroy, p. CCVIII.

Mais combien de fois par une inconséquence obligée, tous les philosophes, tous les savants, tous les expérimentateurs ont-ils été entraînés hors du cercle étroit de l'induction expérimentale! Quant aux métaphysiciens, il suffit qu'ils admettent la logique ou qu'ils l'emploient, pour qu'ils soient convaincus par le fait d'accepter, en dehors de l'expérience, des vérités absolues et une connaissance rationnelle; or, la logique, quelle philosophie en fait plus grande consommation que le scepticisme? Si les mathématiciens sont sceptiques, ce ne peut être que sur les résultats de l'expérience et aux dépens des sciences naturelles; car ils sont les croyants exclusifs de la science rationnelle, et ne sortent guère, s'ils le veulent, de la sphère de l'absolu. Enfin, les physiciens, les naturalistes eux-mêmes sont obligés de recourir tantôt à la logique, tantôt aux mathématiques, et ils savent quelque chose de plus que des faits bien observés.

Arrivons à la conclusion qui nous intéresse, et interrogeons maintenant la philosophie qui se donne pour seule fidèle à la méthode expérimentale, et qui ne connaît pas d'autre organe de la vérité. Nous avons prouvé par avance au matérialisme qu'il se trompe sur la question de la méthode. Ajoutons qu'il est infidèle à son erreur, ne se contentant pas dans les limites de la méthode à laquelle il se réduit lui-même.

En effet, accordons un moment ce que nous avons nié, qu'il n'y ait pas d'autre moyen de découverte et d'autre source de certitude que l'expérience inductive ou l'induction expérimentale, et que toutes les sciences soient réductibles aux sciences physiques, une première question se présente : l'expérience donne-t-elle le matérialisme ? ou mieux : le matérialisme est-il fondé sur l'induction expérimentale ? Un de nos Essais a été consacré à la négative. Cependant, à présent que la méthode inductive nous est mieux connue, reprenons la question.

Les phénomènes externes, ou appréciables par les sens, nous autorisent et nous déterminent à induire une substance de ces phénomènes, substance dont les propriétés en sont les causes directes. Parmi ces phénomènes sont ceux de la vie accessible aux sens. L'observation nous conduit à les attribuer à une substance, c'est le corps ; l'organisation du corps n'est que l'ensemble et la coordination des propriétés destinées à rendre ces phénomènes possibles. Ceci est une induction expérimentale, soit. Les phénomènes internes, c'est-à-dire les phénomènes observables seulement pour la conscience, seront par le même procédé, et en vertu de la même loi, rapportés à une substance de ces mêmes phénomènes, substance dont les propriétés en seront les causes. Voilà une induction expérimentale correspondante, identique à la précédente, et c'est jusque-là qu'on peut mener la méthode inductive des naturalistes.

Maintenant faut-il ajouter que la substance des phénomènes du second ordre est la même que la substance des phénomènes du premier ? Est-ce une induction légitime, scientifique, déterminante ? Pour qu'il en fût ainsi, il faudrait, dans l'hypothèse où nous sommes, que l'expérience suggérât cette induction. Or, jamais l'expérience ne donne directement les phénomènes externes comme confondus avec les phénomènes internes. Comment le ferait-elle en effet? Les premiers sont perçus au moyen des sens, les seconds au moyen de la conscience; la conscience n'atteint pas les premiers au moins directement, ni la sensibilité les seconds. Quelle faculté expérimentale, ou quelle expérience peut donc les confondre et les identifier? Ce ne sera ni l'expérience interne qui ne voit pas les uns, ni l'expérience externe qui ne voit pas les autres. Il faut donc que ce soit une faculté supérieure aux facultés de l'expérience, et que cette conclusion ne s'opère pas en vertu d'une induction directe, d'une induction expérimentale proprement dite. Ainsi, voilà qui est clair, la méthode inductive directe ne donne pas l'unité de substance au sens du matérialisme. Quelles sont donc les inductions d'une autre sorte ou les raisonnements par suite desquels on établit cette conclusion? On peut les ramener aux deux inductions suivantes :

1°. La sensibilité ne nous fait connaître que des corps, ou, en d'autres termes, par la sensation, nous ne connaissons que l'existence corporelle. Or, la sensation est notre seul moyen de connaissance, ou nous fait seule connaître des réalités certaines. Donc il faut tout rapporter, même les phénomènes internes, à des existences corporelles.

2°. Les phénomènes internes sont déterminés par des phénomènes, causes de sensation, et accompagnés d'un phénomène sensible permanent, l'action vitale des organes. Donc les uns et les autres sont liés comme causes et effets, et par conséquent identiques de nature.

Tous les systèmes matérialistes, en tant qu'appuyés sur l'expérience, reviennent à l'une ou à l'autre de ces inductions.

Or, la première n'est pas conforme aux règles de la méthode inductive. Ce n'est pas un fait d'expérience que la sensation soit notre seule source de connaissance; ce n'est pas non plus un fait d'expérience que nous ne concevions que des existences corporelles. Entre ces deux jugements d'expérience : la sensation nous fait connaître des phénomènes externes, la conscience nous fait connaître des phénomènes internes, ce n'est pas un jugement d'expérience qui peut établir cette jonction que l'une et l'autre par conséquent n'attestent qu'une existence corporelle. Ce n'est pas non plus le raisonnement pur; la logique ne conclut pas de ce que les phénomènes externes attestent par la sensation une existence corporelle, que les phénomènes internes attestent par la conscience une existence corporelle. Il faut absolument, pour amener cette conclusion, introduire d'autres jugements qui viennent d'une autre source. Tels seraient les principes, qu'il n'y a d'autre existence possible que celle dont une sensation est le gage; — que l'existence attestée par la sensation étant la seule certaine, toute autre existence doit être identifiée avec elle; — que la conscience est une illusion, ou du moins ne peut être en fait qu'un phénomène corporel, tout autre étant inconcevable pour la raison. Mais aucun de ces principes n'est un pur produit de la méthode inductive ; ils ne résultent nécessairement d'aucune expérience ; ce sont plutôt des idées rationnelles, des propositions transcendantes.

Quant à la seconde induction, elle porte bien sur des données expérimentales ; c'est un fait d'expérience que la succession ou la simultanéité des phénomènes internes par rapport à certains phénomènes externes ; mais qu'il en résulte l'identité de l'agent immédiat ou du sujet substantiel des uns et des autres, ce n'est pas une induction expérimentale ; c'est, si l'on veut, un jugement de la raison en vertu d'un des principes suivants, qu'il ne faut pas multiplier les êtres ou les causes sans nécessité ; — que des phénomènes qui se succèdent et qui sont liés les uns aux autres, appartiennent nécessairement à un seul et même être, et par conséquent à une substance homogène ; — que l'ignorance invincible où nous sommes de la nature des substances, ne nous permet pas d'affirmer leur diversité, ni l'incompatibilité de certains modes comme coexistants dans un même sujet : — toutes propositions qui, vraies ou fausses, ne peuvent être réduites aux simples conclusions inductives des sciences d'observation, et qui nécessitent l'intervention d'un principe plus absolu, la raison.

En deux mots, conclure de ce que les aliments introduits dans l'estomac en sortent convertis en matériaux divers tous connus, tous observables, qu'il se passe dans l'estomac une opération physique qu'on nomme digestion, et que par conséquent la digestion est une fonction propre de l'estomac, est une induction régulière ; car tout ici est homogène, tout se réduit à des phénomènes de même nature, à des résultats observables. Conclure de ce que la pensée ne peut avoir lieu sans la présence, la vie et l'action du cerveau, qu'elle soit une propriété du cerveau, lorsque ni l'opération en elle-même, ni ses résultats, ni sa valeur, ni sa destination, ni son essence, n'ont de rapport observable ou concevable avec les éléments ou les changements du cerveau ; ce n'est pas évidemment la même chose, ce n'est pas le même procédé scientifique ; c'est ajouter à l'induction plus qu'elle ne contient expérimentalement et logiquement, et une telle conclusion, quand même elle serait vraie, ne serait ni une application valable ni un produit exclusif de la pure méthode inductive. Le matérialisme, sous ce rapport, dépasse donc ses prémisses.

Il n'est donc pas plus une dérivation prudente, qu'une conséquence forcée de l'expérience et de l'observation. Destiné à compléter la science expérimentale, en lui donnant une unité qu'elle ne saurait trouver en elle-même et que la raison seule lui apporte, il est une doctrine ontologique appuyée sur des principes en dehors de l'expérience. Le matérialisme, encore une fois, c'est l'unité de substance. Or, sur quoi se fonde le principe de l'unité de substance, sinon sur des propositions purement dogmatiques plus ou moins semblables à celles qui séduisaient Spinosa ? Rappelez-vous-en quelques-unes. « Deux substances ayant des attributs différents n'ont rien de commun entre elles. » « Il ne peut y avoir dans l'univers deux ou plusieurs substances de même nature ou de même attribut. » « Une substance ne peut être produite par une autre substance. » Toutes ces propositions et vingt autres qui, tissues géométriquement ensemble, composent la trame du spinosisme, sont assurément des produits plus ou moins heureux du raisonnement, et ne peuvent se réduire à de simples perceptions objectives. Au fond, tout matérialisme, fût-il moins savant que le spinosisme, a besoin, pour être soutenu, de la vérité de quelques principes absolus, tels que ceux-ci : « Rien n'existe que ce qui est ou peut être accessible aux sens. » Ou bien : « Rien n'est vrai que les jugements induits de l'expérience immédiate. » Ou encore : « La substance n'est intelligible que matérielle. » Or, ces assertions sont gratuites, ou du moins ne peuvent trouver leur titre que dans la raison, et non dans aucune preuve sensible; car alléguer une preuve sensible serait décider la question par la question; et d'ailleurs, par les preuves sensibles même, c'est la raison, non l'expérience qu'on cherche à convaincre.

La discussion nous conduit donc à reconnaître : 1°. que la méthode d'observation entendue au sens rigoureux, n'est pas l'unique méthode des sciences; 2°. que ceux-là mêmes qui soutiennent le contraire, s'écartent de cette méthode toutes les fois qu'ils ont un système à établir, et n'y rentrent que lorsqu'ils veulent ou récuser leurs adversaires, ou décliner une argumentation qui leur déplait.

Ainsi, le matérialisme en premier lieu, commet une erreur de méthode, quand il oppose pour argument presque unique aux doctrines contraires, qu'elles ne sont pas établies exclusivement comme lui par la méthode expérimentale, ce qui serait vrai qu'il n'aurait rien prouvé contre elles. En second lieu, lorsqu'il est dogmatique, il est nécessairement infidèle à la méthode de l'observation et forcé de la dépasser.

Montrons au contraire comment la philosophie de l'esprit est conforme dans sa méthode aux procédés usités et nécessaires de toutes les sciences.

Qu'est-ce que l'esprit? Une réponse complète et absolue à cette question est aussi impossible qu'une réponse à cette autre question : Qu'est-ce que le corps? L'essence de la substance, ou, pour parler le langage bizarre et rigoureux de la scholastique, la *quiddité* absolue, est impénétrable. Mais la notion de l'esprit est un fait dans la raison humaine : chacun parle de son esprit, et ne croit point parler de son corps; chacun prononce des phrases analogues à celle-ci : « C'est mon esprit qui est malade et non mon corps. — Le courage d'esprit est plus nécessaire que la force de corps. — Il y a des esprits enfoncés dans la matière. — Le corps est le tyran ou l'esclave de l'esprit. » Tout le monde a donc quelque idée des deux substances, et la multitude irréfléchie admet aisément, naturellement, la notion et la croyance d'un être spirituel, intellectuel, mental, moral, pensant, comme on voudra l'appeler, qui use du corps et qui veille à sa conservation, sans être cependant la force qui l'organise, le développe et l'entretient. L'homme n'est pas naturellement matérialiste. Cette idée usuelle de la dualité de notre être, et les croyances qui s'y lient, sont en métaphysique ce que sont en géométrie les notions empiriques de tout le monde sur les ronds et les carrés, sur les lignes, les surfaces et les solides.

C'est au moment où vous voulez approfondir ces idées, les rendre lucides et complètes, que vous vous apercevez de ce qui leur manque sous ce rapport, et de la difficulté de les ramener à une intelligibilité absolue : alors le doute peut vous saisir et bientôt engendrer la négation, et bientôt vous entraîner à la poursuite de quelque système qui semble vous délivrer des difficultés en les remplaçant par d'autres. Le matérialisme est un de ces systèmes ; le matérialisme est une explication ; il appartient à la science. Si nous lisons l'histoire de la philosophie, nous le rencontrons aussitôt sur notre chemin ; si nous nous bornons à la philosophie de la question même, voyons si nous le rencontrerons également. Refaisons la science à notre tour, et pour un moment sans la chercher dans les livres.

Nous avons accordé que toute science débutait chronologiquement par l'observation. Nous observons de la couleur, de la figure, de la solidité, ou plutôt un extérieur coloré, figuré, solide ; c'est quelque chose. Nous observons aussi des sentiments, des pensées, des volontés, ou plutôt un intérieur sentant, pensant, voulant ; c'est encore quelque chose. Ainsi, nous connaissons quelque chose qui est coloré, etc., quelque chose qui est sentant, etc. : voilà une double connaissance expérimentale ; et dans cette connaissance est déjà compris un jugement implicite, le jugement attributif d'existence au support des phénomènes. En observant et les phénomènes externes et les phénomènes internes, je juge que pour les uns et les autres l'objet phénoménal existe ; c'est le principe de substantialité à l'état natif. En soi, ce n'est point encore là de la science ; mais ce que nous en disons est de la science ; car le propre de la philosophie étant d'être la science de la connaissance même, il y a toujours distinction nécessaire et facile confusion entre elle et son objet. Ce que nous décrivons ici n'est pas scientifique, mais nous le décrivons, nous essayons du moins de le décrire scientifiquement.

La connaissance implicite que nous venons de décrire peut être reprise par l'analyse. Si vous faites subir à ces faits l'épreuve que nous avons appelée, d'après un savant anglais, l'analyse du phénomène, c'est-à-dire si vous cherchez à faire la décomposition exacte de ce qui se passe dans les opérations que nous venons de rappeler, et la revue des principes qui y sont nécessairement en jeu, des inductions qui s'y rattachent sans intermédiaire, vous élèverez la connaissance à un état plus scientifique, vous obtiendrez, ou à peu près, ce qu'enseignent les Écossais sur la perception et la conscience ; vous aurez la philosophie inductive de l'esprit humain. Il serait oiseux de la résumer ici.

Mais si vous approfondissez davantage, vous remarquerez que les attributs reconnus par l'observation au quelque chose coloré et figuré, en d'autres termes, que les qualités de la substance des phénomènes externes, telles que l'expérience les révèle, se transforment en qualités plus rationnelles, en ce sens que c'est la raison qui les induit des qualités empiriques, comme la divisibilité, la diversité, la pluralité, etc. C'est ce que nous exprimerons par un mot en disant que la substance des phénomènes externes est multiple. Elle ne peut être tout ce qu'elle est, si elle n'est multiple, c'est-à-dire susceptible de parties; c'est là un jugement de la raison.

La substance des phénomènes internes, le moi est donné pour la conscience et dans la conscience comme identique. Soit qu'on l'observe aux prises avec la multitude variée des objets sensibles, soit qu'on l'étudie dans la diversité de ses opérations ou de ses pouvoirs, soit qu'on le suive dans la succession de ses actes ou de ses états, soit enfin qu'on le montre liant et déliant, concentrant tout ce qui est d'origine diverse, distribuant tout ce qui est simultanément donné, il est identique. L'identité est ce que témoigne la conscience inséparable de la mémoire, car la conscience sans la mémoire est comme le point mathématique, toute existence étant durée. Cette identité, la raison déclare qu'elle ne va pas sans la simplicité, l'indivisibilité, l'exclusion des parties ou de la multiplicité. Le mot de la conscience, c'est l'identité; le mot de la raison, c'est l'unité. La raison établit l'unité soit par la méthode intuitive, soit par les démonstrations qui lui sont propres, et pour lesquelles nous renvoyons aux livres élémentaires. Dans les deux cas, l'unité est un postulat [1] rationnel, c'est-à-dire que les phénomènes étant donnés avec toutes leurs inductions expérimentales, l'unité est exigée ou posée par la raison comme en étant la condition. C'est la raison qui dit : Ce qui est tout ce que l'observation aperçoit, tout ce que la psychologie démêle dans l'in-

---

[1] « Principe qui détermine une action possible dans laquelle on suppose que la manière de l'exécuter est immédiatement certaine. » Kant. *Logiq.* ch. II, §. 38.

spection de l'esprit humain, est nécessairement un. Ceci est une vérité nécessaire pour la raison, vérité scientifique dans la forme et dans le fond, comme toutes les vérités nécessaires que nous avons vu, soit la méthode intuitive, soit la méthode déductive donner aux autres sciences. Il n'y a rien là que d'exactement conforme à la marche que nous avons ensemble suivie et retracée en courant sur le chemin des sciences physiques et mathématiques.

Quelque chose avec multiplicité ou la substance multiple, et quelque chose avec unité ou la substance une, c'est ce que la science appellera des noms vulgaires de matière et d'esprit; et elle se trouvera ainsi avoir systématisé la croyance du genre humain. Il y a là une démonstration, démonstration *a posteriori*, en ce sens qu'elle se sert des matériaux de l'observation et des données de la philosophie inductive; *a priori*, en tant qu'elle leur impose de par la raison ce que la raison voit nécessairement dans ces données, et sans autre preuve que celle qui résulte de la satisfaction d'elle-même. Nous avons vu que toute science procède ainsi; la philosophie ne pouvait procéder autrement.

Mais il ne suffit pas d'affirmer, il sera convenable d'analyser et de vérifier cette déduction dans toutes ses parties. C'est peut-être l'unique moyen de faire bien comprendre les idées que nous avons exprimées un peu synthétiquement sur la méthode. Ce serait un travail long et minutieux, mais bien utile, qu'un commentaire logique, ou, pour parler comme Kant, critique, qui suivrait pied à pied toutes les grandes expositions systématiques dont se composent les sciences. Nous allons essayer cet examen sur nous-même. Après un exposé synthétique de la théorie de l'existence de l'esprit, nous reprendrons en détail cet exposé et cette théorie, et nous essaierons et passerons au contrôle tous les anneaux de la chaîne. Le lecteur aura l'indulgence de se rappeler qu'un tel travail ne peut être intéressant que par son but.

VI.

DÉMONSTRATION SYSTÉMATIQUE DE L'EXISTENCE DE L'ESPRIT.

Il y a quelque chose ; c'est une vérité nécessaire ; le néant implique.

S'il y a quelque chose, ce qui est est nécessairement intelligent ou non intelligent.

Il y a quelque chose d'intelligent ; c'est une vérité certaine, c'est une intuition directe de la conscience ; vérité de fait qui s'élève à la nécessité, comme conséquence nécessaire d'une vérité de fait qui n'est pas nécessaire, la conscience.

L'intelligent est nécessairement le soi comprenant ce qui n'est pas soi. Rationnellement, dès qu'il y a un moi, il y a un non-moi.

La notion même de l'intelligent existant suppose un autre terme, et par conséquent un rapport, et ce rapport suppose un moyen de communiquer. L'intelligence réelle, existante, suppose un moyen de communiquer avec ce qui n'est pas elle, autrement elle ne comprendrait pas ; elle serait par conséquent comme si elle n'existait pas. Elle ne se constate que par son acte, et elle est constatée par la conscience ; donc elle est actuelle, donc il y a un compréhensible ou un compris, donc il y a un moyen de communication entre le comprenant et le compris. Ce sont là des vérités nécessaires, l'intelligence étant donnée.

Or, le moyen de communication, c'est le sentiment ou la sensibilité. En fait, l'intelligent est nécessairement sensible. L'existence de la sensibilité est une vérité d'expérience; la nécessité de son existence, comme moyen de communication, est une vérité de raison. C'est la forme ou la nature de ce moyen qui est une vérité empirique.

Le mot *sensible* se prend dans deux acceptions, il signifie ce qui sent, ce qui est senti. Dans les deux acceptions, le sensible était en ce monde nécessaire à l'intelligent. Pour que l'intelligent comprît, il fallait qu'il fût capable de sentir; pour que le compris fût compris, il fallait qu'il fût susceptible d'être senti, ou accessible aux sens.

Comment se réalise en fait le sensible? Le compréhensible ou le compris est accessible aux sens, c'est-à-dire que du quelque chose qui est hors de l'intelligent, il apparaît des phénomènes : c'est là une vérité de fait, aussi consciencieusement attestée que l'existence de l'intelligent, et de plus, dans une pleine concordance logique avec les conditions d'action de l'intelligence. Les phénomènes pris dans leur ensemble manifestent un extérieur étendu à un intérieur intelligent.

Comment se réalise et s'opère le fait de la sensibilité? Il se réalise à l'aide d'une portion de l'extérieur étendu, qui, l'expérience l'atteste, est l'instrument nécessaire de la sensibilité. C'est l'appareil de la sensibilité ou le corps organique. Il est étendu, il est phénoménal, il est accessible aux sens, comme l'extérieur compréhensible ; il en fait partie par sa nature. De plus, il est disposé de manière à être l'instrument de la sensibilité, et comme tel, lié, uni à l'intelligent, de sorte que la sensibilité paraît résider en lui. Il n'est pas le moi, mais il est au moi. L'intelligence en communication avec le compréhensible par un non-moi qui est à elle, c'est-à-dire l'intelligent sensible au moyen de l'organisme, tel est en substance l'individu humain ou l'homme terrestre.

Si le compréhensible n'était accessible aux sens, il ne serait pas compris ; si l'intelligent n'avait la sensibilité, il ne comprendrait pas ; s'il n'y avait un moyen de communication entre eux, ils seraient l'un pour l'autre comme s'ils n'étaient pas. C'est là ce qui fait la merveille et la grandeur de la sensibilité, et, par occasion, l'excuse de la philosophie des sensations.

Si le moyen de communication ou l'appareil sensible n'était pas dans une certaine communauté avec les deux termes, on peut dire que, étant donné ce monde phénoménal, il ne serait pas ce qu'il doit être : induction fondée sur la cause finale. Il était inductivement nécessaire qu'il fût phénoménal, comme le non-moi, c'est-à-dire étendu, et adapté au moi par une constitution spéciale et exceptionnelle, en d'autres termes, modifiable, et, si l'on veut, irritable par ses deux pôles, c'est-à-dire susceptible d'être affecté par l'action des objets et par l'action du moi intelligent.

Pour cela, il fallait que le moi intelligent fût passif et actif, par rapport à son *medium* sensible. Il fallait qu'il fût passif, en ce sens que les modifications ou affections du corps missent nécessairement en jeu la sensibilité. Mais aussi, soit pour diriger ses organes et avec eux ses sensations de manière à comprendre, soit pour conserver l'intégrité et la disponibilité de ces mêmes organes, il fallait qu'il fût actif par rapport à eux, c'est-à-dire qu'il pût agir sur eux comme une force. Une intelligence pourvue de force, ou agissant sur les organes et par eux sur ce qu'elle comprend, donne ou suppose le moi volontaire.

J'ai dit que l'extérieur pris dans son ensemble ou le compréhensible apparaissait comme un phénomène d'étendue. Ce phénomène est limité. Ce qui en apparaît n'apparaît pas tout entier dans le même temps, ni dans le même lieu; tout ce qui pourrait apparaître n'apparaît pas à l'intelligent sensible.

Ce qui apparaît, ou le phénoménal étendu, n'apparaît qu'autant qu'il le faut pour les sensations à l'aide desquelles l'intelligent le comprend. L'intelligent comprend dans le phénoménal plus qu'il ne sent. Il comprend d'abord que le phénoménal existe, puis qu'il existe quelque chose de plus que le phénoménal, puis enfin qu'il y a de l'existant non phénoménal. Comprendre le compréhensible ou connaître, c'est cela même; c'est connaître qu'il existe quelque chose qui est le phénoménal, à savoir l'être inconnu si ce n'est comme existant et comme phénoménal, et qu'au delà de l'être phénoménal, il y a encore de l'être inconnu, à savoir de l'être nécessaire et de l'être possible. La sensibilité ne donne donc le compréhensible qu'en tant que phénoménal; l'intelligent, dans le phénoménal, comprend comme existant le compréhensible. Qu'il y ait quelque chose de plus que le phénomène, que le phénoménal n'épuise pas tout le compréhensible, c'est à la fois une croyance naturelle, une induction de l'expérience, une vérité de raison, c'est-à-dire une vérité nécessaire, dès que le phénomène et l'intelligent sont donnés.

S'il y a des phénomènes, il y a des substances; s'il y a des changements, il y a des causes. Or, il y a des phénomènes, il y a des changements; ce sont là des vérités d'expérience et de conscience, ce qu'on appelle des vérités de fait. Il y a donc des substances et des causes; ce sont là des vérités nécessaires.

Le compréhensible phénoménal est connu étendu; le comprenant est nécessairement connu intelligent. Si l'un n'était étendu, il ne serait pas phénoménal pour la sensibilité; le phénomène étendu est nécessaire à la constitution de la sensibilité, ou la sensibilité est constituée à raison d'un phénomène étendu. L'intelligent est inaccessible aux sens, il n'est ni connu ni senti étendu; il n'est qu'un phénomène interne, il ne se manifeste qu'en acte et à la conscience. Or, dans l'acte d'intelligence, l'intelligent comprend l'agent intelligent; comme dans l'étendue phénoménale, l'intelligent comprend la substance étendue.

Tout ce qui n'est pas l'intelligent est-il substance étendue? Non, l'intelligent comprend qu'il n'est pas le seul intelligent. Qu'il y ait dans ce monde plusieurs intelligents de même nature, c'est une vérité d'expérience; qu'indépendamment de ces intelligents semblables, il y ait en dehors ou au-dessus du monde sensible, encore de l'intelligence, ou un intelligent inconnu différent de l'intelligent connu; c'est une vérité de raison, une induction rationnelle, et qui fait partie de ce que l'intelligence comprend en sus de ce qu'elle perçoit.

Il est donc impossible à l'intelligent de confondre ce qui est l'intelligent avec ce qui est accessible aux sens. Le premier ne se manifeste directement que par l'acte dans la conscience, le second par l'étendue et tout ce qui la caractérise et la modifie. Le moi n'est pas tout l'intelligent ; mais le non-moi intelligent n'est point connu comme étant la substance du non-moi étendu. Le non-moi étendu en tant qu'existant, n'a besoin que de la substance ; lorsque l'intelligent conclut des phénomènes du non-moi accessible aux sens ou étendu, l'existence d'un non-moi intelligent, il ne le conclut pas à titre de substance, mais à titre de cause ; c'est-à-dire qu'il se passe dans le monde sensible des événements, des actes qu'une analogie irrésistible, une intuition expérimentale persuasive le force à rapporter à des agents intelligents comme lui. En outre, l'existence de ce monde sensible, de ces agents semblables à lui, de lui-même enfin, l'oblige, non plus par l'empire d'une expérience ou d'une intuition, mais en vertu de l'intelligence pure et à titre de nécessité rationnelle, à admettre, à connaître au moins comme existante, de l'intelligence en dehors et au-dessus de la sienne et de celle de ses semblables. Mais ici comme pour lui-même, c'est l'acte ou les conséquences de l'acte qui lui révèlent l'intelligence. En général, si l'action n'existait pas, l'intelligent ne serait pas connu.

Ainsi, l'existence d'une substance des phénomènes étendus est une conclusion rationnelle d'une certaine nature ; l'existence de l'intelligence ici et ailleurs est une conclusion rationnelle d'une autre nature. L'intelligent ne comprend pas que, pour être étendu, l'intelligence soit nécessaire, ni que, pour être intelligent, l'étendue soit requise. Il y a donc un dualisme naturel pour l'intelligence, et ce dualisme n'est que la confirmation de la dualité primitive et nécessaire du comprenant et du compris.

Comment le non-moi, agissant sur le non-moi étendu, agit-il? Parce qu'il est semblable au moi intelligent.

Comment tout le non-moi non agissant et non intelligent, comment le moi et le non-moi agissants et intelligents peuvent-ils exister tels qu'ils existent? Parce qu'il y a un non-moi intelligent inconnu.

Mais le non-moi sensible et étendu, le non-moi intelligent, le moi intelligent, sont-ils une seule et même substance? Aucune sensation, aucune intuition, aucune induction expérimentale, aucune loi rationnelle ne l'indique. L'intelligent ne connaît l'intelligent que comme intelligent, l'étendu que comme étendu; l'intelligent ne comprend pas l'étendu intelligent ni l'intelligent étendu; car c'est le propre de l'étendu que d'être accessible aux sens, c'est le propre de l'intelligent que de ne pas l'être. C'est le propre de l'intelligent que de comprendre ce qui n'est pas intelligent et ce qui est étendu; c'est le propre de l'étendu d'être compris de ce qui est intelligent et de ce qui n'est pas étendu. Enfin le caractère de l'étendu c'est d'être divisible, le caractère de l'intelligent c'est d'être indivisible. L'étendu indivisible comme l'intelligent divisible impliquent. L'un et l'autre, l'un ou l'autre est incompréhensible.

Donc le dualisme est une vérité rationnelle ou nécessaire, c'est-à-dire liée tout à la fois à la notion et à l'existence de l'intelligence même.

Avant d'entreprendre l'examen critique de cette exposition, récapitulons tout ce que nous avons obtenu par elle.

1°. Un intelligent existant et en acte, par conséquent une cause de l'intellection; car tout acte suppose un agent ou cause de l'acte. Or, un agent ou sujet de l'action, un existant dont l'intelligence est le phénomène, suppose une substance intelligente. L'intelligent est donc substance et cause.

2°. Un moyen de communication entre l'intelligent et le compris; en thèse générale, le sentiment ou la sensibilité.

En puissance, c'est la sensibilité; en acte, le sentiment. Le moyen instrumental est le corps. Le sentiment de quelque chose qui n'est pas l'intelligent peut se considérer, soit comme la sensation d'un phénomène étendu, soit comme la connaissance d'un connaissable existant; l'une et l'autre sont liées en fait. On exprime l'une et l'autre virtuellement en disant que l'intelligent existant est sensible.

En comprenant ce qui n'est pas lui, l'intelligent se connaît comprenant; il se connaît en acte. C'est comme un sentiment ou une sensibilité de lui-même, c'est proprement la conscience. Là est le moi. C'est dans le moi et par le moi que l'intelligent comprend ou connaît qu'il est agent et existant.

3°. Un compris ou compréhensible, un connu ou connaissable, qui n'est pas l'intelligent, par conséquent un extérieur, un dehors, un non-moi, lequel est phénoménal, accessible aux sens, étendu. A ce titre, il est compris comme existant, comme être, comme substance.

4°. Dans la totalité du non-moi, plusieurs distinctions à faire. L'intelligent en distingue d'abord la partie dont il a connaissance par la sensation. Dans cette partie il distingue ensuite une portion qui est à lui, et qui est disposée de manière à servir d'intermédiaire ou d'instrument à la sensibilité ; il agit sur elle et par elle sur le reste du monde sensible : c'est le corps. L'expérience qu'il a de son action lui enseigne à reconnaître ou comprendre dans le spectacle du monde extérieur des manifestations d'action semblable, supposant de semblables agents. Dans le non-moi externe, il se trouve donc d'autres intelligents qui sont, chacun par rapport à soi-même, d'autres moi.

Ainsi dans le non-moi externe, l'intelligent distingue ce qui est intelligent et qui se fait comprendre comme existant par ses actes, et ce qui se fait sentir par ses phénomènes, et comprendre en conséquence comme existant, mais non comme intelligent.

5°. Au delà du non-moi phénoménal, l'intelligent comprend un non-moi tant possible que nécessaire. Le non-moi nécessaire est compris nécessairement, tout le reste étant donné.

Ces cinq propositions contiennent les éléments fondamentaux de l'ontologie et de la psychologie, c'est-à-dire toute la matière de la métaphysique pure. On doit apercevoir qu'il serait possible d'en mettre l'exposition sous forme de déduction, et de donner à cette déduction soit la forme de la démonstration géométrique, soit la forme du syllogisme. Nous croyons qu'au fond comme dans la forme il y a là une science.

Comment ne serait-ce pas une science? Écartons les objections du scepticisme proprement dit : d'abord nous les avons combattues ailleurs; puis elles ruineraient, si elles étaient fondées, l'existence de toute autre science aussi bien que celle de la métaphysique. Or, en ce moment, nous ne nous adressons qu'à ceux qui croient à des sciences, soit physiques, soit mathématiques. De ceux-ci les principales objections à craindre seraient de deux sortes. Ils nous diraient que les diverses propositions contenues dans cet exposé ne sont pas de même nature, et que fondées sur des ordres de preuves différents, elles n'ont ni le même degré, ni la même espèce de certitude, et sont cependant présentées comme un continu logique, identiquement certain dans toutes ses parties. En second lieu, ils pourraient ajouter que la liaison logique résulte uniquement du choix des expressions, choix arbitraire en un double sens, puisque d'une part il peut être calculé pour prêter, en écartant les expressions usuelles, un air de clarté et d'exactitude à ce qui n'en aurait pas dans un langage moins abstrait et plus familier; puisque, d'autre part, il change de temps en temps, et substitue dans la trame du raisonnement une expression à une autre, au risque de créer entre les idées une liaison apparente, et de dissimuler les solutions de continuité de la déduction.

Il faut discuter ces deux ordres d'objections qui reviennent souvent dans la philosophie, et sont une des causes de l'incertitude, ou tout au moins de la difficulté qu'elle présente.

VII.

DISCUSSION CRITIQUE DE LA DÉMONSTRATION PRÉCÉDENTE.

L'exposé que nous venons de faire, comme tout système ou tout fragment de système de philosophie, contient en effet des idées de diverse origine, ou pour mieux dire, des vérités de diverse nature. D'abord est-ce un mal en soi? N'y a-t-il qu'une sorte de vérité? Tous les logiciens, tous les méthodistes n'ont-ils pas admis plusieurs genres d'évidence et de certitude? Et quand toutes ces évidences, toutes ces certitudes n'auraient pas la même valeur, cesseraient-elles pour cela de déterminer et de mériter la conviction? Toutes les pierres précieuses ne sont pas de même formation ni de même finesse; elles sont cependant toutes des pierres précieuses. L'union des preuves de fait, de raison, d'expérience, de témoignage, des certitudes absolues, des certitudes morales, des probabilités infinies, n'a été repoussée que par les sceptiques, ou par ceux qui n'admettent qu'une seule méthode. Or, encore une fois, nous ne discutons pas avec les uns, et quant aux autres, nous espérons leur avoir prouvé qu'il n'y a point de méthode exclusive. En général, l'inconvénient d'employer plusieurs natures de preuves, et de mettre sur la même ligne des vérités de diverse origine, n'est grave que lorsqu'on ne s'en aperçoit pas, et que, par une méprise trop fréquente, on croit ou l'on prétend tout établir *a priori* ou tout dériver immédiatement de l'expérience, sans se douter qu'on a mêlé sans cesse l'expérience et la spéculation, l'intuition et la logique, l'induction et la déduction. Mais opérer sciemment ce mélange est une chose fort simple, puisque après tout c'est ainsi qu'agit naturellement l'esprit humain; c'est pour agir ainsi qu'il est fait, et la masse des connaissances de l'humanité se compose de perceptions, d'idées *a priori,* de raisonnements théoriques, de rapprochements d'expériences et de témoignages dignes de foi. Cependant il est vrai que la philosophie doit porter la lumière et l'ordre dans cette confusion, et former la science de parties composées chacune par le même procédé, autant que le permet la nécessité de tenir les matériaux d'une faculté et les idées d'une autre. Il faut toujours revenir à ce point : toute la connaissance humaine débute par l'expérience; la raison opère d'autorité sur les matériaux de l'expérience, et y ajoute ce qui ne vient pas de l'expérience. Cette antithèse se retrouve partout, et laisse une trace ineffaçable dans toutes les œuvres de l'esprit humain.

Ainsi il est vrai que si la sensation n'était pas possible, l'homme ne saurait pas qu'il existe quelque chose en dehors de lui, et par conséquent toutes les sciences, la théodicée même, seraient impossibles. Mais il reste qu'après que la psychologie a constaté ce fait ou prononcé cet aveu, on peut par la raison poser d'une manière absolue l'existence de quelque chose. C'est un procédé à la fois familier et légitime. Familier, car les vérités les plus usuelles sont toujours traduites sous forme de vérités en soi, et celui qui dit qu'il est huit heures, n'entend pas énoncer une proposition subjective. Légitime, car ce procédé appliqué aux connaissances qui en sont exactement susceptibles, donne des vérités nécessaires; nous avons cité vingt fois entre autres exemples les vérités mathématiques. Telles sont aussi, suivant nous, ces propositions : — Il y a quelque chose; — ce qui existe est ou intelligent ou non intelligent; — l'intelligent suppose quelque chose à comprendre; — et bien d'autres.

Les vérités de conscience ne sont pas frappées au même titre; elles ne sont pas nécessaires; cependant elles ne sont pas moins certaines. Que l'homme pense, qu'il soit intelligent, sensible, qu'il ait la volonté, le souvenir, et, de plus, la conscience de tout cela, ce sont autant de faits certains et de propositions irréfragables. Les données primitives de la conscience sont contingentes, en ce sens que l'homme aurait pu ne pas penser, ne pas vouloir, ne pas se souvenir, autrement dit ne pas exister, et même qu'il aurait pu exister avec un autre mode d'existence intérieure, ou du moins que nous n'avons ni la preuve, ni l'intuition du contraire. En un mot, pour nous et dans l'état de nos connaissances, l'homme autrement qu'il n'est n'implique pas contradiction. Mais cependant parmi les vérités de fait, les vérités de conscience présentent deux caractères très-remarquables. Dabord, elles sont l'occasion, l'application et la preuve d'exemple la plus immédiate des principales notions ou jugements *a priori* de la raison humaine. En second lieu, elles concordent exactement avec ces jugements et leurs inductions les plus prochaines. En effet ces vérités de conscience, la pensée, la volonté, le souvenir, etc., suggèrent et réclament à la fois, suggèrent comme connaissance appliquée et impliquée dans la perception de leur actualité, réclament comme condition de leur possibilité, les notions d'existence, de substance, de durée, de cause, etc. Je veux dire d'abord que si l'on considère ces dernières choses comme de simples notions ou idées, ces idées ne font, en aucun cas, leur apparition dans l'esprit plus légitimement qu'à propos des phénomènes internes dont il s'agit. C'est ce qu'exprime l'axiome : *je pense, donc je suis*, qui développé idéologiquement, revient à dire : *la notion de l'acte de penser implique l'idée d'existence*. Je veux dire de plus que si l'on considère ces mêmes notions d'existence, de substance, de durée, de cause, etc., comme des vérités, comme des réalités, elles ne sont prouvées telles par aucune application plus évidente et plus intime que comme conditions de la possibilité de ces phénomènes internes dont nous parlons; et c'est le sens développé de l'axiome, *je pense, donc je suis*, lequel entendu ontologiquement, signifie que pour penser il faut être et que l'existence est, à cet égard, une condition nécessaire du fait de conscience [1]. Ainsi, bien que les phénomènes de conscience soient contingents, en ce que rien ne nous révèle jusqu'ici que l'humanité soit nécessaire, ces phénomènes suggèrent des notions nécessaires, et des applications nécessaires de ces notions. Ces notions en elles-mêmes, et prises dans leur universalité, abstraction faite de la con-

---

[1] Ce qui ne veut pas dire que psychologiquement et en fait il soit nécessaire, pour dire *je pense, donc je suis*, d'avoir dit *tout ce qui pense est*. Ce n'est qu'après coup que nous analysons déductivement l'induction primitive de la conscience. Voyez *Essai sur Descartes*, p. 110 et 159, et lui-même, *Réponse aux instances*, t. II, p. 395.

tingence des phénomènes de conscience, sont des vérités nécessaires. La substance, la cause, le temps (car si la cause ou la substance existe, il y a une durée, la substance n'étant substance et la causation ne pouvant s'opérer qu'au moyen du temps), sont des notions nécessaires par application desquelles l'humanité existe et pense. Et de plus (ce qui au fond est la même chose), les phénomènes de conscience ne sont possibles qu'à la condition de ces lois axiomatiques, et leur servent par conséquent de preuves d'exemple.

Remarquez à ce propos que si quelques philosophes ont dit que ces notions fondamentales, ou lois des choses et de la pensée, s'obtenaient par induction, on ne peut cependant les appeler des inductions au sens ordinaire du mot. Voici la différence.

Puisqu'il y a constamment dans les phénomènes de capillarité, de magnétisme, de pesanteur, etc., des particules ou masses de matière attirées, il y a des forces attirantes dans la capillarité, etc. *Donc l'attraction est une force présente dans toutes les parties de la matière.* — Voilà une induction proprement dite, une induction générale, qui, une fois obtenue, mérite créance et est invoquée comme une loi.

Puisqu'il y a pensée, il y a un pensant, c'est-à-dire un sujet ou un agent de la pensée. *Car* tout acte suppose un agent. — Cette dernière vérité universelle, si elle est *induite* des prémisses antérieures, n'est certainement pas une induction au même titre que la précédente ; et l'on ferait mieux d'appeler d'un autre nom l'acte de l'intelligence par lequel, à propos de l'application d'une notion universelle,

elle acquiert de celle-ci une connaissance explicite, distincte et réfléchie.

Il est évident que dans le premier cas, l'induction de l'attraction n'est vraie qu'à condition que les faits énoncés dans la première proposition soient réels; car elle n'en est que la généralisation. Dans le second cas au contraire, c'est la première proposition qui n'est vraie que parce que la seconde l'est en elle-même. Mettez les deux raisonnements en syllogisme : dans l'un, l'induction de l'attraction sera la conclusion; dans l'autre, l'induction de l'existence de l'agent dans l'acte sera la majeure.

La raison pour laquelle on n'a pas toujours aperçu cette distinction, c'est qu'on peut par abstraction traiter la première vérité comme la seconde et la seconde comme la première. En effet une fois que l'expérience et le raisonnement ont bien établi l'induction de l'attraction, elle devient pour l'esprit une vérité indubitable, une loi de la science, sinon de la pensée; et par suite de ce penchant à l'absolu, qui est dans l'esprit humain, on la pose volontiers et l'on a raison de la poser comme une majeure incontestable, et d'en déduire l'explication, quelquefois même la constatation des phénomènes. On peut très-bien dire : « L'attraction anime toute la nature; or, les phénomènes chimiques sont des phénomènes naturels; donc ils doivent être ramenés à l'attraction. » Ce raisonnement est plausible, vrai peut-être; mais il est au fond hasardé et ne repose que sur une très-forte probabilité, celle qui résulte des preuves expérimentales de l'universalité de l'attraction. Par contre, on peut, si l'on veut, construire un raisonnement comme celui-ci : « Il y a dans les déterminations humaines des changements, ainsi que dans les phénomènes de la nature physique. Or, ces changements sont l'ouvrage d'un agent qui est pour les unes la volonté de l'homme, pour les autres celle de Dieu. Donc, tous les actes supposent un agent. » — Il n'y a rien d'absurde dans ce raisonnement, seulement la conclusion n'a qu'accidentellement besoin d'être prouvée par la mineure ; car elle est plus certaine et plus universelle que cette mineure même, et devrait plutôt lui servir de preuve. Par le premier de ces syllogismes, on exagère, et par le second on diminue la certitude universelle dans la conclusion. Cependant l'un et l'autre raisonnement sont admissibles, et peuvent être utiles soit dans l'enseignement, soit dans la controverse. Le premier appartient à l'exposition déductive d'une science créée par l'induction, le second à une méthode qui consiste à présenter par hypothèse les vérités *a priori,* comme pouvant être confirmées *a posteriori,* en les dérivant de faits acceptés pour indubitables par l'expérience commune ou le commun consentement. En un mot, c'est une faculté de l'esprit humain que de traiter les vérités contingentes comme si elles étaient absolues, et réciproquement.

Évidemment, si l'on persiste à nommer induction l'opération par laquelle les notions primitives font leur premier acte d'autorité dans l'esprit, il doit rester bien entendu que c'est une induction toute spéciale, et que ces notions, bien qu'inductionnelles, en tant que suggérées par une expérience contingente, ne sont pas pour cela de simples vérités inductives. Comme connaissances réfléchies, elles peuvent être *a posteriori;* comme vérités, elles sont *a priori*. C'est la faute ordinaire de l'idéologie de confondre sans cesse la naissance d'une idée avec sa valeur.

Ainsi, il y a des vérités nécessaires; il y a des vérités de conscience. Il y a aussi des vérités qui sont nécessaires, les vérités de conscience étant données; je ne veux point dire par là des vérités nécessaires suggérées dans les vérités de conscience, mais des vérités non-absolues n'étant vérités qu'à la condition que les vérités de conscience existent. Ainsi, *tout acte suppose un agent* est une vérité nécessaire absolue. *La pensée existe* (*cogito*) ou *l'homme pense* est une vérité de conscience. *Le sujet pensant existe* est une vérité nécessaire non absolue, et qui a besoin de la vérité de conscience, *l'homme pense*. Elle est nécessaire en ce sens que si l'homme pense, le sujet pensant existe nécessairement; mais elle est subordonnée à une condition qui n'est pas nécessaire, c'est que la pensée existe. On remarquera seulement que lorsque je dis que la vérité de conscience n'est pas nécessaire, je parle en thèse absolue; car la conscience, étant toujours donnée, équivaut pour nous à un fait nécessaire, puisque son existence est la condition de la possibilité du raisonnement. L'homme ne peut penser, juger et raisonner qu'à la condition de s'en apercevoir. Penser et avoir conscience de la pensée est un fait indivisible. Il suit que, dans la science humaine, la pensée, la conscience de la pensée, l'existence de la pensée est une vérité de conscience qui équivaut à un fait nécessaire; car l'intelligence n'est pas concevable autrement. Il suit encore que les vérités primitives de la conscience, bien que subjectives dans leur nature, peuvent être prises comme vérités objectives, puisque dans tout raisonnement elles sont supposées, je dis supposées par la raison, et non pas seulement constatées par l'expérience.

Tant que la métaphysique peut ne se composer que de vérités de l'ordre de celles que nous venons d'examiner, elle est une science démonstrative dans toute la rigueur du terme, et je crois que, dans les mathématiques même, nous trouverions plus de traces de données purement expérimentales que nous n'en avons aperçu jusqu'ici.

Le sujet pensant ou l'intelligent (qu'on me permette provisoirement la diversité des expressions, c'est un point que nous réglerons plus tard) ne se connaît tel qu'en acte ou n'a conscience directe que de l'acte de penser. Or l'acte de penser est nécessairement l'acte de penser à quelque chose. « L'actua-« lité de l'intelligence, c'est la possession de l'intel-« ligible [1]. » La pensée, comme faculté, n'est qu'une abstraction comme les qualités abstraites de la matière; il n'existe que le sujet pensant, comme il n'existe que la substance étendue, et non l'étendue abstraite. Toute pensée a donc une forme et un fond, une forme et une matière. Penser, comprendre, connaître, suppose donc quelque chose de pensé, de compris, de connu. C'est assurément un fait de conscience; la conscience vide, c'est le néant de la conscience; la pensée vide, c'est le néant de la pensée. L'homme ne se connaît ni ne se comprend que connaissant, ou comprenant, ou pensant quelque chose. L'intelligence est inconcevable autre-

---

Aristot. *Métaph.* liv. XII, 7.

ment. On peut la supposer par abstraction préexistante à tout acte, mais non connue antérieurement à tout acte. Tant que l'homme ne pense rigoureusement à rien, il n'est pas pensant et ne se connaît pas penser; il n'y a ni pensée, ni conscience. La conscience de la pensée ne commence donc qu'avec l'acte de la pensée, et l'acte suppose un pensé, ou, comme nous avons dit, l'intelligent suppose un compris. La conscience de la pensée, qui exige un sujet pensant, exige donc aussi un objet pensé. Le sujet et l'objet sont donc nécessaires.

C'est de là que nous avons dérivé un non-moi. Au premier abord, on pourrait contester, en rappelant que l'homme a la faculté de penser à lui-même. Se penser pensant, se connaître en tant qu'agissant par la pensée, c'est bien penser à quelque chose, et le moi a, comme on dit, la puissance de prendre le sujet pour objet. C'est ce que nous venons de faire dans l'analyse précédente, sans sortir du moi pour passer au non-moi. Nous pourrions répondre par un appel à l'expérience, les vérités d'expérience et de fait ne sont pas proscrites de la philosophie, et c'est un fait de conscience que la sensibilité externe ou la communication de l'intelligent avec le dehors compréhensible; mais nous ne croyons pas en être réduit là.

On a vu que penser, c'est penser à quelque chose : l'intelligent ne peut être connu qu'en acte, et l'acte suppose deux termes. Le second terme peut-il être l'intelligent lui-même, le sujet pris pour objet? Voilà la question. Prendre le sujet pour objet, quand le sujet n'a encore pensé à rien, c'est-à-dire penser au sujet pensant avant toute pensée, c'est-à-dire encore connaître l'intelligent comme intelligent sans qu'il ait fait acte d'intelligence, c'est aller contre ce que nous croyons avoir établi assez clairement, que la pensée ne peut être connue de la conscience qu'en acte. Penser au sujet pensant qui n'a pas encore pensé, c'est par la supposition même ne penser à rien. Quels sont vos deux termes? 1°. Un sujet pensant, soit, mais qui n'existe encore qu'en puissance, du moins pour la pensée, c'est-à-dire pour la conscience ou pour l'intelligent. 2°. Le même sujet pensant qui ne s'est pas encore manifesté en acte, et qui non pas comme être, mais comme connu existant ou comme notion, est nul par la supposition même. Il n'y a pas entre ces deux termes de pensée possible. Comment donc, diriez-vous, le moi peut-il jamais penser à lui-même? quand il a pensé à autre chose. Il ne peut penser qu'au moi déjà connu, déjà donné, c'est-à-dire ayant agi, puisque c'est son action qui le révèle à la conscience, seul moyen de le connaître. En d'autres termes, la réflexion du moi sur le moi, ou du sujet pensant sur l'agent de la pensée, suppose le souvenir. Or, le souvenir suppose quelque chose dont on se souvient; c'est ici une pensée antérieure, laquelle a déposé du sujet pensant; c'est à cette condition seulement qu'il peut se prendre pour objet. Mais la conscience d'un sujet pensant qui n'a pas encore pensé, implique. Il y a cercle à dire que la conscience n'est possible qu'à la condition d'un acte dont il y ait conscience, et que le moi de la conscience peut faire son premier acte au sujet de ce même moi qui n'a fait encore aucun acte. Il suit que ce n'est pas seulement l'expérience, mais la raison qui dit que le sujet pensant, se connaissant tel, suppose l'acte de penser à quelque chose qui n'est pas lui-même, ou, en d'autres termes, que la notion de l'intelligent suppose deux termes, un comprenant, un compris; le sujet, un objet; le moi, un non-moi.

Maintenant, avec cette vérité de raison, qu'il y a nécessairement deux termes, je puis, de la vérité de conscience qu'il y a un fait de la pensée ou de l'intelligence, conclure que la notion même de l'intelligent suppose quelque chose qui ne soit pas l'intelligent, et l'existence de l'un, l'existence de l'autre. Que peut-on m'opposer? L'objection de Descartes, que l'intelligent peut se tromper, être trompé, demeurer la dupe d'une illusion perpétuelle, et qu'en un mot, penser à quelque chose d'existant, ce n'est que croire à l'existence de ce qu'on pense ou penser à une chose comme si elle existait; pure supposition qui ne prouve rien. Je pourrais encore répondre que je ne dispute pas avec le sceptique; mais j'aime mieux ajouter d'abord que Descartes lui-même a cessé de craindre l'intervention d'un démon trompeur entre lui et sa propre pensée, et que ce dernier asile me reste toujours, puisqu'après avoir admis que l'homme pense aux choses externes comme si elles existaient, il me sera bien facile de montrer que, soit qu'elles existent ou non, le souvenir de ses pensées, indépendamment de leur objet, lui garantit son existence comme sujet pensant, et je retrouve toujours la terre ferme où Descartes posait le pied pour s'élancer au loin. Ce n'est pas tout. Nous avons admis comme vérités premières l'existence de quelque chose et l'existence de l'intelligent. Or, qu'est-ce qu'un sujet intelligent? Encore une fois, un sujet qui comprend ou connaît. Quoi? Rien ou quelque chose. Si rien, revenons sur nos prémisses et disons que l'intelligent n'existe pas. Si quelque chose, il y a quelque chose autre que l'intelligent. Que ce quelque chose soit fictif, purement imaginaire, cela se peut absolument, mais alors il faut refaire la notion de l'intelligent, car, par la supposition, cette notion est celle d'un être qui par lui-même a la vertu de savoir que ce qui est est, c'est-à-dire de participer à ce qui n'est pas lui, de convertir la réalité en vérité. En d'autres termes, les choses sont, et elles sont d'une certaine façon. Comprendre ou connaître, c'est communiquer jusqu'à un certain point avec elles, c'est-à-dire avec leur existence et leur mode d'existence, par un acte indéfinissable et que la conscience donne seule. Toute définition de ce mode de participation à ce qui n'est pas soi, serait une tautologie. Connaître, comprendre, c'est, pour emprunter une définition de M. Royer-Collard, c'est ce que vous savez. Mais quelque inexprimable que soit la puissance intellective ou cognitive, il reste que la notion même d'un sujet connaissant ou intelligent contient et suppose quelque chose d'existant connaissable ou intelligible, et que, pour nier le dernier terme, il faut refaire cette notion telle que la donnent la raison et la conscience réunies. Or, cette tentative est gratuite, arbitraire; elle n'est ni rationnelle, ni expérimentale; elle n'est ni naturelle, ni scientifique, et n'a d'autre titre que la fantaisie du scepticisme qui ne peut, comme on sait, l'établir qu'en se servant de la raison et de l'intelligence mêmes contre lesquelles il s'inscrit en faux.

L'intelligence ne se réalisant en acte que moyennant un objet qu'elle suppose et qui est pensé, compris, connu, c'est encore une conséquence logique, non une induction empirique, que pour que le sujet pensant participe à ce qui n'est pas lui sous la forme appelée connaissance, intellection, compréhension, il faut un mode ou moyen de communication. Ce mode ou moyen dont la nécessité est donnée par la raison, est donné, quant à sa nature, par la conscience; c'est la sensibilité : c'est là une donnée expérimentale, mais de l'expérience la plus intime, la plus immédiate, la plus puissante, la conscience. L'intelligent ou le sujet pensant se connaît sensible : mais ici, comme il s'agit du mode de communication avec le non-moi, avec le dehors, le règne de l'expérience commence. Sans doute on ne devinerait jamais, par les seules forces de l'intelligence, comment serait la sensibilité; sans doute la raison ne démontre pas, ne conçoit pas que les lois et les formes de la sensibilité ne pussent pas être autrement qu'elles ne sont : cependant, si l'on veut y réfléchir, on reconnaîtra du moins qu'elles sont bien comme elles devaient être. Quel était le problème à résoudre en effet? mettre le dedans en rapport avec le dehors; mettre l'intelligent en mesure d'appliquer ses notions ou lois internes à l'objet externe. Pour cela, il semblait nécessaire, ou du moins raisonnable, qu'il fût pourvu de la faculté de déterminer jusqu'à un certain point les objets hors de lui, de façon à ce qu'ils cessassent d'être par rapport à lui comme s'ils n'étaient pas, c'est-à-dire de se les poser d'abord eux-mêmes comme étant en sa présence, puis après, comme ils étaient en sa présence. Or, il faut convenir que la sensibilité a bien l'air de satisfaire à cette double condition, et réalise bien ce qu'on attendait. Elle est bien un pouvoir de mettre l'intelligent en rapport avec ce qui est ; du moins elle nous paraît irrésistiblement telle. Par les sensations, elle semble bien donner à l'intelligent la réalité externe : l'intelligent sentant et connaissant l'objet des sensations présentes, perçoit, et quant c'est l'objet des sensations passées, il se souvient. La première opération est comme la faculté de la présence, la seconde, celle de la représentation. On peut ne pas regarder l'argument des causes finales comme démonstratif ; mais il a pourtant une certaine puissance, et tel qu'il est, il est *a priori* le titre de la sensibilité : il justifie en même temps le *medium* physique qui est attaché à celle-ci. C'est ce qui nous a porté à dire que cet instrument devait être de même nature que le dehors perçu, sans lui être en tout semblable, qu'homogène au non-moi, il devait appartenir au moi et dépendre de l'intelligent. C'est ce qui arrive en effet, comme le confirment et l'expérience et la conscience. Tout moyen est de sa nature relatif et limité. La sensibilité et son appareil physique servent l'intelligent, l'étendent hors de lui, mais le circonscrivent en même temps, et ont un caractère manifeste de limitation et d'imperfection. Ces moyens de communication ne portent pas jusqu'aux dernières limites du sensible, et n'en fournissent que ce qu'il faut pour que l'intelligent en connaisse, c'est-à-dire ramène ce qu'il sent et ce qu'il perçoit sous les lois de l'intelligibilité et de l'intellection. Or, il comprend qu'il ne comprend pas tout, il connaît qu'il ne connaît pas tout, quoiqu'il en connaisse et en comprenne beaucoup plus qu'il n'en trouve dans la sensibilité et la mémoire : c'est là une intuition certaine de l'intelligence.

Ce fait est gros de bien des mystères. Toutefois il n'y a pas de témérité à dire que l'intelligence, étant donnée comme elle est par la conscience, ne pouvait être infinie. L'intelligent qui ne se connaît qu'en acte, ne se connaît pas complétement; il ne se connaît pas dans son origine, dans son essence primordiale; il ne s'est pas évidemment causé lui-même; de tout cela résulte sa limitation nécessaire. Comment, pourquoi cela est-il ainsi? il l'ignore; s'il le savait, s'il le savait parfaitement, il serait plus qu'il n'est; peut-être ne serait-il pas ce qu'il est par la supposition même. Ainsi, dans la conscience se révèlent l'imperfection et la limitation obligées de la nature humaine. La dualité, que nous avons constatée et même démontrée, et la nécessité comme la difficulté d'une communication entre les deux termes de la dualité, nécessité et difficulté qui ne sont sauvées que par la merveille de la sensibilité, tout cela indique une sorte de lutte, d'antagonisme, ou du moins un passage laborieux d'un terme à l'autre. Il est impossible de ne pas voir dans le moi la puissance, et dans le non-moi la résistance, quoique ni la puissance ni la résistance ne soient infinies; et dans l'appareil physique et son union avec l'intelligent, apparaît surtout une confusion ou plutôt une transaction, une alliance de puissance et de résistance qui, sans être complétement explicable, semble dans un rapport naturel d'analogie avec la constitution du tout. Ici gît le grand inconnu de la nature et de la destinée humaine. L'obscurité s'éclaircirait encore un peu, si nous portions nos regards sur d'autres parties de la constitution de l'homme. Qu'il nous suffise ici de voir que l'état des choses offre un certain rapport de conséquence avec la nature de l'intelligence même, avec les complications, les besoins et les bornes de son pouvoir, de sa manifestation, de sa connaissance d'elle-même; et que là, c'est-à-dire dans la nécessité de la conscience actuelle pour que l'intelligent se connaisse existant, se rencontrent le premier signe de notre nature finie et le premier indice de l'infini. C'est ici la première origine de cette partie de la métaphysique, qui serait la religion.

Poursuivons notre examen critique de la qualité des vérités et des certitudes dont nous avons composé notre science.

La connaissance telle quelle du dehors au moyen de la sensibilité, est de sa nature expérimentale; c'est là l'expérience externe elle-même. Dans cette partie de la connaissance, la vérité doit changer de caractère, elle doit être empirique; résignons-nous à ne plus trouver au même degré évidence rationnelle, certitude *a priori*. Qui dit sensibilité dit connaissance *a posteriori*, ou réception de données accidentelles et contingentes. La sensibilité, ayant ses limites dans le temps et dans l'espace, ne doit fournir que des matériaux incomplets; destinée à mettre en rapport l'intelligent avec ce qui n'est pas lui, elle est essentiellement relative, et ne doit rien contenir d'absolu. Le caractère des vérités sensibles doit donc être, et il est en effet la contingence ou la relativité; d'elles, ne vient directement aucune vérité nécessaire ou absolue. Toutefois, en opérant sur les données de la sensibilité, l'intelligence n'abdique pas sa propre nature, et provoquée par des sensations, c'est-à-dire par des contingences, elle conçoit ou applique des jugements ou notions absolues. Nous revoyons ce que nous avons vu pour la conscience du moi; ces jugements nécessaires ne font pas *a priori* leur entrée dans l'intelligence; il faut qu'une occasion se présente, qu'une matière leur soit donnée, pour qu'implicitement ils soient conçus en s'y appliquant, et qu'en suite de leur application, ils soient rendus explicites par la réflexion. Ils pourraient l'être également par une généralisation successive, c'est-à-dire sous la même forme que les inductions de l'expérience, avec lesquelles pour cette raison ils peuvent paraître confondus, mais dont ils doivent être soigneusement distingués: celles-là ont leurs preuves dans l'expérience même; ceux-ci ont une certitude intrinsèque.

La nature phénoménale du monde sensible est une vérité d'expérience. C'est évidemment la sensation qui nous fait connaître les qualités de la matière; mais c'est l'intelligence qui de ces qualités conclut leur sujet, et rapporte nécessairement les accidents à la substance. La conception de la substance est nécessaire; elle est *la condition* de la possibilité des qualités, quoique nous ne puissions avoir l'idée de la substance qu'à *condition* d'être affectés sensitivement par les qualités. Voilà deux points de vue, et deux fois le mot *condition*. D'un côté, c'est la substance qui est la condition; de l'autre, ce sont les qualités. Y aurait-il contradiction? non, mais une équivoque est possible, et cette équivoque peut conduire la philosophie à mettre tour à tour la substance ou les qualités au premier rang. Tout s'expliquera, si l'on observe qu'il ne s'agit point dans les deux cas d'une même possibilité ni d'une même condition. Dans le premier cas, il s'agit de possibilité objective, dans le second, de possibilité subjective. Dans le premier, la substance est une condition de droit ou rationnelle; dans le second, les qualités sont une condition de fait ou expérimentale. Dans le premier cas, il s'agit de la vérité en elle-même; dans le second, de la façon dont nous arrrivons à la concevoir. En elle-même, elle est *a priori*, et nous, nous en acquérons la conscience *a posteriori*. Cette distinction mal saisie a donné naissance aux plus communes erreurs philosophiques.

La conception de la substance des phénomènes sensibles est celle d'un être permanent auquel appartiennent ces phénomènes. Il est donc nécessairement conçu tel que ses phénomènes ne puissent nécessairement pas être contradictoires avec sa nature. Pour que les phénomènes soient possibles, il leur faut une certaine conformité avec l'essence de la substance. Cette essence est inconnue, quoique nous puissions avec une certitude absolue en affirmer cela. Mais la sensibilité, ne fût-ce que par sa limitation même, distingue des groupes de phénomènes unis, et par chaque groupe, nous concevons une substance particulière, une substance individuelle. Les phénomènes varient d'un groupe à l'autre, et l'on serait tenté d'en conclure une diversité absolue dans la nature des substances des divers groupes, si, dans le même groupe appartenant à la même substance, les phénomènes ne changeaient également avec le temps. Il suit que la même nature de substance est susceptible de phénomènes qui ne restent pas les mêmes, et que des différences saillantes ne sont pas des contradictions; mais il faut la condition du temps. Ainsi le blanc n'est pas en ce sens contradictoire avec le noir, ni le rond avec le carré, puisque le même corps peut être successivement blanc et noir, rond ou carré. Ce qui serait rationnellement contradictoire, c'est que le même corps fût successivement coloré et sans couleur, figuré et sans figure. Ainsi la diversité ou l'opposition des phénomènes entre eux se partage en diversité sensible ou accidentelle, et diversité rationnelle ou essentielle. La première est possible dans la relation du temps; seulement elle requiert et atteste une cause. Quant à la seconde, elle est tout à fait impossible. La première n'implique pas diversité de substance, puisque sur la foi de l'expérience nous sommes forcés de l'admettre dans le même sujet qui dure sous des apparences changeantes. Il suit que des sujets individuellement différents ne diffèrent pas nécessairement quant à la nature de leur substance; et que tant qu'ils présentent tous les mêmes qualités générales, bien qu'elles puissent produire des sensations diverses, ils peuvent être homogènes. Ainsi le monde accessible aux sens est figuré, solide, étendu, quoique de figure, de solidité, d'étendue différentes. Nous concluons qu'il y a des propriétés fondamentales qui peuvent changer d'apparences accidentelles, mais qui, si elles ne sont l'essence de la substance des phénomènes sensibles, sont dans un certain rapport plus immédiat avec cette essence, sont essentielles ou près de l'être; elles tiennent à ce qu'on a appelé l'essence seconde; c'est dans les choses la propriété qui, bien que secondaire, est le principe de toutes les autres propriétés et peut être par rapport à elles regardée comme une essence (Condillac). L'étendue, l'impénétrabilité, la susceptibilité d'avoir une forme, et par conséquent d'être divisée, telles paraissent être les qualités les plus essentielles de la substance homogène des phénomènes sensibles. Ce sont là autant de notions expérimentales et relatives dans leur application, mais qui procèdent de l'intelligence quant à leur conception. En d'autres termes, l'intelligence comprend qu'elle peut mal observer, mal appliquer ses idées sur l'essence, la substance, la qualité, l'homogénéité, l'individualité ; mais elle n'admet pas que ces idées puissent être fausses, parce qu'elles sont les conséquences nécessaires de la combinaison du phénomène donné par la sensation et de la substance donnée par la loi de l'intelligence. Ces connaissances ne sont donc ni toutes relatives, ni toutes absolues : elles ont leur origine à la fois dans les données de la sensation ou perceptions, dans les notions absolues de l'intelligence, dans l'application d'abord intuitive, puis réfléchie, de celles-ci à celles-là. C'est dans ce dernier travail propre à l'intelligence, qu'il se fait un mélange de relatif et d'absolu, d'expérimental et de rationnel, d'intuitif et de logique, et quelquefois de vrai et de faux.

Restent cependant les qualités caractéristiques qui nous paraissent constituer l'homogénéité de la substance des phénomènes sensibles. Il en est une qui n'a pas été assez distinguée. Nous avons admis, dans l'observation, des groupes divers de phénomènes correspondant à des substances individuelles. Les groupes peuvent s'unir de telle sorte que l'individualité de chaque groupe disparaisse dans l'homogénéité des substances des groupes. D'où il résulte que l'individualité des groupes est improprement dite, en ce qu'elle est accidentelle et variable. Ce point voudrait être approfondi, si l'on traitait ce que les scholastiques appelaient *le problème de l'individuation*. Mais en ce moment il suffit de remarquer que la substance étendue, pour nommer ainsi la substance des phénomènes sensibles, est susceptible, sans altération dans son essence, d'être indéfiniment groupée en masses, ses qualités caractéristiques restant les mêmes.

Maintenant, pour compléter notre examen critique, il faudrait faire sur la cause le même travail que sur la substance, puis revenir sur la distinction, dans le non-moi, de l'intelligent externe et du non-intelligent, sur la spécification de la substance étendue sous forme organique, enfin sur la conception de l'être supra-phénoménal et extérieur au monde de la sensibilité. Mais pour abréger, nous passons immédiatement à la conclusion.

Nous sommes partis d'une dualité, l'intelligent et le non intelligent. Nous avons constaté un certain rapport entre eux, mais plus encore une profonde diversité et une certaine opposition. Le phénomène intellectuel atteste une substance, et le phénomène sensible atteste une substance. C'est tout ce que l'intelligent et le non intelligent ont de commun. S'ensuit-il forcément que la substance de l'un soit ou puisse être homogène à la substance de l'autre? Qu'elle le soit, non assurément; cela est évident à la simple inspection des termes. Qu'elle puisse l'être? Nous allons voir.

L'intelligence, la pensée, le jugement, les diverses facultés ou plutôt les opérations que la conscience révèle, sont les phénomènes intellectuels. Ils n'ont rien en soi de commun avec les phénomènes sensibles. Les uns et les autres sont assurément irréductibles entre eux, que l'on considère leur nature ou la manière dont nous les connaissons. Les uns sont connus par la conscience, les autres par la sensation. Les uns sont réciproquement donnés sans les autres, et les uns et les autres n'ont aucune identité ni ressemblance intuitive ou expérimentale. Ce sont là des vérités de fait.

L'intelligence ou la faculté générale de comprendre ou de connaître, est la propriété essentielle ou quasi-essentielle, la propriété fondamentale et caractéristique de la substance des phénomènes internes, son essence suivant les uns (Descartes), son action essentielle suivant les autres (Leibnitz), son essence seconde suivant d'autres, qui ne nous permettent de connaître que les essences secondes (Condillac). L'étendue est également regardée comme l'essence ou l'essence seconde de la substance des phénomènes sensibles. Il faut changer cela, si les phénomènes sensibles et les phénomènes intellectuels appartiennent à une substance homogène. Alors en effet, ni l'étendue, ni l'intelligence ne sont de l'essence de cette substance homogène, et il faut admettre que la même substance a tour à tour le don d'être étendue ou intelligente, comme d'être rouge ou blanche, ronde ou carrée. Alors plus d'essence seconde, plus de propriétés essentielles et distinctives; c'est le système de l'unité de substance. Dans ce système, qui est un spinosisme, on peut cependant encore distinguer notablement l'étendue et l'intelligence, dire que ces deux propriétés sont dans le temps exclusives l'une de l'autre, que lorsque la substance universelle est intelligente, elle n'est jamais étendue, et réciproquement. Le dualisme se retrouve ainsi, seulement il est descendu d'un degré; il se retrouve dans la distinction des propriétés primitives et incompatibles, et non plus dans celle des substances. Ce système peut consister purement dans l'expression, et ne se distinguer que verbalement du système de dualisme que nous avons établi. Ainsi compris, il est soutenable, sauf une difficulté pour nous insoluble; celle de concilier l'homogénéité de la substance avec l'incompatibilité de ses deux principales propriétés possibles. L'intelligence et l'étendue sont en effet contradictoires; elles le sont *essentiellement* à leur tour; c'est pour cela qu'elles paraissent à la raison les signes d'essences différentes ou de la dualité des substances.

Sans renoncer à cette dualité, je ferai cependant remarquer que pour la question qui nous occupe, le choix des théories semble à peu près indifférent. Qu'il n'y ait qu'une substance qui devienne ici une substance étendue, là une substance intelligente, ou que ces deux substances soient vraiment deux essences distinctes et n'aient rien de commun que l'être, c'est une question importante, quant à l'origine des choses, à l'ontologie transcendante, à la religion absolue; mais cela est indifférent quant au dualisme nécessaire au spiritualisme, si l'on admet d'ailleurs que la substance *devenue* étendue et la substance *devenue* intelligente ne peuvent s'identifier actuellement en combinant leurs deux attributs, et si à défaut de la distinction des essences, on accorde l'incompatibilité des propriétés.

Dans la sphère où nous sommes placés, nous remarquons que l'étendue, soit essence distinctive d'une substance spéciale, soit propriété caractéristique de la substance générale, en tant qu'accessible aux sens, ne périt pas; la substance des phénomènes sensibles apparaît toujours comme étendue; en ce monde du moins, sa destruction nous semble impossible; nous ne la concevons pas. Aussi ceux qui tiennent pour l'homogénéité de substance veulent-ils en général qu'il n'y ait que la substance étendue et que ce soit celle-là qui devienne intelligente, sans cesser d'être étendue.

En supposant un instant que ces deux propriétés puissent coexister dans le même sujet, il faut bien avouer qu'elles ne sont pas du même ordre. En effet, dans cette supposition, la substance toujours étendue n'est pas toujours intelligente. L'intelligence ne réside pas dans tous les groupes de phénomènes, tandis que l'étendue leur appartient à tous; et l'intelligence quitte sans cesse ceux mêmes où elle s'est manifestée. L'étendue serait donc une propriété permanente, empiriquement essentielle, et l'intelligence une propriété accidentelle, momentanée, de la substance. Elle ne serait même pas une propriété de la substance, mais un de ses phénomènes ou une de ses circonstances possibles, et la propriété de certains groupes de phénomènes donnés. Or les groupes de phénomènes sensibles sont essentiellement temporaires, et tout groupe pourvu de l'intelligence, lorsqu'il se dissoudrait, la perdrait nécessairement pour retomber dans les simples qualités fondamentales et universelles de la matière. L'intelligence ne serait plus qu'une propriété individuelle, qu'un signe de l'individualité. Ne pouvant alors être le caractère de l'homogène, il faut ou qu'elle soit une qualité sans substance, un effet sans cause; ou qu'elle résulte des propriétés plus stables et moins secondaires de la substance étendue; ou qu'elle coexiste avec ces propriétés; ou enfin qu'elle se trouve accidentellement, extrinsèquement liée à la substance étendue soit comme cause ou substance spéciale, soit comme phénomène ou effet d'une substance ou cause spéciale. La première hypothèse est l'impossible; la dernière est le dualisme. Le dualisme est donc vrai, ou bien il faut admettre soit la seconde, soit la troisième proposition. Examinons-les toutes deux, c'est-à-dire recherchons si l'intelligence peut résulter de l'étendue, de la solidité, etc., ou coexister avec elles au même titre dans la même substance.

1°. La conséquence et la preuve de l'homogénéité de la substance des phénomènes sensibles, c'est à la fois sa divisibilité, et ce qu'on pourrait appeler sa *cohésibilité*, j'entends la propriété qu'elle possède d'être réunie, *coercée*, ou combinée en masses individuelles, dont le nombre et le volume sont indéfiniment variables, sans que la quantité totale de la substance ni sa nature essentielle en soient altérées. L'étendue, en d'autres termes, prête indéfiniment en plus et en moins. Rien de pareil pour l'intelligence; la diviser est impossible; mais il l'est également de la *coercer*, de l'accumuler en amas, et de confondre les intelligences individuelles en une seule, sans qu'il y ait destruction de toutes. Pourquoi? c'est que la grandeur extensive est une propriété incompatible avec l'intelligence. Les intelligences ne sont que des unités parfaitement délimitées, et absolument indépendantes les unes des autres quant à leur existence. Rien ne peut les combiner ni les confondre.

2°. L'individualité essentielle à l'intelligence, ou mieux, au moi intelligent, est une intuition de la conscience; et rien au monde ne peut, même par hypothèse, décomposer cette individualité sans l'anéantir elle et l'intelligence avec elle. Ne revenons pas sur ce point; il y a là vérité de conscience.

3°. En réfléchissant sur l'action de l'intelligence, la raison reconnaît que l'unité lui était nécessaire *a priori*. La connaissance sans unité dans le sujet connaissant, est un non-sens; elle est inconcevable. L'unité du moi, phénomène de conscience, est donc en outre une vérité nécessaire.

4°. On a vu plus haut comment le moi est et doit être actif. Son activité ne ressemble à aucune autre. Si on le considère dans le détail, en tant que sensible, en tant qu'intelligent, en tant que volontaire, en tant que puissant sur l'organisme et sur le monde par l'organisme, on trouve que le mode général de cette activité ne peut être ramené à aucune autre action connue ou perçue dans l'univers, et qu'aucun phénomène sensible ne la reproduit ni ne la rappelle. Là encore s'ouvre un abîme entre l'intelligence et ce qui n'est pas elle.

Grâce à ces données, les unes provenant de l'intuition de la conscience, les autres de celle de la raison, grâce à ce double ordre de vérités consciencieuses et rationnelles, nous connaissons impossible de rapporter à la substance des phénomènes sensi-

bles, prise essentiellement, les phénomènes de l'intelligence, de la volonté, du moi; en d'autres termes, la pensée ne se déduit d'aucune propriété connue de la substance des phénomènes sensibles, et à titre de propriété accidentelle de cette substance, elle serait incompatible avec ses propriétés constantes. Elle ne peut être accidentellement donnée à la matière comme développement, forme ou produit de ses propriétés essentielles, ni lui appartenir directement dans la relation du phénomène à la substance, la substance ne pouvant être à la fois divisible comme étendue, indivisible comme intelligence. Faut-il donc admettre que la pensée coexiste pour ainsi dire latéralement avec elle, qu'elle soit donnée du dehors à la matière, indépendamment de la nature, contrairement à la nature de celle-ci; disons le mot, qu'elle lui soit donnée miraculeusement? C'est ce que signifie le doute célèbre de Locke :
« Peut-être ne serons-nous jamais capables de con-
« naître si un être purement matériel pense ou non,
« par la raison qu'il nous est impossible de décou-
« vrir, par la contemplation de nos propres idées,
« sans révélation, si Dieu n'a point donné à quel-
« ques systèmes de parties matérielles, disposées
« convenablement, la faculté de percevoir et de
« penser; ou s'il a joint et uni à la matière ainsi
« disposée une substance immatérielle qui pense[1]. »

[1]. *De l'entendement humain.* Liv. IV, ch. III, §. VI. Voyez dans l'ouvrage le paragraphe entier, ainsi que l'analyse de la discussion à laquelle il donne lieu entre Locke et le docteur Stillingfleet. Voyez aussi pour la réfutation Leibnitz, *Nouv. essais*, liv. IV, ch. III; Bayle, art. DICÉARQUE; Condillac, *Essai sur l'origine des connaissances humaines*, Ire part. sect. Ire, ch. I, §. VI, VII et VIII.

Exprimer ce doute, *digne de la modestie d'un philosophe*, c'est confesser qu'on ne saura jamais si Dieu ne peut pas faire un miracle, non pas contre l'expérience, mais contre la raison, c'est-à-dire concilier les incompatibles, réaliser le contradictoire, poser le non-sens. Rien de moins philosophique, il faut le dire, qu'un si modeste aveu d'ignorance, et dans la bouche d'un théologien, il aurait été peut-être accueilli comme une abdication de la raison humaine. C'est un des premiers exemples de cette défiance de soi, ingénue, je le pense, chez Locke, affectée souvent chez ses disciples, et qui a servi dans le xviiie siècle à répandre ou à insinuer les doutes destructifs d'une philosophie incrédule.

Celui qui s'appelait par excellence *le philosophe ignorant*, et qui savait unir avec tant de grâce l'humilité et le scepticisme, Voltaire s'est étudié à justifier ce doute, et y revenant sans cesse, il a fini par ériger en système ce que Locke présentait comme une simple question[1]. L'intelligence, suivant lui, au lieu d'être rapportée à un sujet spécial et inconnu, devait être considérée comme une faculté particulière. A ce titre il ne dit point qu'elle soit une propriété de la matière. « La pensée lui semble n'avoir « rien de commun avec les attributs de l'être étendu

---

[1] Voyez les *Éléments de physique*, 1re partie, ch. VII, et surtout une discussion très-claire des divers systèmes sur l'âme, dans les *Lettres de Memmius*, XIII, XIV et XV, et au même endroit, ce qui est assez remarquable, une bonne réfutation du système de Voltaire, donnée par Condorcet, dans une note de son édition (1784). Voyez aussi *Traité de métaphysique*, ch. V. — *Le principe d'action*, X et XI. — *De l'âme*, par Soranus, et les art. *âme* dans le Dictionnaire philosophique, ainsi qu'une lettre à M. de Formont, 1736.

« qu'on appelle corps. » Mais Dieu est une intelligence; la pensée est un de ses attributs; il peut l'avoir transmis à une portion de matière. Tout ne doit-il pas nous dissuader de mettre des bornes à la puissance divine? De quel droit refuserions-nous au Créateur le pouvoir de donner à la matière une faculté de plus? Ce philosophe, fameux par ses témérités, trouverait cela bien hardi. Et nous le trouvons, nous, bien timide, et nous réclamerons contre cette humilité qui veut accabler la raison du poids de la toute-puissance divine. Nous opposerons à l'apôtre du XVIIIe siècle la maxime du moyen âge : *Non est philosophi recurrere ad Deum.* S'il est vrai que la raison ne supporte pas l'alliance de la pensée et de l'étendue, reconnaître que Dieu n'a pu attribuer l'intelligence à la matière, ce n'est pas attenter à la liberté du Créateur, c'est adorer la raison suprême.

Du moment qu'on avoue, et Locke ni Voltaire n'ont garde de le méconnaître, que la matière ne peut penser par elle-même, que la pensée ne lui est pas essentielle, il faut un acte spécial de la toute-puissance divine, un *fiat* particulier et actuel de la volonté du Créateur, toutes les fois que cette lumière de la pensée s'allume dans le corps. Point de milieu, en effet; si la pensée ou la sensibilité est une propriété du corps, c'est-à-dire des parties qui le composent, l'une et l'autre doivent se retrouver à tout jamais dans ses éléments dissous, quelque altération qu'il subisse; l'une ni l'autre n'en peuvent sortir, car comment y rentreraient-elles? Quand ce seraient de simples modalités attachées à une certaine combinaison de parties, c'est la loi de toute modalité de ne cesser que pour faire place à une modalité du même genre; la figure succède à la figure, la couleur à la couleur, la perception devrait donc succéder à la perception et le sentiment au sentiment. Variable dans ses formes, l'intelligence devrait être impérissable dans le corps mortel, dans les éléments dispersés du corps inanimé, si l'on ne veut, contrairement à l'ordre de la nature, admettre de continuelles alternatives de création et d'anéantissement. Ainsi, il ne reste qu'une ressource, c'est de regarder la pensée et toutes les propriétés intellectuelles, comme des facultés nues, qui ne sont ni corps, ni âme, et qui, au commandement de Dieu, animent ou délaissent la forme humaine, qualités occultes, êtres de raison, puissances imaginaires, entités dignes de la scholastique, et qui tour à tour dans l'homme ou hors de l'homme, *peuvent entrer et sortir*, dit Leibnitz, *comme les pigeons d'un colombier*. La matière, docile à son maître, s'exalte ou s'abaisse à sa volonté; elle est pourvue de cette *puissance obédientielle* que lui supposait l'École et qui lui permettait de changer tour à tour d'état, d'apparence, d'essence même. Singulier et superstitieux système, qui conduit bientôt celui qui l'a embrassé à supposer Dieu même pensant, sentant, voulant, souffrant dans l'homme; conséquence forcée de tout scepticisme sérieux sur l'existence propre de l'esprit. Citons une preuve frappante. Nous avons nommé Voltaire : parmi ses lettres, on en trouve une fort remarquable et fort éloquente, où reprenant cette question, il relève la thèse abandonnée des qualités occultes. Il introduit un philosophe qui s'adresse en ces termes à la Divinité : « Je suis un effet de ton

« pouvoir occulte et suprême, à qui les astres obéis-
« sent comme moi. Un grain de poussière que le vent
« agite ne dit point : c'est moi qui commande aux
« vents. *In te vivimus, movemur et sumus;* tu es le
« seul être, tout le reste est mode. » Puis, revenant
à cette théorie que l'âme ne peut pas être une
substance plus que toute autre faculté, il termine
ainsi : « C'est là cette philosophie des qualités occultes
« que le père Malebranche entrevit dans le dernier
« siècle. S'il avait pu s'arrêter sur le bord de l'abîme,
« il eût été le plus grand ou plutôt le seul métaphy-
« sicien. Mais il voulut parler au Verbe; il sauta dans
« l'abîme, et il disparut. Il avait dans ses deux pre-
« miers livres frappé aux portes de la vérité. L'auteur
« de *l'action de Dieu sur les créatures*, tourne tout
« autour, mais comme un aveugle tourne la meule.
« Un peu avant ce temps, il y avait un philosophe
« qui était leur maître, sans qu'ils le sussent : Dieu
« me garde de le nommer! Depuis ce temps, nous
« n'avons eu que des gens d'esprit, desquels il faut
« excepter le grand Locke, qui avait plus que de
« l'esprit [1]. »

Ce philosophe qu'on n'ose nommer, et qui n'était
pas *le grand Locke*, ne le devinez-vous pas ? c'était
Spinosa. Voltaire n'a rien écrit de plus hautement
philosophique que cette page. Mais quelle leçon!
Voltaire spinosiste! Tel est le terme inévitable. Nous
y avons déjà vu tomber l'école physiologique [2].

Laissons le spinosisme, et prenant pour démontré
que l'intelligence et les phénomènes sensibles ne

---

[1] Correspondance générale. Lettre à M. L. C. 1768.
[2] Voyez Essai VII, p. 39.

peuvent appartenir au même titre à une substance homogène, ni en même temps à la même substance individuelle, concluons que l'intelligence doit être la faculté ou la propriété, et que ses actes doivent être les effets ou les phénomènes d'une cause ou d'une substance spéciale, distincte par sa nature ou par sa propriété la plus caractéristique, de la substance des phénomènes sensibles.

Le point important nous semble donc établi, c'est que la déduction qui sert de base à la philosophie de l'esprit peut être aussi démonstrative qu'aucune déduction scientifique, et qu'il serait difficile d'en citer une autre qui fût, par la nature des preuves et des vérités qu'elle emploie, revêtue d'une certitude plus forte et plus pure, c'est-à-dire plus rationnelle dans la rigueur du mot.

Maintenant que l'on appelle les deux substances esprit et matière, c'est une affaire de langage, et ceci nous conduit à un autre ordre d'objections que nous avons promis aussi d'examiner.

Ne critiquera-t-on pas le langage dont nous nous sommes servi? Il n'a pas toujours été le plus usité, il n'a pas été toujours le même. Aurions-nous ainsi à dessein ou sans le vouloir obscurci la question, dénaturé les idées, dissimulé la marche du raisonnement? Et dans tous les cas, n'est-ce pas une faute que d'employer sans nécessité un langage technique, qui peut être impropre ou mal défini, et que de changer d'expressions, au risque de porter le trouble dans l'esprit du lecteur?

Nous nous sommes efforcé d'être clair : si nous ne l'avons pas été, c'est notre faute; à cet égard point d'apologie possible; mais ce n'est pas la faute de la méthode d'exposition que nous avons suivie, cette méthode était permise et commandée.

On sait en général que la langue philosophique n'est point fixée. Elle varie suivant les temps, les écoles, les auteurs. Cela tient sans doute à ce que la philosophie elle-même n'est pas définitivement arrêtée; mais cela tient encore plus à la nature des questions et des langues. En effet les mêmes idées peuvent en philosophie être rendues de diverses manières. Les mêmes systèmes ont été traduits en langages différents par des époques différentes, par différents écrivains. Les langues ne sont pas exactement philosophiques; elles expriment bien à peu près toutes les notions dont se compose la science, mais elles les expriment au nombre et au degré où les avaient les peuples auteurs des langues. Elles contiennent, si l'on veut, toutes les idées, tous les faits de l'esprit humain, mais confusément et sans ordre, sans distinction précise, sans appréciation rigoureuse. Car si l'esprit humain avait ainsi classé et évalué par les mots tout ce qu'il sait, il aurait créé la philosophie en même temps qu'il aurait créé les langues. La science consiste précisément à faire ce qui eût rendu les langues parfaitement philosophiques. Or, elles ne peuvent l'être qu'à la manière de l'esprit humain lui-même, en ce sens que comme lui elles comprennent sans méthode et simultanément tous les éléments de la science. Chaque fois qu'on remanie la science, on retouche la langue, et toute analyse nouvelle se résout en une révision des termes. Il est d'ailleurs impossible d'admettre que la convention progressive et indélibérée qui a produit le langage, ait deviné et rendu par avance toutes les vues, toutes les découvertes que dans ses développements ultérieurs l'esprit de réflexion et de recherche suggèrerait aux penseurs de profession. Par exemple, avant qu'on eût médité sur les formes du raisonnement, il ne devait pas y avoir de locution pour nommer le syllogisme ou l'enthymème, les prémisses ou le moyen-terme. Quand M. Royer-Collard s'est vu obligé d'emprunter à Bacon et aux sciences physiques le nom d'induction, pour désigner une opération de la pensée qui ressemblait peu à ce qu'on avait appelé jusqu'alors ainsi, il faut bien supposer que la langue était imparfaite et devait offrir les lacunes que présentait elle-même la science.

A moins donc de contraindre ou d'autoriser les philosophes à se créer une nomenclature de leur invention, comme font les chimistes, comme faisaient quelquefois les Grecs, comme l'a fait trop souvent Kant, c'est-à-dire à moins de les jeter en plein dans l'inconvénient que l'on redoute et dans l'abus que l'on critique, on doit consentir à ce que leur langage ne soit ni constamment populaire, ni constamment identique; ils sont justifiés, s'ils parlent d'une manière qui se fasse comprendre et qui prouve qu'ils se sont compris.

Les variations dans l'expression des mêmes idées ou des mêmes choses sont souvent nécessaires à la clarté, à la possibilité de l'exposition. Si les langues ne nomment pas toujours toutes les choses philosophiques, si elles offrent quelques lacunes, elles ont en revanche une surabondance de mots synonymes ou analogues pour rendre les diverses nuances, les divers degrés d'une idée, les différents points de vue d'une chose. Le même être, soit réalité, soit abstraction, peut être considéré sous plusieurs faces, réunit plusieurs caractères, répond à plusieurs destinations. Suivant que l'on considère d'où vient une idée, à quoi elle sert, comment se manifeste, comment agit, comment existe ce qu'elle représente, elle peut prendre des noms divers, et cependant elle est la même, ou du moins elle reste la notion d'un même objet; et le rôle et la place qu'on lui donne dans le raisonnement, la prévision de ce qu'on en veut prouver ou induire doivent déterminer la préférence de l'écrivain pour la dénomination qui rendra la déduction plus claire et plus saisissable. C'est, dans les matières les moins scientifiques, un des secrets ordinaires du style, ou plutôt ce n'est pas un secret, c'est un moyen naturel de se faire entendre. Quand on écrit sur la politique, les institutions d'un pays sont tour à tour des libertés, des garanties, des résistances, des droits, des moyens de gouvernement, et le choix entre ces mots est libre parce qu'en effet elles sont bien tout ce qu'ils expriment; mais il n'est pas toujours indifférent, parce que la pensée est plus ou moins juste ou claire, suivant l'expression qu'on aura préférée. Les sciences spéculatives veulent être traitées avec encore plus de discernement. Elles offrent entre les idées des rapports qui deviennent quelquefois insaisissables, parce qu'on a mal nommé ces idées. Un changement de dénomination ferait apparaître sur-le-champ leur invisible liaison. Il y a des raisonnements qui demeurent inextricables, tant que l'on s'obstine dans l'invariable emploi de certaines paroles. Varier l'expression est bien souvent tout l'artifice de l'algèbre ; et la même quantité autrement écrite devient, de stérile et d'inappréciable qu'elle était, féconde en conséquences et susceptible d'évaluation. Par exemple, la racine d'une puissance algébrique équivaut à cette dernière quantité, dont l'exposant serait divisé par l'exposant de cette racine. De là deux façons d'exprimer la même racine ; et si on lui donne la seconde expression, on découvre aussitôt des propriétés que voilait la première. C'est ainsi que des quantités imaginaires, dont on ne pouvait rien tirer, deviennent réelles, ou du moins calculables comme si elles étaient réelles.

L'art de varier l'expression des mêmes idées n'est donc en lui-même nullement sophistique : il est admis et nécessaire dans les sciences les plus exactes. S'il a servi à dissimuler plus d'un paralogisme, il a mis en lumière plus d'une conséquence qui eût échappé à la pensée ; il a fait la clarté, la force, quelquefois la possibilité de plus d'un raisonnement démonstratif. A considérer même les choses d'une façon très-générale, la diversité des méthodes dans les mathématiques, l'application alternative de la géométrie, de l'analyse et du calcul infinitésimal à des vérités du même ordre qui ne se laissent pas toutes atteindre par le même procédé, n'est qu'un moyen de diversifier la langue pour aborder les questions avec plus de puissance et de facilité.

Lors donc que nous avons fait reposer toute notre argumentation sur la différence entre ce qui est intelligent et ce qui ne l'est pas, nous n'entendions nullement, par ce nom d'intelligent, restreindre la nature du principe dont nous avions à cœur d'établir l'existence. Mais cette expression neutre et générale semblait désigner le caractère le moins disputé, et somme toute, le plus saillant de l'objet que nous avions en vue. Le principe intelligent n'est peut-être pas le meilleur nom qu'on puisse donner à l'âme : il n'est assurément pas le seul; il n'en est pas la définition complète; mais il est simple, clair, et il exprime quelque chose qui est hors de contestation et de doute, ce fait essentiel qu'il y a en nous un pouvoir d'apercevoir ou de chercher comment sont les choses. Par intelligence en ce moment, nous entendions l'activité que chacun sait. L'intelligence est la faculté; l'intellect, le siége idéal ou l'organe réel ou supposé de cette faculté; l'intellection en est la fonction ou l'acte. Ainsi nous n'entendons parler que de l'intelligence en général, et non dans un sens spécial et exclusif; et de même pour les mots *comprenant, compris, compréhension.*

L'intelligence, c'est la faculté de comprendre ou d'entendre, ce que Locke appelait l'entendement, et c'est pour cela que nous lui donnions pour corrélatif ce qui est entendu, *intelligé*, en français, compris ou compréhensible. Si l'on considère le principe intelligent dans son état permanent, dans son activité intérieure, tel que le fait connaître la conscience en général, et sans rapport à son but ni à son objet, on l'appellera le principe pensant, et la pensée sera substituée tout à la fois à l'intelligence, à l'intellect, à l'intellection. Si l'on se rappelle qu'il a pour office et pour résultat de nous rendre participant des choses telles qu'elles sont ou nous paraissent être, principe *cognitif*, connaissance, *cognition*, connaître, connaissable, sont les mots qui peuvent remplacer l'intellect et ses dérivés. Si l'on fait attention au caractère général que présentent tous ses actes, d'être aperçus en même temps qu'accomplis, on peut jusqu'à un certain point les désigner par ce caractère, et les appeler du nom de faits de conscience, parce que c'est dans la conscience qu'ils semblent se produire, et que le nom de conscience désigne la circonstance qui les accompagne invariablement, ou la faculté qui est comme la condition permanente de leur manifestation. Le moi sera le nom de la conscience dans le sujet phénoménal qu'elle révèle, et donnera déjà quelque idée d'un être existant sous les phénomènes. Le dedans ou l'intérieur présentera l'intelligent et le moi par opposition au non-moi, c'est-à-dire à ce qui ne nous est pas donné dans la conscience. Le moral sera le même fait considéré comme distinct du corps organique; l'être mental ou l'existence mentale exprimera la même chose, soit qu'on la croie substantielle, soit qu'on ne la réalise que par l'hypothèse appelée abstraction. L'esprit enfin sera un des noms usuels du même être dont l'âme sera le nom plus commun encore, sans autre différence que celle-ci : l'esprit nomme le moi plutôt considéré dans ses facultés intellectuelles, l'âme le désigne avec toutes ses dispositions morales, ses affections, ses passions, enfin avec sa destination tout entière. Mais en définitive ce n'est qu'au moment où l'on appellera du nom de substance spirituelle, la substance qui pense (Descartes), ou la substance qui sent (Condillac), c'est-à-dire le support des phénomènes de conscience, qu'on aura prononcé le mot le plus expressif, le plus décisif et le plus irrévocable. C'est par opposition au corps, c'est comme contradictoire avec la matière que ces dernières expressions nomment et presque définissent le moi ou l'intelligent. Elles auront enfin une valeur ontologique qui manquait plus ou moins à toutes les dénominations précédentes.

Dans un autre ordre d'idées, et en considérant psychologiquement le principe intelligent, nous rappellerons en général que son pouvoir de connaître se produit sous plusieurs formes : sensation, perception, intuition, jugement, connaissance, notion, compréhension, intellection, etc. Tous ces mots ne sont pas synonymes; mais ils ne désignent pas tous des opérations différentes, et il n'y a pas dans l'esprit humain une démocratie de facultés votant séparément et simultanément pour faire la loi. La sensation n'est pas tout à fait la perception, mais elle en est bien voisine; elle en est comme le premier moment et la condition empiriquement nécessaire. La perception est au fond un jugement, quoique tellement prompt, tellement naturel, tellement direct que l'esprit le porte sans l'analyser. La connaissance résulte du jugement et le suppose toujours; ainsi du reste. Quant à nous, voici comment, sans exclure toute autre nomenclature psychologique, nous demanderions à nous exprimer dans la question qui nous occupe, et c'est par cette dernière analyse que sera terminé ce long exposé d'un même argument.

Quand une sensation se complète par la perception, nous avons connaissance, idée, notion, de son objet; en général nous pensons, jugeons, croyons, comme on voudra, qu'une chose est de certaine façon. Le fait général peut s'appeler intuition ; l'intuition d'un fait purement sensible, nous l'appellerons l'intuition sensitive (ou sensible).

La connaissance obtenue par la réflexion sur les intuitions sensitives, sur les connaissances qu'elles nous suggèrent, et qui sont développées par l'induction proprement dite, s'appellera l'intuition expérimentale (ou empirique).

La connaissance qui nous restera de ce qui se passe ou paraît se passer en nous dans tout cela, l'observation ou l'expérience de ces faits, considérés subjectivement ou psychologiquement, c'est-à-dire dans la conscience, s'appellera l'intuition consciencieuse.

Enfin les notions *a priori* qui se combinent avec les intuitions sensitives, expérimentales, consciencieuses, qui mêlent à leurs données des vérités absolues, et qui par conséquent complètent, élèvent et consolident la connaissance, donneront l'intuition qu'on peut appeler rationnelle (ou rigoureusement intellectuelle).

Vous remarquerez que ces intuitions de divers genres, presque toujours combinées et concourant ensemble à la connaissance, inspirent ou commandent toutes une conviction correspondante à leur objet et proportionnée à leur nature. Elles sont pourvues, hormis pour le sceptique, d'une certitude appropriée. Elles nous donnent la vérité de fait, c'est-à-dire de sensation, d'expérience ou de conscience, et la vérité de raison absolue ou nécessaire.

L'intuition est toujours directe ou paraît toujours l'être au moment où elle s'accomplit ; mais à parler exactement, une vérité n'est intuitive que lorsqu'elle se manifeste directement et immédiatement, c'est-à-dire sans l'artifice et les lenteurs pour la sensation de l'observation, pour l'expérience de l'induction, pour la conscience de la réflexion, pour la raison de la déduction. Cependant, en définitive, le détour une fois fait, les délais une fois accomplis, tout aboutit toujours à une intuition finale; mais c'est une intuition improprement dite. Quand, au terme de la longue démonstration géométrique d'un théorème, j'en vois clairement la vérité, je puis dire que j'en ai l'intuition; cette intuition finale est alors pleine et directe, et ce n'est que le souvenir qui m'apprend qu'elle a été de loin amenée et construite pas à pas par l'attention, la réflexion, l'analyse, le raisonnement, etc. Nous distinguerons ces deux procédés en appelant le premier procédé intuitif, le second procédé logique, sans attacher, comme on le voit bien, à ces deux mots une valeur rigoureuse ni surtout exclusive.

Il est évident que parmi tous les pouvoirs de l'esprit, celui qui possède et fournit les notions *a priori* des vérités nécessaires, qui les applique et tout à la fois coordonne, clarifie et assure nos connaissances; celui qui introduit l'absolu dans le relatif, le nécessaire dans le contingent; le pouvoir régulateur, législateur, la faculté des règles, la faculté de l'absolu, celle qui réagit sur toutes les autres, qui ne peut s'en passer et qui en dispose; pouvoir suprême mais sans initiative, c'est la raison. Elle est l'attribut éminent de l'intelligence, la couronne de l'esprit, le sceptre de l'âme.

VIII.

CONSÉQUENCES SPÉCULATIVES.

A l'aide de ces distinctions dernières, on pourra pleinement comprendre et juger la méthode, la certitude, l'expression et la portée de la démonstration qui fait l'objet de cet Essai. Il s'agit d'une vérité vulgaire, mais la plus précieuse que l'humanité possède sur la terre.

Cependant nous n'aurions pas épuisé la richesse de l'esprit humain, nous n'aurions pas indiqué la fécondité de la question en présence de laquelle nous l'avons placé, si nous laissions croire que tout se borne aux déductions plus ou moins rigoureuses qui viennent d'être exposées et discutées, et que la science n'a pas quelque chose de plus à recueillir de son perpétuel travail sur un fond aussi fertile que la doctrine des deux substances.

On a pu remarquer que la recherche des caractères fondamentaux du principe pensant nous a conduit à la constatation de la liberté et de la volonté, c'est-à-dire sur le seuil de la morale. La morale a aussi sa métaphysique. La considération de l'absolu dans l'esprit humain, l'opposition du fini et de l'infini, enfin la morale même envisagée dans son origine et dans son but, nous conduiraient également à la métaphysique de la religion. Le spiritualisme ne peut être jamais séparé absolument de la religion ni de la morale, et ce serait un travail intéressant que la recherche de ce qu'il peut y avoir ainsi de certain au même titre, intuitivement et déductivement, dans la morale et dans la religion, au seul point de vue du spiritualisme.

Mais ce n'est pas tout. La raison a, en sus de toutes les fonctions que nous avons énumérées, de toutes les facultés que nous lui avons attribuées, un pouvoir ou un don, celui de la spéculation. C'est la plus hasardeuse de ses prérogatives, et, chose remarquable, celle dont pendant des siècles elle a le plus abusé, parce que c'était dans les sciences la seule, ou peu s'en faut, dont elle usât. Le ciel nous préserve de prétendre lui en interdire l'usage, quoique par le temps qui court elle en fît peut-être bon marché. La spéculation n'est pas en vogue, hormis peut-être dans la science sociale, dans la philosophie de l'histoire : encore là se donne-t-elle pour observatrice et croit-elle constater des faits. Mais là ou ailleurs, nous pensons que la spéculation est légitime, à deux conditions toutefois, c'est qu'elle ne sera pas seule, et qu'elle ne commencera pas. Quand, dans une science, l'esprit a épuisé tout ce que ses facultés secondaires et la raison dans ses intuitions immédiates ou ses déductions rigoureuses peuvent lui donner, en laissant dans l'inconnu, dans le douteux, dans l'obscur, tout ce qui est à ce compte obscur, douteux, inconnu; il est bien libre de reprendre par sa puissance de spéculation toutes ces parties délaissées, et d'entreprendre des voyages de découvertes sur ces mers dont il n'a pas la carte. Soit qu'il suive quelques inductions faibles, quelques analogies vagues, soit que s'abandonnant à la liberté des hypothèses, il procède *a priori* en vertu de l'activité spontanée, et non de la législation primordiale de sa raison, il peut se risquer à conjecturer, à deviner, à anticiper la vérité. Il la rencontrera peut-être, il trouvera peut-être des vérités qu'il ne cherchait pas, il développera la science, en montrant mieux ce qui lui manque, il la perfectionnera, même en tentant vainement de la compléter. Une seule règle doit lui rester présente, c'est que tout ce qu'il pensera, tout ce qu'il supposera, tout ce qu'il inventera dans cette nouvelle exertion de ses forces, ne doit obtenir créance et prendre place dans la science qu'autant qu'il ne sera point arrivé à des résultats contradictoires avec les vérités plus humbles et plus solides que lui auront fournies les méthodes de certitude et de précision. De même que nous avons vu que la science méthodique doit justifier le sens commun, mais qu'en le justifiant elle le redresse, l'épure et le complète; de même la science spéculative doit se mettre d'accord avec la science méthodique; mais en s'accordant avec celle-ci, il se peut aussi qu'elle la modifie, la régularise et l'enrichisse. Les sciences physiques et mathématiques ont eu souvent de ces heureuses fortunes. La réflexion et la raison ont éclairé l'empirisme, confirmé l'expérience, en la faisant mieux comprendre; puis la spéculation, l'hypothèse, l'induction gratuite ont à leur tour agrandi le domaine de la science de la réflexion et de la raison. Mais si rien n'est plus séduisant ni plus glorieux, rien n'est plus compromettant pour l'esprit humain que cet essor de la raison en liberté. La science méthodique peut s'élever très-haut, mais c'est un ballon captif; la science spéculative coupe le fil; en perdant de vue la terre, saura-t-elle s'orienter dans les cieux?

Cette comparaison nous apprend que ces courses

dans l'espace hypothétique, ces ascensions intellectuelles sont cependant des tentatives que la sagesse avoue, pourvu qu'on ait quelque assurance de retrouver la terre. L'aérostat, qui vole dans l'immensité, donne plutôt le sentiment que l'intuition d'un inconnu; cet art audacieux de voyager vers l'éther a jusqu'ici plus ému l'esprit qu'il ne l'a servi, et rapporté à l'homme plus d'honneur que de science. On peut craindre que trop souvent il n'en advienne ainsi de la spéculation philosophique, et la somme des vérités qu'on lui doit pourrait être bien petite. Mais les idées probables, les suppositions plausibles, les illusions satisfaisantes et grandes elles-mêmes, sont des magnificences de l'esprit humain, et il n'est jamais permis de dire que ce qui est beau ne soit pas utile. La métaphysique purement spéculative est un droit de la raison, une liberté périlleuse et sacrée comme toute liberté. Qui oserait la proscrire comme un abus? Après les vérités nécessaires, il y a les vérités possibles. Si ces audaces de la pensée ont souvent conduit à songer ce qui n'est pas, elles peuvent révéler parfois ce qui peut être. Il ne faut pas fermer à l'humanité le champ des idées indémontrables; elle ne respecterait pas longtemps la défense, et franchissant la barrière, elle retournerait dans ce domaine regretté, dans cet Éden intellectuel visité si souvent aux siècles de son enfance. A parler rigoureusement, les religions écrites ne sont et ne prétendent être que des vérités possibles, et l'on sait que le poids des mystères est quelquefois moins lourd que celui des problèmes.

Ainsi, pour montrer la part que pourrait se faire dans la question de cet Essai la science spéculative, pour indiquer les issues par lesquelles elle y pourrait pénétrer, qu'on se rappelle l'idée que nous avons citée de l'unité de substance substituée à l'homogénéité de substance. Nous n'adoptons pas cette idée, tant s'en faut; cependant, nous concevons que, n'étaient d'autres difficultés des plus formidables, elle pourrait être vraie, sans que le matérialisme fût vrai, sans que le spiritualisme fût faux. Il suffit au spiritualisme que l'intelligence ne puisse appartenir comme propriété à la substance étendue; si donc il devenait tout à fait probable, ou seulement soutenable que ce qui est vrai en idéologie le fût en ontologie, c'est-à-dire que, de même que la notion de substance obtenue par l'abstraction analytique se convient indifféremment avec la qualité de spirituelle ou d'inétendue et la qualité de corporelle ou d'étendue, la substance réelle et existante pût, suivant les cas, ici se manifester par l'étendue, là par l'intelligence, ou tantôt par l'une et tantôt par l'autre; cette idée, qui très-certainement n'est due à aucune intuition même rationnelle, mais à une conception arbitraire ou capricieuse de la raison, cherchant *a priori* à concilier l'unité et la diversité, cette idée développerait, perfectionnerait la science positive et la rectifierait, en maintenant ce qu'il y a d'essentiel dans ses vérités acquises par les divers procédés de l'intuition. Je me hâte de répéter que je ne me rends pas à cette idée, qu'avec tout l'effort du monde on empêcherait difficilement d'aboutir au pur panthéisme; mais je crois permis de faire remarquer qu'elle serait la tentative d'une explication de ce qui reste d'embarrassant et d'impénétrable dans le spiritualisme ordinaire auquel je me déclare rallié.

Je ne vois, en effet, que trois partis à prendre, le spiritualisme étant donné.

Il n'y a qu'une substance, la vérité de l'être. Le reste est accident ou phénomène, l'esprit comme la matière, l'intelligence comme l'étendue. La principale objection contre ce système, c'est qu'étant conçu pour délivrer la raison de la diversité inexplicable de l'être, c'est une conséquence que la substance unique, seul être véritable, comprenne tout l'être, comprenne Dieu par conséquent, soit Dieu même. Alors il n'y a plus ni homme, ni monde, et la science positive ou méthodique s'écoule comme l'eau.

Un système moyen consiste à dire que la substance étendue existe véritablement; mais que de même que dans l'univers physique, elle suit des lois qu'elle ne s'est pas données et se meut dans un ordre et par des forces, irrécusables témoignages d'une intelligence et d'une puissance suprême, le monde moral lui-même n'est que le phénomène de l'action plus parfaite de cette puissance et de cette intelligence. Dieu alors est une substance et une cause, en présence de la matière. Il la pénètre, l'ordonne et la domine, en se manifestant tantôt par les mouvements réguliers des corps célestes, tantôt par l'action invisible et certaine de la raison et de la volonté emprisonnées dans les organes. C'est un autre dualisme, la matière et Dieu. Cette idée qui a pour but de sauver les difficultés de la création de la matière, de l'union d'une âme individuelle avec le corps, de la multitude des substances spirituelles, dont la naissance semble impossible, dont la mort répugne, enfin de l'imperfection des choses d'ici-bas, est due également au pouvoir conjectural, à la faculté d'induction gratuite de la raison. Elle encourt trois ordres principaux d'objections, d'abord toutes celles qu'on oppose au manichéisme, puis toutes celles qui naissent soit du renversement de l'intuition que l'homme a de son individualité, soit de l'impossibilité de fondre toutes les intelligences en un tout sans méconnaître l'unité nécessaire de chacune. C'est par là surtout qu'elle a affaire à la science méthodique.

Enfin le troisième système est celui des deux substances, mais créées toutes deux, n'étant ni le phénomène, ni l'émanation de Dieu, étant son œuvre. Ce système est la foi commune de l'Europe. Combattu par les difficultés que le précédent système prétendait lever, il est surtout chargé d'un poids redoutable; comment Dieu, qui est esprit, a-t-il pu créer la matière, comment le contradictoire a-t-il pu engendrer son contradictoire? comment aussi l'esprit suprême a-t-il pu créer des substances spirituelles individuelles, c'est-à-dire les tirer de lui-même, sans qu'elles fussent lui-même?

Avec ces trois systèmes pourraient passablement, et sauf quelques modifications de langage, s'accorder deux hypothèses, moins graves d'ailleurs et moins inquiétantes.

L'une est celle de l'harmonie préétablie, conception singulière par laquelle Leibnitz a cru expliquer l'union de l'âme et du corps, en les supposant destinés de toute éternité, non à un commerce d'action et de réaction, mais à une coïncidence parfaite dans leurs actes.

L'autre, qui se prête à la forme déductive, est celle que nous avons exposée d'après Kant dans notre

Essai sur la matière, et qui, supprimant la substance, ou plutôt l'identifiant avec la cause, n'admet dans l'univers que des forces réelles et diverses, manifestées par des phénomènes de mouvement qui ne sont, après tout, que des phénomènes sensibles ; la cohésion, la solidité, l'étendue, pouvant être ainsi de purs phénomènes de la force, sans laquelle d'ailleurs elles sont inconcevables. Dans ce système, la force intelligente et libre jouerait par rapport à la force motrice le rôle que, suivant les idées ordinaires, l'esprit joue par rapport à la matière ; et cette hypothèse se prêterait à son tour à toutes les traductions que le panthéisme, le manichéisme, le théisme, ont essayées du plus mystérieux de tous les faits.

Que de plus hardis touchent à ces problèmes : ils intimident notre faiblesse. L'origine de l'homme et du monde, la cosmogonie et l'anthropogénie rationnelles, seront toujours la partie la plus sublime de la métaphysique ontologique; mais un nuage tout à la fois impénétrable et brillant enveloppera toujours la cime de cet Ida où, dans un mystérieux hymen, les premiers principes préludent au divin enfantement de la nature.

ESSAI XI.

DES CAUSES DU SCEPTICISME.

I.

CARACTÈRES DU SCEPTICISME.

Qu'avons-nous fait, et faut-il nous croire? Ces études qui charment notre faible esprit ont-elles quelque valeur? ces recherches qui nous plaisent, seraient-elles aussi vaines qu'elles sont consciencieuses? En méditant, en écrivant nos méditations, avons-nous réellement fondé quelque chose de solide, et du milieu de tant de subtiles réflexions, s'est-il échappé quelque vérité? Ces nuages obscurs laissent-ils passer un rayon, jaillir un éclair? Ou bien n'avons-nous su qu'épaissir les ténèbres qui nous environnent, et sur ce fond grisâtre, qui forme comme le lointain de toutes nos pensées, projeter quelques images incertaines et fugitives, quelques ombres aussi fantastiques, mais moins séduisantes que les songes de la poésie? Egarée par son orgueil, entraînée par sa faiblesse, notre raison se brisant à des écueils d'éternels naufrages, aurait-elle appelé des illusions principes et des apparences réalités? Le doute ou l'ignorance, seuls états légitimes de l'esprit humain, dont l'un serait l'unique science, et l'autre l'unique foi, le doute et l'ignorance, est-ce là tout ce qu'un livre de plus, après des milliers d'autres mille fois plus renommés, doit laisser après lui ; et nous serions-nous leurré d'un présomptueux espoir, en essayant de nouvelles conquêtes sur ces deux maîtres souverains de la raison, le doute et l'ignorance ?

Questions pénibles, et qu'il est cruel de se poser au terme d'un long travail, questions cruelles, mais inévitables ! Comment, en effet, ne pas se les poser, parfois du moins et dans les intervalles de l'activité du sens philosophique ? Quel philosophe sincère a pu se soustraire à ces doutes poignants, dont l'atteinte vient réveiller la raison au milieu même du repos qui suit l'acquisition d'une conviction laborieuse ? Quel philosophe courageux se peut dispenser toujours d'aborder de front ces doutes menaçants, et de les soumettre eux-mêmes à l'interrogatoire du juge intérieur ? Comment résister sans cesse, comment échapper constamment à cet esprit de défiance et d'incrédulité qui nous obsède, qui nous presse, qui circule pour ainsi dire dans l'air, et que respirent en se développant toutes les intelligences du siècle ; à cette insouciance de doctrines, qui, tantôt inerte et tantôt moqueuse, se donne pour le fruit le meilleur et le résultat le plus certain de nos essais de systèmes, de nos tentatives de sciences ; à cette sorte de clameur publique enfin, qui, de tout temps, mais jamais plus hautement que du nôtre, a protesté, au nom du sens commun de l'humanité, contre l'ambitieuse domination de la philosophie ?

Ces réflexions nous préoccupent en finissant. Aucun remords de raison ne nous trouble sur les principes que nous avons établis, sur les conclusions que nous avons déduites. Et cependant une secrète inquiétude nous porte à nous demander, si l'on nous croira, si l'on doit nous croire, si même l'on doit croire quelque chose. Le spectre du scepticisme nous apparaît encore, alors que nous croyons l'avoir vaincu. Le scepticisme aujourd'hui a quelque chose d'insaisissable et de vivace qui semble résister à tout. Il n'est point raisonné, mais pratique. Il n'est point un système, mais le résultat de tous les systèmes. Il n'est point la doctrine d'une secte, mais presque l'esprit d'une époque. Par là peut-être est-il invincible, et doit-il se jouer de tous les efforts, survivre à toutes les attaques. Il y a longtemps qu'à côté de toutes les sectes, aux portes de toutes les écoles, une voix s'élève qui livre à la risée populaire les leçons que croit donner la sagesse ; il y a longtemps que, soit dans ces moments de recueillement que laissent l'expérience du monde et la lassitude de la vie, soit dans ces perplexités désespérantes où nous jette la comparaison douloureuse des idées et des croyances, beaucoup d'esprits élevés et difficiles ont donné à tous les problèmes le doute pour dernière solution. Mais jamais avec tant de liberté qu'aujourd'hui le doute ne s'est promené sur tous les points de la créance humaine, et dans tous les degrés de la hiérarchie des esprits. On ne sait plus, on ne veut plus croire. On craint toute conviction comme un mécompte ; on est à la fois revenu des préjugés et désabusé des lumières ; l'esprit tourne à l'indifférence ; et hormis les résultats positifs, ou plutôt les résultats matériels, rien ne l'attire et ne le captive. Les sciences même de la matière commencent à perdre de leur empire, et ne se préservent pas de la défaveur attachée au nom de théories. Le point de vue pratique, l'application industrielle des facultés, voilà ce qui touche uniquement l'intelligence. Elle a même donné un nom à cette disposition qui la caractérise; elle dit aujourd'hui qu'elle est utilitaire. Le génie utilitaire menace de devenir le dieu de l'époque. Idole puissante dont le bras nerveux soulève la masse sociale, et dont l'aspect vous rappellerait les proportions de l'Hercule antique; d'un souffle ardent, il allume nos fourneaux et distend la vapeur, cette âme de la mécanique; il parcourt le monde avec une vitesse irrésistible sur les barres d'un chemin de fer; mais à son front ne cherchez pas d'étoile et ne lui demandez pas de vous montrer ses ailes.

Cette préoccupation toute mondaine, cette activité vulgaire qui a pour mobile l'intérêt et pour prix les jouissances, ne va pas sans un grand détachement des conceptions pures de la pensée. Cette indifférence est la pire des incrédulités. Néanmoins, comme le siècle n'a pas renoncé à ses prétentions de siècle des lumières, l'homme est loin d'avoir abdiqué sa raison. Tout au contraire, il se croit à l'apogée de sa raison, et je me hâte de dire que la prétention est légitime. Sous ces apparences un peu grossières, sous ce déguisement des intérêts et des travaux matériels, la raison règne en effet, c'est elle qui a renouvelé tous les pouvoirs. Notre époque offre la réunion et le contraste d'une grande culture intellectuelle et d'un grand matérialisme pratique, d'un puissant mouvement d'idées et d'une rare absence de systèmes, de beaucoup d'esprit et de peu de croyances; le spectacle, en un mot, de la raison triomphante et intimidée, voulant tout régir et n'osant rien professer, humiliant toutes choses devant elle, et s'humiliant à son tour devant ses propres faiblesses. Elle subit le destin des conquérants, le destin de tout ce qui est trop puissant. Il lui faut la monarchie absolue, universelle, et elle ne peut se contenter elle-même. Reine infortunée, elle n'a rien trouvé *qui la consolât sur le trône du monde*; il ne lui reste que les affaires et les plaisirs. Ce n'est pas assez pour le bonheur.

Tels sont les traits généraux du scepticisme contemporain, et notamment du scepticisme national. C'est ce scepticisme qu'avant de rentrer dans le silence, je veux encore une fois décrire et combattre. On peut le considérer et comme une disposition des esprits et comme une opinion. A ces deux titres, il doit se discuter. On peut en rechercher l'origine et le fondement, après en avoir retracé les caractères. C'est le sujet de ce dernier Essai.

Le scepticisme a été une philosophie. Au lieu de ces tristes négations que les mécomptes de la vie arrachent à la raison découragée, ou de ces dédains moqueurs que, par envie ou par impuissance, elle adresse aux conceptions de la sagesse, le scepticisme a voulu des arguments; il a été lui-même une conception méthodique, non pas la conclusion imprévue de prémisses hasardées, non pas le résultat involontaire d'une doctrine qui ébranle les principes par mégarde, ou prend des hypothèses pour des preuves; mais la solution préméditée, mais la conclusion avouée d'un système, mais un système à lui seul, et l'un des plus ingénieux et des mieux liés qu'ait enfantés la dialectique, cette mère féconde et malheureuse des grandes erreurs de la pensée. Le génie de l'antiquité, à qui nulle philosophie n'est étrangère, a produit le scepticisme; et tous ceux qui, parmi les modernes, ont semé le doute rationnel, ou l'ont recueilli sans l'avoir semé, ne faisaient que répéter, avec moins de profondeur et d'artifice, les objections travaillées par les mains habiles de ces générations de raisonneurs qui forment la chaîne de Xénophane à Sextus. On nous accuse quelquefois d'avoir bien peu ajouté aux vérités que l'antiquité a découvertes; il serait plus exact de dire que nous n'avons rien ajouté à ses erreurs. Tous les sceptiques indirects de nos jours, depuis le théologien qui doute au profit de la foi jusqu'au médecin qui infirme l'autorité de la pensée dans l'intérêt de l'anatomie, répètent en balbutiant ce que la subtilité des Grecs avait su rendre bien plus captieux et bien plus fort, à ce point qu'ils érigeaient en science la négation de toute science.

On peut, en négligeant les nuances, ramener à trois écoles le scepticisme des anciens. L'idéalisme des Éléates en fut la première source; car tout idéalisme mène au scepticisme. Avec le même point de départ, la même méthode, comment pourrait-il ne pas avoir les mêmes conclusions? On dit, et je suis prêt à le reconnaître, que les disciples de Xénophane et de Parménide n'eurent ni pour principe ni pour fin le doute universel; mais en arrachant à la sensation toute autorité, en réduisant l'univers visible au simple phénomène, ils poussèrent à la négation raisonnée du mouvement et de la matière. Une fois qu'on en est là, la moitié du chemin est faite pour le scepticisme.

L'école de Pyrrhon n'eut donc que quelques pas à faire. Ce fut elle qui la première professa le scepticisme en toute sincérité. Elle le dépassa même, dans le sens où l'on prend d'ordinaire ce mot de scepticisme. Car elle ne se contenta pas de conclure de l'opposition de tous les principes qu'il faut douter de tout, elle alla jusqu'à établir comme un principe l'incompréhensibilité universelle[1]. Le scepticisme en général reste critique, même lorsqu'il fait effort pour s'ériger en système. Mais le pyrrhonisme fut dogmatique. A force de conséquence, il s'éleva jusqu'à l'affirmation, c'est-à-dire qu'à force de conséquence il fit profession d'être contradictoire, et concentra toutes les déductions du doute dans un théorème positif.

La nouvelle Académie, célèbre par sa dialectique adroite, et qui tour à tour tentait et désolait Cicéron, rétrograda sur ce scepticisme; les faits n'étant pour elle que des apparences, elle substitua à la certitude le probabilisme. Ni les sens, ni l'intelligence

---

[1] On suit ici l'opinion de Tennemann contre celle de Bayle, qui n'attribue qu'à la nouvelle Académie le dogme de l'*acatalepsie* ou de l'incompréhensibilité universelle (*Manuel de l'hist. de la Philos.*, 1re part., 1re période, T. I, de la traduction de M. Cousin. — Bayle, articles ZÉNON D'ÉLÉE et ZÉNON DE SIDON). Au reste, il n'est peut-être pas dans la philosophie ancienne de doctrine mieux connue que celle des sceptiques, en comprenant sous ce nom tout ce qu'on a appelé pyrrhoniens, zététiques, aporétiques, éphectiques, etc. Les deux ouvrages de Sextus Empiricus, *Les Hypotyposes pyrrhoniennes* et le livre *Contre les mathématiciens*, composent un traité complet. On peut s'en former une idée suffisante par la lecture de l'élégant *Essai sur le scepticisme*, de M. Ancillon (*Mélanges de littérature et de philosophie*, 1809, T. II), ou de l'analyse plus pédantesque et plus étendue que Buhle donne de la doctrine d'Ænésidème et de Sextus dans l'introduction de son *Histoire de la philosophie moderne* (T. I, sect. I). Voyez aussi *les Académiques* de Cicéron, et l'ouvrage sous le même titre de Pierre de Valentia. L'idéalisme des Éléates a trouvé dans M. Cousin l'interprète le plus habile et le meilleur juge (*Fragm. philos.*, T. II).

ne fournissent à Carnéade un sûr témoignage; la vérité des objets est donc incertaine; le monde n'est que vraisemblable.

Cette conclusion, établie méthodiquement, comme toutes les conclusions sceptiques des anciens, fut de nouveau franchie par Ænésidème, qui donna au scepticisme sa forme dernière. C'est dans Sextus Empiricus qu'il faut le voir se résumer avec tout l'enchaînement et toute la puissance d'une doctrine complète. Ses ouvrages nous paraissent contenir le dernier mot du scepticisme, de celui surtout auquel on doit reconnaître le plus de force et de danger; car il ne part pas du doute hardi et contre nature de l'idéalisme, mais du point de vue accessible et sensé de la philosophie expérimentale. Sextus était médecin, de cette école de médecins que l'antiquité nommait empirique, et qui observait les phénomènes, en se gardant de les expliquer. Sa doctrine, quoique bien autrement ingénieuse et profonde que les doutes grossiers et superficiels de nos physiologistes, conserve quelque chose de cet esprit positif et expérimental qu'il avait porté dans l'étude de la nature organique.

De tous les systèmes philosophiques des anciens, le scepticisme est celui peut-être dont les formes ont le moins vieilli. Il n'est pas besoin d'études préalables pour bien comprendre les ouvrages originaux qu'il a inspirés et que le temps n'a pas détruits. N'est-ce pas une lecture encore amusante et pleine de nouveauté que ce spirituel second livre des *Académiques* de Cicéron?

Chez les modernes, le doute a été quelquefois le point de départ d'une doctrine. Dans l'esprit de Descartes, il n'a que la valeur d'une méthode ; c'est le premier échelon de la science et de la certitude. Si le doute est né du cartésianisme, Descartes ne le voulait pas. Le doute n'était pas non plus le but de Locke, de Malebranche, de Condillac, de tous ceux enfin que la critique écossaise accuse de l'avoir légitimé et propagé. C'est contre leur gré qu'ils auront servi le scepticisme. Montaigne et les siens doutaient par tempérament en quelque sorte ; les opinions humaines leur paraissant peu concluantes, ils n'ont su que penser, et ils l'ont dit. Leur doute est un fait, et voilà tout ; c'est le caractère assez ordinaire du scepticisme moderne. Bayle lui-même, qui a systématiquement attaqué tous les systèmes, n'a jamais rallié ni coordonné ses incertitudes en une doctrine suivie, et son système est de n'en avoir aucun. L'effort ingénieux, le chef-d'œuvre de logique et d'inconséquence qui signale le scepticisme scientifique et prémédité, est assez rare à rencontrer dans la philosophie moderne. Beaucoup de doctrines ont une tendance sceptique ou contiennent des fragments de scepticisme ; aucune n'est la doctrine du scepticisme proprement dite. Hume peut-être ferait exception : encore n'a-t-il pas déduit un système entier. Personne ne s'est fait un nom en consacrant ouvertement toutes les forces et toutes les finesses de la philosophie à établir qu'il n'y a pas de philosophie. La plupart de nos sceptiques, prenant position en dehors de la philosophie contre la philosophie, l'ont attaquée diversement, soit au nom de la théologie, soit au nom des sciences naturelles, soit au nom du sens commun ; ils n'ont prétendu ni fonder une secte, ni ouvrir une école.

On ne saurait dire cependant qu'ils n'aient jamais fait une guerre méthodique. Les philosophes, en se réfutant mutuellement, ont contribué à discréditer une bonne part de leurs idées. Souvent pour ruiner de certains systèmes, ils ont employé avec succès les arguments du scepticisme, et, malheureux dans leurs efforts pour remplacer ce qu'ils avaient ainsi détruit, ils sont tombés sous le coup des objections dirigées par eux contre leurs adversaires. Le scepticisme qu'ils prenaient comme moyen polémique s'est retourné contre eux, et ils se sont blessés à leurs propres armes. C'est ainsi qu'ils ont été conduits à renouveler, à remettre en circulation quelques parties de l'argumentation sceptique. Le scepticisme philosophique n'existe que par morceaux ou sous forme de critique dans les écrits des modernes.

Ainsi, aujourd'hui, deux sortes de scepticisme, le scepticisme de doctrine, qui ne se rencontre qu'incidemment dans les différents systèmes, mais qui n'est le nom spécial et le caractère avoué d'aucune secte; et le scepticisme de fait que prêchent à divers titres ceux qui ne savent ou ne veulent pas s'élever au niveau des conceptions philosophiques, ou qui ont à cœur de faire prévaloir d'autres sciences ou d'autres croyances fondées sur le néant de toute philosophie.

C'est à ce double scepticisme, pris d'une manière générale, que nous allons nous adresser; et peut-être, pour en montrer le faible, suffira-t-il d'en signaler les causes.

Il en est quatre qui nous ont spécialement frappé. Les deux premières sont imputables à la philosophie; les deux autres tiennent à des faits dont elle ne saurait répondre. Du reste, les voici :

1º. L'autorité des principes de la raison, qui sont communs à la science spéculative et au bon sens pratique, à la philosophie et aux autres sciences, a été méconnue par les systèmes philosophiques.

2º. La méthode logique et la méthode d'observation, indispensables l'une et l'autre à toute science, ont été appliquées sans discernement. Elles ont été prises comme des principes, et non comme des moyens.

3º. Les sciences rivales ont eu des prétentions incompatibles avec la philosophie; ces sciences, et entre autres la théologie, ont soutenu le scepticisme, afin d'en convaincre la philosophie, sans s'apercevoir que c'était sur la raison même que rejaillissait l'accusation.

4º. Enfin, il y a de l'inconnu. La nature des choses est un x inassignable dont nous ne connaissons que quelques fonctions isolées. A un inconnu impénétrable correspond une invincible ignorance. Sûrement l'esprit humain est fait pour savoir; il sait qu'il sait; il a des connaissances certaines, il en a d'absolues; il est pour lui des vérités universelles; mais faute de pouvoir compléter ces vérités universelles, faute de pouvoir connaître le tout, faute de pouvoir concilier ce qu'il sait avec ce qu'il ignore, il revient contre ce qu'il sait, et il aime mieux douter de tout qu'ignorer quelque chose. Il se sent moins humilié, car il semble alors s'élever au-dessus de lui-même, et, en jugeant la science, se dédommager de ce qui manque à la science.

De ces deux faits, l'incrédulité des sciences rivales de la philosophie et les lacunes inévitables de nos connaissances, résulte surtout ce scepticisme pratique et gratuit que se plaît à professer le commun des hommes éclairés. Déjà ébranlés sur la philosophie par elle-même, ils prêtent l'oreille aux insinuations, aux critiques des autres sciences, auxquelles ils aiment mieux accorder sur parole le privilége de l'évidence et de la certitude; et pour peu qu'ils reportent leur attention sur les questions mêmes auxquelles s'attache le doute, le fantôme de l'inconnu se lève devant eux, ils ne voient plus que des mystères; l'insuffisance de nos moyens de savoir les frappe de toutes parts, et tour à tour troublés par la diversité des systèmes et par la faiblesse de nos facultés, ils tombent dans le doute non-seulement sur les solutions scientifiques de la philosophie, mais encore sur les objets auxquels elle s'applique. Avec la foi dans la science, s'énervent les croyances elles-mêmes. L'esprit humain n'est plus qu'un dégoûté qui redoute la peine, craint la duperie, et préfère l'orgueil de douter à l'humiliation de croire ce qu'il sait imparfaitement.

Voici le moment de sonder les quatres sources d'où nous avons dérivé le scepticisme qui déborde sous nos yeux.

II.

DE LA NÉGATION DES PRINCIPES.

Que sous le nom d'axiomes, de maximes, de premiers principes, vérités premières ou intuitives, lois de croyance ou éléments de raison, on doive attribuer à l'esprit humain un certain nombre d'idées fondamentales qui servent de base au raisonnement et à la connaissance, et dont usent et s'appuyent également la science la plus haute et le plus humble sens commun, c'est ce qu'il nous semble avoir mis hors de débat ; ou ces Essais ne sont qu'un vain jeu de paroles propres à frapper les yeux ou l'oreille sans rien laisser dans l'esprit. D'ailleurs on a pu varier sur l'origine de ces idées, sur l'appréciation de leur valeur absolue; mais leur existence dans l'esprit, leur nécessité même pour la construction de nos connaissances et la pratique de la vie, n'ont jamais été sérieusement contestées; nous les appellerons ici les principes de la raison.

Ces principes obtiennent naturellement de la raison même, dont ils sont comme les conditions, une foi entière, une créance absolue. Ils la gouvernent, et par eux elle gouverne la vie. Si leur empire était un moment suspendu, l'homme serait frappé d'imbécillité ; le monde moral s'arrêterait. On peut défier Pyrrhon de pousser jusqu'au bout l'héroïsme systématique de conformer sa conduite à son incrédulité. Cette célèbre *apathie*, dont se vante son école, est un idéal impossible; réalisée, elle ne serait après tout qu'une audacieuse inconséquence ; car elle serait l'effort insensé mais dogmatique de soumettre la nature humaine à une résolution rationnelle, et par conséquent elle serait une reconnaissance implicite de l'empire de la raison. Le pyrrhonien qui nie l'autorité de la raison, s'il pousse la conséquence jusqu'à la pratique, est le plus intrépide martyr du raisonnement.

Mais bien qu'il y ait une sorte de démence dans le pyrrhonisme conséquent, bien que l'autorité des principes de la raison soit irrésistible, il n'est pas interdit à l'esprit humain de les mettre en question. Il en a la faculté, et par conséquent la liberté. S'il n'en était pas ainsi, la philosophie n'existerait pas. Or, la philosophie existe; bien plus, la philosophie est naturelle. Elle voit le jour du moment que l'homme s'interroge, et qu'il entre en doute sur ses connaissances. Or ce doute ne tarde pas à se manifester. Chacun de nous se rappelle comme souvent il nous vient à l'esprit dans notre enfance, quoique d'une manière vague et fugitive. Il n'est probablement pas étranger à l'intelligence faite de l'homme ignorant et simple. On en peut conclure, et toutes les traditions du genre humain l'attestent, qu'il se montre chez les nations à une époque voisine de leur naissance, et suit de près l'origine des sociétés. Les peuples primitifs, ceux du moins que nous appelons ainsi, n'ont pas été médiocrement philosophes. L'Orient en fait foi.

On voit qu'en ce sens la philosophie débute par le doute. La raison se croit, et à ce titre l'homme agit; la raison met en question ce qu'elle croit, et aussitôt l'homme commence à philosopher. Dès qu'il réfléchit sur les mystères de sa nature et de sa destinée, dès qu'il se dit que ce sont des mystères, il en fait des problèmes; et alors il examine non-seulement ce qu'il ignore, mais ce qu'il sait; il replie sa raison sur elle-même, et lui demande compte de ses propres principes.

Le doute est donc dans les origines de la philosophie; le contester serait contester la nature humaine et lui ravir sa plus périlleuse mais sa plus haute prérogative. Elle est ainsi constituée; et ceux qui le déplorent s'abaissent s'ils regrettent de lui voir cette redoutable faculté. Ils retournent vers la brute et portent envie au vermisseau. Gémissons de n'en pas plus savoir et de rencontrer si vite le terme de notre puissance; mais ne rougissons pas de l'ambition de notre esprit. Il est douloureux, sans doute, mais il est beau d'avoir un esprit au-dessus de sa condition.

Mais si la philosophie commence par le doute, est-ce au doute qu'elle doit se terminer? là est le débat entre les dogmatiques et les sceptiques. Ainsi Descartes a douté, mais pour mieux croire; ainsi Bacon avait dit avant lui : « La méthode de ceux qui ont « soutenu l'*acatalepsie* et notre méthode s'accordent « jusqu'à un certain point par les commencements, « mais au terme final elles sont immensément séparées, « rées, elles sont opposées. Ceux-là, en effet, affirment « ment simplement qu'on ne peut rien savoir, nous, « qu'on ne peut pas beaucoup savoir de la nature « par la voie qui est maintenant suivie. De là ils « concluent à la destruction de l'autorité des sens « et de l'intelligence; et nous, nous découvrons et « nous fournissons aux sens et à l'intelligence de « nouveaux appuis [1]. » Ces *appuis* sont les procédés de la méthode inductive; ainsi en attaquant comme Descartes le dogmatisme de l'École, Bacon ne se proposait pas le doute pour but, mais la connaissance scientifique.

Lors donc que la raison met en question ses propres principes, est-ce nécessairement pour les ébranler, et n'est-ce pas au contraire pour les mieux connaître,

[1] *Novum organum*, lib. I, *aphor.* XXXVII. Voyez aussi les *aphor.* LXVII, LXXV et CXXVI.

les distinguer, les compter, les classer, et par cela même les affermir, en donnant à des connaissances d'abord instinctives l'ordre et l'autorité d'une science ? L'homme emploie, en vertu d'un empirisme peu raisonné, et sa force musculaire et les forces de la nature. Lorsqu'en réfléchissant sur ces forces il s'en rend compte et forme la science de la mécanique, est-ce pour les anéantir ? Il s'en assure au contraire ; il s'en rend plus maître en les connaissant mieux. Que serait la mécanique aboutissant à la négation des principes du mouvement ? ce qu'est la philosophie déchue au scepticisme.

Tout ceci peut-être a déjà reçu quelques preuves dans nos précédentes recherches, et il n'est guère de pages dans ce livre qui n'aient pour objet d'établir la validité des principes de la raison. Il importe ici d'en convaincre la raison même.

Une première considération doit nous toucher. Il serait au moins étrange que le résultat de la science fût directement opposé à la connaissance naturelle. On ne vit pas sans raisonner, et le raisonnement suppose la raison. Si en raisonnant davantage la raison était forcée de se nier, il faudrait qu'il y eût contradiction entre le sens commun et la philosophie, entre la raison pratique et la raison pure, partant contradiction dans l'esprit humain ; disons mieux, la nature humaine serait contradictoire ; l'homme serait une absurdité vivante. Avant toute réflexion ultérieure, cette objection est forte et doit nous effrayer dès l'entrée du scepticisme.

Cependant il faudrait braver l'obstacle, et marcher en avant, si la vérité le voulait ainsi ; mais la vérité le veut-elle ?

Philosopher, suivant les sceptiques, c'est chercher; le nom même de leur secte le dit. J'admets la définition. Chercher, c'est d'un effet chercher la cause, d'un acte l'agent, d'une qualité la substance, d'une conséquence le principe; en termes plus généraux, c'est, un fait étant donné, en chercher la raison. Toute la science humaine se réduit à cela, observer les faits et en découvrir la raison, constater et expliquer. Lorsque vous avez beaucoup constaté, beaucoup expliqué, vous arrivez tôt ou tard à un point que vous ne pouvez dépasser. Vous vous arrêtez à des notions que vous avez jusqu'alors employées sans scrupule, supposées sans hésitation, et dont cependant vous ne pouvez rendre compte. Que ferez-vous? Chercherez-vous encore? Vous le pouvez; mais si longtemps que vous prolongiez vos recherches, vous n'irez pas plus loin. Ces notions ne se laissent pas franchir; elles sont la borne de l'esprit humain. Ce sont elles que nous avons nommées principes. De deux choses l'une : ou elles sont des faits, ou elles sont la raison des faits. Si elles sont des faits, si vous les prenez comme des données, ce sont les derniers ou les premiers des faits, par conséquent des données indémontrables; mais comme telles vous les constatez; la présence des principes dans l'esprit et leur autorité ne se nient pas, en tant que faits actuels. Si vous en restez là, tout est fini. Voilà la certitude; vous ne pouvez douter. Mais vous voulez faire un pas de plus, et vous rendre raison de ces principes; vous les soumettez à l'examen logique qui vous a conduit jusqu'à eux. Qu'arrive-t-il alors? Si vous réussissez, c'est que vous parvenez à les rattacher à un principe plus reculé, et sur celui-ci la question renaît et votre travail se renouvelle. Si vous échouez, vous prenez l'un de ces deux partis : tenir les principes pour certains par eux-mêmes, ou en révoquer en doute la certitude. Dans le premier cas, nous sommes d'accord ; la raison a gagné sa cause, et il y a chose jugée en sa faveur. Dans le second, je dis deux choses : la première qu'il y a contradiction à prétendre que les principes sont incertains, faute de pouvoir être rattachés à d'autres principes ; la seconde, qu'à raison même du doute élevé sur les principes, il y a contradiction à vouloir en rendre compte.

La première proposition est presque évidente d'elle-même. De ce que dans presque toutes les parties de la science vous ne vous assurez de la vérité qu'en donnant une cause aux effets ou une preuve aux propositions, vous concluez que ce procédé est universel et s'applique à tout, que la vérité n'est que la certitude, que la certitude n'est que la démonstration, enfin qu'aucune vérité n'est évidente par elle-même. Ou l'assertion est gratuite, ou elle est le résultat d'une nécessité de l'esprit, d'une loi de la raison. Elle est donc elle-même un principe, et la contradiction est déjà manifeste. Mais je veux approfondir davantage, et pousser la raison à ses derniers retranchements. La voilà, je le suppose, en présence d'un principe, d'une vérité intuitive et universelle quelconque. Elle veut se rendre compte de ce principe, elle l'essaie, elle ne peut pas, et elle le déclare douteux. Ou sa décision n'a aucun sens, ou elle signifie que le principe est sans preuve. Il est sans preuve, en ce que la raison ne peut dire pourquoi elle y croit. En effet, elle y croit, parce qu'il lui semble vrai ; il lui semble vrai, parce qu'il est raisonnable, c'est-à-dire qu'il lui est conforme. Elle n'a donc ici d'autre garantie qu'elle-même. Elle ne peut donner que sa nature pour preuve. Or, d'où vient que la preuve ne serait pas bonne ? De ce qu'elle se réduit à l'affirmation de ce qui est en question. Car la question n'est pas de savoir si en fait la raison a des principes, mais si ces principes sont fondés en droit, c'est-à-dire s'ils sont vrais, non-seulement par rapport à elle, mais encore en eux-mêmes. D'où vient donc que l'adhésion de la raison ne prouverait pas la vérité des principes en eux-mêmes ? Apparemment de ce que rien ne se prouve par soi-même. Or, qu'est-ce que cela : rien ne se prouve par soi-même ? C'est une proposition supposée raisonnable, c'est un principe de la raison. Élevez-le, je le veux, à une expression plus haute et plus générale. Dites : les principes de la raison ne sont certains que s'ils sont des vérités absolues ; or ils ne sont vrais que pour et par la raison ; ils ne sont donc que des vérités relatives. Dites enfin sous forme d'aphorisme : « le relatif ne peut engendrer l'absolu. » Dans cette dernière proposition, vous atteignez, je le crois, le sommet de l'abstraction ; vous concevez et vous affirmez l'antithèse des deux idées primitives de l'esprit humain, et je ne sais si l'œil de la raison peut porter au delà de l'obscure limite où vous touchez. Mais cependant qu'avez-vous fait autre chose que remonter à un principe sans preuve, à un principe de la raison ? Nous l'avons dit cent fois, la raison se suppose au moment où elle se nie.

De là découle la vérité de notre seconde proposition, savoir, qu'il y a contradiction à demander aux principes de la raison leurs principes. En effet, il arrive que vous ne trouvez pour preuve du principe que le principe lui-même, et vous tournez dans un cercle; ou bien, élevant une question sur le principe, vous devez mettre en question la question même, puis la mise en question de la question, et ainsi de suite à l'infini. Soit le principe « le relatif ne peut engendrer l'absolu. » J'en demande compte, et je dis : de quel droit ou en vertu de quel principe le relatif ne peut-il engendrer l'absolu? Si l'on répond : parce que c'est un principe, le scepticisme s'avoue vaincu. Sinon, il admet la question, mais il l'admet à l'infini. Or l'admettre à l'infini, c'est tomber dans l'absurde, ou c'est supposer qu'en définitive il y a des connaissances absolues, c'est chercher l'absolu par le relatif, c'est nier le principe même qu'il s'agit de prouver, et en vertu duquel on a nié tous les autres. C'est par conséquent se jeter dans une claire contradiction. Il est évident, en effet, que si les principes de la raison ne sont pas certains par cela seul qu'ils sont les principes de la raison, il y a contradiction à chercher à s'en rendre compte, c'est-à-dire à les démontrer, car si la raison les démontre, c'est qu'alors elle est capable de vérités absolues, et c'est précisément ce qu'on lui conteste. Dire que la raison est capable de vérité absolue, c'est dire que les principes de la raison sont certains par eux-mêmes, ou d'une vérité absolue. De quelque façon qu'on essaie de tourner la question, il demeure clair à tous les yeux que, dire qu'il n'y a pas de connaissances absolues, c'est supposer qu'il y en a, car cela même en est une.

Nous croyons avoir justifié notre première observation, c'est que l'origine du scepticisme est d'abord dans le manque de respect de la philosophie pour les principes de la raison. Si la philosophie est en droit de les mettre en question, il nous paraît *a priori* que c'est pour les mieux connaître et les confirmer, non pour les ébranler ni les détruire. Le premier vœu de la philosophie, son unique vœu peut-être est celui d'obéissance à la raison. Lorsqu'elle met le raisonnement aux prises avec la raison, lorsqu'elle s'arme de ses méthodes contre ses lois, elle est en pleine révolte; elle travaille contre la science, car elle n'est que la science de la raison. Nous croyons toucher ici à une règle générale : toute philosophie qui conteste la raison usurpe le nom de philosophie.

Si nous ne tirions de cette première idée quelques conséquences, nous n'aurions fait qu'établir une vérité facile et même assez commune : il y a plus à dire.

La philosophie peut mettre la raison en demeure de s'expliquer, non pour la condamner, mais pour la connaître; nous l'avons vu. Mais de cette enquête de la raison sur elle-même, ne doit-il résulter qu'une analyse plus exacte de ses données et de ses forces? à notre avis ce serait trop peu; le résultat ne serait peut-être pas digne de l'effort. Suspendons la déduction logique pour observer les faits.

La recherche de la raison par la raison, des principes par les principes, c'est, nous dit-on, la recherche de l'absolu par le relatif. Pour nous la raison est capable de vérité; ainsi le relatif peut donner l'absolu; tout l'absolu, non sans doute, mais de l'absolu, je le crois fermement, c'est croire que la raison a raison. Si l'on ne s'en tient pas là, si l'on n'admet point de par la raison cette mystérieuse conviction, on sort de la nature humaine; par défiance d'elle-même on s'élève au-dessus d'elle; pour se dégager de toute relativité, on cherche le pur absolu; on fait plus que l'homme ne peut, pour avoir méconnu ce qu'il peut; on excède ses droits parce qu'on les a niés.

La recherche de l'absolu par le relatif, c'est une recherche à l'infini; c'est, en d'autres termes, la recherche de l'infini par le fini, recherche sans terme possible, où l'esprit peut prendre une sorte d'irritant plaisir, mais où il ne saurait trouver le repos. Je crois pouvoir faire remarquer que de même qu'en remontant à l'absolu, en s'en rapprochant toujours davantage, on ne se sépare jamais du relatif; ainsi dans la recherche de l'infini, quel qu'il soit, on l'avoisine de plus en plus, sans cependant sortir jamais du fini.

Cela est vrai de l'infini mathématique, quel qu'il soit. Si en arithmétique vous demandez une racine dite incommensurable, la racine quarrée de deux par exemple, vous n'obtenez jamais que deux valeurs ou trop faibles ou trop fortes, deux limites entre lesquelles vous pouvez sans cesse vous approcher de plus en plus de la racine cherchée, mais sans jamais y toucher. Vous pouvez diminuer indéfiniment la distance qui vous en sépare, vous ne sauriez l'anéantir. Il y a là une recherche à l'infini, il y a de l'insoluble. En algèbre, vous vous efforceriez vainement d'assigner la valeur d'une quantité infinie; la différence entre zéro et le diviseur d'une quantité quelconque peut être rendue aussi petite qu'on le voudra, elle ne peut devenir nulle, et toute quantité dite infinie n'est qu'un symbole et jamais une valeur. En géométrie, la recherche d'une commune mesure entre le côté du quarré et sa diagonale ne fera que vous convaincre qu'il est incommensurable avec elle, ou que le rapport d'une de ces lignes à l'autre ne peut être exprimé que par une fraction continue, c'est-à-dire prolongée à l'infini. Ici, comme dans toutes les parties des mathématiques où se rencontre l'infini, se rencontre encore l'insoluble. Ce n'est pas une objection péremptoire contre la géométrie dite de l'infini, ou, comme on la nomme aujourd'hui, contre le calcul infinitésimal; car le propre des mathématiques est de pouvoir faire servir l'imaginaire à la vérité; et quelque difficulté que les plus savants hommes aient trouvé à se rendre raison des idées premières de ce calcul merveilleux, quelque dissidence qui sépare sur ce point obscur Newton, Leibnitz, Bernouilli, Euler, D'Alembert, Lagrange, le doute sur les principes du calcul n'atteint pas ses résultats, et cette méthode présente éminemment le caractère spécial aux mathématiques, de résoudre par l'insoluble, de trouver le réel par l'hypothèse, et de démontrer par l'irrationnel. Mais il demeure vrai que les résultats des méthodes infinitésimales et de toutes les méthodes analogues n'offrent leur certitude qu'au moment où ils ont été purifiés définitivement de toutes quantités infinies, et que celles-ci, utiles ou nécessaires pour donner la vérité, ne sont jamais la vérité même. En mathématiques comme partout, l'infini, étant l'indéterminable, ne pénètre pas impunément; aussitôt et par sa nature même, il nous fait voir et toucher les bornes de nos connaissances.

Considérez-le dans un autre ordre d'idées. Il a été question plus d'une fois de la divisibilité infinie de la matière. Nous ne pouvons concevoir la matière sans l'étendue; et soit l'étendue, soit la matière, ne peuvent être conçues que composées de parties, et ces parties, étant étendues, sont divisibles, et cette divisibilité va à l'infini. On ne saurait fixer un point où elle répugne à la raison. Il suit que tout corps contient une infinité de parties, et que par conséquent tous les corps sont des grandeurs égales, ce qui est contraire à l'expérience, ce qui est contraire au sens commun. On peut trouver dans les auteurs cent exemples des difficultés insurmontables que soulève la divisibilité de la matière à l'infini, cette notion si naturelle à l'esprit, que Descartes a consenti à l'accepter d'Aristote, et que la raison fait de vains efforts pour s'en départir.

Deux choses, nécessité absolue et difficulté insurmontable, accompagnent partout la notion d'infini. Il n'est point d'intelligence si dépourvue où ne se trouve celle d'espace. Nous concevons nécessairement les corps comme placés dans un certain milieu, et que nous supposions le nombre des corps illimité ou limité, nous ne pouvons concevoir que ce vide qu'ils occupent ait des bornes. Aux confins de l'espace, qu'y a-t-il? Nécessairement encore de de l'espace. Et si l'espace ne finit nulle part, comment le concevoir? Qu'il soit infini, cela est certain : comment ne le serait-il pas, et comment se peut-il qu'il le soit? Nulle réponse possible à ces questions.

Et cependant remarquez qu'il ne faut ni grande contention d'esprit, ni subtilité rare pour les saisir. L'ignorant comme le savant les admet dès le premier mot.

Présentez-les à la raison d'un enfant, il les concevra sur-le-champ, et même elles auront pour lui quelque attrait. L'infinité de l'espace est une de ces idées qui saisissent naturellement l'enfance, auxquelles du moins il est facile de l'amener. Je me souviens très-distinctement d'y avoir pensé, de m'en être préoccupé bien des années avant l'âge d'apprendre qu'il y eût telle chose que la philosophie, et d'avoir admis sans objections ce qu'on dit souvent aux enfants, qu'à trop penser à l'immensité et à l'éternité on risque de devenir fou. C'était à la fois concevoir la notion d'infini et comprendre qu'une question où elle figure est insoluble.

Ce que je dis de l'espace peut se dire du temps. Comment a-t-il commencé, comment pourrait-il finir? Évidemment, il n'a ni commencement ni fin. Avant et après n'existent que dans le temps. Le temps est infini, et cela est incompréhensible. Il y a là une nécessité et une obscurité qui sont les mêmes pour tous les esprits.

On pourrait approfondir toutes les questions que nous venons d'indiquer; mais ce serait sortir de notre sujet. Elles ne sont citées ici que comme des exemples de la portée mystérieuse de la notion d'infini. Cette notion, en toute matière, donne lieu à des difficultés qui désespèrent l'intelligence, et ces difficultés paraissent de même nature, quelle que soit d'ailleurs la diversité des questions, et quoiqu'il y ait, pour ainsi dire, plusieurs sortes d'infini. On peut dire, en général, que l'infini mène à l'insoluble. L'infini déconcerte la logique humaine, parce qu'il la dépasse. Et cela est si vrai, qu'il y a en logique des cas où le mot *infini* est presque synonyme de *contradictoire*. On dit en général qu'une *suite infinie* implique; *raisonner à l'infini*, c'est tomber dans l'absurde. L'infini logique, c'est le cercle vicieux.

Or maintenant, ne vous semble-t-il pas que toute question qui s'élève sur les principes de la raison, c'est-à-dire qui dépasse les notions qui sont le terme de l'analyse, affecte la raison de la même manière que celles qui contiennent la notion d'infini? En ce sens, toute question d'absolu est une question d'infini. Si vous remontez jusque là, si vous élevez une de ces questions dernières qu'Euler appelle *le pourquoi des pourquoi*, si vous demandez : Pourquoi y a-t-il quelque chose? ne sentez-vous pas le même vertige saisir votre esprit transporté dans ces régions? Pourquoi quelque chose, mais alors, pourquoi rien? Ne trouvez-vous pas que, si vous posez l'une de ces questions, vous êtes renvoyé forcément à l'autre, et de celle-ci à la première, et ainsi à l'infini, sans atteindre à un terme possible, sans entrevoir aucune lumière, sans prendre aucun repos. Il en sera de même, si vous vous demandez, ainsi que nous le faisions tout à l'heure : Comment l'absolu pourrait-il naître du relatif? Pourquoi la raison serait-elle la raison? Pourquoi les choses sont-elles comme elles sont? Dans ces questions qui appartiennent à une science transcendante dont nous avons l'idée, mais dont nous ne posséderons jamais tous les éléments, il y a de l'infini, et comme il y a de l'infini, il y a de l'irrationnel. Ce sont les nombres irréductibles et les lignes incommensurables de la métaphysique.

Je dis que, mettre en question la raison, ou spéculer sur l'infini, et par conséquent à l'infini, c'est chose analogue. Mais il n'en est pas moins vrai que nous avons la notion de l'infini, celle de l'absolu, l'idée d'une science transcendante, et, en même temps; ces notions donnent lieu à des jugements contradictoires avec notre raison, ou à des questions réelles, mais supérieures à nos moyens de connaître. L'idée de l'absolu se retrouve dans ces connaissances qui cependant sont relatives par leur origine, car elles se rapportent à notre nature et viennent de notre raison. L'existence d'une science transcendante, sa nécessité, son objet, quelques-uns même de ses problèmes, tout cela est certain pour nous. Évidemment, quand nous allons jusqu'à ces notions, nous touchons les barrières de notre intelligence. Le caractère de ces notions est précisément d'être supérieures à notre raison, à tout ce que nous savons d'elle. Notre raison est ainsi faite, qu'elle peut y atteindre; elle est ainsi faite qu'elle reconnaît qu'elles sont au delà de ses données; et c'est pour cela justement qu'elle ne peut en rendre compte, c'est pour cela qu'il y a là de l'irrationnel, et qu'on peut démontrer qu'en pareille matière la démonstration est impossible. Il y a donc contradiction à opposer ces questions à nos connaissances. Car, ce qui les caractérise étant d'excéder nos connaissances, c'est demander qu'elles soient ce qu'elles ne sont pas. Si tout était compréhensible et connaissable, il n'y aurait plus d'objection; il n'y aurait même lieu ni à déduire, ni à raisonner, ni à prouver. La raison humaine ne serait pas la raison humaine, c'est-à-dire le relatif s'élevant à l'absolu; l'actuel, au général; l'individuel, à l'universel; le subjectif, à l'objectif; le fini, à l'infini; et c'est ce qui fait que quiconque reprend ces objections pour accréditer le doute, quiconque s'arme contre la validité de nos connaissances de ce grand et vieil argument de la relativité universelle, que tout sceptique en un mot, s'expose à des contradictions accablantes, témoigne contre lui-même, et se rétracte à chaque chose qu'il affirme.

De là résulte non une démonstration, mais une idée que nous croyons vraie sur la nature humaine. C'est que, puisque la raison est capable de connaissances qu'elle n'a pas faites, et qui pourtant viennent d'elle, puisqu'elle a des principes absolus, sans être rigoureusement absolue elle-même, et que cependant, en vertu de cette notion d'absolu, elle peut elle-même les mettre en question, mais non pas en rendre raison, parce qu'elle-même n'est pas absolue; elle tient nécessairement de la raison absolue, elle y participe sans l'égaler, elle en émane sans s'y confondre; car il y a en elle quelque chose qui est au delà d'elle; elle en sait plus qu'elle n'en voit, elle donne plus qu'elle ne possède, et par ses limites mêmes trahit son origine. Celui qui l'exposa sur la terre a laissé dans son berceau des marques d'une haute naissance, et quelques lettres demi-effacées de la langue qu'il parle et qu'elle ne sait pas.

III.

DE L'ERREUR DANS LA MÉTHODE.

Si la raison a des principes, ces principes ne sauraient être dérivés, car ils ne seraient plus des principes. Ils sont l'expression ou de la nature des choses, ou de la nature de la raison. Or, comme il est de la nature de la raison d'être dans un certain rapport avec la nature des choses, comme tout à la fois elle fait le monde à son image et se prend pour le miroir du monde, il suit qu'elle doit tenir les principes pour conformes tant à la nature des choses qu'à sa propre nature, et ne doit en demander aucun compte. Car ce serait les rapporter à d'autres principes, et ceux-ci, à leur tour, seraient passibles de la même inquisition ou dignes de la même foi.

Voilà ce qui résulte de l'examen de notre première proposition sur les causes du scepticisme, et ce qui va nous aider à comprendre et à développer la seconde. En effet, s'il y a des vérités qui ne se résolvent dans aucune autre, la déduction, procédé habituel de la logique, n'est pas l'unique instrument de la vérité; il y a donc un choix à faire entre les divers procédés de l'esprit dans la recherche de la vérité, et la logique n'est pas la seule méthode.

C'est déjà abuser de la logique que de prétendre prouver les principes, et comme cette prétention est contradictoire, elle tourne contre les principes mêmes; elle les ébranle au lieu de les affermir. C'est en voulant attribuer aux vérités premières un genre de certitude qui ne leur convient pas, une certitude de déduction, qu'on a donné lieu de penser à quelques philosophes et à ce peuple de raisonneurs qui ne sont pas philosophes, que les vérités premières manquaient de toute certitude. Comment n'a-t-on pas vu que c'était les dénaturer et les ruiner, puisque c'était affaiblir la logique elle-même, qui repose sur des principes indémontrables, et sans autre preuve que leur concordance avec la raison?

Ainsi, l'un des premiers devoirs de la méthode, c'est de distinguer les vérités qui se déduisent de celles qui ne se déduisent pas, celles qui en supposent d'autres de celles qui n'en supposent aucune, et de tracer une ligne de démarcation entre le domaine de la logique et celui de la simple raison.

Mais parmi les vérités fondamentales, il y a une distinction à faire. Les unes appartiennent à l'intuition rationnelle, les autres à l'intuition qu'on pourrait appeler psychologique. Les premières sont celles qui méritent éminemment le nom de principes. Tels sont tous ces axiomes auxquels nous en avons appelé si souvent. Tels sont les principes de la logique elle-même; car il est également certain et également indémontrable que la conséquence appartient au principe, et l'effet à la cause. Ce sont là des vérités de raison. Il est d'autres vérités qui ressortent nécessairement de l'opération de nos facultés, de l'action de notre nature. Celles-là, nous ne les déduisons par aucun procédé logique. Je regarde ces vérités comme des données primitives; mais elles n'appartiennent pas à la raison pure. Relativement à ces sortes de vérités, un seul principe peut-être, dans le sens rigoureux du mot, existe dans la raison, c'est qu'il est raisonnable de croire au témoignage de nos facultés. Ce principe semble, pour ainsi parler, la condition d'alliance stipulée dans l'union d'une raison pure et absolue avec l'individualité et la constitution relative de l'homme ; c'est en quelque sorte le mot de la nature humaine. Les vérités qui en dépendent se rapportent bien à tels ou tels des principes de la raison ; mais elles ne s'en déduisent pas nécessairement. Si la sensibilité n'existait pas, si le phénomène qui se termine à la perception n'existait pas, jamais le principe que toute qualité suppose une substance, avec quelque autre principe rationnel que vous le combiniez, ne vous donnerait l'existence du monde extérieur. Ainsi ce n'est pas le raisonnement qui engendre ces sortes de vérités, quoiqu'elles naissent de l'application de la raison aux produits de nos facultés primordiales.

Il suit de là qu'il y a des vérités qui se découvrent, qui se constatent par l'observation de la raison, et d'autres par l'observation de nos autres phénomènes. La conscience est l'organe de ces vérités, mais quand on l'interroge philosophiquement, il est évident qu'il y a quelque différence dans les procédés par lesquels nous constatons ou les vérités que l'esprit regarde comme les lois de la raison, ou celles qu'il tient pour les résultats certains de sa nature et de son activité.

Voilà donc une première distinction importante à introduire dans la méthode philosophique, dans la méthode d'observation, et par suite dans la classification des principes.

Il ne faut pas multiplier sans mesure les principes. Beaucoup de vérités ne comportent pas la déduction, où du moins ne sont pas exclusivement du ressort de la logique, qui pourtant seraient indûment élevées au rang des principes. Le champ de l'observation est presque illimité. Celui de l'intuition est très-étendu. C'est un des plus nécessaires et des plus difficiles emplois de la raison que de faire en toute recherche la part de l'intuition et celle du raisonnement. Des règles générales à cet égard, si elles sont possibles, seraient une des découvertes les plus précieuses, un des progrès les plus utiles de la science de la méthode. Mais en attendant que cette découverte soit faite, la raison y supplée par elle-même; quand elle est saine et libre, quand elle n'est préoccupée d'aucun système, engouée d'aucun procédé, prédéterminée à aucun résultat, et qu'elle cherche seulement ce qui est raisonnable, elle sait assez bien tenir la balance entre ses facultés, leur marquer à chacune leur rôle, discuter leurs témoignages, et attribuer à chaque vérité sa nature. Chercher ce qui est raisonnable! Il semble que ce soit une chose bien simple; il semble que la raison ne devrait pas savoir d'autre métier; et cependant qu'elle est loin de s'en tenir là! Combien chez les philosophes, et en général chez tous ceux qui cultivent les sciences, elle a de peine à se réduire à ce qui devrait être sa vocation naturelle! Combien surtout cette pensée est étrangère aux sceptiques! Le scepticisme sacrifie la raison à la logique; il renverse l'autel du vrai Dieu pour se faire une idole.

Quand par exemple la secte éléatique aiguisait ses arguments contre l'existence du mouvement, n'eût-il pas suffi, pour la confondre, de lui représenter que le mouvement n'est point matière d'argumentation, et que l'œuvre de la science ne peut être de nier les perceptions, mais bien de les expliquer? Quand le stoïcisme soutenait, à l'aide du dogme de la liberté de la raison toujours entière dans l'acte du bien, que toutes les bonnes actions sont égales entre elles et toutes les fautes équivalentes, l'appel direct à la conscience morale, c'est-à-dire à la raison naturelle appliquée au bien et au mal, n'eût-il pas été une réponse victorieuse, et là aussi l'intuition ne devait-elle point prévaloir contre la déduction? L'histoire moderne de la philosophie est également riche en opinions paradoxales tantôt industrieusement construites par la dialectique, tantôt brutalement posées au nom de l'observation externe, presque toujours produites et justifiées par l'application aveugle d'une méthode impropre à la question qu'elles concernent. Lorsque l'observation anatomique entreprend de découvrir les phénomènes intellectuels par les mêmes procédés que les lésions du foie ou du poumon, elle méconnaît le genre de certitude qui convient aux vérités philosophiques, et répand, dans un vain désir de rendre la science positive, un doute dangereux sur des vérités qui sont aussi claires que solides quand la raison les observe naturellement, c'est-à-dire à travers la conscience. On pourrait citer beaucoup d'autres exemples; l'application du calcul aux probabilités en offrirait de nombreux et de frappants. Dans toutes les sciences, il faut se méfier des procédés artificiels, même des démonstrations mathématiques, et soumettre toutes les questions, toutes les méthodes, toutes les solutions à la souveraineté de la raison.

Concluons de ce long examen que scientifiquement les deux sources du scepticisme systématique sont :

1°. La négation des principes de la raison, ou, ce qui est la même chose, la prétention de les démontrer ;

2°. Le mauvais choix des méthodes, ou, ce qui revient au même, l'emploi exclusif de telle ou telle méthode.

A vrai dire, ces deux erreurs ne diffèrent pas essentiellement ; elles proviennent toujours d'une sorte d'abdication de la raison au service de quelque méthode plus ou moins artificielle ; c'est la raison qui se manque à elle-même. L'Évangile dit que l'obéissance doit être raisonnable : oui, même celle que nous devons à la méthode.

IV.

DU SCEPTICISME THÉOLOGIQUE.

Aux deux causes qui viennent d'être indiquées on peut, ce me semble, imputer ce grand scepticisme de l'antiquité si faiblement imité par les modernes. En revanche, ceux-ci ont porté beaucoup plus loin ce scepticisme de fait, ce scepticisme pratique et général qui ressemble moins à un système qu'à une disposition d'esprit. Celui-là, ce n'est pas la philosophie seule qui l'a produit. Elle a contribué assurément à l'encourager, elle lui a fourni des raisonnements et des prétextes. Du sein des écoles il s'est répandu des bruits de doute. Il a transpiré que la dialectique avait tout ébranlé, que la science avait échoué dans l'entreprise de démontrer ce que les hommes croient certain, bien plus, qu'elle avait prouvé que toute démonstration en était impossible. On a cru sur la parole de la philosophie à son incertitude; on a reçu son témoignage contre elle-même; on a répété ses aveux, on les a fermement admis comme irrévocables, et l'on a tenu le scepticisme pour le produit net de la science. Mais d'autres causes encore ont concouru à faire du doute une maladie commune; et ces causes, il nous reste à les étudier dans leur nature et dans leur action.

Toute religion est une théologie. Séparez de la religion les sentiments qu'elle satisfait ou qu'elle développe, les devoirs qu'elle impose, les pratiques qu'elle prescrit, il reste la théologie. Or, la théologie est essentiellement un système; elle admet souvent des faits de plus que la philosophie proprement dite; elle a des preuves qui lui sont propres; mais du reste elle est la philosophie de ces faits et de ces preuves, et elle se rattache à plusieurs des problèmes dont se compose la science humaine. Souvent elle emploie dans ses recherches les moyens dont se sert la philosophie. Quoiqu'elle la nie quelquefois, elle la suppose toujours.

J'ai regret à dire que la théologie chrétienne s'est assez constamment appuyée sur la philosophie sceptique.

On a vu que le doute peut prendre plus d'une forme.

Notre destinée est incomplète comme notre nature, et cependant l'esprit et le cœur de l'homme aspirent à l'infini. L'expérience de la vie, qui nous manifeste à chaque pas ce triste contraste, ne nous endurcit pas toujours aux souffrances qu'il nous cause. Tout est obscur et difficile; nous craignons le travail et nous aimons le succès. Nos espérances sans cesse déçues se tournent en regrets et enfantent le découragement. Les fausses promesses de nos systèmes et de nos calculs amènent la lassitude, l'incrédulité, le dégoût. Ainsi, et plutôt sous l'empire de notre nature morale qu'à l'instigation de notre intelligence, le doute s'empare de nous, l'âme tombe dans cet état que Salomon a le premier décrit, et ce doute du roi des sages s'est aussi appelé la sagesse.

Les livres sapientiaux sont bien plus la confession du doute que la prédication de la foi. Ils étonnent, même aujourd'hui que l'humanité tout entière fait la désabusée, ils étonnent par la profondeur de ce mépris de toutes choses, de cette indifférence inexorable qui, presque à chaque page, y traça des mots inconnus à l'antiquité païenne. Les Grecs, ces plus heureux des mortels, n'ont jamais éprouvé les sentiments, exprimé les pensées que la tradition attribue au fils de David. Peuple toujours jeune, ils furent ce que sont les jeunes gens, des étudiants ou des soldats; sublimes étudiants comme sublimes soldats, encore aujourd'hui la lumière et la gloire de l'humanité! Dans leurs écoles, ils ont douté; mais quand ils ont douté, ils n'ont point souffert. Le doute n'était chez eux que le triomphe de la subtilité et de l'audace de l'esprit, tout au plus l'expression du dépit d'une curiosité mécontente, jamais le douloureux épanchement d'une âme ardente et blasée. Le génie grec ne se lassait pas. Peuple à la jeunesse éternelle, la tristesse de l'âme ne gagna jamais sa raison.

Les Romains, ces grands hommes d'affaires, ignorèrent toujours les angoisses de l'esprit ennuyé de son activité et irrité de son impuissance. Ils étaient trop occupés pour se décourager et pour prendre la vie en indifférence. Incapables de rentrer en eux-mêmes, la rêverie qui absorbe et qui énerve leur fut inconnue. Ils ne permirent qu'aux intérêts positifs d'agiter leur pensée; ils n'accordèrent qu'aux grandes choses du monde social d'émouvoir leur cœur et de fatiguer leur génie. Dans le forum se concentraient toutes leurs passions, et la vie humaine était pour eux réduite à la vie politique. Il ne fallut pas moins que la perte de la liberté de l'univers, que le souvenir du meurtre inutile du grand César et la victoire injurieuse de cet enfant d'Octave, pour arracher à Brutus le cri de désespoir et d'incrédulité qui retentit dans sa tente, cette nuit fatale où il se précipita sur son épée. Encore était-ce le citoyen qui désespérait en lui; c'est à la vertu politique qu'insultait le vaincu de Philippes; la vie de l'homme sur la terre et sous l'œil de Dieu ne donnait peut-être pas un souci à ce disciple de la philosophie du Portique. Il n'avait jamais souffert d'être homme, le Romain seul était malheureux.

Qui donc a révélé aux Hébreux ces pensées et ces sentiments qui ne semblaient appartenir qu'aux sociétés modernes? Est-ce hier, ou trois mille ans avant nous, que ces paroles ont été écrites? « Vanité des « vanités, et tout est vanité. Que gagne l'homme « à tout ce travail auquel il travaille sous le soleil?... « Toutes les choses sont difficiles, l'homme ne peut « les expliquer par la parole. L'œil ne se rassasie pas « de voir, l'oreille ne se lasse pas d'écouter.... J'ai « résolu dans mon cœur de rechercher et d'examiner « avec sagesse tout ce qui se fait sous le soleil. Dieu « a donné aux fils des hommes cette pire des occu-« pations.... J'ai tout vu, et tout est vanité, afflic-

« tion d'esprit.... J'ai passé en sagesse tous ceux qui
« ont été avant moi dans Jérusalem; mon esprit a
« contemplé beaucoup de choses avec étude, et j'ai
« appris. J'ai donné mon cœur pour connaître la
« prudence et la science, les erreurs et la sottise, et
« j'ai reconnu qu'en cela aussi il y a peine et affliction
« d'esprit.... J'ai passé à la contemplation de la sa-
« gesse. Qu'est-ce que l'homme, ai-je dit?... Et j'ai
« dit dans mon cœur : Si la même fin attend et l'in-
« sensé et moi, que me sert d'avoir plus travaillé à
« la sagesse? Et j'ai trouvé que cela aussi était va-
« nité.... J'ai vu l'affliction que Dieu a donnée aux
« fils des hommes, afin qu'ils s'y épuisent.... Il a fait
« toutes choses bonnes en leur temps, et il a livré
« le monde à leur dispute, sans que l'homme puisse
« découvrir l'œuvre de Dieu, son œuvre éternelle....
« L'homme n'a rien de plus que la bête, tout appar-
« tient à la vanité.... J'ai trouvé seulement que Dieu
« a créé l'homme droit, mais que lui-même s'est
« mêlé de questions infinies. Qui est le sage? et qui
« a connu la solution de la raison?... J'ai appliqué
« mon cœur à savoir la sagesse, et j'ai compris que,
« de tous les ouvrages de Dieu, l'homme ne peut
« trouver aucune raison.... Plus il travaille à cher-
« cher, moins il trouvera. Vainement le sage dira-t-il
« qu'il sait, il ne trouvera rien.... Allez donc et man-
« gez votre pain dans la joie, buvez votre vin avec
« allégresse.... Tout ce que votre main peut faire,
« achevez-le promptement; car il n'y aura ni œuvre,
« ni raison, ni sagesse, ni science dans le tombeau
« où vous courez [1]. »

[1] *Ecclésiaste*, I, 2, 3, 8, 14, 16, 17; II, 12, 15; III, 10, 11, 19;
VII, 30; VIII, 17; IX, 7, 10.

Voilà les sentiments auxquels a succédé le christianisme. Il en est né peut-être. Voilà les souffrances qu'il est venu guérir; voilà les plaintes auxquelles il a répondu. Puisqu'il s'appliquait à un tel état d'esprit, il le constatait pour ainsi dire, et le doute est dans les origines aussi de la religion. C'est presque un point de départ. La foi est en quelque sorte greffée sur l'arbre du doute. Le repos d'esprit que la révélation aspire à nous donner suppose que sans elle, que hors d'elle, il n'y a que *vanité et affliction d'esprit*. Les ouvrages de spiritualité parlent sans cesse de ces langueurs, de ces angoisses qui ne sont en effet que des symptômes de la maladie morale que nous essayons de peindre; c'est là ce doute vague et douloureux qui, lorsqu'il devient général, lorsqu'il s'exhale en plaintes raisonnées, lorsqu'il s'analyse et se professe lui-même, peut bien porter le nom de scepticisme, quoiqu'il ne s'élève pas jusqu'à la rigueur de déduction d'un système.

L'autre forme du doute, c'est le scepticisme méthodique. Si la première n'a pas été moralement étrangère à la religion qui la permet hors de son sein, la seconde est demeurée encore moins étrangère à la théologie. On dirait qu'il ait importé à la vérité du christianisme que la science fût fausse. Dès son origine et dans tous les temps, il a outragé (puisse-t-il ne pas trop cruellement l'expier!), il a outragé la raison humaine.

Le christianisme naissant s'est appelé folie. Saint Paul avertit qu'il prêche la déraison. Le philosophe des apôtres déclare au monde des Gentils, au monde des philosophes et des raisonneurs, qu'il vient au nom du Christ « *détruire la sagesse des sages et*

confondre la prudence des prudents. » — « Qu'est
« devenu le sage ? s'écrie-t-il. Où est l'écrivain ?
« Où est le curieux de la science du siècle ? La sagesse
« du monde est folie devant Dieu. Elle ne l'a pas
« connu, et elle pouvait le connaître. Aussi les sages
« n'ont-ils point d'excuse. Ils seront surpris dans
« leur propre prudence; leurs pensées sont vaines. »
Sur eux s'accomplira la menace d'Isaïe las de l'orgueil de l'intelligence. Le mépris de Job et de Salomon pour la science sera justifié. « Les sages seront
« confondus par les moins sages; pour les sauver
« tous, il a fallu la folie de la croix [1]. »

Seize siècles plus tard, avec quel dédain Bossuet
ne parlait-il pas de la science humaine ! Les citations ne manqueraient pas, qui prouvent que les
docteurs de l'Église ont poursuivi l'orgueil jusque
dans la raison. C'est en reprochant à celle-ci ses faiblesses, ses lacunes, ses égarements, qu'ils ont tenté
de fonder la nécessité et la supériorité de la foi évangélique. Il est vrai, et dans ce sens les citations plus
rares se pourraient trouver encore, que plus d'une
fois les écrivains de la même croyance ont défendu
contre le matérialisme la dignité de notre nature,
et cherché à sceller l'union de la foi et de la raison.
Certes, on ne peut dire que la négation de la raison
humaine soit le principe de la religion qui a inspiré
les premiers versets de l'Évangile de saint Jean. Y
a-t-il donc une contradiction véritable dans ces alternatives de mépris et de respect pour la raison de
l'homme ? Peut-on concilier ces appels à la raison

---

[1] Saint Paul, I, Cor. I, 18, 19, 20, 21; Rom. I, 19, 20;
I, Cor. III, 19, 20. Isaïe, XXIX, 14, XXXIII, 18, 19. Job., V, 13.
I, Cor., I, 27, *Ecclésiaste, loc. cit.*

et ces invocations à la lumière surnaturelle qui se trouvent tour à tour chez les apologistes de la religion? Ce n'est pas le lieu d'en juger; il suffit qu'en général la théologie professe un grand dédain pour les sciences humaines, et que, non contente d'accuser l'insuffisance de la raison, elle se plaise à lui reprocher la multiplicité de ses erreurs, l'inconséquence de ses doctrines, et souvent aille jusqu'à lui contester le droit et le pouvoir d'établir aucune vérité sur une base inébranlable. C'est assez pour m'autoriser à dire qu'elle a favorisé le pyrrhonisme, et j'en trouve l'aveu dans ces paroles de Pascal : « Le pyrrhonisme a servi à la religion. »

Distinguons encore ici le scepticisme de fait et le scepticisme de principe. Le premier appartient aux sentiments de l'homme plus peut-être qu'à ses pensées. Il résulte de mille causes, et rarement il est le fruit de l'étude. Mais ces dégoûts de l'âme qui le font naître, cet ennui de toutes choses, cette répugnance pour le travail, pour l'activité, pour tout ce qui est positif et réel, cette satiété d'une imagination blasée et cette avidité d'une imagination impatiente, ne sont-elles pas des dispositions morales que la religion aime à rencontrer pour se les concilier et tourner les esprits vers les choses du ciel? N'est-elle pas empressée de les montrer comme le partage nécessaire des âmes élevées ou sensibles que la grâce ne touche pas, mais que l'incrédulité n'a point endurcies? N'y appelle-t-elle pas en quelque sorte tous ceux qui sont enfoncés dans le siècle, et qu'absorbent les choses mondaines, comme à un état de transition qui doit les ramener à la piété? Et quel meilleur moyen pour faire naître ce germe que la grâce doit féconder, que de prêcher le vide des pensées humaines, le néant des systèmes, l'impuissance de la raison à donner à l'homme cette nourriture substantielle, ce pain des forts, dont il doit vivre? De là ces invectives vagues, mais pathétiques, contre la science, la sagesse, la philosophie. De là ce thème favori, ce point convenu que l'homme ne peut rien pour le repos de sa raison, et que ses pensées sont comme une mer orageuse, dont le seul port est Jésus-Christ. Bien souvent la poésie n'a-t-elle pas chanté tout ensemble, dans de mélodieuses méditations, le doute et la foi; et sa voix n'a-t-elle pas dit que science, amour, gloire, génie, tout est néant hors le catéchisme?

Le scepticisme poétique tend à la religion, mais vague et rêveuse; or, la religion vague et rêveuse n'est ni un aliment ni un frein. De nos jours la foi a brisé son ancre. Elle flotte avec tout le reste. Si hors des conditions simples d'une vie modeste et retirée le christianisme n'avait pas perdu son ascendant, si les mœurs apparentes de la société active étaient sérieusement chrétiennes, cette pensée de doute que l'éloquence et la poésie fomentent et propagent, nuirait peu à la religion, et servirait peut-être à lui ramener des cœurs égarés. Mais à présent, lorsque l'examen a tout ébranlé, lorsque l'expérience a tout démenti, le doute n'engendre que le doute; l'effort de régénérer la foi par le doute tourne contre la foi même, et l'esprit, lassé de tout, enveloppe jusqu'au christianisme dans sa destructive indifférence.

Contre cette indifférence universelle, la théologie veut-elle réclamer; comment s'y prend-elle pour la convaincre d'erreur? Elle commence par la proclamer comme un fait; puis elle lui donne raison contre tout ce qui n'est pas la religion; elle infirme toute autorité qui n'est pas la sienne propre, tout témoignage qui ne vient pas d'elle-même, toute vérité qu'elle n'enseigne pas. Elle ébranle toutes les preuves, sur lesquelles s'appuient la science, la logique, la philosophie. Elle conteste aux sens, au sentiment, au raisonnement, leurs droits; elle ruine les systèmes les uns par les autres, et après avoir disputé à la raison toutes ses découvertes, après lui avoir brisé dans les mains tous ses instruments, elle lui offre pour consolation soit le secours incertain d'une grâce miraculeuse, soit l'appui matériel d'une autorité visible dont elle s'efforce de lui montrer le divin caractère. C'est-à-dire qu'après avoir professé le scepticisme le plus général et le plus absolu, elle en oublie tous les principes et toutes les conclusions, pour y substituer un dogmatisme dont elle a miné d'avance toutes les bases. Afin d'anéantir la philosophie, on prend comme bons tous les arguments de la philosophie sceptique; puis ces arguments, qui ne sont bons que s'ils sont universels, on prétend les mettre en poudre avec l'autorité de l'Église, avec le grand nom de la tradition. Mais si le scepticisme a raison contre toute philosophie, il a raison contre vous; et s'il n'a pas raison contre vous, il n'a rien prouvé contre la philosophie. Le scepticisme n'admet pas d'exception, ou il n'est pas le scepticisme. Si la raison ne peut rien établir ni rien croire par elle-même, de quel droit lui parlez-vous, et comment vous entendra-t-elle? Si les sens ne peuvent rien enseigner d'assuré, comment savoir où est la tradition? Est-il vrai que j'entende votre voix, et sais-je si le livre des Écritures existe? Si le raisonnement est inhabile à rien prouver, comment me montrerez-vous et la fausseté des systèmes, et la nécessité d'une autorité extérieure, et la valeur du témoignage, et la différence qui distingue la religion de la philosophie? Si le sentiment est trompeur, ou, pour mieux dire, s'il n'y a ni certitude directe ni évidence intuitive, comment parlez-vous de vérité et annoncez-vous à la raison que vous venez la satisfaire et la reposer? La raison n'est plus faite pour croire; la vérité est un mot vide de sens; une affirmation n'est qu'une vibration de l'air; un livre n'est que du noir sur du blanc, une sensation douteuse, enfin une apparence. Lancé sous la roue du scepticisme, n'espérez pas l'arrêter, elle vous emporte, elle vous broie avec tout le reste, et la théologie tombe frappée des mêmes coups que la philosophie.

En est-ce assez, et n'ai-je pas raison de dire que la théologie travaille elle-même pour le scepticisme? incrédule contre la philosophie, elle autorise la raison à lui rendre la pareille. Cette extrême et dangereuse conséquence a arrêté dans sa marche le dernier apologiste célèbre du christianisme. M. de Lamennais l'a peut-être un jour aperçue en écrivant contre l'indifférence, et l'on sait le reste.

Ainsi le doute vague et le doute méthodique trouvent contre toute vraisemblance, dans la religion même, une autorité et une propagande. Comme écoles philosophiques, nos séminaires sont souvent des écoles de pyrrhonisme : l'esprit qui les anime saura-t-il donc réchauffer, ou seulement maintenir la religion? Comme tant d'autres esprits, il excelle à détruire; il nie supérieurement, il décourage à merveille. Il peut encore faire du mal à la raison; que peut-il pour la foi? Dieu le sait.

Depuis un temps, quelques écrivains s'efforcent de se faire religieux, et épanchent des velléités chrétiennes dans la poésie, les romans, la critique. Justement fiers d'avoir soupçonné ce qui manque à la philosophie du xviiie siècle, vaguement instruits de ce qu'elle a de superficiel et de mesquin, ils retournent, par une réaction naturelle et louable, vers cette religion qu'elle a ignoblement insultée. Ils l'honorent dans sa vieillesse, ils la respectent dans son déclin : mais l'enseignent-ils, la professent-ils, la croient-ils seulement? je ne saurais le dire : c'est plutôt un goût d'imagination qu'une conviction réfléchie qui les ramène à elle; elle leur paraît plus belle dans les nuages du passé que la réalité un peu nue du présent, toujours prosaïque parce qu'il se voit de près et dans ses détails. Un mépris affecté pour ce qui frappe leurs regards les rejette dans l'amour rêveur d'une croyance qui leur plaît, mais qui ne les oblige plus : elle leur sert de texte pour attaquer tout ce qui se fait et tout ce qui se pense. Par là, ils tâchent de s'élever au-dessus du siècle, et de condamner la misère de ses œuvres et la vanité de ses pensées. Mais que résulte-t-il de cette tendance aux apparences religieuses? une conclusion critique, le doute sur les promesses de l'esprit moderne, une négation de plus enfin. Nul de ceux-là ne songe à restaurer la foi, nul ne prétend imposer une croyance formelle aux esprits, nul n'ose aborder les questions de dialectique ou d'histoire dont la solution décide de la vérité des dogmes chrétiens. On veut bien visiter la nuit les débris d'une abbaye déserte, admirer les rayons de la lune à travers les ogives dentelées d'une cathédrale en ruines : mais reconstruire l'abbaye, mais rebâtir la cathédrale, qui s'en avise, si ce n'est peut-être quelque ami des arts, qui préfère le style gothique à nos pastiches d'architecture grecque, et dont la curiosité veut revoir debout le monument du passé, et fait d'une église un musée? Presque toute la littérature religieuse à la mode n'est qu'une littérature de curiosité, inspirée par l'archéologie, ou un caprice de réaction de l'esprit sceptique lui-même. Las d'insulter le passé, l'examen veut du haut de ces ruines amoncelées juger le présent à son tour, et renverser, avant même qu'il soit achevé, le monument inconnu que d'une main incertaine le siècle dédie à l'avenir.

Ainsi, le doute est partout aujourd'hui, et tour à tour la religion le reçoit de la philosophie et le lui rend.

Pourquoi donc l'attaque-t-elle? quel intérêt l'y pousse? est-il vrai qu'elle porte dans son sein les solutions que la philosophie nous refuse sur les questions métaphysiques? est-il vrai qu'elle seule nous délivre des tourments de l'esprit? Sûrement, elle peut quelquefois dompter la raison en l'humiliant, et calmer le cœur, lorsqu'elle ne substitue pas la terreur à l'incertitude, et les angoisses du scrupule à l'anxiété du doute. Elle revêt d'une forme historique quelques-uns des faits permanents de notre nature, elle change en traditions les observations de l'homme sur lui-même; ainsi le récit de la chute d'Adam représente le fait éternel de l'infirmité morale de l'homme : mais au fond, la foi la plus entière à ce récit mystérieux éclaire-t-elle aucunement la question métaphysique de l'origine du mal moral, et donne-t-elle les moyens d'en concilier la triste existence avec la toute-puissance de l'Être souverainement bon ? Quand la raison du chrétien aura dit que c'est un mystère, la raison du philosophe ne pourra-t-elle pas répondre qu'elle le savait bien ? Ce n'est pas de mystères qu'elle manque apparemment.

La vérité de la religion est indépendante de presque tous les problèmes philosophiques. Il est possible, et je suis prêt à l'accorder, qu'ils ne la compromettent point, mais elle ne les simplifie pas.

Les deux dogmes de l'existence de Dieu et de l'immortalité de l'âme ne sont point l'apanage exclusif du christianisme, et le privilége de les soustraire aux atteintes du doute ne lui appartient pas. Quant au reste, on peut croire tout ce qu'il faut croire, on peut être orthodoxe en matière de foi, et flotter de doute en doute, d'erreur en erreur, sur les questions philosophiques. Selon les lieux et les temps, l'Église s'est déclarée avec saint Thomas pour Aristote, ou contre Aristote avec Descartes. Berkeley était chrétien quand il niait l'existence des corps. Newton et Clarke étaient chrétiens quand ils inventaient leur paradoxale théorie de l'espace. Malebranche ne sortait pas de l'Église en s'égarant dans un nouvel idéalisme. Arnauld le combattait sans manquer à la foi, et Leibnitz ne faisait point abjuration, lorsqu'il imaginait le système des monades ou celui de l'harmonie préétablie. Que nous apprend l'Évangile sur tout cela, comme sur aucune des questions de l'ontologie ou même de la psychologie? Évidemment la religion ne débarrasse l'esprit d'aucune des difficultés scientifiques : elle n'offre le secours d'une foi assurée que contre les chimères du matérialisme et de l'athéisme. Mais ce noble et saint avantage, toutes les philosophies théistes le partagent avec elle; et pour que le christianisme arrivât, pour que la foi fût possible, ne fallait-il pas que Dieu eût déposé dans la raison ces principes mêmes de toute idée religieuse?

Qu'on dise donc, on le peut, que la religion apaise, console, maîtrise; qu'on nous dise qu'elle met un frein à l'imagination aussi bien qu'aux passions de l'âme, qu'elle prête un glaive de feu à la morale, et montre d'un doigt infaillible la voie de l'immortel bonheur; on le peut, j'y consens, et rien dans mon cœur ne m'oblige à le contester. Elle fait tout cela pour ceux qui la croient; encore ne réussit-elle pas toujours à subjuguer ni leur raison ni leur cœur. Mais elle ne peut rien pour l'homme sans la foi, et pour le croyant lui-même elle laisse subsister tout ce qui est en dehors d'elle; elle ne fournit aucune lumière de plus, aucun principe nouveau à la raison pure. Elle la rend comme elle la trouve. Loin de lui enlever aucun de ses mystères, elle y ajoute les siens propres. Après elle comme avant elle, l'insoluble ne cesse pas d'être insoluble; les questions restent posées, l'intelligence ne franchit point ses limites et ne comble pas ses vides. Seulement quelquefois la curiosité est distraite et calmée. Ce que peut le christianisme pour la morale et pour le bonheur de qui l'accepte, le ciel me préserve de le contester, mais il ne fait rien pour la science.

Qu'on nous comprenne bien : nous parlons ici de la science pure, de la philosophie proprement dite. Assurément le christianisme nous enseigne quelque chose; il est toute une science; il est une théorie morale; il touche à la philosophie, en ce qu'il affirme ou implique quelques-unes des vérités qu'elle recherche et qu'elle étudie ; il nous donne sur notre destinée, sur l'ordre du monde, sur Dieu même, quelques révélations qui, une fois admises, deviennent des données de plus dans les problèmes, et veulent ensuite être conciliées avec les principes de la raison. On ne saurait donc dire absolument qu'il soit étranger à toute théorie métaphysique, ni qu'il n'y ait rien de commun entre lui et la philosophie. Il est même à quelques égards une philosophie, en ce sens qu'il ajoute aux éléments philosophiques. A parler exactement, la théologie suppose une philosophie, plutôt qu'elle n'en est une; et elle tend à compléter celle qu'elle suppose. Mais, encore un coup, elle ne la remplace pas.

La religion fait prendre patience. Elle désintéresse la raison, en intéressant la conscience ou le sentiment. C'est là une grande puissance. Mais cette puissance, elle la partage avec d'autres choses moins bonnes et moins belles, et peut-être n'est-ce pas en elle un mérite sans compensation. La curiosité humaine peut avoir ses dangers et ses abus comme tout le reste; mais si le ressort en était brisé, s'il était possible qu'elle disparût tout entière dans une sorte de quiétude même religieuse, on n'ose se représenter ce que deviendrait, ce que serait devenue l'humanité; c'en serait fait de toute les sciences, de toute activité amélioratrice, de tout ce qu'il faut encore oser appeler les lumières, le perfectionnement, le progrès. Non, je le dis sans détour, il n'est pas bon que l'humanité prenne patience. C'est aux époques où elle a été patiente, en effet, et résignée, qu'on a vu décroître et bientôt périr non-seulement la science, non-seulement la liberté, non-seulement les talents et les arts, mais l'honnêteté publique et enfin la vertu individuelle. Que la religion contienne et règle les mauvaises passions qu'excite quelquefois l'impatience de ce qui est et l'ambition de la nouveauté, qu'elle adoucisse les angoisses les plus pénibles attachées à la lutte de notre faiblesse contre les difficultés du vrai et du mieux; qui aurait le cœur de le lui reprocher? mais qu'elle respecte toutes les ambitions nécessaires à l'humanité. L'épicurisme leur oppose souvent un *à quoi bon* décourageant : la spiritualité pieuse répète la même objection, au nom d'une plus noble espérance sans doute, mais qui conduirait à une immobilité non moins funeste. Car elle tend à s'approprier tous les bons sentiments de l'homme, à priver cette vie de leur concours et de leur protection, à délaisser le monde sous l'empire exclusif des passions mondaines. L'ascétisme peut devenir ainsi la parure de l'égoïsme; et la prétention traditionnelle des écrivains sacrés de mettre à néant ou tout au moins de déprimer les sciences humaines, est une erreur énervante et fatale, quand elle n'est pas un moyen d'attaque et d'influence. Sans doute et saint Paul, et les Apôtres, et les premiers Pères ont invectivé contre les recherches et les efforts de l'esprit humain livré à lui-même; mais certes ils voulaient l'éveiller, non l'engourdir; en paraissant abaisser la raison, ils l'affranchissaient, et, à l'ombre d'une modeste défiance de ses forces, ils sapaient tout ce qu'elle avait édifié, tout ce qu'elle respectait encore. Cette humilité révolutionnaire n'aspirait pas à moins qu'à changer le monde. D'autres temps sont venus, et les mêmes paroles qui avaient d'abord servi à soulever l'humanité ont été employées à la calmer, à la contenir, ne me faites pas dire à l'opprimer. Plus tard enfin, le mépris de la raison et des sciences n'a plus contribué qu'au scepticisme, sans aider à la foi; aujourd'hui il ne viendrait qu'au secours de la prédominance des intérêts positifs et des calculs matériels sur les besoins et les droits de la nature intelligente. L'enfant du siècle veut bien apprendre de Salomon ou de saint Paul le mépris des sciences humaines, mais il s'arrête là et n'en tire la conséquence ni du sage ni du chrétien; il ne conclut pas comme saint Paul au *vœu d'être délivré de son corps de mort,* mais, comme Salomon, à la maxime que l'*homme n'a rien de plus que la bête,* et, de là, à cette doctrine qu'on appelle en langage décent, mais significatif, la réhabilitation de la matière.

La théologie fera donc bien, si elle est sincère, si elle veut rester digne de son objet, de quitter pour jamais les manières hautaines et le ton dédaigneux avec la science et la raison. Après tout, elle n'y a rien gagné : la science a marché, la raison a brisé ses fers et ne se sent point fort touchée de ses mépris. Les efforts auxquels la raison se livre, les travaux qu'elle accomplit, les problèmes qu'elle étudie, les vérités qu'elle découvre, les mystères qui l'arrêtent, tout cela est désormais hors de la portée de la religion. Les questions qui touchent le plus cette dernière ne sont pas éclaircies par elle-même. Comment la création est-elle possible? comment le mal est-il conciliable avec la nature ou la bonté de Dieu? comment la liberté, avec sa prescience? comment la création absolue ou l'éternité de la matière, avec sa nature immatérielle ou sa suprême puissance? Qu'est-ce que l'espace, qu'est-ce que le temps? D'où viennent les idées, et sont-elles éternelles? Qu'est-ce que la substance et la cause? d'où vient l'âme, comment naît-elle, comment est-elle unie au corps? comment peut-elle vivre et connaître sans organes? Quels sont ses rapports avec le temps, avec l'espace, avec l'esprit divin? Sur tout cela le chrétien ne sait rien de plus que le philosophe, et la révélation n'a rien changé aux limites non plus qu'aux pouvoirs de la raison.

Ainsi la philosophie subsiste à côté de la théologie. Il faut que la seconde ménage et respecte la première; il faut qu'elle la reconnaisse, car si elle la renie, elle s'affaiblit; si elle l'attaque, elle se blesse. Qu'elle se garde surtout de l'aborder par le scepticisme; le scepticisme ne s'arrête que dans la monarchie universelle de l'esprit humain.

V.

DE L'INCONNU.

Mais quelque puissantes que soient les causes qui nous portent au doute, et qui induisent quelquefois la raison à le regarder comme son triomphe, elles ne l'emporteraient pas sur ce besoin de croire, sur cet impérissable amour de science et de vérité qui l'anime et la vivifie, s'il n'y avait pas dans son imperfection même, et surtout dans la nature des questions qui lui sont posées en ce monde, quelque chose qui semble se refuser à une entière évidence et qui exclut ces convictions pleines et rassurantes, heureux fruit d'une connaissance complète. Nos moyens de connaître sont bornés; c'est une vérité dont chaque instant de la vie dépose. Mais ce serait là un motif d'ignorer, non de douter, ni surtout de se plaire à douter et d'ériger le doute en sagesse. Distinguer ce qu'on sait de ce qu'on ne sait pas, telle devrait être la simple conséquence de cette conscience de la limitation de notre esprit. Seulement si, au moyen de ce que nous savons, nous pouvions nous faire quelques idées sur ce que nous ne savons pas, de ces idées il serait permis de former une portion de science conjecturale qui composerait le légitime domaine du doute; le reste de l'inconnu appartiendrait de droit à l'ignorance. Voilà ce qui résulterait naturellement du fait de la limitation de notre esprit. Mais ce n'est pas à cela que se borne le scepticisme; il ramène le doute même sur ce que nous savons ou croyons savoir; il conclut de notre ignorance contre notre science. De ce que nous ne pouvons tout connaître, il infère l'incertitude de nos moyens de connaître, et trouve en toute chose l'inconnu ou le problématique. Au lieu d'ajouter par le doute à nos connaissances, de joindre à la science certaine la science conjecturale, il veut que la science tout entière ne soit que probable, trop heureux lorsqu'il n'exige pas que tout entière elle soit vaine. D'où vient cette étrange prétention ? d'où vient ce funeste penchant à humilier la raison par la raison, et cette vanité philosophique qui se plaît dans le néant de la philosophie ?

C'est qu'il y a de l'inconnu dans les choses de ce monde, et que cet inconnu est de telle nature qu'il y a ou qu'il semble y avoir contradiction entre les diverses données dont notre esprit dispose. La conséquence, qui est le besoin de notre esprit, ne paraît pas se retrouver dans les choses ; et cependant nous la cherchons sans cesse, nous la réclamons impérieusement ; nous l'imposons à la nature comme si nous l'avions faite, et nous contrôlons la création.

Nous sommes pressés entre la nature des choses qui est plus grande que nos connaissances, et notre raison qui exige aussi plus qu'elle ne sait. Les choses nous dépassent, et notre raison déborde notre nature. De là une lutte constante pour rétablir l'équilibre et le niveau. Effort impuissant, car il tend à changer l'humanité.

Ainsi, d'une part, tout n'est pas rationnel autour de nous, et, de l'autre, une sorte de penchant logique, auquel c'est une grande vertu de l'esprit que de résister, nous pousse incessamment à chercher le parfait accord entre ce qui est et ce qui raisonne. Ce qui est est illimité, c'est l'absolu, c'est l'infini, c'est le tout; ce qui raisonne, c'est le moi, le relatif, le fini, l'individu. Et cependant, comme il y a dans le moi quelque chose qui est doué d'un caractère d'impersonnel, disons mieux, d'absolu et d'infini, à savoir la raison, ces deux éléments, le tout et la raison, cherchent à se rejoindre à travers le moi. La raison, enfermée dans le moi, ne communique pourtant que par le moi avec les choses. C'est là le contraste, l'antagonisme, qui produit les grandes souffrances et les grandes fautes de l'esprit. Il y a donc je ne sais quoi de contradictoire dans la constitution même de l'homme.

Mais s'il est sage de le reconnaître, il ne faut pas chercher à s'en affranchir. Si le devoir de la raison est de résister à ces exigences logiques, qui peuvent l'entraîner hors de ses voies, elle ne doit pas les déposer, ni renoncer entièrement à ses ambitions naturelles, non plus qu'aux connaissances incomplètes auxquelles elles la conduisent. Pris en totalité, son savoir est un tableau qui a ses fonds, ses lointains, ses clairs-obscurs, ses ombres enfin. Elle ne peut, sans lui ôter sa grandeur, sa perspective et son ensemble, le réduire à ce qu'il a de précis en dessin et de vif en couleur. L'œil voit différemment, mais il voit enfin ce qui est dans la vapeur et ce qui est dans le clair. Une philosophie qui bornerait toutes nos connaissances à celles qui sont nettes, arrêtées, complètes, ressemblerait, qu'on me passe la comparaison, à la peinture chinoise. Elle serait sèche et plate, et ne pénétrerait pas dans les profondeurs de l'esprit humain. Elle nous ferait plus pauvres que nous ne sommes, nous ôterait beaucoup de nos idées indispensables; et, non contente de rétrécir notre esprit, elle combattrait, elle nous retrancherait des penchants et des besoins de l'âme, qui renaîtraient, au reste, en dépit de ses efforts.

En effet, ce n'est pas uniquement par l'intelligence que nous pénétrons dans la sphère supérieure à nos connaissances expérimentales et à nos déductions logiques. A côté de ces principes suprêmes que possède la raison, qu'elle applique avec autorité, mais auxquels cependant elle ne parvient pas à tout soumettre, il y a des demi-connaissances, des anticipations naturelles, des conjectures instinctives, rudiments d'une science qui n'est pas de ce monde; et comme ces sortes de notions ne sont pas pleinement rationnelles, nous n'y arrivons point par la raison seule; d'autres facultés nous y conduisent également. La sensibilité semble nous en rapprocher autant que l'intelligence, et mille mouvements de notre âme, qui ne se laissent pas aisément mesurer au calcul philosophique, nous jettent au delà de notre conviction et sur les limites du monde idéal.

Pour dépasser ainsi la sphère de la science proprement dite, il suffit d'élever quelqu'une des questions qui reviennent à celle-ci : Pourquoi suis-je ce que je suis? ce mystère prend bien des formes; ce problème comporte bien des expressions. Des sentiments très-divers le rappellent, et quand par système vous parviendriez à vous en abstenir, le coeur même vous y ramènerait. C'est un instinct de la nature, quand ce n'est pas une spéculation de l'esprit.

Nous touchons à des idées qu'il est impossible

d'exprimer avec l'exactitude du langage philosophique. Il faut les exprimer cependant.

Qui n'a souvent senti le poids des mystères de notre destinée ? quel esprit si borné, si lourdement enfoncé dans l'ornière de la vie matérielle, ne s'est vaguement interrogé sur tout ce qu'il y a d'incompris en nous et autour de nous ? qui ne s'est dit souvent : Que suis-je et pourquoi tout ce qui est ? Chez ceux surtout dont l'intelligence est développée, mille circonstances peuvent réveiller ces questions. Non-seulement la méditation studieuse, mais tous les sentiments profonds, parfois les grandes douleurs reportent l'âme à ces mystérieuses interrogations.

Quand vos regards se plongent en vous-même, il advient quelquefois que, par un contraste singulier, la personnalité semble s'affaiblir, et la contemplation l'emporte sur le sentiment de vivre et de souffrir. La raison qui regarde et qui cherche, absorbe presque la sensibilité, et sourde un moment du moins à ses gémissements, elle oublie l'individu et elle abandonne toute conscience de l'existence déterminée, pour se noyer en quelque sorte dans cette existence générale où l'on doute de soi, où toutes choses, y compris le moi, flottent comme des ombres, où l'esprit, par une illusion sublime, croit se confondre un moment avec l'éternel spectateur des choses. Phénomène admirable ! Plus l'homme rentre profondément en lui-même, plus l'égoïsme s'efface ; ce qu'il y a dans sa nature d'universel domine ce qui s'y rencontre d'individuel, il s'anéantit à force de se contempler et se perd dans l'infini de la raison.

Que chacun s'interroge et réponde ; je ne parle

pas aux seuls philosophes; cet état de rêverie pensive n'est pas connu d'eux seuls. N'est-il pas vrai que lorsque vous êtes en proie à une souffrance longue et uniforme, si elle n'est pas assez violente pour déchirer vos sens au point de suspendre la liberté de la pensée, n'est-il pas vrai que, dans cette inaction pénible où elle vous jette, il y a des instants où vous ne savez plus que vous pensez ni que vous êtes, où vous vous croyez transporté au delà du moi, au-dessus de la vie, et vous désintéressez de vous-même au point de regarder la souffrance comme quelque chose d'extérieur et d'indifférent. Et dans les douleurs de l'âme, lorsqu'elles ont le caractère non de l'égarement et de la fureur, mais d'un désespoir immobile et recueilli, n'y a-t-il pas de certains intervalles, les seuls où l'âme respire un peu, des moments d'oubli de toute réalité où l'émotion est suspendue, où le cœur se détache de tout intérêt, de toute affection positive, où vous ne sentez plus le trait qui vous déchire, et cessant toute plainte, vous assistez, non sans quelque douceur, au spectacle de votre âme, ou plutôt de ce monde visible dont elle reproduit l'image, de ce monde invisible dont elle réfléchit l'ombre. Alors sensations, souvenirs, émotions, idées, passent devant vous, monotones et mobiles comme les flots. Bientôt il vous semble que vous atteignez aux dernières limites de l'être, que vous touchez à l'essence des choses, ou du moins que vous planez au-dessus de la nature et de la destinée, et que la réalité qui vous sépare de ce qui n'est plus et de ce qui n'est pas, vient de s'évanouir : charmes de la pensée, seules consolations qu'accepte le désespoir, dictame merveilleux qui seul guérit les plaies de l'âme, ou suspend du moins ses douleurs en lui donnant le sommeil et les songes. Ainsi bercée, elle se calme et s'élève, semblable à cet oiseau qui vole en dormant.

Enfin il est des affections qui ont aussi la puissance de nous arracher à toute préoccupation de la personnalité actuelle. La passion qui semble l'exaltation suprême du moi, a cependant le privilége de l'enlever à lui-même et de l'anéantir en quelque façon. Alors que l'âme tombe dans ces ravissements que la parole humaine ne peut décrire, le sentiment de tout ce qui est individuel et positif échappe, la terre fuit, et les souvenirs du monde, les calculs de l'esprit, les perceptions de la conscience font place à je ne sais quel sentiment de l'existence individuelle, où rien n'est distinct et limité. Confondues par une sympathie mystérieuse, les âmes s'arrachent aux misères de la vie individuelle, et se répandent dans une sorte d'extase que tout naturellement elles appellent l'infini. Non, tout n'est pas illusion dans cet enchantement dont l'amour nous raconte les douceurs. Tout n'est pas chimère dans cet oubli du monde dont il se vante, et ce n'est point par une pure exagération de langage qu'il donne le nom du ciel à la région qu'il habite. La plus intime des passions contient et développe le sentiment de l'infini. Ainsi l'amour puise à la même source où puise parfois la religion, et voilà comme il a quelque chose de divin.

Le vrai de tout cela, c'est que l'âme est capable de sentiments qui la jettent dans un état extrême où elle touche les murs de sa prison, où déployant ses ailes, elle se heurte aux barreaux, et s'élance vers les champs éthérés d'une existence plus grande et plus pure. C'est, pour parler en termes simples, que par le sentiment comme par la pensée, elle tend à l'infini.

Or, il faut bien reconnaître dans cette tendance une première contradiction avec les circonstances où l'âme est placée ici-bas, avec ses moyens d'agir et de connaître, avec toutes les conditions de la nature terrestre et de l'humaine destinée. Poser une question dont une des branches se prolonge dans l'infini, c'est poser une question insoluble.

Eh bien, qu'on daigne y réfléchir, on verra que les hautes et grandes questions présentent en général ce caractère : de telle sorte qu'il est tout à la fois dans la nature de l'esprit humain de les poser et de ne pas les résoudre.

Les éléments de la connaissance sont les données de l'expérience et les intuitions de la raison. L'esprit remanie, développe et combine ces éléments au moyen de la réflexion et du raisonnement. En raisonnant, il suit une loi logique sans terme qui ressemble à une ligne droite sans extrémité; et comme c'est ainsi qu'il dispose ses connaissances en système, et parvient à une science méthodique de la vérité, il prend sur lui de conclure que là est la voie de toute vérité, la méthode excellente, la méthode unique. S'il en est ainsi, tout doit être soumis au raisonnement; la logique est universelle. Or les données de l'expérience, or les intuitions de la raison, ne viennent pas du raisonnement, ne dépendent pas de la logique. Contradiction flagrante; comment la sauver? De quel droit limiter la logique? De quel front récuser l'expérience ou infirmer la raison? Il y a là des choses inconciliables; il y a là une nécessité devant laquelle il faut plier la tête. Mais certes, nous sommes en droit de dire : Comment cela se fait-il, et pourquoi en est-il ainsi ? Seulement, à cette question nous n'avons rien à répondre. Il a été suffisamment prouvé que la question n'était soluble qu'à la condition de plonger dans l'infini.

L'homme a la conscience du bien. Il y a entre le bien et sa nature, une corrélation, une sympathie nécessaire. Cependant, le mal existe, et mille penchants nous y entraînent. Dans ces penchants, comme dans la noble inclination de l'âme à la vertu, il est impossible de méconnaître un fait permanent de la nature humaine; et dans la nature humaine se montre aussi le principe d'où elle dérive, et se révèle l'auteur de tout bien. Or, comment l'existence du mal est-elle compatible avec celle de l'auteur de tout bien ? Comment accorder ce que nous appelons sa bonté avec ce que nous appelons sa puissance ? Sont-elles toutes deux infinies, sont-elles toutes deux finies ? Deux hypothèses qui paraissent chacune impliquer également contradiction.

Tout est-il né, tout doit-il périr ? Si tout est éternel, que devient le principe de causalité ? S'il y a eu création, création dans le sens absolu du mot, quelque chose répugne dans l'ordre présent du monde; et les notions de temps et d'espace offrent d'inexplicables énigmes. S'il y a eu simple arrangement, d'où procède le pouvoir de l'intelligence ordonnatrice sur la matière ordonnée ? Où s'arrête ce pouvoir, et qui le limite, hors une cause supérieure ? Et celle-ci, n'est-elle pas alors la cause créatrice ? Comment donc a-t-elle engendré la lutte au lieu de l'harmonie ?

Comment a-t-elle puisé également en elle ce qui s'exclut ou du moins se combat? Comment ont-ils été conçus dans le même sein ces deux jumeaux qui se livrent une éternelle guerre, la matière et l'esprit?... Ces questions n'auraient pas de terme.

La conscience nous atteste notre liberté; et cependant, nous ne pouvons douter de l'ordre immuable du monde. Cet ordre, par rapport à la liberté de l'homme, on le nomme souvent prescience divine. Comment peuvent coexister la liberté et la prescience? Quel abîme entre ces deux choses, la Providence et l'homme!

La volonté est encore un fait indéniable. Elle s'exerce en partie sur nos organes; l'âme commande aux membres et elle s'instruit par les sens. Elle est unie à la chair; elle réside dans le moi corporel; elle n'en peut sortir, et cependant, elle le déborde par ses pensées. Elle en dépend pour une grande partie de son action, elle le domine pourtant et lui impose. Par sa nature, elle ne semble avoir rien de commun avec lui. Comment donc lui est-elle unie, et ne paraît-il pas y avoir là quelque chose de plus que de l'obscurité, c'est-à-dire une contradiction?

Ces exemples et tant d'autres qu'on pourrait y joindre, achèvent de prouver, ce me semble, non-seulement qu'il y a de l'inconnu en tout, mais aussi que cet inconnu est de nature à troubler la raison, en lui montrant dans ses connaissances quelque chose de plus que des limites, savoir, des données qui paraissent mutuellement s'exclure. Les mystères qui nous environnent sont plus que des lacunes de la science, plus que des problèmes non résolus. Il est simple qu'ils nous conduisent à faire plus que confesser notre ignorance. Il est naturel qu'ils nous entraînent soit à révoquer en doute les faits que nous croyons savoir, soit à suspecter jusqu'à nos moyens de connaître. Au fond, ces deux genres de doute reviennent au même, et tous deux constituent le scepticisme. Pour n'avoir pas tout à fait tort, comment la raison ne serait-elle pas tentée de douter d'elle-même? pour avoir au moins quelque science, comment résisterait-elle au désir de savoir qu'il n'y a nulle science?

Mais cela justement est contradictoire, et plus contradictoire que tout le reste; et c'est ce qui fait que, malgré les séductions du scepticisme, le dogmatisme prévaut, et sans cesse frappé, renaît sans cesse. Il règne dans les croyances, dans les actions, dans les mœurs de l'humanité; il gouverne la vie; il se popularise par le sens commun; le genre humain est dogmatique.

Ce n'est pas tout; le sens commun n'est pas la science, mais il n'est pas l'antagoniste de la science. La raison dans son essence, la raison dans sa plus haute puissance n'est pas sceptique. La vraie philosophie n'est pas le scepticisme; il y a un dogmatisme philosophique.

Toutes les pages de ces Essais sont consacrées à mettre en lumière les vérités fondamentales; ce serait abuser du temps qui nous reste que de les reproduire. Le devoir de la raison est de les accepter et de les reconnaître, malgré tout ce qui les obscurcit. Ainsi seulement, elle montre sa force. Trouver son chemin dans les ténèbres, marcher d'un pas ferme sur un sol mouvant, avancer en portant le fardeau, au lieu de le secouer pour aller plus vite ou de s'arrêter pour s'abandonner au repos, telle est la mission de l'esprit humain. Qu'il soit modeste, mais qu'il ne se dégrade pas; l'humilité ne consiste pas à descendre de son rang et à déposer sa puissance, mais à connaître le faible de toute puissance et les misères attachées à la grandeur. La raison doit, non se dépouiller, mais savoir ce qui lui manque, et ne perdre jamais ni la résignation, ni l'espérance.

Elle est capable de vérité sans être infaillible; elle sait de tout sans savoir, comme dit Pascal, *le tout de rien*. Elle a des facultés bornées, mais réelles; elle doit, soit à l'expérience, soit à l'intuition, des notions certaines dont quelques-unes même sont d'une vérité absolue. Cependant, comme raison humaine, elle est relative à l'humanité; comme raison individuelle, elle est relative à l'individu. Il y a donc antithèse entre sa relativité et l'absolu de plusieurs de ses connaissances; et comme c'est sa nature d'être capable d'absolu, il suit qu'il y a contradiction entre sa nature et sa condition. Osons en inférer ou que sa condition est accidentelle, ou que ce qu'elle a d'absolu tient à son origine. C'est une reine en exil.

Si elle ose ainsi se considérer elle-même, elle cessera de douter, elle ignorera seulement; elle saura qu'elle ignore, elle ira même jusqu'à entrevoir pourquoi elle ignore. Elle comprendra un peu comment, enfermée dans sa demeure terrestre, emprisonnée dans le fini, elle a des vues sur l'infini, comment elle est au-dessus de ses propres facultés et se surpasse sans parvenir à se pleinement satisfaire. Fière et pieuse à la fois, elle trouvera dans sa faiblesse le gage de sa dignité, et elle se reconnaîtra pour une preuve de Dieu.

Mais ces pensées destinées à calmer son impatience, à rendre sa curiosité moins douloureuse, seront loin de l'abattre ou de l'irriter au point de la déterminer au suicide que lui prêchent les sceptiques. Ramenée de ces hautes anticipations d'une existence meilleure à sa situation actuelle, elle s'habituera à compter sur elle-même, à mesurer ses forces, mais à s'y fier; elle reconnaîtra la certitude partout où il est dans sa nature de la reconnaître, et se méfiera de la faculté dangereuse d'objecter contre elle-même. Se souvenant qu'elle s'appelle la raison, elle se contentera d'être raisonnable, et elle se convaincra qu'il est raisonnable de ne pas opposer ses forces les unes aux autres, et de ne pas détruire ses richesses avec ses armes. Armes, richesses, dons naturels, biens acquis, conquêtes du travail, fruits du hasard et du temps, elle acceptera, conservera, emploiera tout. Chaque chose aura sa place, chaque faculté son empire; elle sera le législateur de l'entendement, et le gouvernera au lieu de le jeter en de continuelles révolutions. La philosophie est une science et non une opposition contre la science. C'est la raison sue par elle-même et non combattue par elle-même : le savoir n'est que la foi légitime.

Connaître la nature est le but de toute science. Dès que la raison connaît sa nature, elle a atteint le but, et elle doit croire à ce qu'elle connaît. De ce qu'elle est incomplète, elle doit conclure qu'elle se sait incomplète. De ce qu'il y a d'insoluble, elle doit conclure qu'elle sait qu'il y a de l'insoluble. Voir qu'il n'y a pas harmonie entre quelques-unes de ses notions, équilibre entre ses prétentions et ses forces, équation entre elle et la vérité, c'est voir quelque chose qui fait partie de sa science; et savoir cela est une découverte à classer dans la science. Ainsi de toutes choses il sort en dernière analyse non une connaissance entière, mais une conclusion dogmatique. Inconnu, incomplet, insoluble, ces mots sont des mots de la science, quoique des aveux d'ignorance, et en ce sens tout explique et justifie cette parole de Socrate, que le philosophe sait qu'il ne sait rien.

CONCLUSION.

Je touche au terme de cet Essai et de tout cet ouvrage. Il me semble avoir attaqué avec quelque force le sensualisme et le scepticisme. L'un et l'autre aujourd'hui ne doivent pas être séparés. Sans doute on dit beaucoup que la philosophie de la sensation est tombée, et la littérature contemporaine s'élève universellement contre elle. Point de secte nouvelle qui ne la réprouve; point de doctrine historique qui ne lui fasse son procès. Toute tentative de poésie l'attaque, et toute réaction qui veut être religieuse la maudit. La prétention générale est d'avoir découvert dans l'âme humaine et dans la condition de l'humanité des mystères que Locke et Voltaire ne soupçonnaient pas. Tout le monde dit qu'il est *au ciel et sur la terre des choses, Horatio, que n'a pas devinée votre philosophie*. En combattant le sensualisme, aurais-je donc fait la guerre à un ennemi qui n'est plus?

Personne ne le prétendra du scepticisme : nul ne conteste que le doute ne règne dans tous les esprits, et le néant des croyances est devenu le premier chef d'accusation des plaintifs détracteurs de notre temps. Or, je soutiens qu'à une époque comme la nôtre, partout où se montre le scepticisme, se cache le sensualisme. Dès que le doute s'élève sur les questions sérieuses pour l'esprit, la préoccupation des intérêts positifs et des biens matériels prévaut, et le sensualisme domine au moins par ce qu'il a de plus triste, ses conséquences ; comme sentiment il est en effet pire que comme doctrine.

Écartez donc ces voiles trompeurs, brisez ce masque dont la littérature seule couvre le fond des choses ; vous retrouverez vivante et puissante encore, à la faveur du doute systématique, la religion des sens. La société est restée à l'image de la doctrine qu'elle ne professe plus. La réaction qui l'en sépare n'est encore qu'à la surface de l'intelligence; et s'il est désirable qu'elle pénètre plus avant, il est utile et sage de poursuivre opiniâtrément la guerre déclarée par la vraie philosophie à la philosophie de la sensation et du doute.

L'histoire intellectuelle de la génération qui occupe la scène a déjà offert dans notre pays trois phases bien distinctes, qui reproduisent en de moindres proportions les trois mouvements successifs des intelligences dans la première révolution française.

Durant cette période si intéressante pour l'esprit humain, et qui a commencé et pris fin avec le gouvernement de la Restauration, les intelligences étaient animées et soutenues par un sentiment que j'appellerai, et j'espère être compris, la foi critique. En présence de cette résurrection empressée et impuissante des opinions du passé, la philosophie renaissante reprenait son empire. Éclairés par l'expérience, échauffés par la lutte, les esprits étaient pleins d'ardeur et d'espérance. Se sentir tout ensemble passionné et sage, c'est un rare bonheur pour la nature humaine. Riche d'avenir, fière de mille conséquences entrevues par avance et réservées pour le jour de la victoire, la raison se livrait donc avec confiance à ce combat brillant et régulier qui renouvelait cette fois sans illusion ni péril, on le croyait du moins, quelque chose des nobles émotions de la société, préludant au mouvement de 1789. En défendant ses intentions méconnues et ses pensées outragées, la France s'assurait dans sa foi, et se sentait chaque jour mieux convaincue. Les opinions modernes retrouvaient toute leur vérité, dès qu'elles étaient contestées. Pouvait-il en être autrement? elles sont nées pour l'attaque, elles se sont formées par la critique, elles sont depuis un siècle le fruit et le symbole de l'opposition de l'esprit humain.

Une révolution s'accomplit un jour. Vainement fut-elle légitime, nécessaire, rapide, aussitôt constituée que victorieuse; elle n'échappa point à sa nature de révolution, elle amena le désordre, elle l'apporta, non dans les lois, non pas même dans la société, mais dans les esprits; elle égara les imaginations, et remplit la raison de quelques-uns de cet enivrement logique qui pousse aux folles extrémités, sous la sauvegarde du raisonnement même. Elle déchaîna dans l'arène les conséquences absolues qui auraient dévoré la société, si la société n'eût fait résistance. Ce fut le moment des paradoxes aventureux, des rêveries perturbatrices, et dans le monde de la théorie du moins, une sorte de répétition de l'époque désordonnée de la première révolution, une anarchie sur le papier. Mais la société se défendit; ce qu'elle avait gagné en expérience ne lui fit pas défaut; ce qu'elle avait acquis d'idées neuves et saines se retrouva; surtout ses intérêts évidents et prochains lui sautèrent aux yeux pour ainsi dire, et elle opposa sa prudence, qui, dans les premiers temps, était quelque chose de plus et n'allait pas sans un vrai courage, à la séduction ou à la menace de ces systèmes improvisés auxquels les événements semblaient promettre la toute-puissance.

Une réaction a succédé; et comme on vit, à la fin du dernier siècle, la société lassée se désabuser de tout et, par haine de l'erreur, prendre en aversion la raison, nous voyons aujourd'hui croître et s'étendre presque sans résistance l'incrédulité morale et philosophique, et se matérialiser une société engourdie. Toute idée est désormais suspecte; tout intérêt se croit respectable, à titre seulement d'intérêt, et se proclame ingénument supérieur à toute opinion. L'esprit qui raisonne cède la place à l'esprit qui calcule. Les égarements de la pensée et de la parole paraissent des motifs suffisants pour récuser sans choix la parole et la pensée; et notre temps, en défiance de lui-même, semble prêt à croire que le siècle s'est trompé. Lois et idées, tout lui devient problématique. S'il était libre, il ne sait plus s'il recommencerait les événements accomplis, et l'on n'entend que plaintes amères et sinistres prédictions sur l'incertitude des théories, le vice des institutions, l'instabilité des gouvernements, la décadence des lettres et des arts, l'abaissement des caractères, la

rareté des talents, la faiblesse des mœurs, la perte
des convictions, les dangers de l'industrie. On se
demande si un mauvais sort n'a pas été jeté sur
toutes les tentatives humaines, qui les empêche d'arriver à bonne fin et de réaliser tout ce qu'elles ont
promis. Le symptôme général, c'est la tendance
au découragement d'esprit : qu'est-ce autre chose
que le scepticisme ?

La conséquence est telle qu'on peut la prévoir,
c'est le matérialisme social; c'est l'épicurisme industriel; c'est la préoccupation exclusive et ardente
des intérêts positifs, la soif du bien-être, l'amour
aveugle du repos. Là toujours a conduit l'oubli du
grand, du beau, du vrai. C'est ainsi qu'il y a quarante ans, la France, doutant de la révolution
même, se montra prête à la résigner aux mains de
qui délivrerait les esprits de ces effrayants souvenirs qui les obsédaient comme des fantômes. Seulement alors, si tout semblait s'intimider, si la raison
perdait sa confiance et son ardeur, si la société sacrifiait les droits de la pensée aux intérêts de la vie,
c'était au bruit du clairon de la victoire, et l'esprit
humain cacha sa honte sous les plis glorieux du
drapeau qui flottait au pont d'Arcole.

Tout est plus faible aujourd'hui. Une épreuve
moins profonde a produit une moins forte réaction.
Si l'amour du repos est le même, il ne se portera
pas à d'égales extrémités, et le risque est moindre
du côté du despotisme, comme aussi du côté de la
gloire. Mais il est trop vrai que de moment en moment la société semble déposer une à une ses idées, e
renoncer aux nobles besoins de l'intelligence, pour
tout concentrer et tout confondre dans le culte d

bien-être et du repos. Chaque jour voit tomber comme un fleuron de la couronne de cette nation. La sagesse vulgaire qui suffit aux combinaisons de la vie privée, devient tout le génie de la société. Ce qui s'en écarte est proscrit comme chimère et danger. Jamais n'a été plus vraie cette parole de l'Écriture : « Les enfants de ce siècle sont plus prudents « que les enfants de lumière [1]. »

Je sais que de tels moments sont inévitables dans la vie des peuples; mais il faut que ce ne soient que des moments. Si nous assistions au début d'une ère durable, prenez-y garde, c'est pour de semblables temps que l'expérience et l'histoire prononcent un mot redoutable, décadence. Tout cela, je le crois fermement encore, sera passager, et le monde réveillera l'esprit qui dort. Il serait trop désolant que l'humanité en s'éclairant se fût abaissée. Mais tandis que sur un plus bruyant théâtre d'autres ont le devoir ou la puissance de relever le génie national, qu'au moins dans la sphère de la pure pensée, nos soins fidèles ne laissent point dépérir et s'abattre la foi dans la raison. Veillons sur l'esprit humain, gardons-lui ses lois, ses droits, sa force, toutes ses légitimes ambitions. Éclairé qu'il est sur les prétentions chimériques qui le rendent à la fois exigeant et débile, préservons-le du découragement et de l'incrédulité. Faisons-lui honte de ses faiblesses, fruits de ses illusions, et qu'une philosophie mâle et sage se conserve au milieu des préoccupations vulgaires, pour un avenir lointain peut-être qu'elle prépare et qu'elle ne connaît pas. Que sont

---

[1] Luc, XIV, 8.

pour elle les circonstances qui changent et passent? Dans son étude éternelle, elle peut traverser, sans défaillir, les jours mauvais de la pensée publique, demeurer pure au milieu des souillures de l'intérêt sordide, se maintenir croyante au sein de la commune indifférence. Comme son empire sur la société suit parfois à un assez long intervalle son avénement scientifique, comme elle ne domine en quelque sorte que sur les temps qui viennent après elle, elle doit vivre les yeux fixés sur le point lumineux et voilé du nuage qui l'environne. Qu'importe l'esprit utilitaire à la raison désintéressée, et la politique d'Épicure à la morale de Platon? La vérité philosophique est le feu de Vesta qui ne cesse pas de brûler et de luire, pendant que la foule s'empresse aux jeux corrupteurs du cirque ou du forum. Du haut de la sphère épurée qu'elle habite, la philosophie doit montrer la bonne route aux esprits engagés dans d'autres voies. Elle a d'autant plus à faire qu'elle semble moins écoutée; et loin de se laisser enchaîner dans les entraves du doute ou dégrader dans l'abaissement du sensualisme, elle doit donner à la société même un nécessaire exemple, en conservant intactes au moins pour l'esprit humain, la liberté et la grandeur.

FIN.

TABLE DES MATIÈRES

CONTENUES DANS CE VOLUME.

Essai VII. De la physiologie intellectuelle......... Page 1
  I. Objet de cet Essai............................... *ibid.*
  II. Broussais...................................... 11
  III. Réfutation générale 44
Essai VIII. Du jugement............................. 84
  I. Idée générale du jugement...................... *ibid.*
  II. Du jugement considéré dans sa forme, ou de la proposition.. 91
  III. Du jugement considéré comme opération, ou du jugement pensé................................... 99
  IV. Du jugement considéré dans ses éléments....... 110
    §. I. Des jugements après l'idée, ou secondaires... *ibid.*
    §. II. Des jugements avant l'idée, ou élémentaires .. 117
  V. Classification générale des jugements............ 133
    §. I. Des jugements primitifs..................... *ibid.*
    §. II. Des jugements non primitifs 146
  VI. Du jugement considéré comme faculté 163
  VII. Du jugement considéré dans sa règle, ou de la vérité et de la fausseté des jugements.............. 166
Essai IX. De la matière............................. 178
  I. Objet de cet Essai.............................. *ibid.*

II. De la notion commune de la matière, selon les physiciens.................................... Page 186
 §. I. Idée générale de la matière....................... *ibid.*
 §. II. Tableau des propriétés de la matière......... 196
 §. III. Observations.................................... 208
III. De la notion commune de la matière, selon les philosophes.. 230
 §. I. Idée générale de la matière....................... *ibid.*
 §. II. Tableau des propriétés de la matière......... 239
 §. III. Observations et conséquences 249
IV. De la notion de la matière, suivant la physique rationnelle 264
 §. I. Réalité de la matière............................. *ibid.*
 §. II. Constitution de la matière..................... 275
 §. III. Conséquences.................................... 297
V. De la notion de la matière, suivant la métaphysique 306

Essai X. De l'esprit.. 349
 I. De la méthode en général........................... *ibid.*
 II. De la méthode expérimentale ou d'observation.... 370
 III. De la méthode expérimentale dans les sciences rationnelles... 380
 IV. De la méthode inductive........................... 408
 V. Application des règles de la méthode à la question de l'existence de l'esprit.............................. 448
 VI. Démonstration systématique de l'existence de l'esprit 461
 VII. Discussion critique de la démonstration précédente. 471
 VIII. Conséquences spéculatives...................... 513

Essai XI. Des causes du scepticisme..................... 521
 I. Caractères du scepticisme........................... *ibid.*
 II. De la négation des principes...................... 532

TABLE DES MATIÈRES.

III. De l'erreur dans la méthode.................. Page 549
IV. Du scepticisme théologique...................... 554
V. De l'inconnu.................................... 573
Conclusion... 586

FIN DE LA TABLE.

www.ingramcontent.com/pod-product-compliance
Lightning Source LLC
Chambersburg PA
CBHW060307230426
43663CB00009B/1618